Dr. Maximilian Kosich

Die Exzedentenversicherung

Rechtsfragen gelayerter Versicherungen unter besonderer Berücksichtigung der Beziehungen der beteiligten Versicherer untereinander

Die Exzedentenversicherung

Rechtsfragen gelayerter Versicherungen unter besonderer Berücksichtigung der Beziehungen der beteiligten Versicherer untereinander

Inaugural-Dissertation
zur Erlangung des Grades eines Doktors des Rechts
am Fachbereich Rechtswissenschaft der Freien Universität Berlin

vorgelegt von
Maximilian Kosich
2022

Erstgutachter:	Univ.-Prof. Dr. Christian Armbrüster
Zweitgutachter:	Prof. Dr. Robert Koch, LL.M. (McGill)
Tag der mündlichen Prüfung:	29. März 2022

Versicherungswissenschaft in Berlin

Schriftenreihe des Verein zur Förderung der Versicherungswissenschaft in Berlin e.V.

Band 61

Die Exzedentenversicherung

Rechtsfragen gelayerter Versicherungen unter besonderer Berücksichtigung der Beziehungen der beteiligten Versicherer untereinander

Dr. Maximilian Kosich

Verlag Versicherungswirtschaft

Bibliografische Information der Deutschen Nationalbibliothek

Die Deutsche Nationalbibliothek verzeichnet diese Publikation in der Deutschen Nationalbibliografie; detaillierte bibliografische Daten sind im Internet über http://dnb.d-nb.de abrufbar.

– Zugl. Dissertation der Freien Universität Berlin, 2022 –

D 188

Gleichstellungshinweis

Zur besseren Lesbarkeit wird auf geschlechtsspezifische Doppelnennungen verzichtet.

ISSN 0943-9609
ISBN 978-3-96329-438-9

Für Manfred und Gabriele Kosich

Vorwort

Die vorliegende Arbeit entstand während meiner Zeit als wissenschaftlicher Mitarbeiter an der Freien Universität Berlin und wurde dort im Wintersemester 2021/22 als Dissertation angenommen. Sie befindet sich auf dem Stand vom Mai 2022.

Mein größter Dank gilt Herrn Univ.-Prof. Dr. Christian Armbrüster, der durch seine stete Unterstützung und freundliche Art meine Zeit an seinem Lehrstuhl besonders lehrreich und angenehm gemacht hat. Für die zügige Erstellung des Zweitgutachtens danke ich Herrn Prof. Dr. Robert Koch, LL.M. (McGill). Zudem danke ich dem Verein zur Förderung der Versicherungswissenschaft in Berlin für die Gewährung eines Druckkostenzuschusses.

Für die Anregung des Themas und seine Hinweise aus der rechtsanwaltlichen Praxis möchte ich Herrn Dr. Henning Schaloske danken. Den Blick der Versicherer gewährten mir freundlicherweise insbesondere Frau Dr. Dagmar Thürmann, LL.M., Herr Marco Visser, LL.M. und Herr Christian Kettler von der HDI Global SE.

Eine solche Arbeit entsteht auch nicht ohne vollumfängliche private Unterstützung. Deshalb danke ich Hannah Foelckel für ihre unermüdliche Mithilfe und dafür, dass sie an mich geglaubt hat, wenn ich es selbst einmal nicht tat. Einen wichtigen Beitrag leisteten zudem Christian Janssen und Sören Brauer, denen ich für ihre Gesellschaft sowohl in der Bibliothek als auch in der Mensa danke.

Letztlich gebührt größter Dank meiner Familie, die mich während Studium und Promotion großzügig unterstützte, allen voran meinen Großeltern Manfred und Gabriele Kosich, die mal mit liebevoller Strenge, mal mit behutsamer Fürsorge immer die richtigen Worte fanden. Ihnen ist diese Arbeit gewidmet.

Inhaltsübersicht

Inhaltsverzeichnis

§ 1 Einleitung

A. Problemstellung

Es war eine Rekordsumme: Im Rahmen der vergleichsweisen Beilegung des Streits zwischen der Volkswagen AG und ihren ehemaligen Managern verpflichteten sich letztere zur Zahlung von insgesamt fast 288 Mio. Euro Schadensersatz zum Ausgleich der im Zuge des sog. Dieselskandals eingetretenen Schäden im Konzern.[1] Einen Großteil dieser Summe zahlten Versicherer, da der Konzern für seine ehemaligen Vorstandsmitglieder eine Vermögensschadenhaftpflichtversicherung für Vorstände und Aufsichtsräte (sog. D&O-Versicherung) unterhielt. Sie verpflichteten sich zur Zahlung von insgesamt 270 Mio. Euro.[2]

Dieser Sachverhalt steht beispielhaft für eine Entwicklung im deutschen Versicherungsmarkt, bei dem seit einiger Zeit ein Anstieg von Versicherungsfällen mit hohen Schadenssummen zu verzeichnen ist.[3] Hinzu kommt ein Markttrend, der sich in der Erneuerungsrunde im Jahr 2021 gezeigt hat; Versicherungsschutz in der Industrieversicherung wird teurer.[4] Viele Kunden mussten Leistungs-, aber auch Summenkürzungen hinnehmen.[5] Haben Grundversicherer, also die zuerst eintrittspflichtigen Versicherer, in der Vergangenheit noch Deckungen bis üblicherweise 25 Mio. Euro zur Verfügung gestellt, erhalten Versicherungsnehmer[6] heute regelmäßig Deckungsstrecken von nur zehn bis 15 Mio. Euro.[7]

Als Reaktion auf diese Entwicklungen werden Vertragsgestaltungen relevant, die in der Vergangenheit nur in Spezialbereichen Betrach-

---

1 Dieselskandal: Ex-Manager schließen Rekordvergleich mit VW, becklink 2020054.

2 https://www.volkswagenag.com/presence/investorrelation/publications/shareholder-meetings/2021/Weitere_Informationen_TOP_10_11_DE.pdf, ab S. 25 (zuletzt abgerufen am 3.5.2022).

3 *R. Koch*, VersR 2021, 879; *Schaloske*, PHi 2012, 166.

4 https://versicherungswirtschaft-heute.de/maerkte-und-vertrieb/2021-03-17/versicherungsnehmer-beklagen-marktverhaertung-bei-do/ (zuletzt abgerufen am 3.5.2022).

5 *R. Koch*, VersR 2021, 879.

6 Ausschließlich zum Zweck der besseren Lesbarkeit wird auf die geschlechtsspezifische Schreibweise verzichtet. Alle personenbezogenen Bezeichnungen dieser Arbeit sind somit geschlechtsneutral zu verstehen. Versicherungsnehmer in diesem industrieversicherungsrechtlichen Kontext sind regelmäßig juristische Personen.

7 *R. Koch*, VersR 2021, 879; s. auch *Eley*, VersR 2021, 1461.

tung fanden. Das Interesse ist geweckt an einer Möglichkeit, viele Risikoträger an einer Versicherung zu beteiligen und hierbei die Prämien möglichst gering zu halten.

Dies kann die Exzedentenversicherung (auch: Layerversicherung) leisten. Hierbei wird das Risiko vertikal in verschiedene Schichten aufgeteilt.[8] Bei Eintritt des Versicherungsfalls ist daher nicht jeder Versicherer gleichzeitig zur Leistung verpflichtet. Maßgebend sind vielmehr die Gesamtschadenshöhe sowie die Leistungserbringung vorgehender Versicherer. Durch die vertikale Aufteilung der Versicherungssumme, also die Nacheinanderreihung verschiedener Deckungsstrecken, entsteht ein Deckungsstrecken-„Turm". Solche Türme kommen in der Praxis in verschiedenster Ausgestaltung vor. Insbesondere die Anzahl der beteiligten Versicherer kann stark variieren; angefangen bei einer Struktur aus einem Grundversicherer und einem Exzedenten können auch Programme mit mehreren auch internationalen Risikoträgern auf jedem Layer und einer Vielzahl von Layern in einem Programm auftreten.[9] Hierbei finden sich häufig dieselben Versicherungsunternehmen auf mehr als nur einem Layer.[10]

Die eingangs aufgezeigten Beispiele zeigen die enorme Bedeutung der Exzedentenversicherung für die Versicherungsnehmer. Die zu erwartenden Schäden bei Eintritt des Versicherungsfalls sind allzu häufig existenzbedrohend, in jedem Fall setzen sie die Versicherungsnehmer einem erheblichen wirtschaftlichen Druck aus.

---

8 *Henning*, Exzedentenversicherung, S. 32; *Riechert*, Die Berufshaftpflichtversicherung der Rechtsanwälte, Einl. Rn. 51; *Hemeling*, in: FS Hoffmann-Becking, 2013, S. 491, 505.

9 S. *Henning*, Exzedentenversicherung, S. 2 mit Bezug zu einem Exzedententurm der Siemens AG; *Knöfel*, ZIP 2018, 1814.

10 *Henning*, Exzedentenversicherung, S. 107; *Schnepp*, in: Bruck/Möller, VVG, Anh. § 216 Rn. 16; *Thürmann*, in: FS Hamburger Seminar, 2016, S. 505, 510.

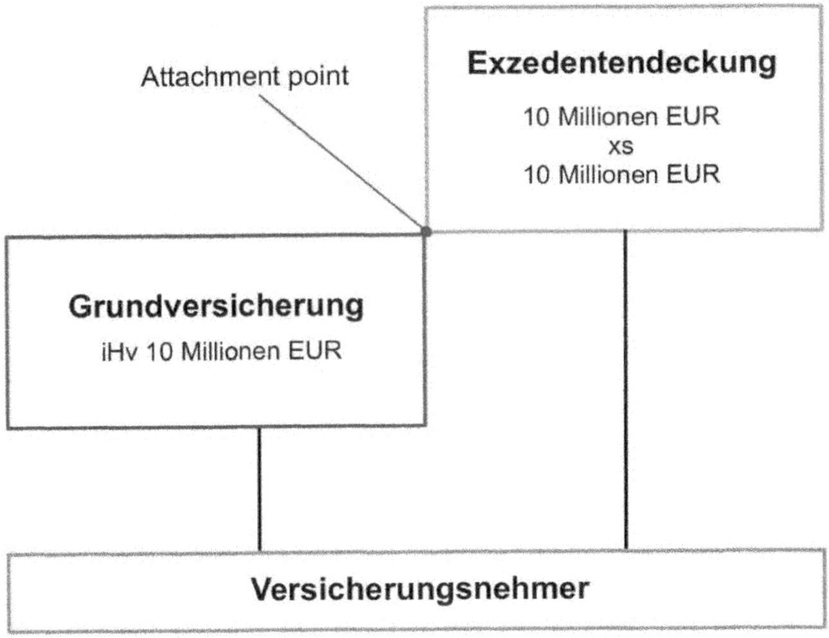

Abbildung: Darstellung einer Layerdeckung

Zu der ökonomischen Bedeutung tritt eine komplexe juristische Ausgangslage hinzu: Der Versicherungsnehmer sieht sich einer Vielzahl von Versicherern mit unterschiedlichen, teils gegenläufigen Interessen gegenüber. Nach einhelliger Ansicht[11] schließt er mit jedem Risikoträger einen gesonderten Versicherungsvertrag, der von den übrigen Verträgen abstrakt zu behandeln ist. Dieser Abstraktion steht die wirtschaftliche Verbundenheit der Schuldverhältnisse gegenüber, da der Versicherungsnehmer die Versicherung eines wirtschaftlich einheitlichen Risikos sucht, die er in verschiedene Deckungsstrecken unterteilt. Hinzu tritt eine vertragliche Besonderheit; die jeweils nachfolgenden Versicherer versprechen eine Leistung „im Anschluss" an die vorhergehende Versicherung (sog. Attach-

[11] *Henning*, Exzedentenversicherung, S. 36; *Mitterlechner/Wax/Witsch*, D&O-Versicherung, § 12 Rn. 124; *Thürmann*, in: FS Hamburger Seminar, 2016, S. 505; *R. Koch*, VersR 2021, 879 f.; *Drave*, VersPrax 6/2017, 35; *Knöfel*, ZIP 2018, 1814; *Schaloske*, PHi 2012, 166; leicht anders *Hemeling*, in: FS Hoffmann-Becking, 2013, S. 491, 505 („in aller Regel besteht mit jedem Versicherer ein selbstständiger Versicherungsvertrag"); eingehend S. 77 ff.

ment-point). Hierdurch erfährt die angesprochene rechtliche Abstraktion eine Aufweichung, indem die (Haupt-)Leistung des Versicherers in Abhängigkeit von der Leistung eines anderen Beteiligten der Layerstruktur ausgestaltet ist.[12]

Der praktische Umgang mit dieser rechtlichen Abstraktion ist schwierig, auch weil die Vertragswerke der Exzedentenversicherung allzu häufig wortkarg gestaltet sind.[13] Insbesondere die Auslösung der Leistungsverpflichtung des nachfolgenden Versicherers – also der Umgang mit dem Attachment-point – hält einige Problempunkte bereit. Angesprochen sind damit Situationen, in denen die vorgehende Versicherungssumme, beispielsweise aufgrund einer vergleichsweisen Einigung oder einer teilweisen Leistungsfreiheit des vorgehenden Versicherers nicht vollständig ausbezahlt wird. Ist der Attachment-point der nachfolgenden Versicherung dennoch erreicht? Wie ist mit Fällen umzugehen, in denen keine vorhergehende Versicherung (mehr) besteht, etwa weil sie aufgrund von Kündigung oder Anfechtung weggefallen ist?

Zur Beantwortung dieser Fragen bedarf es einer genauen Betrachtung der vertraglichen Abreden der Parteien. Dabei ist die Auslegung typischer Vereinbarungen der Layerdeckung geboten. Bereits an dieser Stelle sei jedoch vorweggenommen, dass sich allgemeingültige Aussagen über den Leistungsumfang einer Exzedentenversicherung und ihr Verhältnis zur vorangehenden Versicherung nicht vorbehaltlos treffen lassen. Dies ist dem Umstand geschuldet, dass die Vertragsgestaltungen in der Praxis zum Teil sehr unterschiedlich sind und sich ein Marktstandard bisher nicht herausgebildet hat.[14] Die konkrete vertragliche Ausgestaltung der Exzedentenverträge unterliegt daher einer erheblichen Flexibilität. Dennoch können aus dem Zweck der Exzedentenversicherung und Parallelen der vertraglichen Vereinbarungen in der Praxis auch vorsichtig grundsätzliche Aussagen über die Layerdeckung abstrahiert werden. Diese können dann wiederum den Ausgangspunkt für die Handhabung abweichender Vertragswerke darstellen.

---

[12] Zum Attachment-point noch ab S. 80 ff.

[13] *Thürmann*, in: FS Hamburger Seminar, 2016, S. 505.

[14] *Henning*, Exzedentenversicherung, S. 35; *Thürmann*, in: FS Hamburger Seminar, 2016, S. 505.

Neben diesen das Außenverhältnis zwischen Versicherungsnehmer und (Exzedenten-)Versicherer betreffenden Fragen treten solche nach dem Innenverhältnis der Versicherer. Insbesondere ist fraglich, ob die parallele Ausgestaltung der Exzedenten- und Grundversicherungsverträge und ihre tatsächliche und wirtschaftliche Verflechtung auch rechtliche Folgen hat. Zu untersuchen ist daher, ob die Versicherer untereinander auch Rechten und Pflichten unterliegen, etwa weil ihr Zusammenschluss eine Gesellschaft bürgerlichen Rechts (GbR)[15] begründet oder die Verträge Schutzwirkung für Dritte[16] bzw. Drittwirkungen i.S.v. § 311 Abs. 3 BGB[17] entfalten.

B. Ziele und Gang der Untersuchung

Die vorliegende Arbeit geht insbesondere der Frage nach den schuldrechtlichen Beziehungen der Versicherer untereinander und zum Versicherungsnehmer nach.

Hierzu ist zunächst die tatsächliche Ausgangslage der Versicherung in Layern dazustellen (§ 2). Im Rahmen dieser wird geklärt werden, in welchen Bereichen die Exzedentenversicherung typischerweise eine Rolle spielt (A.) und inwieweit das VVG auf sie angewandt werden kann (B.). Zudem soll in diesem Abschnitt eine Systematik der Layerversicherung erarbeitet werden (C.), die aufzeigen wird, wie ein Exzedententurm typischerweise zustande kommt, die Verträge verlängert werden und ob sich Besonderheiten bei der Erfüllung vorvertraglicher Pflichten der Versicherer und des Versicherungsnehmers feststellen lassen.

Darauf aufbauend wird sich in einem zweiten Schritt den vertraglichen Verhältnissen der Beteiligten einer Exzedentenversicherung zugewandt (§ 3). Dabei muss zunächst die vertragliche Ausgestaltung eines Exzedentenvertrages untersucht werden (A.I.). Ein besonderes Augenmerk ist auf die Programmklauseln, also sog. Attachment-point Vereinbarungen und sog. Following-form Abreden

---

15 Eingehend ab S. 210.
16 Ab S. 233.
17 Ab S. 247.

zu legen (A.II.). Sie sind einer näheren Untersuchung zu unterziehen, um ein genaues Verständnis ihres Sinngehaltes, ihrer Funktion und ihrer Rechtsqualität zu erhalten. Abschließend werden die sonstigen Vereinbarungen einer Exzedentenversicherung dargestellt (A.III.).

Ist dieses vertragliche Außenverhältnis zwischen Exzedent und Versicherungsnehmer aufgearbeitet, kann das Innenverhältnis, also die vertragliche Ausgestaltung der Beziehung zwischen den Exzedenten und Grundversicherern untereinander betrachtet werden (B.). Da der Mitversicherung ähnliche Führungsklauseln (B.I.) in der Layerdeckung bis dato kaum existieren,[18] ist hier der Blick in die Zukunft zu richten. Die Arbeit wird darlegen, welche Möglichkeiten der Ausgestaltung denkbar und interessengerecht sind, und welche Folgen sie für das Verhältnis der Versicherer untereinander haben können (B.II.).

Der letzte Schwerpunkt der Untersuchung widmet sich dem Verhältnis der Versicherer der Layerdeckung abseits seiner versicherungsvertraglichen Ausgestaltung (§ 4). Denn ist festgestellt, dass eine vertragliche Verbindung mit besonderen Hauptleistungspflichten zwischen den Versicherern bis dato nicht existiert, stellt sich die Frage, wie dieses Verhältnis de lege lata zu qualifizieren ist. Dabei wird es insbesondere um die Frage gehen, ob die Versicherer untereinander zur Rücksichtnahme, Loyalität oder Auskunft verpflichtet sind, zwischen ihnen also ein schuldrechtliches Band mit Pflichten nach § 241 Abs. 2 BGB besteht (A). Die Anknüpfung hierzu kann einerseits in den vorhandenen Verträgen (B.), andererseits aber auch in einer speziellen Verbindung zwischen den Versicherern selbst gesucht werden. Dies wirft die Fragen nach der Einordnung dieses Verhältnisses als Gesellschaft bürgerlichen Rechts (C.), als Vertrag mit Schutzwirkung für Dritte (D.) oder als drittwirkendes Schuldverhältnis (E.) auf.

Einer Sonderkonstellation gilt es sich zum Abschluss zuzuwenden: Bestehen besondere Pflichten, wenn ein Versicherer nicht nur an

---

18 *Knöfel*, VersR 2018, 513, 521.

einer, sondern an mehreren Positionen im Exzedententurm auftritt (F.)?

Die Untersuchung beschränkt sich auf die Betrachtung solcher Exzedententürme, die dem deutschen Recht unterliegen. Fragen, die die Beteiligung internationaler Exzedenten in einem Programm betreffen, werden daher ausgeklammert. Grund hierfür ist der Themenzuschnitt auf die Grundlagen der Exzedentenversicherung; Türme, die unter Beteiligung ausländischer Versicherer zustande kommen weisen häufig besondere vertragliche Konstruktionen auf,[19] deren Berücksichtigung für die Erarbeitung einer Dogmatik der Layerdeckung hinderlich ist. Hinzu trittt, dass der deutsche Markt mittlerweile auch eigene Rechtspraktiken entwickelt hat.[20]

Zudem sollen auch die AGB-rechtlichen Besonderheiten der Exzedentenversicherung weitestgehend von der Betrachtung ausgespart werden, auch wenn an ausgewählten Stellen auf sie eingegangen werden wird, soweit dies für das Verständnis der zugrundeliegenden vertraglichen Vereinbarung notwendig ist. Da die Versicherung in Layern vorrangig in der Industrieversicherung Verwendung findet, handelt es sich bei den Beteiligten häufig um erfahrene Marktteilnehmer.[21] Dies führt dazu, dass der sonst im Versicherungsrecht typische Grundsatz der einseitigen Inanspruchnahme der Bedingungsgestaltungsmacht durch den Versicherer aufgeweicht wird, sei es durch Verhandlungs- und Zeichnungsrunden oder durch die Aufnahme von Maklerwordings. Aus diesem Grunde ist bereits das Vorliegen von AGB i.S.v. § 305 Abs. 1 BGB bzw. ihre Einbeziehung angesichts von § 305b BGB in der Exzedentenversicherung häufig zweifelhaft[22], weshalb die Relevanz der AGB-Kontrolle für die Exzedentenversicherung in den Hintergrund rückt.

---

19 Zu sog. koordinierten Programmen noch unten ab S. 24.

20 *Schaloske*, in: FS Fürstenwerth, 2020, S. 315, 316 f.

21 *Schaloske*, PHi 2012, 166.

22 *Henning*, Exzedentenversicherung, S. 152 ff., 155.

C. Stand der Wissenschaft

Zur Exzedentendeckung lassen sich sowohl in der Literatur[23] als auch in der Rechtsprechung[24] einige Aussagen finden. Eine erste umfassende Untersuchung leistete *Henning*.[25] Sie bietet eine nähere Auseinandersetzung mit dem Vertragswerk der Exzedentenversicherung, insbesondere mit dem Begriff der „Ausschöpfung" der vorangehenden Versicherungssumme, der anhand von Beispielen präzisiert wird.[26] Eine weitere Vertiefung erfährt die Exzedentenversicherung im Kontext des AGB-Rechts und ihrer prozess- und kollisionsrechtlichen Besonderheiten.[27] Auf diesen Überlegungen kann die vorliegende Untersuchung aufbauen und insbesondere Fragen des Verständnisses der typischerweise verwendeten Vereinbarungen, wozu auch unter anderem die Ausschöpfung der vorangehenden Versicherungssumme gehört,[28] grundsätzlich mithilfe der Auslegung analysieren, um einen Ausgangspunkt für die Handhabung verschiedenster Vertragsgestaltungen der Praxis zu schaffen.

Zudem bestehen insbesondere bei der Untersuchung der schuldrechtlichen Beziehungen der Versicherer untereinander[29] derzeit noch offene Rechtsfragen. Die Schließung dieser Forschungslücke erfordert insbesondere die Auseinandersetzung mit den Drittwirkungen der Schuldverhältnisse anhand der Grundsätze des Vertrages mit Schutzwirkung für Dritte und § 311 Abs. 3 BGB. Auch diese Fragen sollen hier beantwortet werden.

Schließlich verfolgt die hier vorliegende Untersuchung einen strukturellen Vergleich der Exzedentendeckung mit der Mitversiche-

---

23 Insbes. *Henning*, Exzedentenversicherung, 2020; *O. Lange*, D&O-Versicherung und Managerhaftung, § 4 Rn. 29 ff.; *R. Koch*, in: FS Thümmel, 2020, S. 421 ff.; *Thürmann*, in: FS Hamburger Seminar, 2016, S. 505 ff.; *Schaloske*, in: FS Fürstenwerth, 2020, S. 315 ff.; *ders*, PHi 2012, 166 ff.; *Drave*, VersPrax 6/2017, 35 ff.; *Knöfel*, VersR 2018, 513 ff.; *ders.*, ZIP 2018, 1814 ff.; *R. Koch*, VersR 2021, 879 ff.

24 OLG Düsseldorf, Urt. v. 13.12.2019 – 4 U 23/18, r+s 2020, 271 ff.; OLG München, Beschl. v. 7.1.2019 – 25 U 2750/18, VersR 2020, 543 ff.; OGH, Urt. v. 23.5.2013 – 7 Ob 60/13 v, VersR 2014, 901 ff.

25 *Henning*, Exzedentenversicherung, 2020.

26 *Ebd.*, S. 209 ff.

27 *Ebd.*, S. 265 ff.

28 S. unten S. 80 ff.

29 Bei *Henning*, Exzedentenversicherung, S. 95-120, hier ab S. 199.

rung,[30] wohingegen *Henning* eine Ähnlichkeit der Exzedenten- und Rückversicherung in den Vordergrund rückt.[31] Es wird sich insbesondere zeigen, dass sich aus der Mitversicherung bekannte Diskussionen, wie beispielsweise die Ausgestaltung einer Führungsklausel, auch auf die Layerdeckung übertragen lassen.[32]

Aus der Rechtsprechung sind insbesondere die zwei einzigen deutschen Urteile, die sich eingehend mit der Exzedentendeckung befassen, hervorzuheben.[33] In beiden Entscheidungen ist die Ausschöpfung der vorangehenden Versicherungssumme streitig. Diese Unsicherheiten können – wie zu zeigen sein wird – durch eine interessengerechte und am Zweck der Layerversicherung orientierte Auslegung behoben werden.[34]

D. Begriffsbestimmung

Für die Exzedentendeckung hat sich bisher keine einheitliche Bezeichnung herausgebildet. An dieser Stelle soll daher für die Zwecke dieser Arbeit Klarheit über die verwendeten Begriffe geschaffen werden.

Die Exzedentenversicherung ist weder Versicherungssparte noch ein bestimmtes Versicherungsprodukt bzw. eine Versicherungsausprägung.[35] Vielmehr handelt es sich um eine bestimmte Form der Produktgestaltung.[36]

Der Versicherer, der als erster eintrittspflichtig ist, wird gemeinhin als Primary oder auch Grundversicherer bezeichnet. Die darauffol-

---

30 Siehe insbes. bei der Systematik ab S. 23 und der Implementierung von Führungsklauseln ab S. 155.

31 *Ebd.*, S. 95.

32 S. 180 ff.

33 OLG Düsseldorf, Urt. v. 13.12.2019 – 4 U 23/18, r+s 2020, 271 ff.; OLG München, Beschl. v. 7.1.2019 – 25 U 2750/18, VersR 2020, 543 ff.; hinzuweisen ist zudem auf weitere Judikate, die Exzedentenkonstellationen zum Gegenstand haben, ohne dass es auf die Besonderheiten der Layerung ankäme, so bspw. OLG Celle, Urt. v. 28.10.2010 – 8 U 207/09, BeckRS 2010, 143497; OLG Düsseldorf, Urt. v. 28.8.2020 – 4 U 57/19, r+s 2020, 592 ff.

34 Eingehend zur Ausschöpfung S. 80 ff.

35 Zu den Begriffen *Armbrüster*, Privatversicherungsrecht, Rn. 88, 102 ff.

36 *Henning*, Exzedentenversicherung, S. 9.

genden Versicherer sind die *Exzedenten*, ihr Leistungsabschnitt ist der jeweilige *Exzedentenlayer*. Der Versicherer, der an den Primary anschließt, ist der *erste Exzedent*, der hierauf folgende ist der *zweite Exzedent* und so fort. Aus Sicht des Grundversicherers handelt es sich bei den Exzedenten um *anschließende* oder *nachfolgende Versicherungen*, die Exzedenten sehen den vor ihnen Eintrittspflichtigen als *vorhergehenden* oder *vorliegenden Versicherer*.

Der Begriff der *Exzess*deckung entstammt dem englischen Ausdruck excess, der eine darüberhinausgehende Menge, also einen Überschuss, beschreibt. Gemeint ist hier derjenige Betrag, der über die Versicherungssumme einer vorangehenden Versicherung hinausgeht. Daher existiert auch in der deutschsprachigen Literatur die anderweitige Schreibweise Excessdeckung. Da mehrere Schichten (Layer) an Versicherung übereinanderstehen, wird sie auch als *Layerdeckung* oder *-versicherung* bezeichnet. Der Versicherer kommt erst im Anschluss an die vorherige Deckung als Ergänzung zum Zuge; insofern werden die Begriffe der *Anschluss-* oder *Ergänzungsdeckung* verwendet.

Diese Arbeit versteht die obenstehenden Begriffe synonym und zur Beschreibung einer Versicherung, bei der mehrere Versicherer nacheinander, und zwar erst nach Ausschöpfung der Versicherungssumme der vorherigen Versicherung, eintrittspflichtig sind. Die unterschiedliche Bezeichnung dient daher lediglich der sprachlichen Variabilität und soll keine inhaltlichen Unterschiede ausdrücken.

§ 2 Ausgangslage der Exzedentenversicherung

Die Exzedentendeckung dient der Absicherung von Haftungsspitzen.[37] Mit steigender Frequenz und Höhe von Haftungsansprüchen hat die Exzedentenversicherung daher in den letzten Jahren an Bedeutung gewonnen.[38] Dies bietet Anlass, den tatsächlichen Befund der Exzedentendeckung (A.) vorzustellen und sodann auf Implikationen mit dem VVG (B.) sowie auf die nähere Systematik der Layerdeckung (C.) einzugehen.

A. Tatsächlicher Befund der Exzedentenversicherung

I. Ausgangspunkt der Betrachtung

Versicherungsnehmer, gerade im Industriegeschäft, sehen sich zuweilen Ansprüchen von erheblicher Höhe ausgesetzt. Zur Erhaltung der eigenen Handlungsspielräume und Sicherung der finanziellen Grundlage bedarf es einer Versicherung.[39]

Schon bei mittleren industriellen Risiken erreichen Versicherungssummen häufig Größenordnungen im dreistelligen Millionenbereich.[40] Es besteht also eine hohe Nachfrage nach Versicherungsschutz im höhersummigen Bereich auch bei KMU (kleine und mittelständige Unternehmen).

Ein Risiko in dieser Größe kann ein einzelnes Versicherungsunternehmen jedoch regelmäßig nicht tragen, da das Aufsichtsrecht vorschreibt, dass Verbindlichkeiten nur in einem Maße übernommen werden dürfen, die den Eigenmitteln des Versicherers entsprechen

37 *Diller*, AVB-RSW, Einl. Rn. 115; *Schillinger*, VersR 2005, 1484.

38 *R. Koch*, VersR 2021, 879; *Schaloske*, PHi 2012, 166.

39 *Armbrüster*, Privatversicherungsrecht, Rn. 219, 226; *Wandt*, Versicherungsrecht, Rn. 123 f.; *Armbrüster*, in: Prölss/Martin, VVG, Einl. Rn. 1 – 18.

40 *Schaloske*, Mitversicherung, S. 5; *O. Lange*, in: Veith/Gräfe/Gebert, Der Versicherungsprozess, § 21 D&O-Versicherung Rn. 11.

(s. §§ 294 Abs. 4, 89 ff. VAG).[41] Diese Eigenmittel sind jedoch regelmßig begrenzt. Für die Zeichnungskapazität des Versicherers kommt es daher auch darauf an, inwieweit ein interner Risikoausgleich gelingt, durch den die durchschnittlichen Schadensaufwendungen gesenkt werden können.[42] Die versicherungstechnischen Risiken des Industriegeschäfts sind indes durch ein hohes Maß an Individualität, großes Schadenpotenzial und geringer Schadenfrequenz gekennzeichnet.[43] Dieser hohen Gefährlichkeit stehen regelmäßig nur kleine Risikokollektive gegenüber, sodass ein Risikoausgleich nur unvollkommen erfolgen kann. All dies führt dazu, dass ein einzelnes Versicherungsunternehmen kaum wirtschaftlich in der Lage ist, die erheblichen Risiken des Industriesektors allein zu versichern.

Der Versicherungsnehmer ist daher darauf angewiesen, die Kapazitäten mehrerer Versicherer zu bündeln. Traditionell erfolgte diese Risikoteilung im Wege der sog. offenen Mitversicherung.[44] Bei ihr stehen die Versicherer nebeneinander und übernehmen jeweils einen Teil des Gesamtrisikos.[45] Realisiert sich die versicherte Gefahr, ist jeder Versicherer dazu verpflichtet, anteilig seine Leistung zu erbringen. Angesichts einer zunehmend weltweit vernetzten Wirtschaft und des hieraus entstehenden Kumulrisikos wird gleichwohl auch eine „nach oben“ summenmäßig begrenzte Leistungspflicht der Versicherer bedeutsam. Dadurch tritt die Versicherung in Layern in den Vordergrund.[46]

Diese Abweichung von der üblichen Konsortialversicherung bringt für den Versicherungsnehmer vorrangig die Möglichkeit der Prämienersparnis mit sich.[47] Wie jedoch noch gezeigt wird, kann der

---

[41] *Henning*, Exzedentenversicherung, S. 54 f.; *Dreher*, ZVersWiss 101 (2012), 381, 382 ff.; *Dreher/ Lange*, VersR 2005, 717; vgl. *Farny*, Versicherungsbetriebslehre, S. 39 f. (zur Gefährlichkeit großer Einzelschäden).

[42] *Schaloske*, Mitversicherung, S. 5.

[43] *Schradin*, in: MünchKomm VVG, 140. Versicherungsbetriebslehre Rn. 79.

[44] Eingehend noch unten S. 67 ff.

[45] *Schaloske*, Mitversicherung, S. 8 f.; *Halbach*, in: MünchKomm VVG, § 77 Rn. 7; *Dreher/ M. Lange*, VersR 2005, 717, 718.

[46] Zur Abgrenzung der Layerdeckung von anderen Formen der Risikoteilung s. unten S. 66 ff.

[47] *O. Lange*, D&O-Versicherung und Managerhaftung, § 4 Rn. 32; *Schaloske*, Folgerungen aus der Dornbracht-Entscheidung, S. 15; *Diller*, AVB-RSW, Einl. Rn. 117.

Versicherungsnehmer aus dem Einsatz von Exzedentenversicherern auch weitere Vorteile erlangen.

II. Die Interessen des Versicherungsnehmers

Das Hauptinteresse des Versicherungsnehmers liegt im Einsatz mehrerer Versicherer unter gleichzeitiger Prämieneinsparung. Im Vergleich zur Mitversicherung können Exzedentenversicherungen regelmäßig günstiger, also zu geringerer Prämie, angeboten werden.[48]

Dies ist vorrangig im geringeren Risikoanteil der Prämie begründet. Es handelt sich hierbei um den für den Ausgleich der erwarteten Schadenzahlungen bestimmten Teil der Prämie.[49] Er erfasst die Kosten für die Übernahme der Wahrscheinlichkeitsverteilung von Schäden und deren Ausgleich im Kollektiv in der Zeit.[50] Grundlage für die Berechnung dieses Anteils ist das individuelle Äquivalenzprinzip; die Höhe des Risikobeitrags soll dem Erwartungswert der individuellen Schäden entsprechen.[51] Der Erwartungswert beschreibt die Wahrscheinlichkeit, dass der Versicherer zur Leistung verpflichtet sein wird, also seine Gefahr. Eine höhere Gefahr führt in der Regel zu höheren Risikokostenanteilen in der Prämie.[52] Dieses Risiko ist in der Exzedentendeckung im Vergleich zur Grunddeckung, also der Versicherung „ab dem ersten Cent", geringer.[53] Denn der Exzedentenversicherer muss erst leisten, wenn die Grunddeckung ausgeschöpft ist. Dies setzt voraus, dass ein versicherter Schaden in einer den Attachment-point, also den Beginn ihrer Leistungspflicht, übersteigenden Höhe eingetreten ist. Um die Leistungspflicht des Exzedenten überhaupt auszulösen, bedarf es daher des Eintritts eines Schadens in einer gewissen Höhe. Den Erfahrungswerten nach ist der Eintritt eines großen Schadens in ei-

48 *Diller*, AVB-RSW, Einl. Rn. 115. *Knöfel*, ZIP 2018, 1814, 1816.
49 Auch Nettoprämie oder reine Risikoprämie genannt *Ganster*, Prämienzahlung, S. 62.
50 *Farny*, Versicherungsbetriebslehre, S. 59.
51 *Ganster*, Prämienzahlung, S. 51.
52 *Ganster*, Prämienzahlung, S. 53.
53 *O. Lange*, D&O-Versicherung und Managerhaftung, Rn. 32.

nem Risikokollektiv aber seltener.[54] Je höher daher der Anknüpfungspunkt der Eintrittspflicht liegt, desto unwahrscheinlicher wird die tatsächliche Inanspruchnahme des Versicherers. Daher ist die vom Versicherer übernommene Gefahr geringer. Dies wirkt sich mindernd auf den Risikoanteil aus.

Hinzu tritt, dass alle Schäden, die summenmäßig unterhalb des Attachment-points liegen, nicht in die Zuständigkeit des Exzedenten fallen. Dies bedeutet aus Sicht des Exzedenten die Vermeidung der Beteiligung an kleineren „Bagatellschäden", die dem oben Gesagten nach vermehrt auftreten.[55] In dieser Hinsicht hat die Grundversicherung für den Exzedenten eine ähnliche Wirkung wie die Vereinbarung eines Selbstbehaltes im Sinne einer Abzugsfranchise.[56]

Neben dem erhöhten Risikoanteil der Prämie sind auch die Verwaltungskosten der Exzedentenversicherungsprämie in der Regel geringer im Vergleich zu anderen Deckungskonzepten. Die Abstimmung der Versicherer einer offenen Mitversicherung erfordert einigen Aufwand. Ebenso verhält es sich mit der Rückversicherung; die Analyse des Portfolios und die Vertragsverwaltung verlangen dem Versicherer Aufwand ab, der in der Exzedentenversicherung so nicht entsteht, da der Versicherungsnehmer bzw. sein Versicherungsmakler die Vertragsverwaltung übernimmt und im Regelfall nur er den genauen Inhalt der Grund- und Exzedentenverträge kennt, sodass auch nur er für inhaltliche Änderungen und Verlängerung oder Beendigung der Verträge verantwortlich ist. Dies gilt selbst dann, wenn der Grundversicherer für den Versicherungsnehmer das Programm erstellt.[57] In diesem Falle setzt der Versicherungsnehmer den Grundversicherer als seine Hilfsperson ein. Dies ändert

---

[54] *Farny*, Versicherungsbetriebslehre, S. 39; vgl. *O. Lange*, D&O-Versicherung und Managerhaftung, Rn. 23.

[55] *O. Lange*, D&O-Versicherung und Managerhaftung, § 4 Rn. 32; *Knöfel*, ZIP 2018, 1814, 1816; *Schaloske*, PHi 2012, 166.

[56] Vgl. dazu allg. *Farny/Helten/Koch/Schmidt*, HdV, S. 775 ff.

[57] *O. Lange*, D&O-Versicherung und Managerhaftung, § 4 Rn. 32; *Schaloske*, Folgerungen aus der Dornbracht-Entscheidung, S. 15; *Knöfel*, ZIP 2018, 1814, 1816; zweifelnd *Henning*, Exzedentenversicherung, S. 17.

grundsätzlich die zentrale Stellung des Versicherungsnehmers nicht.[58]

Beide Aspekte machen die höheren Exzedentenlayer für Versicherer interessant. Sie können durch eine entsprechende Beteiligung mit dem Versicherungsnehmer in Geschäftsbeziehung bleiben, ohne dass dies einen dem Primary vergleichbaren Aufwand bedeutet.[59] Dies bedeutet auch, dass entsprechendes Know-how nicht beim Versicherer vorgehalten werden muss, was den Preis der Versicherung wiederum senkt.[60]

Demgemäß ist der Wettbewerb um diese Layer höher. Auch dies wirkt sich vergünstigend auf die Prämie aus.[61] Indes ist zu beachten, dass ein zu intensiver Preiskampf die hohen Layer für Versicherer mitunter unattraktiver erscheinen lassen kann. Dies könnte perspektivisch preissteigernd wirken.

Letztlich kann der Versicherungsnehmer aus der Exzedentenversicherung aber noch weitere Vorteile ziehen, die nicht mit der Prämie zusammenhängen. Da die Exzedentenlayer nicht notwendigerweise denselben Versicherungsschutz wie die Grunddeckung bereithalten müssen, kann der Versicherungsnehmer sich gerade hier der Möglichkeiten fremder Märkte bedienen. Dabei kann darauf geachtet werden, Versicherer mit spezifischem Sachverstand auch für dem heimischen Markt weniger bekannte Risiken in den Exzedentenlayern einzusetzen.[62] Weiterhin kann der Versicherungsnehmer mit mehreren Versicherern gleichermaßen in Kontakt bleiben und mit anderen Marktteilnehmern ins Geschäft kommen.[63]

---

58 Zum Zustandekommen der Exzedentenversicherung unter Einbeziehung eines beteiligten Versicherers siehe S. 42.

59 *Gräfe*, in: Gräfe/Brügge, Vermögensschadenhaftpflichtversicherung, D. Rn. 306; *Schaloske*, in: FS Fürstenwerth, 2020, S. 315.

60 *Gräfe*, in: Gräfe/Brügge, Vermögensschadenhaftpflichtversicherung, D. Rn. 306; *Schaloske*, in: FS Fürstenwerth, 2020, S. 315.

61 *Knöfel*, ZIP 2018, 1814, 1816; *Cullmann*, VW 2009, 1168, 1169; vgl. *Schaloske*, Folgerungen aus der Dornbracht-Entscheidung, S. 11 (zur Mitversicherung).

62 Vgl. *Schaloske*, Mitversicherung, S. 7 (zur Mitversicherung).

63 *Diller*, AVB-RSW, Einl. Rn. 117.

B. Anwendung des VVG auf die Exzedentendeckung

Bei einer Exzedentenversicherung handelt es sich um einen Versicherungsvertrag i.S.v. § 1 VVG.[64] Gleichwohl finden sich im VVG keine besonderen Vorschriften über die Versicherung in Layern. Es ist daher auf die allgemeinen Bestimmungen zurückzugreifen.

Zudem ist zu bemerken, dass die Exzedentendeckung typischerweise der Absicherung gewerblicher Risiken dient. Es gilt daher zu untersuchen, ob die Besonderheiten die das VVG für sog. Großrisiken gem. § 210 VVG vorsieht, auch hier gelten.

I. Exzedentenversicherung als Schadensversicherung

Obwohl das VVG keine Aussagen zur Exzedentenversicherung bereithält, lässt sich eine Einordnung innerhalb der Kategorien des Gesetzes finden.

Die Nacheinanderschaltung verschiedener Versicherer nützt nur dann, wenn nicht von vorneherein feststeht, welche Summe bei Eintritt des Versicherungsfalls zu zahlen ist. Die Deckung mit Exzedenten ist nämlich erst dann wirtschaftlich sinnvoll, wenn unklar ist, ob die vorhergehenden Versicherungen voll ausgeschöpft werden oder nicht.[65] Die Exzedentenversicherung findet daher nur dort statt, wo der Versicherer nach Eintritt des Versicherungsfalls verpflichtet ist, dem Versicherungsnehmer den hierdurch konkret entstandenen Vermögensschaden im vereinbarten Umfang zu ersetzen.[66] Daher ist diese Produktgestaltung nur im Bereich der Schadensversicherung realisierbar.[67] Sie ist daher typischerweise den Kompositversi-

---

64 Allgemeine Meinung *Henning*, Exzedentenversicherung, S. 36; *Thürmann*, in: FS Hamburger Seminar, 2016, S. 505; *R. Koch*, VersR 2021, 879 f.; *Drave*, VersPrax 6/2017, 35; *Knöfel*, ZIP 2018, 1814; *Schaloske*, PHi 2012, 166.

65 *Henning*, Exzedentenversicherung, S. 18.

66 Vgl. *Armbrüster*, Privatversicherungsrecht, Rn. 465; *Wandt*, Versicherungsrecht, Rn. 765 f.

67 *Henning*, Exzedentenversicherung, S. 18.

cherungen zuzuordnen.[68] Insofern finden die Vorschriften über die Schadensversicherung auf die Exzedentendeckung Anwendung. Inwieweit auch die §§ 77 ff. VVG – insbesondere unter dem Gesichtspunkt der hieraus entstehenden Anzeigepflicht des Versicherungsnehmers – anzuwenden sind, ist umstritten und soll in dieser Arbeit an der relevanten Stelle aufgearbeitet werden.[69]

Innerhalb der Schadensversicherung ist die Exzedentendeckung nicht auf einen bestimmten Versicherungszweig beschränkt und findet daher überall dort Anwendung, wo ein Bedürfnis nach hohen Versicherungssummen besteht.[70] Dies umfasst insbesondere gewerbliche Risiken im Bereich der Haftpflichtversicherung, hierin vor allem Betriebshaftpflicht-[71] und Vermögensschadenhaftpflichtversicherungen[72] sowie D&O-Versicherungen[73], oder der Sachversicherung.[74]

II. Die Bedeutung der Einordnung als Großrisiko

Das VVG dient unter anderem dem Versicherungsnehmerschutz.[75] Hierbei macht es keine Einschränkung danach, ob der Versicherungsnehmer als Verbraucher oder als Unternehmer bei Abschluss der Versicherung tätig ist. Es gewährt unabhängig von der Position des Versicherungsnehmers Schutz durch zwingende und halbzwingende, also nur zulasten des Versicherers verbindliche, Vorschriften.[76]

---

68 Zu den Besonderheiten der Kranken- und Unfallversicherung sowie der Ausgestaltung von Personenversicherungen als Schadensversicherungen s. *Armbrüster*, Privatversicherungsrecht, Rn. 107 f., 479; mit einem solchen Beispiel *Henning*, Exzedentenversicherung, S. 20.

69 Dazu noch unten S. 120 ff.

70 *Henning*, Exzedentenversicherung, S. 18.

71 *Thürmann*, in: FS Hamburger Seminar, 2016, S. 505 ff.

72 *Diller*, AVB-RSW, Einl. Rn. 115 ff.; *Riechert*, Die Berufshaftpflichtversicherung der Rechtsanwälte, Einl. Rn. 51 ff; vgl. zur Exzedentenversicherung als Instrument der Pflichthaftpflichtversicherung *Henning*, Exzedentenversicherung, S. 21 ff.

73 *O. Lange*, D&O-Versicherung und Managerhaftung, § 4 Rn. 29 ff.; *Mitterlechner/Wax/Witsch*, D&O-Versicherung, insbes. § 12 Rn. 124 ff.; *R. Koch*, in: FS Thümmel, 2020, S. 421 ff.; *Knöfel*, VersR 2018, 513 ff.; *ders.*, ZIP 2018, 1814 ff.

74 *Henning*, Exzedentenversicherung, S. 18 ff.; *Schaloske*, in: FS Fürstenwerth, 2020, S. 315.

75 BT-Drucks. 16/3945, S. 47.

76 *Armbrüster*, Privatversicherungsrecht, Rn. 571; *Wandt*, Versicherungsrecht, Rn. 181 ff.

Bei diesem Anliegen handelt es sich nicht um einen Selbstzweck; Versicherungsnehmerschutz ist nur dort angebracht, wo er auch typischerweise gebraucht wird.[77] Das VVG normiert daher, dass in den Bereichen der Großrisiken und laufenden Versicherungen von den die Vertragsfreiheit beschränkenden Vorschriften des VVG abgewichen werden kann. Grund hierfür ist, dass diese beiden Bereiche vornehmlich von Versicherungsnehmern geprägt sind, die hinerichend geschäftskundig sind, sodass sie des Schutzes durch das VVG typischerweise nicht bedürfen.[78] Dies bedeutet aber nicht zugleich, dass das VVG in seiner Gänze keine Anwendung fände. Vielmehr ändert § 210 Abs. 1 VVG den (halb-)zwingenden Charakter der Vorschriften hin zu einem Dispositiven ab.[79] Die Parteien können also durch individualvertragliche Vereinbarung von den (halb-)zwingenden Vorgaben des VVG auch zu Lasten des Versicherungsnehmers abweichen. Fraglich ist dagegen, ob das hierdurch dispositive Gesetzesrecht als Leitbild im Rahmen der Inhaltskontrolle nach § 307 Abs. 2 Nr. 1 BGB in die AVB-Kontrolle einfließen kann. Dies ist streitig.

Hiergegen spreche einerseits die Wertung von § 210 VVG.[80] Soweit das VVG es den Parteien aus Gründen mangelnder Schutzbedürftigkeit offenlasse, ob sie die gesetzlichen Regelungen gelten lassen oder nicht, müssten diese Wertungen auch angesichts einer AVB-Kontrolle nach den §§ 305 ff. BGB berücksichtigt werden. Insoweit bedürfe der typischerweise geschäftserfahrene Versicherungsnehmer auch keines Schutzes durch die Inhaltskontrolle.[81]

Andererseits schließe die Entscheidung des Gesetzgebers den Vorschriften dispositiven Charakter zu verleihen, die Leitbildkontrol-

---

77 *Armbrüster*, Privatversicherungsrecht, Rn. 73, 110 ff.; *Wandt*, Versicherungsrecht, Rn. 188; *Looschelders*, in: MünchKomm VVG, § 210 Rn. 1.

78 BGH, Urt. v. 3.6.1992 – IV ZR 127/91, BGHZ 118, 275 = NJW 1992, 2631, 2632; *Looschelders*, in: MünchKomm VVG, § 210 Rn. 2.

79 BGH, Urt. v. 3.6.1992 – IV ZR 127/91, BGHZ 118, 275 = NJW 1992, 2631, 2632; *Muschner*, in: HK-VVG, § 210 Rn. 1.

80 *Armbrüster*, Privatversicherungsrecht, Rn. 571.

81 *Armbrüster*, Privatversicherungsrecht, Rn. 571; *Wandt*, Versicherungsrecht, Rn. 188.

le nicht aus.[82] Vielmehr sei die Dispositionsmöglichkeit Voraussetzung von § 307 Abs. 2 Nr. 1 BGB. Hinzu trete, dass auch Großrisiko-Versicherungsnehmer einer überragenden Gestaltungsmacht des Versicherers ausgesetzt sein können.[83] Nach anderer Ansicht können also im Anwendungsbereich von § 210 VVG dispositive Vorschriften ein Leitbild bei der Inhaltskontrolle von AVB darstellen.

Diese zweitgenannte Auffassung überzeugt. Denn auch im bei Großrisiken kann das Schutzbedürfnis des Klauselgegners unterschiedlich ausgeprägt sein.[84] Hinzu tritt, dass der Zweck der AGB-Kontrolle, also der Schutz vor der Inanspruchnahme einseitiger Gestaltungsmacht,[85] auch im Großrisikobereich eine Rolle spielt. Mit dieser einseitigen Gestaltungsmacht geht zwar eine Rationalisierung einher, die beiden Vertragsparteien zugute kommt, allerdings wird sich der Klauselgegner schon aufgrund der hohen Transaktionskosten einer näheren rechtlichen und ökonomischen Überprüfung der ihm gestellten Vertragsbedingungen regelmäßig ohne weiteres auf die AGB einlassen.[86] Es erscheint daher zwar angemessen, dem Klauselverwender die grundsätzliche Möglichkeit einzuräumen, gegenüber einem geschäftskundigen Versicherungsnehmer von (halb-)zwingenden Vorschriften des VVG abzuweichen. Demgegenüber kann aber auch der Versicherungsnehmer ein berechtigtes Interesse an der Geltung dieser dispositiven Normen, insbesondere solcher mit grundlegender Schutzfunktion, haben.[87] Diese im Einzelfall gegenläufigen Interessen können sodann in einer Gesamtwürdigung anhand der Schutzbedürftigkeit des Versi-

---

82 BGH, Urt. v. 2.12.1992 – IV ZR 135/91, BGHZ 120, 290 = NJW 1993, 590, 591; Urt. v. 1.12.2004 – IV ZR 291/03, NJW-RR 2005, 394; *Armbrüster*, Privatversicherungsrecht, Rn. 571; *Rixecker*, in: Langheid/Rixecker, VVG, § 210 Rn. 3; *Looschelders*, in: MünchKomm VVG, § 210 Rn. 9; *Klimke*, in: Prölss/Martin, VVG, § 210 Rn. 15; *Armbrüster*, in: FS Hamburger Seminar, 2016, S. 313, 318.

83 Vgl. *Wendland*, Vertragsfreiheit und Vertragsgerechtigkeit, S. 759 ff.; *Armbrüster*, NZA-Beil. 2019, 44, 46 (zum b2b-Geschäft im allgemeinen Zivilrecht).

84 *Armbrüster*, in: FS Hamburger Seminar, 2016, S. 313, 325.

85 S. eingehend *Rieländer*, AGB-Recht im unternehmerischen Rechtsverkehr, § 307 Rn. 5 ff.

86 *Rieländer*, AGB-Recht im unternehmerischen Rechtsverkehr, § 307 Rn. 7.

87 *Grunwald*, Versicherungsverträge über Großrisiken, S. 72 f.

cherungsnehmers im Rahmen der Leitbildkontrolle zu einem angemessenen Ausgleich gebracht werden.[88]

Aus der Einordnung als Großrisiko i.S.v. § 210 VVG folgt, dass die Parteien zwar von den (halb-)zwingenden gesetzlichen Bestimmungen vertraglich abweichen können. Die nach § 210 abdingbaren Vorschriften des VVG sind aber als Leitbilder im Rahmen der Inhaltskontrolle zu achten.

1. Die Einordnung der Exzedentendeckung als Großrisiko

Innerhalb der Großrisiken unterscheidet das VVG zwischen sog. absoluten Großrisiken kraft Sparte (§ 210 Abs. 2 S. 1 Nr. 1 VVG), relativen Großrisiken kraft Sparte (Abs. 2 S. 1 Nr. 2) und den Großrisiken kraft wirtschaftlicher Leistungsfähigkeit (Abs. 2 S. 1 Nr. 3).[89]

Großrisiken kraft Sparte zeichnen sich dadurch aus, dass es hierbei rein auf die Zugehörigkeit der Versicherung zu der betreffenden Sparte ankommt. Exzedentenversicherungen, die diesen Sparten zuzuordnen sind, stellen ohne Weiteres Großrisiken dar. Demgegenüber bedarf es bei den Großrisiken kraft wirtschaftlicher Leistungsfähigkeit weiterer qualifizierender Merkmale, um die Rechtsfolge von § 210 Abs. 1 VVG auszulösen. Anders als § 210 Abs. 2 Nr. 1, 2 VVG wird hier nicht an die Versicherung als Typus, sondern an die Person des Versicherungsnehmers angeknüpft. Demnach entfällt die die Vertragsfreiheit beschränkende Wirkung, wenn der Versicherungsnehmer mindestens zwei der folgenden drei Merkmale erfüllt;

- sechs Millionen zweihunderttausend Euro Bilanzsumme,
- zwölf Millionen achthunderttausend Euro Nettoumsatzerlös oder
- im Durchschnitt pro Wirtschaftsjahr 250 Mitarbeiter.

88 *Grunwald*, Versicherungsverträge über Großrisiken, S. 51; s. auch den Vorschlag von *Armbrüster*, in: FS Hamburger Seminar, 2016, S. 313, 321 ff., 324 ff. auch mit Bezug zu § 310 Abs. 1 S. 2 Hs. 2 BGB.

89 *Armbrüster*, Privatversicherungsrecht, Rn. 110 f.; *Looschelders*, in: MünchKomm VVG, § 210 Rn. 13 f.

Für konzernierte Versicherungsnehmer ist zudem § 210 Abs. 2 S. 2 VVG zu achten.

Da die Exzedentendeckung typischerweise in der Industrieversicherung zu finden ist,[90] wird der Versicherungsnehmer regelmäßig an diese Kennzahlen heranreichen. Dennoch sind Exzedentenversicherungen auch im KMU-Markt bekannt.[91] Gerade in diesem Sektor können die Anforderungen von § 210 VVG im Einzelfall nicht erfüllt sein.

Eine Besonderheit besteht dann, wenn es sich um ein kombiniertes Versicherungsprodukt handelt, das neben einem Großrisiko kraft Sparte auch andere, von § 210 VVG nicht erfasste Risiken deckt. Nach überwiegender Meinung soll § 210 VVG dann in seiner Gänze nicht anwendbar sein.[92] Begründet wird dies mit der anderenfalls drohenden Umgehung der Schutzvorschriften des VVG durch die Aufnahme eines Großrisikos kraft Sparte in einen gemischten Vertrag mit womöglich überwiegenden anderen gedeckten Risiken.[93] Für die Exzedentenversicherung erlangt dies Bedeutung, soweit der Exzedentenvertrag weitergehenden Deckungsschutz verspricht, als die Grunddeckung. Der Exzedentenvertrag könnte dann auch Risiken, die kein Großrisiko sind, erfassen, sodass § 210 VVG nach dem Vorgesagten keine Anwendung fände. Dies könnte im Ergebnis die Layerdeckung sogar konterkarieren. Anstatt einer im Grundsatz einheitlichen Deckung könnten (halb-)zwingende Vorschriften des VVG die Einheitlichkeit der Absprachen vielmehr zunichtemachen. Als Beispiel kann hier die D&O-Versicherung dienen. Ziff. 9.3 AVB-AVG 2013[94] bestimmt, dass der D&O-Versicherungsvertrag

---

90 Zu anderen Anwendungsfälle aber *Henning*, Exzedentenversicherung, S. 24 (freie Berufe), S. 19 (Start-up-Unternehmen).

91 Vgl. Ziff. 4.4 RASTOR Standard D&O KMU, abrufbar unter https://www.rastor-gmbh.de/pages/pdf/I-1-4_KMU_Bedingungen.pdf (zuletzt abgerufen am 3.5.2022) und zuvor auf S. 11.

92 BGH, Urt. v. 24.11.1971 – IV ZR 135/69, VersR 1972, 85; Urt. v. 29.6.1983 – IVa ZR 220/81, VersR 1983, 949; Urt. v. 18.3.2009 – IV ZR 298/06, VersR 2009, 769; *Looschelders*, in: MünchKomm VVG, § 210 Rn. 14; *Freitag*, r+s 2008, 96, 97; anders *Grunwald*, Versicherungsverträge über Großrisiken, S. 35 f. (getrennte Behandlung der Risiken, soweit sie im Vertrag ausdrücklich unterschieden werden).

93 BGH, Urt. v. 24.11.1971 – IV ZR 135/69, VersR 1972, 85, 86; *Looschelders*, in: MünchKomm VVG, § 210 Rn. 14 f.

94 In neueren Fassungen der AVB-AVG und AVB D&O ist die Vereinbarung aufgrund der Rechtsprechung des BGH nicht mehr enthalten.

bei einer Neubeherrschung des Versicherungsnehmers nach gewisser Zeit automatisch erlischt. Diese Regelung weicht zu seinem Nachteil von den §§ 23 ff. VVG ab, weil sie auch bei einer nicht von ihm vorgenommenen Gefahrerhöhung zur sofortigen Beendigung des Versicherungsvertrages führt, und ist daher gem. § 32 VVG unwirksam.[95] Im Anwendungsbereich von § 210 VVG hat § 23 VVG jedoch dispositiven Charakter. Betrifft der Grundversicherungsvertrag also ausschließlich Großrisiken, würde – die Wirksamkeit der Regelung im Einzelfall im Lichte der Leitbildkontrolle nach § 307 Abs. 1 Nr. 2 BGB unterstellt[96] – dieser Vertrag bei einer Neubeherrschung automatisch beendet, während der Exzedentenvertrag, der nicht in den Anwendungsbereich von § 210 VVG fiele, durch Kündigung und mit einmonatiger Frist beendet werden müsste. Der vom Versicherungsnehmer gewünschte Gleichlauf des Exzedententurms würde verfehlt.

In der Praxis wird der Anteil der gezeichneten Großrisiken freilich regelmäßig überwiegen, sodass nach Sinn und Zweck von § 210 VVG eine Ausnahme von seiner Nichtanwendung gemacht werden kann.[97] Im Ergebnis kann das Exzedentenprogramm dann einheitlich behandelt werden.

2. Folge der Einordnung als Großrisiko

Regelmäßig wird es sich also bei einer Exzedentenversicherung um eine solche über ein Großrisiko handeln. Die Beschränkungen der Vertragsfreiheit durch das VVG entfallen hierdurch. Gleichwohl entfalten die Normen weiterhin Wirkung als Leitbilder im Rahmen der

---

95 BGH, Urt. v. 12.9.2012 – IV ZR 171/11, VersR 2012, 1506 Rn. 18; *Voit*, in: Prölss/Martin, VVG, 29. Aufl. 2015, Ziff. 9 AVB-AVG Rn. 2; *Koch*, VersR 2012, 1508, 1509; *Wirth/Kuballa*, r+s 2013, 17, 18.

96 Gegen die Wirksamkeit *Grunwald*, Versicherungsverträge über Großrisiken, S. 176 ff.; *Voit*, in: Prölss/Martin, VVG, 29. Aufl. 2015, Ziff. 9 AVB-AVG Rn. 3; *Koch*, VersR 2012, 1508, 1510; anders *Ihlas*, in: MünchKomm VVG, 320. D&O-Versicherung Rn. 345 ff.; offenlassend *Wirth/Kuballa*, r+s 2013, 17, 18 f.

97 BGH, Urt. v. 24.11.1971 – IV ZR 135/69, VersR 1972, 85, 86; Urt. v. 29.6.1983 – IVa ZR 220/81, VersR 1983, 949, 950; *Muschner*, in: HK-VVG, § 210 Rn. 6; *Looschelders*, in: MünchKomm VVG, § 210 Rn. 14.

AGB-Kontrolle[98] und in den Fällen, in denen die Parteien keine Abrede über einen Umstand getroffen haben und daher auf die gesetzliche Regelung zurückgegriffen werden kann.[99] Zwingend ist dieser Befund jedoch nicht.

Für die Zwecke der hiesigen Untersuchung soll der Umstand des Großrisikos ausgeblendet werden. Gleichwohl darf die besondere Sachkunde, welche die Parteien in der Industrieversicherung mitbringen, sowie die typische Konstellation der Maklerbeteiligung bei Abschluss des Versicherungsvertrages nicht unbeachtet bleiben.

III. Ergebnis

Es fehlen spezielle Vorschriften zur Exzedentenversicherung im VVG. Daher erlangen die allgemeinen Bestimmungen besondere Bedeutung.

Da es sich bei Exzedentenversicherungen um Schadensversicherungen handelt, gelten nicht nur die §§ 1 ff. VVG, sondern insbesondere auch die §§ 74 ff. VVG.

Im Regelfall haben diese Bestimmungen angesichts der Ausnahmen für Großrisiken nach § 210 VVG Leitbildcharakter.

C. Systematik der Exzedentenversicherungen

Die vertragliche Ausgestaltung der Layerdeckung ist vielseitig. Ein Marktstandard hat sich bisher nicht herausbilden können.[100] Gleichwohl können auch abstrahierte Aussagen zu typischen Exzedentenprogrammen und ihrer Klassifizierung (I.), zum üblicherweise Zustandekommen eines Layerprogramms (II.) und der Vertragsverlängerung (III.) sowie zu vor und bei Vertragsschluss zu erfüllenden

---

98 S. zuvor S. 17 ff.

99 BGH, Urt. v. 3.6.1992 – IV ZR 127/91, BGHZ 118, 275 = NJW 1992, 2631, 2632; *Wandt*, Versicherungsrecht, Rn. 188.

100 Vgl. oben S. 4.

Aufgaben, insbesondere der vorvertraglichen Anzeigepflicht (IV.), der Beratung des Versicherungsnehmers (V.) und der Ausfertigung der Versicherungspolice (VI.) getroffen werden.

I. Koordinierte und kapazitätsgebende Programme

In der Praxis kommt die Layerdeckung in einer Vielzahl von Formen und Ausgestaltungen vor.[101] Anzutreffen sind sowohl „einfache“ Gebilde mit einem Grundversicherer und einem aufliegenden Layer mit einem Versicherungsunternehmen, als auch komplexe Strukturen aus vielen Layern mit unterschiedlichen Deckungskonzepten und Sublimits. Dies hängt mit der großen Flexibilität zusammen, welche die vertikale Reihung von Versicherungsverträgen gewährt.[102] Hieraus wird zuweilen gefolgert, dass eine nähere Systematik der Exzedentendeckungen nur schwerlich gefunden werden kann.[103] Aus der bereits aufgezeigten typischen Struktur eines Exzedententurms vermögen Anschlussversicherungen dennoch kategorisiert zu werden. Einen ersten Schritt geht hier *Thürmann*.[104] Sie unterscheidet zwei unterschiedliche Formen der Exzedentendeckung, nämlich einerseits aufeinander abgestimmte, koordinierte Programme und andererseits völlig unabhängig voneinander zusammengestellte Konzepte. Diesen Ansatz gilt es weiter auszudifferenzieren.

1. Koordinierte Programme

Zunächst sind die sog. koordinierten Programme in den Blick zu nehmen. Bei diesen handelt es sich um Exzedentendeckungen, die nicht nur zur Erhöhung der Deckungssumme eingesetzt werden.

---

101 *Henning*, Exzedentenversicherung, S. 35; *Thürmann*, in: FS Hamburger Seminar, 2016, S. 505, 508.

102 S. oben S. 4.

103 *Henning*, Exzedentenversicherung, S. 35; *Thürmann*, in: FS Hamburger Seminar, 2016, S. 505; *Schaloske*, PHi 2012, 166.

104 *Thürmann*, in: FS Hamburger Seminar, 2016, S. 505, 506 f; tendenziell auch *Riechert*, Die Berufshaftpflichtversicherung der Rechtsanwälte, Einl. Rn. 52; *Brand*, in: MünchKomm VVG, § 118 Rn. 18a f.

Ein Beispiel hierfür bietet die Vermögensschadenhaftpflichtversicherung für Vorstände und Aufsichtsräte der Deutschen Bank, in deren Struktur die Tagesordnung der Hauptversammlung 2016 einen Einblick gewährte.[105] Hierin enthalten ist der Deckungsvergleich zwischen den Versicherern des D&O-Versicherungsprogramms und der Deutsche Bank AG, die gegen ihren damaligen, im Programm versicherten Vorstandssprecher Ansprüche erhob.

Das in der Tagesordnung bezeichnete „D&O-Programm 2002“ umfasst eine Grundversicherung und neun Exzedentenlayern. Der Primary stellte eine Deckungssumme von 25 Mio. Euro. Bereits diese Summe wurde aber nicht nur von einem Versicherungsunternehmen bereitgestellt. Stattdessen beteiligten sich zwei Versicherer jeweils hälftig an der Summe und wirkten in Form einer offenen Mitversicherung zusammen. Diese Struktur zeigte sich auch im weiteren Exzedententurm. Die anschließenden Layer gewährten ebenfalls Deckung i.H.v. jeweils 25 Mio. Euro. Auch hieran waren jeweils unterschiedliche Versicherer beteiligt, wobei ein Versicherer als führender Mitversicherer ausgewiesen war. In den höheren Layern stiegen die Deckungssummen hingegen an. So umfasste der siebte und neunte Layer eine Summe von jeweils ca. 50 Mio. Euro, während der achte Layer die Deckung um ca. 200 Mio. Euro erweiterte. Wiederum stellten auch hier mehrere Unternehmen das Kapital bereit; im achten Layer waren mehr als zehn Versicherungsunternehmen vertreten. Im gesamten Turm finden sich auch bei Lloyd's zugelassene Syndikate. Zu beobachten ist weiterhin, dass die Positionen der Versicherer im Turm wechseln. So findet sich dasselbe Versicherungsunternehmen auf unterschiedlichen Layern wieder und übernimmt zuweilen auch die Führungsaufgabe in der Mitversicherung.

Die oben aufgeführte Struktur steht beispielhaft für große Exzedententürme in der Praxis der Industrieversicherung. Die Deckung mit einer Vielzahl aufeinander aufbauender Layer, die sich teils durch

105 Tagesordnung der Hauptversammlung 2016, S. 9 ff., abrufbar unter https://hauptversammlung.db.com/de/docs/HV2016_Tagesordnung_de_2016-03-31.pdf (zuletzt abgerufen am 5.8.2021); s. auch die Beispiele bei *Henning*, Exzedentenversicherung, S. 2; *O. Lange*, D&O-Versicherung und Managerhaftung, § 4 Rn. 45.

erheblich steigende Deckungssummen auszeichnen, sowie die Vielzahl der Versicherer in einem Layer ist typisch.[106] Dabei treten die Versicherer innerhalb eines Layers in Form der offenen Mitversicherung auf.[107] Sie beteiligen sich also einvernehmlich quotal an der Versicherungssumme des Layers und haften im Schadensfall entsprechend ihres Anteils nebeneinander.[108] Der Versicherungsnehmer kann so zusätzliche Layerkapazitäten schaffen, indem er sich zweier Risikoteilungsmöglichkeiten auf Primärebene bedient.[109] Zuweilen sind mehr als zehn Versicherer an einem Programm beteiligt.[110] Sie übernehmen teilweise unterschiedliche Positionen in den Layern und wechseln sich in der Führungsrolle ab, um ein größeres Gleichgewicht in der Repräsentation im Turm herbeizuführen.[111] Da die Beteiligung an Frequenzschäden, also kleinen bis mittleren, aber häufig auftretenden Schäden, in höheren Layern geringer ist und es maßgeblich um die Zurverfügungstellung von Deckungskapital geht, sind die Anforderungen an das Versicherungsunternehmen auch hinsichtlich spezifischen Sachverstandes oder Assistance-Leistungen nicht so hoch wie im Primary Layer. Die so freiwerdenden Kapazitäten können zur summenmäßigen Erweiterung des Layers genutzt werden.[112]

In koordinierten Programmen nutzt der Versicherungsnehmer gezielt den Vorteil, den mehrere Verträge, die miteinander zunächst nicht verknüpft sind, gewähren. Im Gegensatz zur Mitversicherung vermag die Exzedentendeckung auf verschiedene, insbesondere auch internationale Märkte mit verschiedenen Bedingungswerken zurückzugreifen. Auch wenn es sich bei der Mitversicherung zwar

---

106 *R. Koch*, VersR 2021, 879; *Herdter*, VersPrax 10/2012, 201, 202; *Knöfel*, VersR 2018, 513.

107 *Schaloske*, Folgerungen aus der Dornbracht-Entscheidung, S. 15; *R. Koch*, VersR 2021, 879; *Schaloske*, PHi 2012, 166.

108 *R. Koch*, VersR 2021, 879; zur Mitversicherung S. 67 ff.

109 *O. Lange*, D&O-Versicherung und Managerhaftung, § 4 Rn. 45; *Schaloske*, Folgerungen aus der Dornbracht-Entscheidung, S. 15.

110 *Drave*, VersPrax 6/2017, 35; *Knöfel*, VersR 2018, 513.

111 *Thürmann*, in: FS Hamburger Seminar, 2016, S. 505, 507; s. auch *O. Lange*, D&O-Versicherung und Managerhaftung, § 4 Rn. 45.

112 Vgl. Europäische Kommission, Different forms of cooperation between insurance companies and their respective impact on competition, 2016, S. 148, abrufbar unter https://ec.europa.eu/competition/sectors/financial_services/KD0216918ENN.pdf (speziell zu Haftpflichtversicherungsprogrammen von Pharmaunternehmen, zuletzt abgerufen am 3.5.2022).

ebenso um verschiedene Verträge handelt,[113] folgt aus der gemeinsamen Risikoteilung grundsätzlich auch die Einheitlichkeit des Versicherungsschutzes.[114] Dessen bedarf es bei der Deckung in Layern nicht zwingend. Die aufeinander folgende Eintrittspflicht bewirkt lediglich, dass sich die Parteien über die Höhe der vorgehenden Deckungssumme und somit den eigenen Attachment-point im Klaren sein müssen. Keineswegs zwingend ist es jedoch, auch dieselben Risiken zu decken.[115] Daraus folgt zudem, dass die Versicherer nicht denselben Versicherungsmärkten angehören müssen. Dies eröffnet sodann der Layerdeckung die Kombination verschiedener Marktstandards, um Versicherungsschutz zu kreieren, der zuweilen im heimischen Markt gar nicht oder nur zu einer wesentlich höheren Prämie erhältlich ist.[116] Die erfasst auch die Kombination verschiedener Versicherungsfalldefinitionen. Als Beispiel kann die Berufshaftpflichtversicherung für Rechtsanwälte dienen, die auf dem deutschen Markt als Verstoßdeckung, in anderen Jurisdiktionen aber auf Claims-Made Basis gezeichnet wird.[117] Auch durch eine solche Kombination können für den Versicherungsnehmer Deckungsmöglichkeiten entstehen, die ansonsten ohne Einsatz gestaffelter Versicherungsverträge nicht realisierbar wären.

Der Versicherungsnehmer erstellt – zumeist über seinen Versicherungsmakler – aus diesen voneinander abweichenden Deckungskonzepten ein Programm, das seinen Versicherungswünschen und -bedürfnissen gerecht wird.[118] So kann es Risiken geben, die Versicherer nur zu hohen Prämien zu decken bereit sind. Hier kann sich der Versicherungsnehmer aus Kostengründen dazu entscheiden, diese Deckung erst in spätere Layer aufzunehmen.[119] Die vorange-

---

113 So die h.M. s. BGH, Urt. v. 24.3.1954 – VI ZR 114/52, VersR 1954, 249; OLG Bremen, Urt. v. 13.1.1994 – 2 U 104/93, VersR 1994, 709; OLG Hamburg, Urt. v. 19.2.2008 – 6 U 119/07, VersR 2008, 1249; OLG Hamm, Urt. v. 3.11.2010 – 20 U 38/10, VersR 2011, 469; *Schaloske*, Mitversicherung, S. 82; *Armbrüster*, in: Prölss/Martin, VVG, Vorbem. § 77 Rn. 4; *Halbach*, in: MünchKomm VVG, § 77 Rn. 7.

114 *Schaloske*, Folgerungen aus der Dornbracht-Entscheidung, S. 22; vgl. *Schaloske*, Mitversicherung, S. 109 ff.; *Schnepp*, in: Bruck/Möller, VVG, Anh. § 216 Rn. 56.

115 *Thürmann*, in: FS Hamburger Seminar, 2016, S. 505, 507.

116 *Brügge*, in: Veith/Gräfe/Gebert, Der Versicherungsprozess, § 19 Rn. 116 f.

117 *Diller*, AVB-RSW Einl. Rn. 111; *Gräfe*, in: Gräfe/Brügge, Vermögensschadenhaftpflichtversicherung, D. Rn. 307.

118 *Thürmann*, in: FS Hamburger Seminar, 2016, S. 505, 506.

119 *Cullmann*, VW 2009, 1168, 1169.

henden Deckungsstrecken fungieren hinsichtlich dieses Risikos ähnlich wie ein Selbstbehalt.[120] Die Prämie verringert sich durch die zunehmende Entfernung von der Grunddeckung, und somit auch von Frequenzschäden im kleineren und mittleren Bereich.[121] Im Ergebnis reduziert sich der Kostenaufwand für diese Risiken. Dieses Konzept kann der Versicherungsnehmer auch umdrehen. Ohne auf Sublimits zurückgreifen zu müssen, kann er unterschiedliche Deckungssummen für verschiedene Deckungstatbestände vereinbaren.[122] Dies kann erreicht werden, indem einzelne Risiken in nachfolgenden Layern nicht mehr versichert werden. So erhält der Versicherungsnehmer für diesen Deckungstatbestände eine geringere Versicherungssumme als für andere, in allen Layern vereinbarten Tatbestände.

Im Ergebnis erhält der Versicherungsnehmer durch die Versicherung in Layern also Deckung, die nicht nur hinsichtlich der Versicherungssumme, sondern auch der gedeckten Gefahren seinen Anforderungen entspricht und gegenüber anderen Formen der Risikoteilung günstiger sein dürfte. Diesen Vorteilen steht indes eine wesentlich erhöhte Komplexität des Versicherungsschutzes gegenüber.[123] Zunächst bedarf es schon zur Erstellung eines solchen koordinierten Programms erheblichen Sachverstands und eines sehr guten Marktüberblicks.[124] Der vom Versicherungsnehmer beauftragte Makler muss nicht nur mit bekannten Versicherern des heimischen Marktes, sondern auch mit fremden Märkten in Kontakt treten. Zudem muss die eigene Risikoanalyse und -bewertung sehr genau sein, um die Möglichkeiten verschiedener Sublimits oder Deckungssummen voll auszunutzen.[125] Letztlich muss ein derart komplexes Programm auch den beteiligten Versicherern erläutert werden, wenngleich ihre Bindung aufgrund der besonderen Struktur der

---

[120] Zur Frage der Qualifikation der vorangehenden Versicherungssumme s. S. 116 f.

[121] *O. Lange*, D&O-Versicherung und Managerhaftung, § 4 Rn. 32; *Knöfel*, ZIP 2018, 1814, 1816.

[122] *Thürmann*, in: FS Hamburger Seminar, 2016, S. 505, 507; *Schaloske*, PHi 2012, 166, 169.

[123] *Schaloske*, in: FS Fürstenwerth, 2020, S. 315, 316; zur Kombination verschiedener Versicherungsfalldefinitionen sodann *ders.*, PHi 2012, 166, 169.

[124] *Mitterlechner/Wax/Witsch*, D&O-Versicherung, § 12 Rn. 126; vgl. zur Mitversicherung *Schaloske*, Folgerungen aus der Dornbracht-Entscheidung, S. 19 f.

[125] Zu den Gefahren verschiedener Versicherungsfalldefinitionen *Diller*, AVB-RSW, Einl. Rn. 111; *Schaloske*, PHi 2012, 166, 169.

Exzedentendeckung nur partiell über die „übliche" vertragliche Verpflichtung hinausgeht.

Auch die Verwaltung des Programmes bereitet einige Schwierigkeiten. So verlängern sich gerade große D&O-Versicherungsprogramme automatisch um ein Jahr, sofern nicht eine Partei kündigt.[126] Fehlt eine solche Vereinbarung oder kündigt ein Beteiligter finden sich die Parteien zu Beratungsgesprächen (sog. Renewal) zusammen, um zu entscheiden, ob der Vertrag inhaltlich geändert, gekündigt oder unverändert fortgesetzt wird.[127] Gerade Fragen des Ausscheidens und des Ersatzes eines Versicherers innerhalb des Turmes führen zu erheblichen Schwierigkeiten, da die so entstandene Lücke durch zumindest gleichwertigen und sich ebenso in die Gesamtstruktur einfügenden Versicherungsschutz geschlossen werden muss.[128] Hierbei ist zu beachten, dass der Rückgriff auf andere Märkte auch dazu führt, dass die angebotene Deckung gegebenenfalls nicht ohne weiteres neu beschafft werden kann. Selbst bei weniger komplexen Layerdeckungen bereitet das Ausscheiden oder die Ersetzung eines Beteiligten Probleme.[129] Denn auch eine veränderte Marktlage oder Gesetzesvorgaben können dazu führen, dass eine entstandene Lücke nur mit erheblichem Aufwand geschlossen werden kann. Diese Schwierigkeiten setzen sich im Schadensfall fort. Durch die Beteiligung vieler Versicherer mit unterschiedlichen Deckungskonzepten und -tatbeständen werden Interessenkollisionen verstärkt.[130] Zudem soll der Versicherungsnehmer gegenüber jedem Beteiligten gesondert Anzeige- und Auskunftspflichten erfüllen.[131] Letztlich muss der Versicherungsnehmer die an den Schadensfall anschließenden Verhandlungen mit allen Versi-

---

126 *Mitterlechner/Wax/Witsch*, D&O-Versicherung, § 8 Rn. 28 f. (mit Klauselbeispiel B-2.1 AVB D&O 2019); *Sieg*, in: MAH VersR, § 17 D&O-Versicherung Rn. 125 f.

127 *O. Lange*, D&O-Versicherung und Managerhaftung, § 22 Rn. 34; *Knöfel*, ZIP 2018, 1814, 1822.

128 *Drave*, VersPrax 6/2017, 35, 36; *Knöfel*, ZIP 2018, 1814, 1822.

129 *Knöfel*, ZIP 2018, 1814, 1822; aus Sicht der Praxis ist dieser Umstand jedoch regelmäßig weniger gewichtig; gerade in hohen Layern kann der Makler häufig geeignete Versicherer zur Lückenschließung finden. Eine ordnungsgemäße Vertragsverwaltung des Maklers verhindert zudem, dass unerwartete Deckungslücken auftreten.

130 *Thürmann*, in: FS Hamburger Seminar, 2016, S. 505, 515 ff.; *Knöfel*, ZIP 2018, 1814, 1816; *Schaloske*, PHi 2012, 166, 169.

131 *O. Lange*, D&O-Versicherung und Managerhaftung, § 4 Rn. 33; *Drave*, VersPrax 6/2017, 35, 36; *Knöfel*, ZIP 2018, 1814, 1817; *Schaloske*, PHi 2012, 166, 172; hierzu unten S. 46 ff. (Anzeigepflicht), S. 114.

cherern führen und idealerweise mit allen Beteiligten einen Kompromiss finden.[132] Dabei kann es dazu kommen, dass gerade nachgerückte Versicherer sich auf eigene Leistungsausschlüsse oder Rückwirkungen berufen und den Versicherungsnehmer so in einen „Mehrfrontenkrieg" verwickeln.[133] All dies stellt eine erhebliche Hürde in der praktischen Umsetzung eines koordinierten Exzedentenprogramms dar.

2. Kapazitätsgebende Programme

Von diesen koordinierten Programmen können solche, die lediglich die zur Verfügung stehende Deckungssumme erhöhen sollen, unterschieden werden. Bei diesen kommt es dem Versicherungsnehmer nicht vorrangig darauf an, durch die Kombination verschiedener Versicherungsverträge ein spezifisches Gesamtgebilde hinsichtlich der versicherten Risiken zu schaffen. Vielmehr soll die Möglichkeit der Nacheinanderreihung der Verträge maßgeblich dazu dienen, die Deckungsstrecke zu verlängern, also die maximal zur Verfügung stehende Versicherungssumme zu erhöhen. Inhaltlich soll der Versicherungsschutz durch die Layer gerade nicht abweichend gestaltet, sondern im besten Falle identisch sein. Solche Programme kommen unter anderem für ganze Branchen einheitlich vor, so beispielsweise in der Chemieindustrie.[134]

Ein Beispiel für ein kapazitätsgebendes Programm im Einzelfall, also ohne Bezug zu einer ganzen Branche, findet sich in einem Sachverhalt, der dem OLG Düsseldorf zur Entscheidung vorlag; dort bestand eine D&O-Versicherung in der Grundversicherung i.H.v. 7,5 Mio. Euro und eine Anschlussversicherung bei einem Lloyd's Syndikat i.H.v. 2,5 Mio. Euro.[135] Die Erhöhung der De-

---

132 *Thürmann*, in: FS Hamburger Seminar, 2016, S. 505, 515 ff.

133 *Knöfel*, ZIP 2018, 1814, 1815; *Schenck*, NZG 2015, 494, 498 f.

134 S. https://www.chemanager-online.com/news/haftpflicht-exzedentenprogramm-fuer-die-chemiebranche (zuletzt abgerufen am 3.5.2022).

135 OLG Düsseldorf, Urt. v. 13. 12. 2019 – 4 U 23/18, r+s 2020, 271 Rn. 2, obgleich sich aus der Formulierung des Vergleichsvertrages ergibt, dass möglicherweise auch weitere, im Urteil nicht genannte Exzedenten im Turm anzutreffen waren, s. *ebd.*, Rn. 9.

ckungssumme erreicht der Versicherungsnehmer hier bereits durch die Vereinbarung von Exzedentenverträgen als solchen.

Der inhaltlichen Korrespondenz dienen hingegen sog. Followingform Abreden (auch: Bezugnahmeklauseln)[136] in Exzedentenverträgen. Sie nehmen Bezug auf die vorliegende Deckung und machen die dortigen Abreden zum Gegenstand auch des Exzedentenvertrages.[137] Konsequent durch die Layer vereinbart, kann der Text des Grundvertrages auf diese Weise in jeden Exzedentenvertrag übernommen werden. Idealerweise treffen die Parteien der Exzedentenverträge auch keine weiteren Abreden hinsichtlich der gedeckten Risiken, sodass keine Zweifel an der Übereinstimmung des Deckungsumfangs mit der vorangehenden Versicherung aufkommen.[138] Voraussetzung hierfür ist, dass die Layerversicherer die Bedingungen der Grunddeckung auch akzeptieren. Daher wird im Primary-Vertrag zumeist der Marktstandard vereinbart, wenngleich dies nicht zwingend ist.

Im Gegensatz zu koordinierten Programmen verzichtet der Versicherungsnehmer also auf die Abweichungen in den gedeckten Tatbeständen in den Layern. Dies vereinfacht den Abschluss und die Verwaltung des Exzedentenprogramms für seinen Versicherungsmakler, geht aber zu Lasten der Flexibilität und Variabilität der Deckung. Der Koordinationsaufwand des Versicherungsmaklers bzw. Versicherungsnehmers reduziert sich also vorrangig auf die korrekte Aneinanderreihung der Verträge, sodass die Deckungssummen nahtlos aneinander anschließen. Dennoch erhält sich der Versicherungsnehmer des Vorteils der Prämienersparnis, da die Layerverträge sich auch weiterhin von der Grunddeckung entfernen. Daher steigt aus Sicht des Layerversicherers auch der „Selbstbehalt“ des

---

136 Zur Zulässigkeit, Ausgestaltung und Wirkung noch ausführlich S. 129 ff.

137 *Henning*, Exzedentenversicherung, S. 37; 60 f.; *R. Koch*, in: FS Thümmel, 2020, S. 421, 430; *ders.*, VersR 2021, 879, 881; *R. Koch*, VersR 2021, 879, 881; *Schaloske*, PHi 2012, 166, 168; s. dazu eingehend ab S. 134 ff.

138 *Riechert*, Die Berufshaftpflichtversicherung der Rechtsanwälte, Einl. Rn. 52; *Brand*, in: MünchKomm VVG, § 118 Rn. 18a.

Versicherungsnehmers und es wird die Beteiligung an kleinen oder mittleren Frequenzschäden vermieden.[139]

Diese Ausgestaltung stellt den Hauptanwendungsfall der in der Literatur diskutierten oder von der Rechtsprechung entschiedenen Layerversicherung dar.[140]

Beide Modelle stehen sich in der Praxis indes nicht streng gegenüber. Sie stellen vielmehr die beiden Extrempunkte eines variablen Systems dar und der Großteil der tatsächlich vereinbarten Layerprogramme dürfte zwischen ihnen liegen. Im Regelfall strebt der Versicherungsnehmer zwar unterschiedliche Sublimits und Deckungssummen für bestimmte Tatbestände an, hinsichtlich der gedeckten Risiken wird aber eine Following-form Deckung bevorzugt. So kann das Programm in mancher Hinsicht auch bezüglich des Deckungsumfangs auf spezielle Bedürfnisse zugeschnitten werden, die Komplexität hält sich aber in einem vertretbaren Rahmen bei gleichzeitiger Erhöhung der Deckungssumme. Ein nicht gänzlich following-form gezeichneter Exzedententurm kann also nicht als „kranke Deckung“ [141] bezeichnet werden, ohne dass zugleich die Motivation des Versicherungsnehmers und seine Versicherungsbedürfnisse betrachtet werden.

3. Zwischenergebnis

Exzedentenprogramme können in koordinierte und kapazitätsgebende Programme systematisiert werden. Der wesentliche Unterschied liegt in den versicherten Risiken und sohin auch der Vereinbarung einer Following-form Versicherung.

In dieser Untersuchung wird eine im Wesentlichen following-form gezeichnete Deckung im Vordergrund stehen. Gleichwohl wird die

---

[139] *O. Lange*, D&O-Versicherung und Managerhaftung, § 4 Rn. 32; *Knöfel*, ZIP 2018, 1814, 1816; *Schaloske*, PHi 2012, 166.

[140] Vgl. die gewählten Beispiele bei *Henning*, Exzedentenversicherung, S. 35; *O. Lange*, D&O-Versicherung und Managerhaftung, § 4 Rn. 29, 34 ff.; *Schaloske*, PHi 2012, 166, 167.

[141] Vgl. den Verweis bei *Knöfel*, ZIP 2018, 1814, 1822 bei Fn. 185.

Differenzierung in koordinierte und kapazitätsgebende Programme eine wichtige Bedeutung bei der rechtlichen Analyse darstellen.[142]

II. Zustandekommen

Im Rahmen des Zustandekommens von Layerdeckungen können grundsätzlich zwei verschiedene Situationen unterschieden werden. Zunächst kann die Erstellung eines Layerprogramms von vornherein beabsichtigt werden. In diesem Falle gehen die Parteien bereits im vorvertraglichen Stadium davon aus, dass an den Grundvertrag noch weitere Verträge anschließen sollen. Hierneben gibt es aber auch Fälle, in denen erst im Laufe der Vertragsdurchführung das Bedürfnis nach einer höheren Deckungssumme gewahr wird. Hat der Versicherungsnehmer bzw. sein Makler dann nicht die Möglichkeit die Versicherungssumme des bestehenden Vertrages zu erhöhen, oder hat er hieran kein Interesse, so liegt die nachträgliche Vereinbarung einer Anschlussversicherung nahe.[143]

Eine weitere Unterteilung entsteht, wenn die maßgebende Figur der Vertragsverhandlungen ins Auge gefasst wird. So entstehen gelayerte Programme typischerweise auf zwei Arten; einerseits kann eine Layerdeckung maßgebend durch den Makler des Versicherungsnehmers bzw. im Einzelfall auch den Versicherungsnehmer selbst, andererseits aber auch durch den oder die beteiligten Versicherer gestaltet werden. Diese Unterscheidung hat Auswirkungen auf die Art und Weise des Zustandekommens der Layerdeckung.

1. Originär gelayertes Programm

Originär gelayerte Programme zeichnen sich dadurch aus, dass bereits im vorvertraglichen Stadium feststeht, dass die Deckungssumme nicht nur durch einen Versicherungsvertrag, sondern durch

142 Insbesondere im Rahmen der Auslegung der Verträge, s. ab S. 219 ff.

143 Vgl. *v. Rintelen*, in: Späte/Schimikowski, Haftpflichtversicherung, Ziff. 1 AHB Rn. 6 (Großbauprojekt); *Brügge*, in: Veith/Gräfe/Gebert, Der Versicherungsprozess, § 19 Rn. 114 (zur Anschlussdeckung bei Mindestversicherungssummen in Pflichtversicherungen).

mehrere aneinander anschließende Verträge bereitgestellt werden soll. Das gesamte Exzedentenprogramm soll folglich en bloc abgeschlossen werden.[144] Dieser frühzeitige Entschluss eröffnet die Möglichkeit der Implementierung eines koordinierten Layerprogramms, da der Versicherungsnehmer bereits vor Vertragsschluss verschiedene Deckungstatbestände und Sublimits den einzelnen Layern zuweisen kann. Ein solcher komplexer Aufbau ist nach dem Abschluss des Grundversicherungsvertrages und möglicherweise bereits einiger Anschlussverträge ansonsten nur schwerlich möglich, wenngleich auch nicht undenkbar.

Bei der Erstellung eines originären Programms steht regelmäßig der Makler des Versicherungsnehmers im Vordergrund.[145] Indes kann auch ein beteiligter Versicherer die Organisation des Turmes übernehmen.

a. Erstellung durch den Versicherungsmakler oder den Versicherungsnehmer selbst

aa) Interessen am Einsatz eines Versicherungsmaklers

Ein Großteil der Zeichnung industrieller Risiken kommt unter Beteiligung eines Versicherungsmaklers zustande.[146] Da viele Unternehmen keinen eigenen Sachverstand für Versicherungsfragen bereithalten, sind sie auf externe Hilfe angewiesen, die der Makler bereitstellt.[147] Dieses Vorgehen bietet gegenüber der Unterstützung durch einen, mit ebenso viel Sachverstand versehenen Versicherer wesentliche Vorteile. Zunächst steht der Versicherer aus Sicht des Versicherungsnehmers auf der Vertragsgegenseite.[148] Dies gilt selbst dann, wenn der Versicherer die Interessen des Versiche-

---

144 Vgl. *v. Rintelen*, in: Späte/Schimikowski, Haftpflichtversicherung, Ziff. 1 AHB Rn. 6.

145 *Henning*, Exzedentenversicherung, S. 56; *Drave*, VersPrax 6/2017, 35, 37 (häufig unter Beteiligung von Maklern); *Wiegels*, ZfV 2010, 252, 253; allgemein *Brinkmann*, in: Beiträge über den Versicherungsmakler, 1993, S. 65, 67 f.

146 *Armbrüster*, Privatversicherungsrecht, Rn. 751; *C. Schneider*, r+s 2012, 417; *Wiegels*, ZfV 2010, 252, 253.

147 *Brinkmann*, in: Beiträge über den Versicherungsmakler, 1993, S. 65, 73 f.; vgl. *Wendt*, VersR 2019, 257, 261 (zu den Aufgaben des Maklers, von denen sich der Versicherungsnehmer aufgrund seiner mangelnden Kenntnisse zu entledigen sucht).

148 *Schaloske*, Mitversicherung, S. 42; *ders.*, VersR 2007, 606.

rungsnehmers in den Verhandlungen mit anderen Versicherern vertritt. Vor dem Hintergrund der bestehenden Doppelstellung des Versicherers besteht die Besorgnis von Interessenkonflikten.[149] Diese Sorge besteht bei der Einschaltung eines Maklers grundsätzlich nicht. Zudem kann der Makler selbst dann die durch die Layerung geschaffene Konkurrenzsituation herstellen, wenn ein beauftragter Versicherer die Nacheinanderreihung von Verträgen nicht für notwendig erachten würde, und durch die so gewonnene Verhandlungsposition eine günstigere Prämie aushandeln.[150] Letztlich können durch dieses Vorgehen die Kompetenzen verschiedener Gesellschaften gezielt gebündelt werden, um die jeweiligen Stärken der Versicherer komplementär einzusetzen.[151]

bb) Rechtsbeziehung zwischen Makler und Versicherungsnehmer

Mit dem Makler schließt der Versicherungsnehmer einen Maklervertrag. Nach § 59 Abs. 3 S. 1 VVG handelt es sich bei Versicherungsmaklern um Personen, die gewerbsmäßig für den Auftraggeber die Vermittlung oder den Abschluss von Versicherungsverträgen übernehmen, ohne von einem Versicherer oder Versicherungsvertreter damit betraut zu sein. Der Maklervertrag stellt einen gemischttypischen Vertrag in Form eines Geschäftsbesorgungsvertrages mit andersartiger Gegenleistung dar.[152] Aus diesem ist der Makler verpflichtet, dem Versicherungsnehmer den passendsten Versicherungsschutz zu vermitteln.[153] In der Industrieversicherung ist es zudem üblich, dass der Makler auch darüber hinaus die Ermittlung des Risikos übernimmt, den Vertrag im Namen des Versicherungsnehmers aushandelt und so den Versicherungsschutz aktiv mitgestaltet.[154]

---

149 Vgl. *Schaloske*, Mitversicherung, S. 42 (zur Mitversicherung).

150 Vgl. *Schaloske*, Mitversicherung, S. 47 (zur Mitversicherung).

151 *Cullmann*, VW 2009, 1168, 1169 f.; vgl. *Schaloske*, Mitversicherung, S. 47 (zur Mitversicherung).

152 *H. Dörner*, in: Prölss/Martin, VVG, § 59 Rn. 70, s. auch *Wandt*, Versicherungsrecht, Rn. 436 ff.

153 BGH, Urt. v. 22.5.1985 – IVa ZR 190/83, BGHZ 94, 356 = NJW 1985, 2595; Urt. v. 10.3.2016 – I ZR 147/14, BGHZ 209, 256 = NJW 2016, 3366 Rn. 18; *H. Dörner*, in: Prölss/Martin, VVG, § 59 Rn. 72.

154 OLG Hamm, Urt. v. 3.11.2010 – I-20 U 38/10, VersR 2011, 469, 470; *Schaloske*, Folgerungen aus der Dornbracht-Entscheidung, S. 22 f.; *C. Schneider*, r+s 2012, 417.

Der Versicherungsmakler ist, im Unterschied zum Handelsmakler, nicht neutral.[155] Er ist vielmehr Interessenvertreter und treuhänderähnlicher Sachwalter des Versicherungsnehmers.[156] Der Makler ist mit umfassender Vollmacht i.S.v. § 164 Abs. 1 BGB ausgestattet, sodass er vertragsbezogene Willenserklärungen oder geschäftsähnliche Handlungen in Vertretung für den Versicherungsnehmer vornehmen kann.[157] Auf der anderen Seite muss der Versicherungsnehmer sich das Wissen des Maklers, das dieser in seiner Rolle als Makler erhält, gem. § 166 Abs. 1 BGB zurechnen lassen.[158]

cc) Einfluss des Maklers auf die Layerversicherung

Der Makler ist zunächst gehalten, Informationen über das zu versichernde Risiko des Versicherungsnehmers einzuholen.[159] Mit diesen muss er sodann an die (Exzedenten-)Versicherer herantreten. Er kontaktiert die Versicherer und stellt ihnen die nötigen Risikoinformationen zur Verfügung, diese geben anhand dessen ein Angebot ab.[160] Hierin enthalten sind Informationen zur Bereitschaft zur Übernahme von Führungspositionen, Attachment-point und Following-form. Je nach angestrebter Gestaltungsform der Layerdeckung kann der Makler dazu angehalten sein, bereits die Grundbedingungen zur Verfügung zu stellen, sodass die Versicherer Aussagen über die Following-form Deckung treffen können. Im Gegensatz zur Mitversicherung[161] muss der Versicherungsnehmer oder sein Makler aber das Verhandlungsergebnis, insbesondere hinsichtlich der Prämie, mit den anderen potenziellen Versicherern aber nicht offenlegen.

---

155 BGH, Urt. v. 22.5.1985 – IV a ZR 190/83, BGHZ 94, 356 = NJW 1985, 2595 (sog. Sachwalterurteil); *Armbrüster*, Privatversicherungsrecht, Rn. 762.

156 BT-Drucks. 16/1935, S. 22 f.; BGH, Urt. v. 22.5.1985 – IV a ZR 190/83, BGHZ 94, 356 = NJW 1985, 2595; OLG Saarbrücken, Urt. v. 5.3.2021 – 5 U 37/20, NJW-RR 2021, 900 Rn. 12; *Reiff*, in: MünchKomm VVG, § 59 Rn. 43; *Dörner*, in: Prölss/Martin, VVG, § 59 Rn. 72a.

157 *Armbrüster*, Privatversicherungsrecht, Rn. 699; *H. Dörner*, in: Prölss/Martin, VVG, § 59 Rn. 78.

158 *Armbrüster*, Privatversicherungsrecht, Rn. 762; *H. Dörner*, in: Prölss/Martin, VVG, § 59 Rn. 142.

159 Mit Beispielen *Armbrüster*, Privatversicherungsrecht, Rn. 765; *Henning*, Exzedentenversicherung, S. 57.

160 *Schaloske*, Mitversicherung, S. 48; *Henning*, Exzedentenversicherung, S. 57.

161 *Schaloske*, Folgerungen aus der Dornbracht-Entscheidung, S. 23.

Üblich ist dabei der Turmbau ausgehend von der Grundversicherung, also „von unten nach oben". Dies ist insbesondere dann der Fall, wenn die Layerung maßgeblich zur Erhöhung der Versicherungssumme eingesetzt werden soll und daher typischerweise Following-form gezeichnet ist.

Ebenso ist aber auch möglich, dass die Layer gleichzeitig entstehen. Dies kann gerade dann der Fall sein, wenn die beteiligten Versicherer, was gerade bei großen Programmen üblich ist, in mehreren Layern auftauchen.[162] Durch die Wiederholung der auftretenden Gesellschaften entsteht so eine Vereinheitlichung der versicherten Risiken in den Layern, die in anderen Fällen des gleichzeitigen Zustandekommens nur schwerlich realisierbar ist.

dd) Umgang mit Maklerbedingungen

Die Beteiligung des Maklers bei der Vertragsverhandlung hat häufig auch Auswirkungen auf die vereinbarten Bedingungen. Zumeist folgt im Industrieversicherungsbereich auf die Ermittlung und Zusammenfassung des Risikos des Versicherungsnehmers auch die Ausarbeitung der Bedingungen durch den Makler.[163] Maklerkonzepte oder Makler-Wordings sind dabei, aufgrund der Stellung des Maklers, grundsätzlich der Sphäre des Versicherungsnehmers zuzurechnen.[164] Sie bieten den Vorteil, dass Konkurrenten unter Umständen eher bereit sind, vom Makler entwickelte Konzepte following-form zu zeichnen, als die Bedingungen eines anderen Marktteilnehmers zu übernehmen. Denn auch wenn die Versicherer im selben Exzedententurm aufkommen, handelt es sich dennoch grundsätzlich um Konkurrenten am Markt.

Hinsichtlich dieser vom Makler entworfenen oder in den Vertrag eingebrachten Bedingungen besteht Streit darüber, ob es sich um AVB i.S.v. § 305 Abs. 1 S. 1 BGB handelt und wer – bejahendenfalls – ihr Verwender ist. Dies ist bedeutsam für die Frage, ob und zu wessen Lasten die AGB-Kontrolle i.S.d. §§ 305 ff. BGB erfolgt.

---

[162] Zu Rechtsfolgen dieser Konstellation eingehend noch S. 265 ff.

[163] *Schaloske*, Folgerungen aus der Dornbracht-Entscheidung, S. 56 f.; *Stancke*, VersR 2012, 1346.

[164] BGH, Beschl. v. 22.7.2009 – IV ZR 74/08, VersR 2009, 1477; *Thiel*, r+s 2011, 1, 2.

Hierbei sind zwei unterschiedliche Fragestellungen zu unterscheiden. Einerseits ist fraglich, welche Partei die Bedingungen „stellt", also ihr Verwender ist. Sodann ist zu fragen, ob regelmäßig zu erwarten ist, dass die Parteien die Bedingungen ernstlich zur Disposition stellen, mit dem Ergebnis, dass sie im Einzelnen ausgehandelt und daher keine AGB i.S.v. § 305 Abs. 1 BGB sind.[165]

Nach einer Ansicht sind vom Makler vorformulierte Bedingungen dem Versicherungsnehmer zuzurechnen. Aufgrund seiner Stellung in der Sphäre des Versicherungsnehmers sei dieser daher Verwender der AVB.[166] Hierfür spreche, dass § 305 Abs. 1 S. 1 BGB lediglich voraussetzt, dass eine Vertragspartei die Bedingungen stellt, ohne deutlich zu machen, dass dieser unternehmerisch Handeln muss.[167] Hinzu komme dem Versicherungsnehmer gerade im Industriesektor eine so erhebliche Verhandlungsposition zu, sodass er, unter Zuhilfenahme eines Maklers dem Versicherer einseitig Vertragsbedingungen vorschreiben könne.[168] So könne der Makler ohne weiteres einen anderen Risikoträger finden, soweit der Verhandlungspartner nicht mit den vorgegebenen Bedingungen einverstanden ist, weshalb der Versicherer die Vorgaben seines Verhandlungspartners regelmäßig akzeptieren müsse.[169] Im Ergebnis sei der Versicherungsnehmer daher Verwender von AVB, sodass die Kontrolle nach den §§ 305 ff. BGB zu seinen Lasten erfolge.

Nach anderer Ansicht handelte es sich bei Maklerwordings schon nicht um AVB, da der Versicherer regelmäßig die reale Möglichkeit habe auf die Bedingungen Einfluss zu nehmen und sie nur nach sachkundiger Prüfung akzeptieren werde.[170] Die Bedingungen seien

---

165 BGH, Urt. v. 18.4.2002 – VII ZR 192/01, BGHZ 150, 299 = NJW 2002, 2388, 2389; Urt. v. 23.6.2015 – VII ZR 92/14, NJW 2015, 1952 Rn. 33; *Basedow*, in: MünchKomm BGB, § 305 Rn. 35.

166 *Schramm*, Anspruchserhebungsprinzip, S. 75; *Schaloske*, Folgerungen aus der Dornbracht-Entscheidung, S. 61; *Pohlmann*, in: Looschelders/Pohlmann, VVG, Vorbem. B Rn. 17; *Basedow*, in: MünchKomm BGB, § 305 Rn. 22; *Graf v. Westphalen*, NJW 2010, 2254 f.

167 *Basedow*, in: MünchKomm BGB, § 305 Rn. 22; *Reiff*, in: MünchKomm VVG, 50. AVB Rn. 8.

168 *Schaloske*, Folgerungen aus der Dornbracht-Entscheidung, S. 62; *Langheid/Müller-Frank*, NJW 2010, 344; *Thiel*, r+s 2011, 1, 6; einschränkend *Reiff*, in: MünchKomm VVG, 50. Allgemeine Versicherungsbedingungen Rn. 8 („seltene Fälle").

169 *Thiel*, r+s 2011, 1, 6.

170 *Armbrüster*, in: Prölss/Martin, VVG, Einl. Rn. 20; *Beckmann*, in: VersR-Hdb., § 10 AVB und AGB-Recht Rn. 48; in diese Richtung *Hösker*, VersR 2011, 29, 36 f.

daher regelmäßig im Einzelnen ausgehandelt i.S.v. § 305 Abs. 1 S. 3 BGB. Auf das Merkmal des „Stellens“ komme es sohin nicht an.

Zunächst ist festzuhalten, dass es für die Frage der Vorformulierung für eine Vielzahl von Verträgen nicht auf die Person des Versicherungsnehmers ankommt. Vielmehr bedient er sich des Sachverstands des Maklers und macht sich damit dessen Bedingungen zu eigen, weshalb er sich an den für diesen geltenden Maßstäben messen lassen muss.[171] Daher genügt es, dass der Versicherungsnehmer die Bedingungen für nur einen Vertrag nutzen möchte, solange bei Zurechnung des Maklerverhaltens die Voraussetzungen von § 305 Abs. 1 BGB erfüllt sind.

Sodann erfolgt die Feststellung der Verwendereigenschaft in Versicherungsbedingungen, insoweit ist der erstgenannten Auffassung zuzustimmen, zunächst anhand hergebrachter Merkmale. Zu fragen ist also, ob der Versicherungsnehmer die den wesentlichen Inhalt der gesetzlichen Regelung ändernden oder ergänzenden Bestimmungen des Maklers inhaltlich ernsthaft zur Disposition stellt und dem Versicherer Gestaltungsfreiheit zur Wahrung eigener Interessen einräumt mit zumindest der realen Möglichkeit, die inhaltliche Ausgestaltung der Vertragsbedingungen zu beeinflussen.[172] Soweit der Versicherungsmakler für den Versicherungsnehmer eigene Bedingungen entwickelt und diese schließlich dem Vertrag zugrundegelegt werden, ist der Versicherer jedenfalls nicht als ihr Verwender anzusehen.[173] Vielmehr ist das Verhalten grundsätzlich dem Versicherungsnehmer zuzurechnen, sodass dieser Verwender der in den Vertrag eingebrachten Bedingungen ist. Hierfür sprechen zudem

---

[171] BGH, Urt. v. 17.2.2010 – VIII ZR 67/09, BGHZ 184, 259 = NJW 2010, 1131 Rn. 10; *Schaloske*, Folgerungen aus der Dornbracht-Entscheidung, S. 60 f.; *Pohlann*, in: Looschelders/Pohlmann, VVG, Vorbem. B. Rn. 20; *Golz*, VersR 2011, 727; *Hösker*, VersR 2011, 29, 33 f.; *Thiel*, r+s 2011, 1, 2.

[172] BGH, Urt. v. 23.1.2003 – VII ZR 210/01, BGHZ 153, 311 = NJW 2003, 1805, 1807; Urt. v. 3.4.1998 – V ZR 6/97, NJW 1998, 2600, 2601; Beschl. v. 19.3.2019 – XI ZR 9/18, NJW 2013, 1668 Rn. 14; *Grüneberg*, in: Grüneberg, BGB, § 305 Rn. 20; *Ulmer/Habersack*, in: Ulmer/Brandner/Hensen, AGB-Recht, § 305 Rn. 47 f.; *v. Westphalen*, NJW 2009, 2977, 2981.

[173] H.M. BGH, Beschl. v. 22.7.2009 – IV ZR 74/08, VersR 2009, 1477 Rn. 2; *Schramm*, Anspruchserhebungsprinzip, S. 75; *Basedow*, in: MünchKomm BGB, § 305 Rn. 22; *Reiff*, in: MünchKomm VVG, 50. Allgemeine Versicherungsbedingungen Rn. 8; *Armbrüster*, in: Prölss/Martin, VVG, Einl. Rn. 20; *Beckmann*, in: VersR-Hdb., § 10 AVB und AGB-Recht Rn. 48; *Thiel*, r+s 2011, 1, 3; *v. Westphalen*, NJW 2010, 2254.

auch die Ziele der AGB-Kontrolle. Ihr Zweck ist es, zum Ausgleich ungleicher Verhandlungspositionen und damit zur Sicherung der Vertragsfreiheit Schutz und Abwehr gegen die Inanspruchnahme einseitiger Gestaltungsmacht durch den AGB-Verwender zu gewährleisten.[174] Diese einseitige Gestaltungsmacht nimmt der Versicherungsnehmer jedoch in Anspruch, sofern er die Maklerbedingungen zum Gegenstand des Vertrags machen will. Im Grundsatz sind Maklerbedingungen daher als AVB des Versicherungsnehmers anzusehen.

Dies gilt jedoch nur dort, wo der Versicherungsnehmer auch tatsächlich die Maklerbedingungen einseitig in den Vertrag einführen kann. Insofern ist, in Einklang mit der zweitgenannten Auffassung, jeweils im Einzelfall zu prüfen, inwieweit der Versicherungsnehmer, vertreten durch seinen Makler, seine Bedingungen zur Disposition gestellt hat. Dabei kann, auch in Anbetracht der Verhandlungsmacht eines industriellen Versicherungsnehmers, nicht grundsätzlich davon ausgegangen werden, dass er seine Bedingungen dem Versicherer aufoktroyieren kann.[175] Im Gegenteil kann eine tatsächlichen Vermutung gelten, dass der Versicherer die Vorschläge des Versicherungsnehmers einer eingehenden, sachkundigen Prüfung unterzieht und sie insbesondere nicht ohne weiteres akzeptieren wird.[176] In aller Regel handelt es sich bei Maklerbedingungen daher angesichts § 305 Abs. 1 S. 3 BGB nicht um AVB.[177]

Etwas anderes gilt jedoch, wenn der Makler in „vorauseilendem Gehorsam" dem Vertrag diejenigen Bedingungen zugrundelegt, die der Versicherer üblicherweise verwendet.[178] Dieses Vorgehen kann dem Versicherungsnehmer nicht den Schutz der §§ 305 ff. BGB

---

[174] BT-Drs. 7/3919, S. 13, 22; BGH, Urt. v. 24.5.1995 – XII ZR 172/94, BGHZ 130, 50 = NJW 1995, 2034, 2035; Urt. v. 9.11.2009 – III ZR 108/08, BGHZ 183, 220 = NJW 2010, 1277 Rn. 13; s. auch *Grüneberg*, in: Grüneberg, BGB, § 305 Rn. 8; *Basedow*, in: MünchKomm BGB, Vor § 305 Rn. 4 ff.; *Ulmer/Habersack*, in: Ulmer/Brandner/Hensen, AGB-Recht, Einl. BGB Rn. 48.

[175] A.A. *Schaloske*, Folgerungen aus der Dornbracht-Entscheidung, S. 61; *Thiel*, r+s 2011, 1, 6.

[176] *Golz*, VersR 2011, 727, 728; ähnlich *Armbrüster*, in: Prölss/Martin, VVG, Einl. Rn. 26 (Versicherer wird regelmäßig eine solche Prüfung vornehmen).

[177] *Reiff*, in: MünchKomm VVG, 50. Allgemeine Versicherungsbedingungen Rn. 8; *Armbrüster*, in: Prölss/Martin, VVG, Einl. Rn. 26; *Beckmann*, in: VersR-Hdb., § 10 AVB und AGB-Recht Rn. 48;

[178] *Pohlmann*, in: Looschelders/Pohlmann, VVG, Vorbem. B. Rn. 21; *Reiff*, in: MünchKomm VVG, 50. Allgemeine Versicherungsbedingungen Rn. 8; *Armbrüster*, in: Prölss/Martin, VVG, Einl. Rn. 26; *Hösker*, VersR 2011, 29, 38.

vorenthalten.[179] Hier findet eine AGB-Kontrolle zu Lasten des Versicherers statt.

ee) Vorgehen ohne Versicherungsmakler

Die Aufgabe, die der Makler üblicherweise übernimmt, kann auch vom Versicherungsnehmer selbst bewältigt werden.[180] Dies kommt insbesondere für große Unternehmen, die mit Angelegenheiten der Versicherung vertraut sind, in Betracht. Sie sind nicht auf den externen Sachverstand des Maklers angewiesen und können daher selbst in Kontakt mit den Versicherern treten und auch die Verwaltung des Exzedentenprogramms angemessen bewältigen. Alternativ bleibt Unternehmen auch die Möglichkeit, Risiken durch einen Versicherungsvertrag mit einem unternehmenseigenen, zu diesem Zweck gegründeten Versicherer (sog. Captive) zu versichern.[181] Im Grundsatz eignen sich Captives hierbei auch zur Versicherung von Extremrisiken.[182] Denkbar sind aber auch Kombinationen mit anderen Formen der Risikoteilung und damit auch der Exzedentenversicherung.[183]

Übernimmt der Versicherungsnehmer selbst die Erstellung und Verwaltung des Layerprogramms, tritt er typischerweise zunächst mit denjenigen Versicherern in Kontakt, die er als später Führende verschiedener Layer avisiert.[184] Da diese üblicherweise in komplementären Programmen auch auf anderen Layern als Mitversicherer vertreten sind, entsteht hierdurch bereits eine rudimentäre Struktur des Exzedententurms.

---

179 *Schirmer*, in: Symposion 80 Jahre VVG, S. 268, 295.

180 Mit diesem Vorschlag *Gräfe*, in: Gräfe/Brügge, Vermögensschadenhaftpflichtversicherung, D. Rn. 303.

181 S. zur Captive allgemein *Franz*, in: Bürkle, Compliance in Versicherungsunternehmen, § 5 Captives; monographisch *Hets*, Captive Insurance Company, 1995; *Reinhard*, „Fronting" für eine Captive Insurance Company, 1999.

182 *Boltz/Nowak/Hartung*, ZVersWiss 2013, 257, 262 ff.; zum Begriff des Extremrisikos *ebd.*, S. 259.

183 Vgl. *Boltz/Nowak/Hartung*, ZVersWiss 2013, 257, 270 (zusätzlicher Einsatz von Fremdversicherung neben Captive).

184 *Henning*, Exzedentenversicherung, S. 59.

b. Erstellung durch einen beteiligten Versicherer

Denkbar ist auch, dass das Programm durch einen, zumeist den als Führenden der Grunddeckung avisierten, Versicherer erstellt wird.[185] Dieser ermittelt das zu versichernde Risiko und fasst diese Informationen derart zusammen, dass er hiermit weitere Versicherer kontaktieren kann.[186] Diesen gegenüber wird der Versicherer aber im Zweifel nicht zum Vertragsabschluss berechtigt sein, da der Versicherungsnehmer in dieser Konstellation regelmäßig kein Interesse daran hat, sich weiteren Vertragsparteien ohne seine gesonderte Zustimmung gegenüberzusehen.[187] Die interessierten Versicherer richten ihre Anträge daher direkt an den (künftigen) Versicherungsnehmer. Insofern kommt dem Versicherer maßgeblich bei der Vorbereitungs- sowie Verhandlungsphase besondere Bedeutung zu, nicht jedoch beim Vertragsabschluss.

Wiederum eine gewisse Erleichterung der Verhandlung erfährt das Verfahren dadurch, dass der Grundversicherer in einer Vielzahl der zu bildenden Layer auftauchen kann.[188] Wenngleich ihm dort, aus Gründen der Balance zwischen den Versicherern, zumeist nicht die Führungsaufgabe zukommt, fördert dieser Umstand angesichts der späteren Ausgestaltung als Mitversicherung die Kommunikation der Versicherer.

In der oben beschriebenen Funktion ist der Versicherer vom Versicherungsnehmer mit der Beschaffung des Versicherungsschutzes i.S.v. § 662 BGB beauftragt.[189] Sofern diese Tätigkeit gegen Entgelt vorgenommen wird, handelt es sich um einen Geschäftsbesorgungsvertrag i.S.v. § 675 BGB. Dabei gelten für ihn aber nicht dieselben Grundsätze wie für den vom Versicherungsnehmer mit derselben Aufgabe betrauten Versicherungsmakler. Der Versicherer wird nicht umfänglicher Interessenwahrnehmer des Versicherungsnehmers. Dies würde seine Stellung als spätere Vertragsgegenseite außer Acht lassen. Obgleich der Versicherer als Beauftragter nicht

---

185 Insoweit anders *Henning*, Exzedentenversicherung, S. 56, wiederum aber S. 59.
186 *Henning*, Exzedentenversicherung, S. 59.
187 Vgl. *Schaloske*, Mitversicherung, S. 42 (zur Mitversicherung).
188 *Thürmann*, in: FS Hamburger Seminar, 2016, S. 505, 510; *Schaloske*, PHi 2012, 166, 168.
189 *Henning*, Exzedentenversicherung, S. 59.

zu Lasten des Versicherungsnehmers aktiv werden wird – er macht sich ansonsten schadensersatzpflichtig nach den §§ 280 ff. BGB – ist es ihm nicht verwehrt auch in eigenem Interesse tätig zu werden. Eine weitergehende Stellung als die des „üblichen“ Beauftragten im Bezug zu den Rechten und Interessen des Auftraggebers kommt ihm nicht zu.

Im Außenverhältnis wird er als Stellvertreter des Versicherungsnehmers tätig und gibt daher eine eigene Willenserklärung im fremden Namen nach den §§ 164 ff. BGB ab.

In der Mitversicherung stimmen sich die so beteiligten Versicherer häufig über die Prämienhöhe und die Versicherungsbedingungen ab.[190] Dies ist in der Layerdeckung nicht der Fall. Hier sind die Versicherer, da sie nicht gleichzeitig zur Leistung verpflichtet sind, weniger eng verbunden.[191] Im Gegenteil soll durch die Layerung gerade eine andere Konkurrenzsituation geschaffen werden, aufgrund derer die Prämie des angebotenen Versicherungsschutzes sinkt.[192]

2. Spätere Layerung

Die Ausführungen können auf die Situation übertragen werden, in denen der Versicherungsnehmer erst später feststellt, dass es über die Grunddeckung hinaus noch (weiterer) Exzedenten bedarf.[193] Auch hier kann er sich eines Maklers oder wahlweise des führenden Versicherers bedienen.

Zu beachten ist aber, dass die Vertragsverhandlungen hier von der Besonderheit geprägt werden, dass der hinzutretende Versicherer bereit sein muss, auf Basis der bereits bestehenden Deckung follo-

---

190 *Schaloske*, Mitversicherung, S. 44; *ders.*, Folgerungen aus der Dornbracht-Entscheidung, S. 21; zum Teil anders *Wiegels*, ZfV 2010, 252, 253.

191 Vgl. *Henning*, Exzedentenversicherung, S. 101 (keine überindividuellen Interessen der Exzedenten); *Schaloske*, PHi 2012, 166, 168 (keine rechtliche Interessengemeinschaft).

192 S. dazu S. 15.

193 S. *v. Rintelen*, in: Späte/Schimikowski, Haftpflichtversicherung, Ziff. 1 AHB Rn. 6 mit dem Beispiel eines Auftraggebers eines größeren Projekts; *Brügge*, in: Veith/Gräfe/Gebert, Der Versicherungsprozess, § 19 Rn. 114 (zur Anschlussdeckung bei Mindestversicherungssummen in Pflichtversicherungen).

wing-form zu zeichnen. Dies schränkt die Auswahl in einem gewissen Maße ein. Andernfalls ist der Versicherungsnehmer gezwungen, unterschiedliche Deckungstatbestände hinzunehmen, die ihm die Durchführung des Exzedentenprogramms im Schadenfalle erheblich erschweren dürften. Als Ausweg kann versucht werden eine DIC-Klausel in den Exzedentenvertrag aufzunehmen.[194] Dies wird gleichwohl nur mit einem erheblich höheren Prämienaufwand zu erreichen sein.

Ein zweites Problem entsteht daraus, dass die vorgehenden Versicherer nicht notwendigerweise Kenntnis von dem später hinzutretenden Exzedenten haben. In diesem Falle entfällt weitestgehend die Möglichkeit von Abstimmungen im Schadensfall.

III. Vertragsverlängerung

Besondere Schwierigkeiten treten auf, wenn die in Form einer Layerversicherung zusammengefügten Verträge keine automatischen Verlängerungsklauseln aufweisen, sondern stattdessen regelmäßig neu verhandelt werden müssen. Diese Renewals sind insbesondere in Haftpflichtprogrammen für Vorstände und Aufsichtsräte (D&O) üblich.[195] Zwar könnte das gesamte Programm als solches verlängert werden, dies würde aber eine entsprechende Abrede aller beteiligter Versicherer und des Versicherungsnehmers erfordern. Dies ist häufig nicht der Fall, da die Beteiligten verschiedenste Interessen an Neuverhandlungen haben.[196] Daher ist jeder geschlossene Vertrag erneut gesondert auszuhandeln. Eine Abhilfe schaffen hier Führungsklauseln, die einem Versicherer die „Führung" in der Gestalt überantworten, dass ihm Verhandlungs- und Zeichnungsvollmacht eingeräumt wird.[197] Zu bemerken ist dabei aber, dass derartige Führungsklauseln bis dato in Exzedentenverträgen nicht regel-

---

194 *V. Rintelen*, in: Späte/Schimikowski, Haftpflichtversicherung, Ziff. 1 AHB Rn. 6; zur Bedingungsdifferenz in Layerdeckungen allgemein s. *Henning*, Exzedentenversicherung, S. 63; *Schaloske*, in: FS Fürstenwerth, 2020, S. 315, 319; s. eingehend noch S. 145 f.

195 *Knöfel*, ZIP 2018, 1814, 1822; *R. Koch*, VersR 2021, 879; zu Verträgen ohne Verlängerungsklauseln allgemein *Fausten*, in: MünchKomm VVG, § 11 Rn. 27 ff.

196 S. nur *R. Koch*, VersR 2021, 879 (Preisschwankungen am Markt).

197 Dazu noch S. 154 ff.

mäßig vorkommen.[198] Vielmehr ist lediglich die Führung einer Mitversicherungsgemeinschaft auf einem Layer üblich.[199] Soweit Führungsklauseln vereinbart sind, genügt es also für die Verlängerungsverhandlungen, wenn mit den jeweils führenden Versicherern verhandelt wird.

In Fällen lediglich kapazitätsgebender Programme hat der Versicherungsnehmer im Rahmen der Verlängerung vor allem darauf zu achten, dass etwaige Änderungen im Versicherungsschutz der Grunddeckung (oder anderer vorgehender Layer) auch auf den darüberliegenden Ebenen übernommen werden. Hier kommt es insbesondere auf die Formulierung der Following-form Klausel an.[200] Gegebenenfalls hat der Versicherungsnehmer diese Änderungen den Layerversicherern zur Kenntnis zu bringen oder gar ihre Zustimmung einzuholen.[201] Geschieht dies nicht, werden die geänderten Bedingungen in der Regel nicht Gegenstand des Exzedentenvertrages, da die Wirkung der Bezugnahmevereinbarung an die Voraussetzung der Zustimmung oder Genehmigung gebunden ist.

Bei koordinierten Programmen gestaltet sich die Vertragsverlängerung schwieriger, da die komplexe Struktur des Turmes in Fällen materieller Änderungen der Verträge neu analysiert werden muss. Ohne eine automatische Verlängerungsklausel müsste der Versicherungsnehmer jährlich das Exzedentenpgrogramm neu zusammenstellen.

Hierfür befindet sich der Versicherungsnehmer zumeist in einer komfortablen Verhandlungsposition.[202] Da die Konkurrenz in den von der Grunddeckung weit entfernten Layern hoch ist,[203] kann der Versicherungsnehmer durch Neuverhandlungen gegebenenfalls Prämienreduktionen erzielen. Wenngleich diese Konkurrenzsituati-

198 *Thürmann*, in: FS Hamburger Seminar, 2016, S. 505, 510; *Schaloske*, PHi 2012, 166, 168; s. auch noch S. 174.

199 Zu den Beweggründung der Vereinbarung einer Führungsklausel s. unten S. 175 ff.

200 *Schaloske*, PHi 2012, 166, 169; s. auch das Beispiel bei *Knöfel*, ZIP 2018, 1814, 1822.

201 *Drave*, VersPrax 6/2017, 35, 36; *Schaloske*, PHi 2012, 166, 169.

202 Vgl. *Thiel*, r+s 2011, 1, 6 (zur Industrieversicherung allgemein); gleichwohl ist in den letzten Jahren eine spürbare Marktveränderung hin zu einer Angebotsknappheit zu beobachten, s. *R. Koch*, VersR 2021, 879.

203 S. bereits S. 15.

on auch stark marktabhängig ist, trifft den Versicherungsnehmer kein hohes Risiko, da der Eintritt eines Schadens in den höheren Layern durch die Entfernung von der Grunddeckung geringer ist.

IV. Erfüllen der vorvertraglichen Anzeigepflicht

1. Das Stellen der Antragsfragen

Auch im Rahmen der Exzedentenversicherung unterliegt der Versicherungsnehmer der vorvertraglichen Anzeigepflicht i.S.d. jeweiligen AVB i.V.m. §§ 19 ff. VVG. Dies ist im Kontext der Layerversicherung bedeutsam, weil fraglich sein kann, ob der Versicherungsnehmer gegenüber einem jeden Versicherer der (beabsichtigten) Exzedentendeckung auf Fragen zu antworten hat, oder ob die Versicherer untereinander zur Weitergabe der Informationen verpflichtet sind. In letzterem Fall müsste der Versicherungsnehmer nur einmal auf Fragen antworten.

Hierbei ist zu beachten, dass die Anzeigepflicht das vorvertragliche Stadium betrifft. Zu diesem Zeitpunkt suchen die Versicherer das zu versichernde Risiko zu ermitteln, um den Versicherungsschutz näher auszugestalten. Ein Versicherungsvertrag liegt daher noch nicht vor. Erst recht besteht auch keine Verknüpfung mehrerer Verträge zu einem Exzedententurm. Hieraus kann sich folglich keine Pflicht zur Weitergabe der Antragsfragen oder zur Information über die Antworten des Versicherungsnehmers ergeben.[204]

Etwas anderes könnte gelten, soweit die Versicherer untereinander im Wege einer *c.i.c.* (*culpa in contrahendo*) zur gegenseitigen Unterstützung nach §§ 311 Abs. 2, 241 Abs. 2 BGB verpflichtet sind. Dies setzt das Bestehen eines solchen vorvertraglichen Schuldverhältnisses voraus. Voraussetzung hierfür ist zumindest irgendeine Form von geschäftlichem Kontakt zwischen den Versicherern, wie der Auffangtatbestand aus § 311 Abs. 2 Nr. 3 BGB zeigt. Ein solcher Kontakt zwischen Grund- und Exzedentenversicherern fehlt

[204] OLG Hamburg, Urt. v. 19.2.2008 – 6 U 119/07, VersR 2008, 1249 f.; *Wiegels*, ZfV 2010, 252, 254.

aber regelmäßig in der Layerdeckung.[205] Hinzu tritt folgende Überlegung: Wie Systematik und Normzweck zeigen, handelt es sich bei § 311 Abs. 2 BGB um eine Ausnahmevorschrift zu § 311 Abs. 1 BGB, der die konsensuale Pflichtenbegründung zwischen den Parteien in den Vordergrund stellt. Abs. 2 geht dabei von einem vor*vertraglichen* Stadium aus, weil insoweit bereits durch die beispielsweise Aufnahme von Vertragsverhandlungen (Nr. 1) eine besondere Einwirkungsmöglichkeit auf die Rechte und Rechtsgüter des Anderen entsteht.[206]

Ein solcher Vertrag soll zwischen den Versicherern des Exzedenturmes aber regelmäßig nicht zustande kommen.[207] Hinzu tritt, dass selbst bei einem allgemeinen Kontakt der Versicherer, beispielsweise bei Implementierung eines originär gelayerten Programms, in der Regel keine beschriebene Einwirkungsmöglichkeit oder ein Äquivalent hierzu bestehen wird.

Gleichwohl hat die Rechtsprechung in der Vergangenheit eine ähnliche Situation wie in der Exzedentenversicherung für die Begründung von Rücksichtnahmepflichten genügen lassen. Demnach haben Parteien, die gemeinschaftlich eine Sache verkaufen wollen, auch dann, wenn zwischen ihnen kein Rechtsverhältnis besteht, auch vor Abschluss des Vertrages untereinander Pflichten, die solchen nach § 241 Abs. 2 BGB vergleichbar sind, zu wahren.[208]

Zunächst ist an dieser Entscheidung aus dem oben genannten Gründen, insbesondere hinsichtlich des Ausnahmecharakters von § 311 Abs. 2 BGB gegenüber § 311 Abs. 3 BGB, grundsätzliche Kritik zu üben. Sie ist aber im Übrigen nicht auf die Situation der Layerversicherung übertragbar. Denn die Entscheidung des BGH ist wesentlich von der Erwägung getragen, dass die Beteiligten, die als eine Partei des Vertrages auftreten, sich darauf verlassen können sollen, nicht durch das Verhalten eines anderen Beteiligten einem

---

205 *R. Koch*, in: FS Thümmel, 2020, S. 421, 431; grundsätzlich zur culpa in contrahendo *Emmerich*, in: MünchKomm BGB, § 311 Rn. 35 ff.

206 *Sutschet*, in: BeckOK BGB, Stand: 1.2.2022, § 311 Rn. 46; *Emmerich*, in: MünchKomm BGB, § 311 Rn. 39 ff.

207 S. dazu noch S. 150 ff.

208 BGH, Urt. v. 7.7.1980 – II ZR 199/79, NJW 1980, 2464.

erhöhten Vermögensrisiko durch Ansprüche der anderen Partei ausgesetzt zu sein.[209] Anders gewendet entsteht ein Rechtsverhältnis gerade durch das gemeinschaftliche Auftreten als Partei, dessen Inhalt die besondere Pflicht umfasst, das Vermögen der anderen Beteiligten vor Ansprüchen der anderen Vertragspartei zu schützen.

Dies ist in der Layerversicherung anders. Jeder Versicherer bietet nur sein eigenes Versicherungsprodukt an. Die Gesamtheit aus Grund- und Exzedentenversicherern wird insoweit nicht spätere Vertragspartei eines einheitlichen Versicherungsvertrages, weshalb die besondere Gefährdung der Vermögensinteressen der anderen Beteiligten entfällt. Dies mag dann anders sein, wenn die Versicherer im Einzelfall tatsächlich auf derselben Verhandlungsseite stehen, sodass sie auch gemeinschaftlich Vertragspartei werden sollen.[210] Bei erstmaligem Zustandekommen des Exzedententurmes liegt dies gleichwohl fern.

Eine Weitergabepflicht der Informationen, die ein Versicherer über das zu versichernde Risiko erhält, lässt sich folglich nicht begründen. Der Versicherungsnehmer ist daher gehalten, die vorvertragliche Anzeigepflicht gegenüber einem jeden Versicherer, sei es Grund- oder Layerversicherer, zu erfüllen.[211]

Eine Besonderheit besteht dann, wenn eine Führungsklausel für das vorvertragliche Stadium vereinbart ist.[212] Dies ist insbesondere dann der Fall, wenn der Versicherer zur Verhandlungsführung auch im Namen anderer Versicherer ermächtigt ist. Hier kann im Einzelfall vereinbart sein, dass der Versicherungsnehmer die vorvertragliche Anzeigepflicht nur einmal erfüllen muss. Die Weitergabe der Risikoinformationen ist dann Teil des Pflichtenprogramms des führen-

---

[209] BGH, Urt. v. 7.7.1980 – II ZR 199/79, NJW 1980, 2464 f.

[210] Für Fälle einer gemeinsamen Vergleichsfindung *R. Koch*, in: FS Thümmel, 2020, S. 421, 432; s. auch *Henning*, Exzedentenversicherung, 116 ff. (zur GbR bei Festlegung einer gemeinsamen Regulierungsstrategie).

[211] *O. Lange*, D&O-Versicherung und Managerhaftung, § 4 Rn: 33; *Knöfel*, VersR 2018, 513, 520.

[212] Vgl. *Schnepp*, in: Bruck/Möller, VVG, Anh. § 216 Rn. 29; *Schauer*, in: BK VVG, § 58 Rn. 31 (zur Mitversicherung).

den Versicherers, für dessen Verletzung er auf Schadensersatz haftet.[213]

Davon unabhängig ist der zur Verhandlung bevollmächtigte Versicherer aber auch Passiv- und Wissensvertreter der übrigen Versicherer, sodass die §§ 164 Abs. 3, 166 BGB (analog) gelten. Sein Wissen über das Risiko, das ihm im Rahmen der vorvertraglichen Anzeigepflicht gewahr wurde, ist den anderen Versicherern daher zuzurechnen.[214]

Gleichwohl ist festzustellen, dass die Vereinbarung einer sog. layerübergreifenden Führungsklausel kaum vorkommt.[215] Die Verhandlungsführung des Grundversicherers auch für die anderen Beteiligten ist daher unüblich. Dennoch spielen die obigen Erwägungen für die Exzedentenversicherung insofern eine Rolle, als dass sie auf die Mitversicherungsgemeinschaft auf den jeweiligen Layern Anwendung finden.

Neben der Ausfertigung der Versicherungspolice, also dem Vertragsdokument, in dem die in der Industrieversicherung typischerweise vorher getroffenen[216] Vereinbarungen dokumentiert werden, kann dem Makler auch die Aufgabe übertragen werden, eigene Antragsfragen i.S.v. § 19 Abs. 1 S. 1 VVG zu stellen.[217] Die Beantwortung von Risikofragebögen sämtlicher in Betracht kommender Versicherer wäre für den Versicherungsnehmer mit hohem Aufwand verbunden. Daher ist es häufig Aufgabe des eingeschalteten Maklers, die relevanten Risikoinformationen zu sammeln und den Versicherern gebündelt zur Verfügung zu stellen.[218]

---

213 Vgl. *Schaloske*, Mitversicherung, S. 67 (zur Mitversicherung); *Henning*, Exzedentenversicherung, S. 138 (zu einer Führungsklausel in der Layerdeckung im vertraglichen Stadium).

214 Vgl. OLG Hamm, Urt. v. 3.11.2010 – I-20 U 38/10, VersR 2011, 469, 472; *Schaloske*, Mitversicherung, S. 66; für das vertragliche Stadium *Schnepp*, in: Bruck/Möller, VVG, Anh. § 216 Rn. 75 (alle zur Mitversicherung).

215 *Thürmann*, in: FS Hamburger Seminar, 2016, S. 505, 510; *Schaloske*, PHi 2012, 166, 168; s. auch noch S. 154 ff.

216 *Schaloske*, Folgerungen aus der Dornbracht-Entscheidung, S. 25; *C. Schneider*, r+s 2012, 417.

217 *Armbrüster*, Privatversicherungsrecht, Rn. 774; *H. Dörner*, in: Prölss/Martin, VVG, § 59 Rn. 73.

218 *Schaloske*, Folgerungen aus der Dornbracht-Entscheidung, S. 66; *Looschelders*, NJW 2011, 3265 f.; *Najouks/Heydorn*, VersR 2011, 479.

Bei diesen Fragen handelt es sich grundsätzlich nicht um solche des Versicherers.[219] Eine Ausnahme besteht dann, wenn der Versicherer sich die Fragen des Maklers, vor oder nach deren Stellen oder Beantworten, „zu eigen macht".[220] Ist dies nicht der Fall, liegen keine vom Versicherer gestellten Fragen i.S.d. § 19 Abs. 1 S. 1 VVG vor. Aus fehlerhaften Angaben zum Risiko kann der Versicherer dann keine Rechte nach den §§ 19 ff. VVG, vorbehaltlich der nach § 22 VVG nicht tangierten Arglistanfechtung aus § 123 Abs. 1 BGB, geltend machen.[221]

2. Gefahrerheblichkeit der Layerdeckung

Die Obliegenheit des Versicherungsnehmers, auf die Fragen des Versicherers zu antworten, beschränkt sich von vorneherein nur auf gefahrerhebliche Umstände (§ 19 Abs. 1 S. 1 VVG).

In einem anderen Kontext der Risikoermittlung für die Layerversicherung stellt sich daher die Frage, ob das Bestehen oder die Absicht des Abschlusses weiterer Exzedentenversicherungen gefahrerheblich ist, eine entsprechende Frage des Versicherers hierzu also beantwortet werden müsste.

Gefahrerheblich sind zunächst objektive als auch subjektive Umstände, die geeignet sind, die Wahrscheinlichkeit des Eintritts des Versicherungsfalles und des Umfangs seiner Folgen zu erhöhen.[222] Dies betrifft die Layerdeckung nicht. Allein das Bestehen einer weiteren Versicherung trifft keine Aussage hinsichtlich der tatsächlichen Risikolage. Ebenso sind die Folgen des möglichen Versicherungsfalls nicht tangiert.

---

219 OLG Hamm, Urt. v. 3.11.2010 – I-20 U 38/10, VersR 2011, 469, 470 f. m. zust. Anm. *Najouks/Heydorn*, VersR 2011, 479; LG Dortmund, Urt. v. 24.2.2012 – 2 O 144/11, r+s 2012, 426, 427; Urt. v. 1.2.2013 – 2 O 213/12, r+s 2013, 324; *Armbrüster*, Privatversicherungsrecht, Rn. 918; a.A. OLG Köln, 15.2.2013 – 20 U 207/12, VersR 2013, 745; *Schaloske*, Folgerungen aus der Dornbracht-Entscheidung, S. 66 ff., der jedoch von einer rechtsgeschäftlichen Beauftragung oder späteren Genehmigung seitens des Versicherers ausgeht.

220 OLG Hamm, Urt. v. 3.11.2010 – I-20 U 38/10, VersR 2011, 469, 470 f; LG Dortmund, Urt. v. 24.2.2012 – 2 O 144/11, r+s 2012, 426, 427; dieses auslegungsbedürftige Kriterium hat Einiges an Streit ausgelöst, s. *Neuhaus*, VersR 2014, 432, 433 f.

221 OLG Hamm, Urt. v. 3.11.2010 – I-20 U 38/10, VersR 2011, 469; *Neuhaus*, VersR 2014, 432.

222 *Wandt*, Versicherungsrecht, Rn. 823; *Armbrüster*, in: Prölss/Martin, VVG, § 19 Rn. 2.

Indes ist die Layerung möglicherweise unter dem Aspekt der sog. Vertragsgefahr (subjektives Risiko) relevant. Es handelt sich hierbei um die Gefahr der ungerechtfertigten Inanspruchnahme des Versicherers wegen eines wirklich eingetretenen, aber nicht beweisbaren oder eines nicht oder nicht in dieser Höhe erlittenen Schadens.[223] Da der Versicherungsvertrag durch ein besonderes Vertrauen, das der Versicherer in den Versicherungsnehmer setzt, geprägt ist, sind auch außerhalb der Realisierung der versicherten Gefahr bestehende Umstände im Grundsatz anzeigepflichtig.[224] Angesichts dessen gelten auch anderweitig bestehende Versicherungen als gefahrerheblich.[225] Denn gerade in der Summenversicherung ermöglicht das Zusammentreffen mehrerer Versicherungsverträge die subjektive Gefahr,[226] dass der Versicherungsnehmer den Versicherungsfall herbeiführt, um (hohe) Versicherungsleistungen beanspruchen zu können.[227]

Diese Besorgnis besteht bei der Layerung von Versicherungsverträgen jedoch im Grundsatz nicht. Unabhängig von der Anzahl der zur Exzedentenversicherung verbundenen Verträge erhöht sich nicht die Wahrscheinlichkeit, dass der Versicherungsnehmer den Versicherungsfall herbeiführt, da die jeweiligen Leistungspflichten nicht kumulativ, sondern nacheinander entstehen.[228] Insofern wird der Versicherungsnehmer durch zusätzliche Layer nicht auch zusätzlich bereichert, wenn ein Versicherungsfall eintritt.

Zu beachten ist aber, dass auch indizierende Umstände, die auf gefahrrelevante Tatsachen hinweisen können, als gefahrerheblich gelten.[229] Ob es sich bei dem (beabsichtigten) Abschluss um einen solchen indizierenden Umstand handelt, ist jedoch zweifelhaft. Aus ihm kann lediglich geschlossen werden, dass der Versicherungs-

---

223 RG, Urt. v. 15.5.1931 – VII 92/30, RGZ 132, 386, 389; BGH, Urt. v. 8.6.1977 – IV ZR 140/76, VersR 1977, 660; *Langheid*, in: MünchKomm VVG, § 19 Rn. 80.

224 RG, Urt. v. 15.5.1931 – VII 92/30, RGZ 132, 386, 390.

225 RG, Urt. v. 15.5.1931 – VII 92/30, RGZ 132, 386, 390.

226 *Reinhardt*, Gefarherhöhung, S. 60; *Prölss*, in: FS Rokas, 2012, S. 825, 838 („moralisches Risiko").

227 BGH, Urt. v. 8.6.1977 – IV ZR 140/76, VersR 1977, 660; *Knappmann*, in: VersR-Hdb., § 14 Rn. 19; vgl. *Langheid*, in: Langheid/Rixecker VVG, § 23 Rn. 42 (zur Gefahrerhöhung).

228 Vgl. *Knöfel*, ZIP 2018, 1814, 1816 (zur Gefahrerhöhung).

229 BGH, Urt. v. 29.5.1980 – IVa ZR 6/80, VersR 1980, 762, 763; *Armbrüster*, in: Prölss/Martin, VVG, § 19 Rn. 2.

nehmer von einem höheren Schaden als ihn die Versicherungssumme der angestrebten Versicherung bereitstellt ausgeht. Hierin liegt aber keine Aussage zum versicherten Risiko, keinesfalls kann geschlossen werden, dass der Eintritt des Versicherungsfalls an sich – gleich in welcher Höhe – wahrscheinlicher ist.[230]

Letztlich ist aber die Bewertung der Gefahrerheblichkeit nicht aus Sicht eines verständigen Dritten, sondern nach der Annahmepraxis des konkreten Versicherers vorzunehmen.[231] Dieser mag im Einzelfall das Bestehen einer anderweitigen nachfolgenden Versicherung als indizierend erachten.

V. Die Exzedentenversicherung im Zusammenhang mit der Beratungspflicht der Versicherer

Vergleichbare Fragen stellen sich zudem im Zusammenhang mit der Beratungs- und Informationspflicht der Versicherer i.S.v. §§ 6 ff. VVG.

1. Beratungspflicht der Exzedenten

Aufgrund der grundsätzlichen Abstraktion der Verträge und der fehlenden – auch tatsächlichen – Verbindung zu einem Exzedententurm im vorvertraglichen Stadium ist grundsätzlich jeder Versicherer gesondert verpflichtet, den Versicherungsnehmer den Anforderungen von §§ 6 f. VVG entsprechend zu beraten und Informationen i.S.d. §§ 7 ff. VVG bereitzustellen.

In der Praxis der Industrieversicherung beauftragen Versicherungsnehmer häufig Versicherungsmakler, weshalb die Bereichsausnahme in § 6 Abs. 6 Var. 2 VVG greift, sodass es auf die Beratungs-

---

[230] Vgl. *Knöfel*, ZIP 2018, 1814, 1816; a.A. *Diller*, in: Späte/Schimikowski, Haftpflichtversicherung, § 11b AVB-V Rn. 6 (beide zur Gefahrerhöhung).

[231] BGH, Urt. v. 28.3.1984 – IVa ZR 75/82, VersR 1984, 629, 630; Urt. v. 11. 2. 2009 – IV ZR 26/06, VersR 2009, 529, 530; *Langheid*, in: Langheid/Rixecker, VVG, § 19 Rn. 28; *Schimikowski*, in: HK-VVG, § 19 Rn. 24; *Armbrüster*, in: Prölss/Martin, VVG, § 19 Rn. 5.

pflicht der Versicherer regelmäßig nicht ankommt. Hierneben kann eine Pflicht zur Beratung durch die Versicherer nur in engen Grenzen unter dem Gesichtspunkt von Treu und Glauben (§ 242 BGB) angenommen werden, so beispielsweise, wenn der Versicherer erkennt, dass der Makler den Versicherungsnehmer falsch oder unzulänglich beraten hat und ihm eine Richtigstellung auch zumutbar ist.[232]

Ist der Versicherungsnehmer ausnahmsweise nicht durch einen Makler beraten, kann die Situation auftreten, dass einer der beteiligten Versicherer, häufig der Grundversicherer, bereits eine Beratung gewährt hat, die durch andere Versicherer insofern gleichlautend erfolgen würde. Dies kann insbesondere, aber nicht ausschließlich, die laufende Beratung i.S.v. § 6 Abs. 4 S. 1 VVG betreffen. Hier ist insbesondere an die Situation zu denken, dass bereits der Grundversicherer anlassbezogen berät, sodass aus Sicht des Exzedenten eine erneute, inhaltlich gleichlautende Beratung überflüssig erscheint. Angesprochen ist damit ein Ausschluss der Beratungspflicht, soweit der Versicherungsnehmer durch Dritte bereits fachkundig beraten ist. Vor der VVG Reform im Jahr 2008 war eine solche Bereichsausnahme jedenfalls in der Rechtsprechung weitestgehend anerkannt.[233] Dies findet in der Literatur auch unter Geltung des reformierten § 6 Abs. 1 S. 1 VVG 2008 teils Zustimmung.[234] In Fällen fachkundiger Beratung soll es demnach an einem – insoweit tatbestandlich notwendigem – personenbezogenen Anlass für die Beratung fehlen. Zudem kann der Normzweck von § 6 Abs. 1 S. 1 VVG herangezogen werden, der dem Versicherungsnehmer eine angemessen informierte Entscheidung über das Versicherungsprodukt ermöglichen soll.[235] Ist der Versicherungsnehmer aber tatsächlich bereits ausreichend informiert, besteht für eine solche doppelte Beratung keine Notwendigkeit mehr.

---

232 *Armbrüster*, in: MünchKomm VVG, § 6 Rn. 352; *Rudy*, in: Prölss/Martin, VVG, § 6 Rn. 70; *Werber*, VersR 2014, 412, 416; s. bspw. OLG Saarbrücken, Urt. v. 4.5.2011 – 5 U 502/10, VersR 2011, 1441, 1444.

233 OLG Saarbrücken, Urt. v. 30.6.2005 - 5 U 656-04/66, BeckRS 2009, 19636; Urt. v. 18.1.2006 – 5 U 197/05, VersR 2006, 923 (beide zur Beratung durch Architekten bei Ermittlung des Versicherungswerts); OLG Köln, Beschl. v. 4.6.2007 – 5 U 21/07, VersR 2007, 1683 (Beratung durch Steuerberater bzgl. des Anfalls von Kapitalertragsteuer).

234 *Rixecker*, in: Langheid/Rixecker VVG, § 6 Rn. 18; *Rixecker*, in: VersR-Hdb., § 18a Rn. 12.

235 *Armbrüster*, in: MünchKomm VVG, § 6 Rn. 2.

Dennoch ist dieser Auffassung entgegenzutreten.[236] Entscheidend für eine grundsätzliche Beratungspflicht spricht § 6 Abs. 6 Var. 2 VVG. Demnach entfällt eine Beratungspflicht des Versicherers dann, wenn der Versicherungsnehmer bereits durch einen Versicherungsmakler beraten ist. Diese Vorschrift greift den soeben genannten Fall der Sachkunde des Versicherungsnehmers unter dem Aspekt des angesprochenen Telos heraus,[237] normiert aber dennoch nur einen Ausschluss bei der Beratung durch einen Makler. Insoweit gilt es die gesetzgeberische Entscheidung zu respektieren, wonach die Beratung nur dann entfallen soll, wenn sie von einem Versicherungsmakler erfolgt.

Hinzu tritt, dass im Einzelfall, gerade in koordinierten Programmen, die Bedingungen der Layer variieren können. Die Beratung des Grundversicherers, die auf Grundlage seiner Bedingungen erfolgt, kann daher, aufgrund des inhaltlich abweichenden Versicherungsschutzes, im Einzelfall keine Geltung auch für den Exzedentenlayer beanspruchen.

Im Ergebnis bleibt es daher dabei, dass grundsätzlich sowohl der Grundversicherer als auch die Layerversicherer dazu verpflichtet sind, den Versicherungsnehmer gemäß den Anforderungen von §§ 6 f. VVG zu beraten und nach Maßgabe der §§ 7 ff. VVG zu informieren.

2. Die Exzedentenversicherung als Beratungsanlass

In einem anderen Kontext stellt sich im Zusammenspiel der Beratungspflicht mit der Layerdeckung die Frage, inwieweit das Rechtsprodukt Exzedentendeckung als solches einen Beratungsanlass darstellt.

Sowohl für die vorvertragliche Beratung i.S.v. § 6 Abs. 1 S. 1 VVG als auch für jene nach Vertragsschluss gem. Abs. 4 S. 1 ist ein Be-

---

236 I. Erg. ebenso *Armbrüster*, in: MünchKomm VVG, § 6 Rn. 161.
237 *Armbrüster*, in: MünchKomm VVG, § 6 Rn. 347.

ratungsanlass erforderlich.[238] Ein Anlass kann dem Gesetzeswortlaut nach entweder in der Schwierigkeit, die angebotene Versicherung zu beurteilen (sog. produktbezogener Anlass) oder in der Person des Versicherungsnehmers (sog. personenbezogener Anlass) liegen. Hinsichtlich des personenbezogenen Anlasses lassen sich nur schwerlich abstrakte Aussagen für die Layerdeckung treffen, da es auf die jeweilige Situation des Versicherungsnehmers ankommt. Zu beachten ist aber, dass insbesondere der vom Versicherungsnehmer verfolgte Zweck der Versicherung bedeutungsvoll sein kann.[239] Der Zweck der Layerdeckung wird überwiegend darin liegen, überhaupt Versicherungsschutz für ein Risiko mit einem hohen Schadenspotenzial zu erlangen. Subsidiär kann dann auf die häufig gegenüber anderen Formen der Risikoteilung geringeren Prämie eingegangen werden.

Wichtiger für die hiesige Untersuchung ist hingegen der produktbezogene Anlass. Hierbei geht es um den Beratungsbedarf, der sich aus dem Versicherungsprodukt ergibt und insofern über die allgemeine Schwierigkeit des Rechtsprodukts Versicherung hinausgeht.[240] Dabei dürften schon die sog. Programmklauseln,[241] folglich die Abrede über den Attachment-point und die genaue Ausgestaltung der Following-form Abrede, als solche komplex genug sein, sodass stets ein Beratungsanlass bejaht werden kann.[242] Insofern gilt es zu beachten, dass im Rahmen der Grunddeckung, soweit „Standardprodukte" verkauft wurden, eine nicht sehr umfangreiche Beratung stattgefunden hat. Bei zusätzlichem Abschluss eines Exzedentenversicherungsvertrages wird dann zu klären sein, inwieweit die Vertragswerke ineinandergreifen. Wird – wie üblich – der Exzedentenvertrag zeitlich nach dem Grundversicherungsvertrag abgeschlossen, schuldet der Exzedent diese Beratung. Im um-

238 *Armbrüster*, in: MünchKomm VVG, § 6 Rn. 27 ff., 221; s. auch die Anlassrechtsprechung zum VVG a.F. BGH, Urt. v. 16. 2. 1967 – II ZR 73/65, BGHZ 47, 101 = NJW 1967, 1226, 1229; zur Frage der Erkennbarkeit *Franz*, VersR 2008, 298, 299; *Küster*, VersR 2010, 730, 731; *Neuhaus*, r+s 2008, 449, 456; s. auch BT-Drs. 16/1935, S. 24 (zu § 42c VVG aF); a.A. *Stöbener*, Beratungspflichten, S. 178; *Reiff*, VersR 2007, 717, 725.

239 *Armbrüster*, in: MünchKomm VVG, § 6 Rn. 65, mit einigen Beispielen in Rn. 66; vgl. auch die Beispiele zur Zweckhaftigkeit bei *Schirmer*, r+s 1999, 133, 135.

240 *Stöbener*, Beratungspflichten, S. 186; *Armbrüster*, in: Prölss/Martin, VVG, § 6 Rn. 34, 36.

241 Zu ihnen noch S. 79 ff.

242 Für die Beratung hinsichtlich des Deckungsumfangs *Stöbener*, Beratungspflichten, S. 193 ff.

gekehrten Fall kommt es auf die Erkennbarkeit des Neuabschlusses für die Versicherer an. Weiß der Grundversicherer vom Bestehen weiterer Layer, so muss er über das Wesen der Grunddeckung und das Zusammenspiel mit den Exzedenten beraten. Unabhängig davon erlangt der Exzedent notwendigerweise Kenntnis vom Abschluss der Grundversicherung, auf die der Layervertrag regelmäßig Bezug nehmen wird. Für ihn stellt sich der Abschluss des Grundversicherungsvertrages daher regelmäßig als erkennbarer Anlass zur laufenden Beratung i.S.v. § 6 Abs. 4 VVG dar.

Von besonderer Relevanz ist in jedem Fall insbesondere die Aufklärung und Beratung hinsichtlich der Ausschöpfungstatbestände.[243] Hier kann bei dem durchschnittlichen Versicherungsnehmer regelmäßig keine Vorkenntnis erwartet werden. Dies wird vor allem dann relevant, wenn die Verträge eine bloße „xs.“ Deckung zum Gegenstand haben, ohne nähere Details zu Ausschöpfungstatbeständen zu enthalten.

Die Exzedentenversicherung stellt daher üblicherweise ein Produkt dar, das so komplex ist, dass ein produktbezogener Anlass zur Beratung des Versicherungsnehmers besteht.

VI. Ausstellen des Versicherungsscheins

Eine besondere Bedeutung in der Exzedentenversicherung kommt dem Versicherungsschein zu. Aufgrund der Relativität der zu einer Layerdeckung zusammengefassten Versicherungsverträge,[244] ist gem. § 3 Abs. 1 VVG jeder Versicherer gesondert zur Ausstellung eines Versicherungsscheins verpflichtet. Auf sein Verlangen hin, erhält der Versicherungsnehmer eine Vertragsurkunde von jedem beteiligten Versicherer. In der Mitversicherung ist es hingegen üblich, eine einheitliche Police auszustellen.[245] Dies gilt obwohl auch in der Mitversicherung üblicherweise mehrere abstrakte Verträge abge-

243 Dazu noch S. 83 ff.

244 S. dazu S. 150 ff.

245 *Schaloske*, Mitversicherung, S. 68; *Dreher/M. Lange*, VersR 2005, 717, 721.

schlossen werden.[246] In diesem Versicherungsschein findet sich nicht nur die inhaltliche Ausgestaltung des Versicherungsschutzes, sondern insbesondere auch die Person der Versicherer, die von ihnen übernommenen Haftungsquoten und ein gegebenenfalls abweichender Deckungsumfang.[247] In der Regel ist es die Aufgabe des führenden Versicherers diesen Versicherungsschein auszustellen.[248]

In der Layerdeckung bewirkt dies eine verwaltungstechnische Erleichterung für den Versicherungsnehmer. Da gerade in großen Programmen viele Versicherer auf einem Layer im Wege der Mitversicherung unter Führung durch einen Beteiligten zusammengeschlossen sind, erhält der Versicherungsnehmer eine Police für jeden Layer. Darüber hinaus ist die Ausstellung einer einheitlichen Gesamtdeckungspolice aber nicht üblich.[249]

1. Ausgestaltung einer Exzedentenpolice

Inhaltlich weist der Versicherungsschein einer Layerversicherung einige Besonderheiten gegenüber dem der Grundversicherung auf.[250] Zunächst muss die Police Angaben über die vorangehende Versicherung machen. Eine derartige Angabe könnte wie folgt lauten;

> „Für den Versicherungsnehmer besteht bei der ... (vorangehender Versicherer) eine Betriebs-Haftpflichtversicherung, Versicherungsnummer ..., mit einer Deckungssumme von ... EUR pro Versicherungsfall und für alle der laufenden Versicherungsperiode zugeordneten Versicherungsfälle."

Von besonderer Bedeutung ist die genaue Bezeichnung der vorangehenden Versicherung, die als Ausgangspunkt der Eintrittspflicht

246 Eingehend S. 67 ff.

247 *Schnepp*, in: Bruck/Möller, VVG, Anh. § 216 Rn. 27.

248 *Schaloske*, Folgerungen aus der Dornbracht-Entscheidung, S. 25; *Schnepp*, in: Bruck/Möller, VVG, Anh. § 216 Rn. 28.

249 *Thürmann*, in: FS Hamburger Seminar, 2016, S. 505, 506 f.

250 Eine beispielhafte Police ist auszugsweise abgedruckt bei *O. Lange*, D&O-Versicherung und Managerhaftung, § 3 Rn. 18.

des Versicherers gilt. Üblicherweise wählt der Versicherer dabei die Angabe der Versicherungsnummer. Hinzu kommt, dass auch materiell der Beginn der Haftung des Versicherers abgesteckt werden muss. Dieser sog. Attachment point bedarf näherer Ausgestaltung.[251]

Neben der Angabe über die vorgehende Versicherung müssen die Parteien den Versicherungsschutz auch inhaltlich ausgestalten. Dies geschieht über besondere Abreden im Einzelfall, sowie über Following-form Vereinbarungen.[252]

Diese beiden Programmklauseln machen das spezielle Merkmal der Layerdeckung aus und finden sich daher in vielen Exzedentenversicherungsverträgen. Sie sind gesondert einer näheren rechtlichen Untersuchung zu unterziehen.[253]

2. Beteiligung eines Versicherungsmaklers

a. Ausfertigung der Police durch den Versicherungsmakler

Wie schon im Rahmen der Vertragsverhandlungen spielt der Industriemakler auch bei der Ausstellung der Versicherungspolice eine entscheidende Rolle. Wenngleich der Makler bildlich auf Seiten des Versicherungsnehmers steht,[254] kann er auch für den Versicherer Aufgaben übernehmen. Hierzu zählt häufig die Ausfertigung der Police.[255] Zwar bestimmt § 3 Abs. 1 VVG eine gesetzlich festgeschriebene Nebenpflicht des Versicherers, eine Police zu erstellen.[256] Bei deren Erfüllung kann er sich jedoch auch eines Maklers bedienen. Nötig ist hierzu eine Vereinbarung zwischen den Parteien, die bestimmen, dass der Makler geschäftsbesorgend i.S.d. § 675 BGB tä-

---

251 S. dazu sogleich S. 80 ff.

252 S. dazu S. 129 ff.

253 S. 79 ff.

254 S. dazu schon S. 34 ff.

255 *Armbrüster*, Privatversicherungsrecht, Rn. 772 f.; *Schaloske*, Folgerungen aus der Dornbracht-Entscheidung, S. 27; *C. Schneider*, r+s 2012, 417.

256 *Armbrüster*, in: MünchKomm VVG, § 3 Rn. 6; *C. Schneider*, r+s 2012, 417, 420.

tig wird und für die Erstellung und gegebenenfalls Übermittlung der Police verantwortlich ist.[257]

Dieses Vorgehen ist jedoch gerade in der Exzdentenversicherung fehleranfällig. In originär gelayerten Programmen finden die Vertragsverhandlungen mit verschiedenen Versicherern parallel statt. Zudem sind die Versicherungsbedingungen, und daher auch der Versicherungsschein, den nachfolgenden Versicherern zur Verfügung zu stellen, soweit die Versicherungen following-form vereinbart werden sollen. Betrachtet man sodann noch den internationalen Bezug größerer Layerprogramme,[258] wird deutlich, dass der u.U. hohen Anzahl an Policen eine entsprechend große Bedeutung zukommt. Dies gilt letztlich auch für die Auseinandersetzung nach Eintritt eines Schadenfalls, in der die Bedingungswerke dem mit der Regulierung beauftragten Rechtsanwalt zur Verfügung zu stellen sind, der nur anhand dieser Unterlagen das Zusammenspiel der Versicherungen nachvollziehen können muss.

b. Dokumentationsfehler in vom Makler ausgestellten Policen

Der Police kommt folglich eine besondere Bedeutung in Exzedentenprogrammen zu. Besonders schwer wiegt daher, dass ihre Ausstellung gerade bei mehreren Layern, fehleranfällig ist, da der Makler eine Vielzahl von aufeinander Bezug nehmenden Policen ausfertigen muss.

Dies kann zu schwerwiegenden Dokumentationsfehlern in den Versicherungsscheinen führen.[259] Wie mit derartigen Dokumentationsfehlern in Maklerpolicen umzugehen ist, ist fraglich und im Folgenden zu erörtern.

---

257 *H. Dörner*, in: Prölss/Martin, VVG, § 59 Rn. 113; vgl. *Matusche-Beckmann*, in: VersR-Hdb., § 5 Versicherungsvertrieb Rn. 367; *C. Schneider*, r+s 2012, 417, 420 spricht von einem „Auftrag" des Versicherers.

258 S. zuvor S. 2.

259 OLG Hamm, Urt. v. 3.11.2010 – I-20 U 38/10, r+s 2011, 198, wenngleich die Entscheidung zur offenen Mitversicherung erging, die als solche jedoch auch Vertragsverhandlungen mit mehreren Versicherern parallel erfordert. Die Fehleranfälligkeit scheint vergleichbar.

aa) Geltung von § 5 VVG

Eine Antwort darauf, wie mit Abweichungen des Versicherungsscheins von den Vertragsverhandlungen umzugehen ist, gibt das Gesetz zunächst selbst. § 5 Abs. 1 VVG bestimmt, dass Abweichungen des Versicherungsscheins, nach einer Frist, als vom Versicherungsnehmer genehmigt gelten, sofern der Versicherungsnehmer hierüber vom Versicherer informiert wurde. Fehlt ein solcher Hinweis, so gilt der Vertrag als mit dem Inhalt des Antrages des Versicherungsnehmers geschlossen (Abs. 3).

Umstritten ist dabei, wie mit Abweichungen zugunsten des Versicherungsnehmers umzugehen ist, wenn der Versicherer nicht über die Wirkung des § 5 Abs. 1 VVG informiert hat. Hier besteht das Problem, dass man dem Versicherungsnehmer seinen durch die Police eingeräumten Vorteil mit der Begründung entziehen müsse, dass der Versicherer ihn nicht ordnungsgemäß über die Wirkung der Police aufgeklärt habe. Dieses Ergebnis ist nach überwiegender Ansicht korrekturbedürftig.[260] Dies wird gemeinhin dadurch erreicht, dass die Abs. 1-3 als Schutzvorschriften zugunsten des Versicherungsnehmers teleologisch auf für den Versicherungsnehmer ungünstige Abweichungen reduziert werden.[261] Nach anderer Auffassung verbleibt es zwar bei der Anwendung der Abs. 2, 3 auch für günstige Abweichungen, es ist dem Versicherer aber nach § 242 BGB verwehrt, sich auf die anderweitige Abrede zu berufen.[262]

Diese Erwägungen könnten – so das OLG Hamm – auch auf den Fall übertragen werden, in dem der Makler, wie oben beschrieben, den Versicherungsschein für den Versicherer ausstellt.[263] Entscheidend sei allein, auf wessen Geheiß die Police ausgestellt würde.

[260] BGH, Urt. v. 21.1.1976 – IV ZR 123/74, VersR 1976, 477, 478; Urt. v. 22.6.2016 – IV ZR 431/14, VersR 2016, 1044 Rn. 12; *Rudy*, in: Prölss/Martin, VVG, § 5 Rn. 7; *Armbrüster*, in: MünchKomm VVG, § 5 Rn. 29; a.A. *C. Schneider*, in: Looschelders/Pohlmann, VVG, § 5 Rn. 16; *ders.*, r+s 2012, 417, 419.

[261] BGH, Urt. v. 22.6.2016 – IV ZR 431/14, VersR 2016, 1044 Rn. 15; *Rudy*, in: Prölss/Martin, VVG, § 5 Rn. 7.

[262] *Armbrüster*, in: MünchKomm VVG, § 5 Rn. 29; *Reusch*, in: Staudinger/Halm/Wendt, VVG, § 5 Rn. 23.

[263] OLG Hamm, Urt. v. 3.11.2010 – I-20 U 38/10, VersR 2011, 469, 477; so auch noch *Armbrüster*, in: Prölss/Martin, VVG, 28. Aufl. 2010, Vorbem. § 77 Rn. 10.

Sollte dies der Versicherer sein, so gelte § 5 VVG.[264] Seinen Pflichten nach § 5 Abs. 2 VVG solle sich der Versicherer auch nicht durch die Einschaltung eines Maklers entziehen können.[265] Ihn treffe daher zusätzlich die Obliegenheit, den vom Makler ausgestellten Versicherungsschein auf Richtigkeit zu überprüfen.[266]

bb) Teleologische Reduktion von § 5 VVG

Die Gegenansicht wendet hiergegen ein, § 5 VVG sei auf die Situation eines direkten Kontakts zwischen Versicherer und Versicherungsnehmer zugeschnitten. Die Norm nehme die Situation der Ausfertigung der Police durch den Versicherer zum Ausgangspunkt, dessen irrtümliche Falscherklärung ihm dann auch schaden solle.[267] Enthält der vom Makler ausgestellte Versicherungsschein sohin günstige Abweichungen von den getroffenen Vereinbarungen, trage der Hinweis auf die Verletzung der Schutzvorschriften der Abs. 2, 3 durch den Versicherer gerade nicht, da schon keine Verletzung vorliege.[268]

Die Zurechnung des Maklerhandelns zum Versicherer trage insoweit schon daher nicht, dass der Makler zuvorderst im Interessenkreis des Versicherungsnehmers tätig würde.[269] Dies verdeutliche auch der ansonsten erforderliche Arbeitsablauf. Der Makler müsse insoweit selbst die Hinweise nach § 5 Abs. 2 VVG in das Vertragsdokument aufnehmen, die der Versicherer sich sodann zu eigen mache. Daraufhin stünde dem Versicherungsnehmer, weiterhin vertreten durch den Makler, die Möglichkeit zu, den von ihm eigens in das Dokument niedergeschriebenen Änderungen zu widersprechen.[270]

---

264 OLG Hamm, Urt. v. 3.11.2010 – I-20 U 38/10, VersR 2011, 469, 477 m. zust. Anm. *Najouks/Heydorn*, VersR 2011, 479, 480 f.

265 *Schaloske*, Folgerungen aus der Dornbracht-Entscheidung, S. 29.

266 *Schaloske*, Folgerungen aus der Dornbracht-Entscheidung, S. 29.

267 *C. Schneider*, r+s 2012, 417, 420.

268 *C. Schneider*, in: Looschelders/Pohlmann, VVG, § 5 Rn. 16.

269 *C. Schneider*, r+s 2012, 417, 420.

270 *C. Schneider*, r+s 2012, 417, 420; in diese Richtung wohl auch *Rixecker*, in: Langheid/Rixecker VVG, § 5 Rn. 4; *Armbrüster*, in: MünchKomm VVG, § 5 Rn. 4; *Reusch*, in: Staudinger/Halm/Wendt, VVG, § 5 Rn. 15.

Ohnehin würde der Makler, wollte er Änderungen in den Vertrag einführen, nicht den Umweg über die Vertragsurkunde gehen müssen, da er bereits die Vertragsverhandlungen mitgestaltete.[271]

Insofern sei § 5 VVG teleologisch zu reduzieren, soweit der Versicherungsschein vom Makler ausgestellt wurde und auf diese Fälle nicht anzuwenden.

cc) Stellungnahme

Bei der Bewertung des obigen Streits ist zunächst zwischen drei Situationen zu unterscheiden.

Stellt der Industriemakler in seiner Funktion als Vertreter des Versicherungsnehmers den Versicherungsschein aus, so findet § 5 VVG von vorneherein keine Anwendung.[272] In diesem Fall haben die Parteien die Pflicht des Versicherers aus § 3 Abs. 1 VVG einvernehmlich abbedungen. Der Versicherungsnehmer ist in diesem Falle nicht schützenswert, sodass die § 5 Abs. 2, 3 VVG keine Anwendung finden. Der Schutz des Rechtsverkehrs ist zwar weiterhin dadurch tangiert, dass eine Vertragsurkunde existiert, die vom eigentlich Gewollten abweicht. Diese Situation ist indes hinzunehmen. Das Gesetz selbst weist der Urkunde nur eine begrenzte den Rechtsverkehr schützende Funktion zu, wenn es die Situation erlaubt, in der der Vertrag mit dem Inhalt des Antrages des Versicherungsnehmers, oder einer getroffenen Vereinbarung, zustande kommt.[273] Dem Versicherer obliegt es dann, einen neuen, korrekten Versicherungsschein auszustellen.

Ebenso unproblematisch sind Fälle, in denen der Versicherer den Versicherungsschein ausstellt und lediglich die durch § 3 Abs. 1 VVG geschuldete Übermittlung dem Makler überlässt. Zwar entledigt er sich auch hier eines Teils der Pflicht aus § 3 Abs. 1 VVG.[274] Jedoch hat der Versicherer die Urkunde selbst angefertigt. Von die-

---

271 *C. Schneider*, r+s 2012, 417, 420.

272 *Schaloske*, Folgerungen aus der Dornbracht-Entscheidung, S. 29.

273 *Ruppelt*, § 5 VVG, S. 81.

274 *Kisch*, Versicherungsschein, S. 21; *Rudy*, in: Prölss/Martin, VVG, § 3 Rn. 5.

ser Situation geht § 5 VVG erkennbar aus, sodass die Norm anzuwenden ist.

Schwierigkeiten bereitet nur der Fall, in dem der Makler für den Versicherer den Versicherungsschein anfertigt und dem Versicherungsnehmer direkt übermittelt. Dies gilt in zweierlei Hinsicht. Zunächst ist § 5 VVG, wie gezeigt, nicht auf die Situation zugeschnitten, in der ein anderer als der Versicherer den Versicherungsschein ausstellt und eine etwaige inhaltliche Abweichung von getroffenen Vereinbarungen daher – auch nur möglicherweise – auf das Tun eines anderen zurückzuführen ist. Erst recht ist die Vorschrift auch nicht auf die Situation zugeschnitten, in der der andere – auch oder gar zuvorderst – dem Lager des Versicherungsnehmers zuzurechnen ist.

Daher scheint die zweitgenannte Meinung zu verfangen, da § 5 VVG auf das tatsächliche Geschehen bei der Beteiligung eines Industrieversicherungsmaklers nicht passen mag. In der Tat erscheint es als reine Förmelei, dem Versicherungsmakler, als Vertreter des Versicherungsnehmers, die Möglichkeit zum Widerspruch gegen dasjenige, was er selbst als Vertreter des Versicherers geschrieben hat, zu ermöglichen.

Allerdings ist die Doppelstellung des Versicherungsmaklers zu bedenken. Im Rahmen der Ausfertigung der Police handelt er geschäftsbesorgend für den Versicherer. Wie § 3 Abs. 1 VVG zeigt, ist die Ausstellung alleinige Aufgabe des Versicherers. Insofern erfolgt die Niederschrift des zuvor Verhandelten keineswegs „auch nach seinem [des Maklers] eigenen Verständnis, allein für den VN".[275] Denn, insoweit ist *C. Schneider* zu widersprechen, hier erledigt der Makler keine Aufgabe, die bloß üblicherweise der Versicherer vornimmt. Vielmehr übernimmt er eine Aufgabe, die das Gesetz alleinig dem Versicherer zuweist und von der sich der Versicherer auch nicht einseitig lösen kann.[276] Dies wird auch dem Makler gewahr sein. Fehler in der Niederschrift betreffen daher allein das Innenverhältnis zwischen Makler und Versicherer und bedeuten eine Pflicht-

---

[275] *C. Schneider*, r+s 2012, 417, 420.
[276] *Kisch*, Versicherungsschein, S. 20.

verletzung im Rahmen des Geschäftsbesorgungsvertrages, für die der Makler, ein Verschulden i.S.v. § 276 Abs. 1 BGB vorausgesetzt, dem Versicherer nach den §§ 280, 675 BGB haftet.[277] Dieses zwischenzeitliche Heraustreten des Maklers aus seiner Funktion als Interessenwahrnehmer des Versicherungsnehmers ist die Folge der Vereinbarung zwischen Versicherer und Makler.[278] Er ist dann nicht (mehr) der Sphäre des Versicherungsnehmers zuzurechnen.[279]

Hinzu tritt, dass der der Makler durch die vertragliche Vereinbarung mit dem Versicherer gebunden ist. Bei der Ausformulierung der Versicherungspolice besteht hingegen schon von Gesetzes wegen (§ 3 Abs. 1 VVG) kein besonderes Band zum Versicherungsnehmer. Insoweit wird der Makler bei Erstellen der Police keineswegs zuvorderst im Interesse des Versicherungsnehmers tätig. Daher kann auch nicht eingewandt werden, dass das Verhältnis des Maklers zum Versicherungsnehmer enger sei als dasjenige zum Versicherer.[280]

Insofern ist das Maklerverhalten bei Ausformulierung der Police der Sphäre des Versicherers zuzurechnen. Er steht für das Verhalten des Maklers nach § 278 S. 1 BGB i.V.m. der vertraglichen Abrede ein.[281] Die Sanktionierung des Versicherers über § 5 VVG entspringt daher dem allgemeinen Gedanken von § 278 S. 1 BGB, dass derjenige, der sich die Vorteile arbeitsteiligen Handelns zunutze macht, auch für diese Arbeitsteilung einzustehen hat.[282] Sie ist daher keinesfalls verfehlt, sondern logische Folge der Einschaltung des Maklers.

Hingegen betrifft die Überprüfung der Police allein das Rechtsverhältnis zwischen Makler und Versicherungsnehmer. Denn das Gesetz geht in § 5 Abs. 1 VVG davon aus, dass der Versicherungs-

---

277 *C. Schneider*, r+s 2012, 417, 422 auch zur Frage eines Mitverschuldens des Versicherers.

278 *Gruber*, in: BK VVG, Vorbem. §§ 43 - 48 Rn. 2, 5.

279 BGH, Urt. v. 17.1.2001 – IV ZR 282/99, VersR 2001, 368; tendenziell a.A. *Schaloske*, Folgerungen aus der Dornbracht-Entscheidung, S. 68 zur ähnlich gelagerten Frage der vorvertraglichen Anzeigepflicht, dazu ab S. 49.

280 *Reiff*, in: MünchKomm VVG, § 59 Rn. 43.

281 Zur Zurechnung auch des Pflichtenverstoßes im Rahmen von § 278 BGB s. *Grundmann*, in: MünchKomm BGB, § 278 Rn. 50.

282 *Grundmann*, in: MünchKomm BGB, § 278 Rn. 3.

nehmer, soweit er auf eine Abweichung hingewiesen wurde, Widerspruch erheben kann. Ihn trifft also auch hinsichtlich der Police eine Leseobliegenheit.[283] Dazu ist eine Kontrolle der Police erforderlich. Sofern der Makler alleinig für die Vertragsverwaltung zuständig ist, der Versicherungsnehmer daher auch diese Leseobliegenheit auf ihn übertragen hat, stellt ihre Vernachlässigung eine Verletzung der Pflichten aus dem Maklervertrag durch den Makler dar. Hierfür haftet er dem Versicherungsnehmer auf Schadensersatz.

Insofern vermag einzig die zeitliche Abfolge, die § 5 VVG vor Augen hat, auf die beiderseitige Einschaltung eines Maklers nicht zu passen. Dies gilt aber auch nur dann, wenn der Makler selbst, in Vertretung für den Versicherer, die Police eigenständig an sich selbst als den Vertreter des Versicherungsnehmers aushändigt. Denn übersendet er zuvor die Police zur Unterschrift an den Versicherer, so wird er bei Rückerhalt überprüfen, ob nicht Änderungen durch den Versicherer vorgenommen wurden. Im Übrigen macht sich der Versicherer durch die Unterzeichnung auch die Police zu eigen, sodass er als Aussteller anzusehen sein dürfte. In diesem Falle ergibt die Regelung von § 5 VVG Sinn.

Inhaltlich weisen die §§ 3, 5 VVG rechtliche Risikosphären zu, die auch bei der Einschaltung eines Maklers weiter relevant bleiben.

Im Ergebnis verbleibt es bei der Anwendung von § 5 VVG im Verhältnis zwischen Versicherer und Versicherungsnehmer auch bei beidseitiger Einschaltung desselben Versicherungsmaklers. Dies dient letztlich auch dem Schutz des Versicherungsnehmers. Der Versicherer soll sich von den Wirkungen von § 5 Abs. 1 VVG nicht freizeichnen können, indem er seinerseits den vom Versicherungsnehmer beauftragten Makler einsetzt. Weist die Urkunde daher Abweichungen auf, die dem Versicherungsnehmer günstig sind, so muss sich der Versicherer dies entgegenhalten lassen. Er kann dann, ein Verschulden vorausgesetzt, im Innenverhältnis gegen den Makler vorgehen. Ebenso trifft es den Versicherungsnehmer, wenn

[283] OLG Saarbrücken, Urt. v. 5.12.2001 – 5 U 903/00-83, VersR 2003, 195; *Armbrüster*, in: Prölss/Martin, VVG, § 6 Rn. 326; s. zur Leseobliegenheit grundlegend BGH, Urt. v. 20.6.1963 – II ZR 199/61, BGHZ 40, 22 = NJW 1963, 1978 f.

der von ihm beauftragte Makler einer – für ihn ungünstigen – Abweichung im Versicherungsschein nicht widerspricht. Auch hier kann er vom Makler aber Schadensersatz aus dem Maklervertrag verlangen.[284] Eine teleologische Reduktion von § 5 VVG im Falle der beiderseitigen Verpflichtung desselben Maklers ist daher nicht angezeigt.

D. Abgrenzung von anderen Formen der Risikoverteilung

Die Exzedentenversicherung wird wie gezeigt bei der Versicherung großer Risiken eingesetzt, da hier besonders das Problem der Versicherbarkeit des hohen möglichen Schadens besteht.[285]

Hierfür stehen dem Versicherungsnehmer nicht bloß die Exzedentendeckung, sondern auch andere Formen der Risikoteilung zur Verfügung. Diese können auf primärer oder sekundärer Ebene erfolgen. Der Unterschied liegt dabei in der vertraglichen Konstruktion; bei der primären Risikoteilung stehen die Übernehmer des Risikos in unmittelbarer vertraglicher Beziehung zum Versicherungsnehmer, während dies bei der sekundären Risikoteilung nicht der Fall ist.[286] Von diesen Formen der Risikoteilung ist die Exzedentenversicherung abzugrenzen. Zudem werden die Begriffe der „Layer"; des „Exzesses" und der „Exzedenten" auch abseits der hier interessierenden Exzedenten(erst-)versicherung gebraucht. Neben der inhaltlichen Abgrenzung muss also auch eine terminologische Differenzierung erfolgen.

Daher sollen im Folgenden verschiedene Formen der Risikoteilung auf primärer (I.) und sekundärer Ebene (II.) vorgestellt und begrifflich sowie strukturell von der Exzedentenerstversicherung abgegrenzt werden.

284 BGH, Urt. v. 17.4.1986 – 18 U 45/84, VersR 1987, 663, 664.

285 S. schon S. 1 ff.

286 *Langheid*, in: Langheid/Rixecker VVG, § 77 Rn. 6 f.; *Armbrüster*, in: Prölss/Martin, VVG, Vorbem. § 77 Rn. 1; *Dreher/M. Lange*, VersR 2005, 717, 718.

I. Die primäre Risikoteilung

Auf primärer Ebene erfolgt die Risikoteilung unter Mitwirkung des Versicherungsnehmers. Klassischerweise geschieht dies durch die offene Mitversicherung, die in allen Versicherungszweigen, insbesondere der industriellen Sachversicherung, zum Einsatz gelangt.[287]

In Situationen, in denen anderweitiger Versicherungsschutz nicht (kosteneffizient) verfügbar oder kaufmännisch opportun ist, stellt die Mitversicherung ein geeignetes Mittel zur Risikoteilung dar.[288]

Eine gesetzliche Definition der Mitversicherung existiert nicht. Hinzuweisen ist lediglich auf die Mitversicherungsrichtlinie (RL 78/473/EWG), die zwar in Art. 2 Abs. 1 eine Definition der Mitversicherung enthält, in Art. 2 Abs. 2 indessen erkennen lässt, dass Mitversicherung auch abseits dieser Definition existieren kann, dann jedoch nicht in den Anwendungsbereich der Richtlinie fällt.

Sie wird als einverständliche Beteiligung mehrerer Versicherer an der Versicherung eines bestimmten Intereses für dieselbe Zeit gegen dieselbe Gefahr, bei der in der Regel jeder von ihnen nur einen Teil versichert, bezeichnet.[289] Hinsichtlich des versicherten Interesses genügt also zunächst Teilidentität.[290] Entscheidend ist nur, dass die Beziehung der Person zu dem versicherten Gut, deren Beeinträchtigung einen wirtschaftlichen Nachteil bringt, in allen Versicherungsverträgen einheitlich definiert ist.[291] Ebenso verhält es sich mit der versicherten Gefahr; auch sie wird zumeist einheitlich in allen Mitversicherungsverträgen definiert, wobei auch hier Teilidentität genügt.[292] Entscheidend für die Mitversicherung in Abgrenzung zur Nebenversicherung i.S.v. § 77 Abs. 1 VVG ist das einverständliche Zusammenwirken der Versicherer. Die Nebenversicherung ist

---

287 *Schaloske*, Mitversicherung, S. 4; *Halbach*, in: MünchKomm VVG, § 77 Rn. 7; *Dreher/M. Lange*, VersR 2005, 717, 718 f.

288 *Schaloske*, Mitversicherung, S. 4 ff.; *Wiegels*, ZfV 2010, 252 f.

289 *Schaloske*, Mitversicherung, S. 28; *Langheid*, in: Langheid/Rixecker VVG, § 77 Rn. 7; *Dreher/M. Lange*, VersR 2005, 717, 718.

290 *Schaloske*, Mitversicherung, S. 31; *Dreher/M. Lange*, VersR 2005, 717, 718.

291 *Schaloske*, Mitversicherung, S. 30; allgemein zum versicherten Interesse *Armbrüster*, in: Prölss/Martin, VVG, Vorbem. §§ 74 - 99, Rn. 28 f.

292 *Schaloske*, Mitversicherung, S. 33.

dadurch gekennzeichnet, dass der Versicherungsnehmer auf eigene Initiative ein Interesse gegen dieselbe Gefahr bei mehreren Versicherern decken lässt, ohne dass diese mit dem Willen einer gemeinschaftlichen Deckung tätig werden.[293] Daher legt das Gesetz dem Versicherungsnehmer die Pflicht auf, die betroffenen Versicherer zu informieren. Dieser Mitteilung bedarf es bei der Mitversicherung naturgemäß nicht.

Nach der Art des Zusammenschlusses wird die Mitversicherung weiter in die sog. ad-hoc Mitversicherung (auch Mitversicherung im Einzelfall) und die sog. Mitversicherungsgemeinschaft differenziert.[294] Bei der Mitversicherung im Einzelfall ist die Zusammenarbeit der Versicherer in Form der gemeinschaftlichen Risikotragung auf eine einzige Kooperation beschränkt.[295] Im Gegensatz dazu erfolgt der Zusammenschluss bei Mitversicherungsgemeinschaften für einen längeren Zeitraum und ist auf die Versicherung mehrerer Risiken angelegt.[296] Die Abgrenzung zur ad-hoc Mitversicherung erfolgt dabei nicht anhand personaler oder zeitlicher Kriterien[297], sondern orientiert sich an der von vorneherein nicht bestimmten Anzahl zu versichernder Risiken.[298]

Sowohl die Mitversicherung und die Exzedentenversicherung kommen dem Gesagten nach unter unmittelbarer Beteiligung des Versicherungsnehmers und mehrerer Versicherer zustande.[299] Zudem schließt der Versicherungsnehmer nach überwiegender Meinung

---

293 *Schaloske*, Mitversicherung, S. 34 f.; *Schnepp*, in: Bruck/Möller, VVG, Anh. § 216 Rn. 37; *Armbrüster*, in: Prölss/Martin, VVG, Vorbem. § 77 Rn. 1.

294 *Schaloske*, Mitversicherung, S. 8 ff.; *Schnepp*, in: Bruck/Möller, VVG, Anh. § 216 Rn. 11; *Dreher/M. Lange*, VersR 2005, 717, 719; zur kartellrechtlichen Bedeutung *Dreher/J. Hoffmann*, in: MünchKomm VVG, 160. Versicherungskartellrecht, Rn. 75 ff.

295 *Schaloske*, Mitversicherung, S. 8; *Armbrüster*, in: Prölss/Martin, VVG, Vorbem. § 77 Rn. 7.

296 *Schaloske*, Mitversicherung, S. 9; *Schnepp*, in: Bruck/Möller, VVG, Anh. § 216 Rn. 11; *Dreher/M. Lange*, VersR 2005, 717, 719.

297 Zusammenfassung bei *Dreher*, in: FS Egon Lorenz, 2004, S. 211, 218 ff.

298 *Dreher/M. Lange*, VersR 2005, 717, 719.

299 *Henning*, Exzedentenversicherung, S. 94; *Schnepp*, in: Bruck/Möller, VVG, Anh. § 216 Rn. 16; *Schaloske*, VersR 2008, 734.

mehrere selbstständige Verträge ab, die im Regelfall korrespondieren.[300]

Indessen erfolgt die Deckung durch Mitversicherer abredegemäß horizontal. Zunächst wird die gesamte Deckungsstrecke festgestellt und auf die Mitversicherer anteilig verteilt. Der Eintritt des Versicherungsfalls begründet also die Einstandspflicht eines jeden Mitversicherers seinem relativen Anteil entsprechend. Dies ist in der Exzedentendeckung nicht der Fall.[301] Hier begründet der Versicherungsfall zunächst die Leistungspflicht des Erstversicherers. Sobald seine Pflicht an seiner Deckungsgrenze endet, ist der nachfolgende Layer verpflichtet.[302] Dem Konzept der Exzedentenversicherung nach, sollen also nie zwei Layer nebeneinander zur Leistung verpflichtet sein. Vertragsrechtlich lässt sich dies an der Vereinbarung eines Attachment-points in den Exzedentenversicherungsverträgen ersehen.[303] Eines solchen bedarf es bei der Mitversicherung gerade nicht, da die Beschreibung des tatsächlichen Ereignisses, das zu versichern ist – der Versicherungsfall –, die einzige notwendige Voraussetzung für die Definition eines Versicherungsfalls ist.

Zudem erfolgt die Teilung im Rahmen der Mitversicherung durch Abrede der Versicherer untereinander. Wie gezeigt ist ein gemeinsamer Versicherungswille kennzeichnend für das Zustandekommen einer Mitversicherung, unabhängig davon, ob es sich um eine Mitversicherungsgemeinschaft oder um eine Mitversicherung im Einzelfall handelt.[304] Dies ist aber für die Layerdeckung gerade nicht notwendig; der tatsächliche oder rechtsgeschäftliche Wille der vorangehenden Layerbeteiligten ist bei der Vereinbarung eines anschließenden Layers unerheblich, da diese rechtlich selbstständi-

300 *Henning*, Exzedentenversicherung, S. 36; *Mitterlechner/Wax/Witsch*, D&O-Versicherung, § 12 Rn. 124; *Thürmann*, in: FS Hamburger Seminar, 2016, S. 505; *Drave*, VersPrax 6/2017, 35; *Knöfel*, ZIP 2018, 1814; *R. Koch*, VersR 2021, 879 f.; *Schaloske*, PHi 2012, 166; leicht anders *Hemeling*, in: FS Hoffmann-Becking, 2013, S. 491, 505 („in aller Regel besteht mit jedem Versicherer ein selbstständiger Versicherungsvertrag"); eingehend noch S. 77 f.

301 *O. Lange*, D&O-Versicherung und Managerhaftung, § 4 Rn. 29.

302 Dazu noch S. 80 ff.

303 *Henning*, Exzedentenversicherung, S. 94.

304 S. zuvor sowie *Schaloske*, Mitversicherung, S. 34.

gen Verträge ohne Zutun der vorangehenden Deckungen geschlossen werden.[305]

Insoweit lässt sich häufig bereits am fehlenden Zusammenwirken der beteiligten Versicherer der Unterschied zwischen Mitversicherung und Exzedentendeckung ersehen. In der jeweiligen Police zeichnen sich Exzedentendeckungen durch die Vereinbarung eines Attachment-points aus, während Mitversicherungen die anteilige Quote der Risikoträger vorhalten.[306] Dennoch sind beide Formen der Risikoteilung insoweit eng verwandt, als dass die Versicherer in direkter vertraglicher Verbindung zum Versicherungsnehmer stehen und sie zur Deckung erheblicher Risiken unter Einsatz einer Vielzahl von Versicherern genutzt werden. Die vertragliche Grundlage, die in dieser Arbeit von besonderer Relevanz sein wird, lässt sich folglich vergleichen. Aus den Erkenntnissen der Mitversicherung kann daher viel auch für die Exzedentendeckung gewonnen werden, wie noch zu sehen sein wird.[307]

II. Die sekundäre Risikoteilung

Hierneben kann das Risiko auch auf sekundärer Ebene geteilt werden. Kennzeichnend ist dabei, dass nur ein beteiligter Versicherer im Außenverhältnis zum Versicherungsnehmer auftritt und erst auf zweiter Ebene eigenständig das Risiko mit anderen (Rück-)Versicherern teilt. Je nach der vertraglichen Beziehung und dem versicherten Interesse sind Rückversicherung (a), die sog. verdeckte Mitversicherung (b) oder sog. Versicherungspools (c) zu unterscheiden.

305 *Schaloske*, PHi 2012, 166, 168.
306 *Henning*, Exzedentenversicherung, S. 94.
307 S. insbesondere zu den Vertragsverhältnissen S. 150 ff. und der Vereinbarung von Führungsklauseln S. 154 ff.

1. Formen der sekundären Risikoteilung

a. Rückversicherung

Die Rückversicherung ist die Versicherung der vom Erstversicherer übernommenen Gefahr (vgl. § 779 Abs. 1 10. Gedankenstrich HGB a.F.), also die Beteiligung an dem versicherungstechnischen Risiko eines anderen im Verhältnis zu einem Dritten.[308] Diese Übernahme wird vertraglich zwischen dem Erstversicherer (Zedent) und dem Rückversicherer (Zessionar) begründet, um das versicherungstechnische Risiko des Erstversicherers zu verringern.[309] Der Erstversicherer schuldet Prämienzahlung (auch: Beitragszahlung[310]), während der Rückversicherer verpflichtet ist, bei Eintritt des rückversicherten Versicherungsfalls dem Erstversicherer den ihm entstandenen Schaden zu ersetzen.[311] Wie bei der Mitversicherung kann auch hierbei die Risikoübertragung im jeweiligen Einzelfall erfolgen; dann liegt eine sog. fakultative Rückversicherung vor. Andererseits kann auch eine laufende Vereinbarung getroffen werden, nach der entweder der Rückversicherer stets zur Übernahme aller angetragenen Risiken, der Erstversicherer stets zur Antragung aller Risiken verpflichtet ist oder beide Parteien dauerhaft verpflichtet sind (sog. fakultativ-obligatorische; obligatorisch-fakultative oder [schlicht] obligatorische Rückversicherung).[312]

Neben dieser Differenzierung nach der Form kann auch nach der Art der Rückversicherung, also nach versicherungstechnischen Aspekten, unterschieden werden. Ausgangspunkt dieser Betrachtung ist die Methodik der Risikoübernahme.[313] Zeichnet der Rückversicherer in einem festen oder variablen Verhältnis (Proportion) einen Anteil, meist ausgedrückt in Prozent des vom Erstversicherer über-

---

[308] *Armbrüster*, Privatversicherungsrecht. Rn. 75; *Wandt*, Versicherungsrecht, Rn. 46; *Schwepcke*, in: MünchKomm VVG, Rückversicherungsvertragsrecht Rn. 1.

[309] *Looschelders*, in: MünchKomm VVG, § 209 Rn. 31.

[310] *Schwepcke*, in: MünchKomm VVG, Rückversicherungsvertragsrecht Rn. 260, 281.

[311] *Looschelders*, in: MünchKomm VVG, § 209 Rn. 57.

[312] *Grossman*, Rückversicherung, S. 73 f.; *Looschelders*, in: MünchKomm VVG, § 209 Rn. 40; *Klimke*, in: Prölss/Martin, VVG, § 209 Rn. 11 f.

[313] *Schwepcke*, in: MünchKomm VVG, Rückversicherungsvertragsrecht Rn. 153.

nommenen Risikos[314], so spricht man von einer proportionalen Rückversicherung.[315] Ist dies nicht der Fall, ist der Rückversicherer also nicht am ursprünglichen Risiko, sondern an seinen wirtschaftlichen Folgen für den Erstversicherer beteiligt, so liegt eine nichtproportionale Rückversicherung vor.[316] In beiden Arten der Rückversicherung wird begrifflich von einer Exzedentendeckung gesprochen, die von der hier gegenständlichen Exzedentendeckung abzugrenzen ist.

Beteiligt sich der Rückversicherer an dem vom Erstversicherer übernommenen Risiko nicht im Wege einer festen Quote (sog. Quotenrückversicherung), sondern proportional an denjenigen versicherungstechnischen Einheiten, die einen gewissen Selbstbehalt des Erstversicherers übersteigen, spricht man von einer Summenexzedentenrückversicherung.[317] Hier wird der Rückversicherer also erst dann an der Zeichnung beteiligt, wenn die Versicherungssumme, oder, je nach Anknüpfung, der PML (probable maximum loss), also der geschätzte wahrscheinliche Höchstschaden, eine gewisse Summe übersteigt.[318]

Im Gegensatz zur proportionalen Rückversicherung wird der Rückversicherer im Rahmen der nichtproportionalen Rückversicherung nicht am ursprünglichen Risiko beteiligt, sondern ihm entsteht eine konkrete Verpflichtung gegenüber dem Erstversicherer erst dann, wenn auf den vom Rückversicherungsvertrag erfassten Policen ein einzelner Schaden oder eine Summe von Schäden eingetreten sind, die ein anfänglich bestimmtes Ausmaß überschreiten.[319]

Hierbei sind nach dem Schadenexzedentenrückversicherungsvertrag Schäden zu ersetzen, die der Erstversicherer nicht eigens tragen möchte, die also den vertraglich festgelegten Selbstbehalt

314 Plastisch auch das „original" Risiko genannt *Schwepcke*, in: MünchKomm VVG, Rückversicherungsvertragsrecht Rn. 154.

315 *Liebwein*, Klassische und moderne Formen der Rückversicherung, S. 69.

316 *Grossman*, Rückversicherung, S. 74; *Schwepcke*, in: MünchKomm VVG, Rückversicherungsvertragsrecht Rn. 155.

317 *Liebwein*, Klassische und moderne Formen der Rückversicherung, S. 76; *Grossman*, Rückversicherung, S. 94.

318 *Liebwein*, Klassische und moderne Formen der Rückversicherung, S. 76 f.; *Lüer/Schwepcke*, in: Lüer/Schwepcke, Rückversicherungsrecht, §

319 *Grossman*, Rückversicherung, S. 114.

übersteigen. Sie sind sodann dem Rückversicherer zugewiesen. Der Ausgleich erfolgt je nachdem, ob der Vertrag jeden einzelnen Schaden erfasst (sog. Einzelschadenexzedent) oder eine ganze Reihe von Schäden, die tatsächlich miteinander verknüpft sind (sog. Kumulschadenexzedent).[320]

Ausgangspunkt der Betrachtung ist also im Unterschied zum Summenexzedenten nicht das Risiko, sondern der tatsächlich eintretende Schaden.[321] Bei dem in der Praxis auch häufig *working excess of loss* (kurz: WXL; auch „pro-Risiko-Schadenexzedent)[322] genannten Einzelschadenrückversicherungsexzedenten verpflichtet sich der Rückversicherer gegenüber dem Erstversicherer von allen einzelnen, in einer bestimmten Sparte auftretenden Schäden eine bestimmte Quote zu übernehmen, die die vertraglich festgelegte Priorität (auch: Selbstbehalt) übersteigen.[323] Der Jahresschadenrückversicherer ersetzt Gesamtschäden, die dem Erstversicherer im Laufe eines Jahres in einer Branche oder Sparte entstanden sind und seinen vertraglich vereinbarten Anteil seiner Prämieneinnahmen, den Selbstbehalt, übersteigen.[324]

b. Sog. verdeckte Mitversicherung

Bei der verdeckten (auch stillen) Mitversicherung handelt es sich, trotz der insoweit missverständlichen Bezeichnung, nicht um eine Mitversicherung im eigentlichen Sinne.[325] Bei ihr schließt der Versicherungsnehmer nur einen Versicherungsvertrag mit einem Versicherer, der sodann Prämien und Risiko vertraglich mit anderen Versicherern teilt.[326] Der Versicherungsnehmer steht also nur mit einem Versicherer in Vertragsbeziehungen und kann auch nur diesem ge

---

320 *Grossman*, Rückversicherung, S. 120, 121.

321 *Gerathewohl*, Rückversicherung, Bd. I, S. 87.

322 XL ist die im Englischen gängige Abkürzung für „excess of loss".

323 *Grossman*, Rückversicherung, S. 119; *Schwepcke/Vetter*, in: Praxishandbuch: Rückversicherung, Obligatorische Rückversicherung, Rn. 886.

324 *Grossman*, Rückversicherung, S. 123.

325 OLG Hamburg, Urt. v. 19.2.2008 – 6 U 119/07, VersR 2008, 1249, 1250; *Schaloske*, Mitversicherung, S. 13 f.; *Materne/Seemeyer*, in: Lüer/Schwepcke, Rückversicherungsrecht, § 16 Rn. 16; *Armbrüster*, in: Prölss/Martin, VVG, Vorbem. § 77 Rn. 1; a.A. *Langheid*, in: Langheid/Rixecker VVG, § 77 Rn. 6; *Halbach*, in: MünchKomm VVG, § 77 Rn. 7.

326 *Halbach*, in: MünchKomm VVG, § 77 Rn. 7; *Armbrüster*, in: Prölss/Martin, VVG, Vorbem. § 77 Rn. 2.

genüber vertragliche Ansprüche bei Eintritt des Versicherungsfalls geltend machen.[327]

c. Versicherungspools

Auch bei Versicherungspools tritt nur ein Versicherer seinem Versicherungsnehmer gegenüber. Die Risikoteilung erfolgt hier in der Form, dass das Risiko auf eine Gesellschaft bürgerlichen Rechts übertragen wird, an der mehrere (Rück-)Versicherer beteiligt sind. Im Innenverhältnis haften alle Poolmitglieder für die eingebrachten Risiken anteilig aufgrund vorheriger Absprachen.

2. Abgrenzung von der Exzedentendeckung

Aus der Ähnlichkeit in der vertraglichen Konstellation zur Mitversicherung ergibt sich zugleich auch der maßgebliche Unterschied zwischen Exzedentendeckung und Formen der sekundären Risikoteilung.[328] Bei Letzteren ist der Versicherungsnehmer nicht Vertragspartei. Das versicherungstechnische Risiko wird vielmehr zwischen den Versicherern vertraglich weiter aufgeteilt.[329]

Dies bedeutet auch, dass der Erstversicherer die Auswahl über die weiteren beteiligten Versicherer trifft. Demgegenüber hat der Grundversicherer der Exzedentendeckung keinen Einfluss auf die Auswahl der Exzedenten durch den Versicherungsnehmer. Daher kann der Grundversicherer die Exzedentendeckung auch nicht gezielt einsetzen; er ist nicht maßgebender Akteur der Gesamtdeckung. Dies geschieht durch den Versicherungsnehmer bzw. seinen Makler. Inhaltlich handelt es sich bei der Exzedentendeckung nur mittelbar um eine Form der wirtschaftlich vorausschauenden Betriebswirtschaft der Versicherer.

---

327 *Schaloske*, Mitversicherung, S. 14; *Schnepp*, in: Bruck/Möller, VVG, Anh. § 216 Rn. 13, 15.

328 *Henning*, Exzedentenversicherung, S. 90; vgl. *Armbrüster*, in: Prölss/Martin, VVG, Vorbem. § 77 Rn. 1.

329 *Schwepcke*, in: MünchKomm VVG, Rückversicherungsvertragsrecht Rn. 344 ff.

Der formale Aspekt der Vertragsgestaltung bedingt auch materielle, inhaltliche Unterschiede der Deckungskonzepte. Zunächst unterscheidet sich die Übernahme des versicherungstechnischen Risikos. Die Exzedentenversicherer übernehmen nicht etwa quotal, wie im Rahmen der proportionalen Rückversicherung, einen Teil des schon vom Erstversicherer gezeichneten Risikos. Vielmehr ist der Anteil des Risikos, der die Versicherungssumme des Erstversicherers übersteigt, bis zum Abschluss der Exzedentendeckungen unversichert. Der Primary wird also durch die Exzedentendeckung nicht entlastet. Jeder beteiligte Versicherer trägt ein eigenes Risiko.

Hieraus entstehen auch Folgen für die Hauptleistungspflichten der Parteien. Die Exzedentenversicherer sind also zunächst nur dazu verpflichtet gegenüber ihrem Vertragspartner, dem Versicherungsnehmer des gesamten Turms, zu leisten. Dieser ist im Gegenzug zur Zahlung der Prämie an jeden einzelnen Versicherer verpflichtet. Diese ist im Einzelnen ausgehandelt; eine Relation besteht also im Gegensatz zur üblichen sekundären Risikoteilung nicht.

Weniger deutlich in materieller Hinsicht ist die Abgrenzung von der nichtproportionalen Rückversicherung, die mit der Erstexzedentenversicherung gemein hat, dass der hinzutretende Risikoträger nicht am Originalrisiko beteiligt wird.[330] Aber auch hier hat der Ausgangsversicherer nur eine begrenzte Möglichkeit auf die Gesamtdeckungsstrecke unmittelbar Einfluss zu nehmen. Andererseits ist zu beachten, dass der Versicherer seine Haftung der Höhe nach selbst begrenzen kann. In Sparten, in denen die Vereinbarung einer Exzedentenversicherung üblich ist,[331] der Grundversicherer also davon ausgehen darf, dass nach ihm ein weiterer Layer folgt, kann er so faktisch die Relation seines Anteils an der Gesamtdeckung mitbestimmen.

In sprachlicher Hinsicht sei angemerkt, dass zwar auch in der Rückversicherung von Exzedenten gesprochen wird, diesen aber eine andere Bedeutung als in der Exzedentenerstversicherung zukommt.

330 S. auch *Henning*, Exzedentenversicherung, S. 91.

331 So bspw. die D&O Versicherung oder die Berufshaftpflichtversicherung der Rechtsanwälte, Steuerberater und Wirtschaftsprüfer.

Ebenso formal kann zunächst auch bei der Abgrenzung von anderweitigen Formen der sekundären Risikoteilung vorgegangen werden. Vertragsparteien bei Versicherungspools sind der Versicherungsnehmer und die jeweilige Gesellschaft bürgerlichen Rechts. Die Risikoteilung erfolgt auch hier wiederum durch die Versicherer, die den Pool begründen und sich sodann die Prämie untereinander aufteilen. Auch hier nimmt gerade nicht der Versicherungsnehmer auf die Anteile der Gesamtsumme Einfluss. Stattdessen erfolgt die Risikoteilung im Einzelnen zwischen den Versicherern.

III. Ergebnis

Bei der Abgrenzung der Exzedenten(erst)versicherung von verschiedenen Formen der Risikoteilung hilft in vielen Fällen bereits die Betrachtung der Verträge, um anhand der Vertragsparteien Klarheit über die Form der Risikoteilung zu erhalten. Bei der Abgrenzung von begrifflich ähnlichen Formen der Rückversicherung kann zudem die Frage, inwieweit das versicherungstechnische Risiko übernommen wird, helfen. Die Abgrenzung von der Mitversicherung ist sodann anhand des Willens der beteiligten Versicherer zur gemeinschaftlichen Teilung einer gesamten Deckung vorzunehmen. Liegt ein solcher nicht vor, sondern sind die Versicherer vertikal nacheinander eintrittspflichtig, handelt es sich um eine Exzedentendeckung.

§ 3 Vertragliche Beziehungen in der Exzedentendeckung

Da nunmehr die Ausgangslage der Exzedentenversicherung aufgearbeitet ist, kann sich ihrer vertraglichen Konstruktion zugewandt werden. Hierbei sind zwei Ebenen zu unterscheiden; das Außen- und das Innenverhältnis. Zunächst ist auf das Außenverhältnis der Layerdeckung (A.) einzugehen. Hierin stehen die vertraglichen Beziehungen zwischen Versicherungsnehmer und den Versicherern im Vordergrund. Sodann wird das Innenverhältnis (B.), also die Vertragsbeziehung der beteiligten Risikoträger, näher betrachtet werden.

A. Vertragliche Ausgestaltung des Außenverhältnisses einer Layerversicherung

Für die Gestaltung des Außenverhältnisses ist zunächst zu klären, zu wem der Versicherungsnehmer in vertraglicher Verbindung steht (I.). Sodann ist auf den typischen Inhalt eines solchen Vertrages einzugehen (II.).

I. Das Verhältnis zwischen Versicherer und Versicherungsnehmer

Der Versicherungsnehmer sieht sich in der Layerversicherung einer Vielzahl verschiedener Versicherer gegenüber. Nach einhelliger Meinung schließt er mit jedem Versicherer einen selbstständigen Versicherungsvertrag.[332] Der Versicherungsnehmer tritt mit den Versicherern gesondert in Kontakt und vereinbart die Deckung eines bestimmten Risikos zu einer bestimmten Prämie.[333] Zwar wird der Inhalt der Versicherungsverträge, gerade der Exzedentenversicherungsverträge, häufig durch eine Following-form Abrede verkürzt

---

[332] S. bereits S. 3.

[333] Zum Zustandekommen der Layerdeckung s. S. 33 ff.

dargestellt, dennoch handelt es sich um eine Absprache über den Inhalt der in Bezug genommenen Bestimmungen.[334] Im Übrigen enthält typischerweise auch jede Police über Exzedentenversicherungen Angaben zu den Parteien, der Versicherungssumme und der zu entrichtenden Prämie.[335] Insoweit sind die essentialia negotii[336] eines Versicherungsvertrages regelmäßig ausdrücklich vereinbart.

Daher kann dem Postulat der genannten Ansicht gefolgt werden. Der Versicherungsnehmer schließt im Rahmen eines Exzedentenprogrammes mehre Versicherungsverträge, jeweils mit einem Layerversicherer. Dies gilt auch dann, wenn dasselbe Versicherungsunternehmen auf mehreren Layern vertreten ist. Es handelt sich dann zwar um identische Parteien, die Verträge sind im Grundsatz aber abstrakt voneinander.

Eine Besonderheit besteht gerade in sehr umfangreichen Exzedentenprogrammen hinsichtlich der Beteiligung eines Versichererkonsortiums in den Layern. Tritt nicht nur ein Versicherer auf dem Layer auf, sondern eine Vielzahl von Versicherern, die das Risiko im Wege der Mitversicherung versichern, stellt sich wiederum die Frage nach den Vertragsverhältnissen.

In der Mitversicherung werden die Verträge, die der Versicherungsnehmer schließt, zumeist in einem Dokument gebündelt.[337] Dennoch handelt es sich grundsätzlich jeweils um gesonderte Versicherungsverträge.[338]

---

334 Zur Wirkung einer Following-form Vereinbarung noch S. 134 ff.

335 Vgl. *Thürmann*, in: FS Hamburger Seminar, 2016, S. 505, 510; s. auch die Zusammenfassung bei *Henning*, Exzedentenversicherung, S. 36 ff.

336 S. *Looschelders*, in: Looschelders/Pohlmann, VVG, § 1 Rn. 4 f.

337 S. OLG Hamm, Urt. v. 3.11.2010 – I-20 U 38/10, r+s 2011, 198, 202; *Schaloske*, Folgerungen aus der Dornbracht-Entscheidung, S. 14; *Armbrüster*, in: Prölss/Martin, VVG, Vorbem. § 77 Rn. 4.

338 *Schaloske*, Folgerungen aus der Dornbracht-Entscheidung, S. 31 ff.; *Armbrüster*, in: Prölss/Martin, VVG, Vorbem. § 77 Rn. 4; *Brinker/Schädle*, VW 2003, 1318.

II. Programmklauseln

Im Anschluss an diese Erkenntnis fragt sich nun, welchen Inhalt ein Exzedentenvertrag hat. Vorweg ist zu bemerken, dass es sich bei der Layerdeckung nicht um ein standardisiertes Produkt handelt, dessen vertragliche Vereinbarungen sich daher in nahezu allen Verträgen gleichen.[339] Dennoch lassen die vielfältig geschlossenen Verträge eine gewisse Einheitlichkeit in den Vereinbarungen erkennen, die Grundlage für die folgende Analyse sein soll.[340]

Innerhalb dieser Vereinbarungen sind zwei Absprachen besonders hervorzuheben, die einem Layerprogramm seine typische Gestaltung vermitteln.[341] Dies betrifft einerseits Attachment-point Vereinbarungen, andererseits Following-form Abreden.[342] Der Exzedentenversicherer muss einerseits den sachlichen Deckungsumfang der Versicherung regeln. Hier besteht das Interesse, insbesondere des Versicherungsnehmers eines kapazitätsgebenden Programms, eine weitgehende Übereinstimmung der Bedingungen der Grundversicherer zu erreichen. Dies ermöglichen Following-form Klauseln. Andererseits muss nicht nur der Betrag *bis* zu dem der Versicherer seine Leistung erbringt, also die Versicherungs- bzw. Deckungssumme, angegeben werden, sondern auch der Betrag, *ab* dem der Versicherer seine Leistung erbringt, ähnlich einer Selbstbehaltsklausel. Dies leistet der Attachment-point, der üblicherweise an die Versicherungssumme des vorangehenden Versicherers anknüpft. Daher enthalten diese Klauseln zumeist auch Tatbestände, aufgrund derer die Versicherungssumme des vorangehenden Versicherers aufgezehrt sein muss.

---

339 S. schon S. 4.

340 So im Ansatz auch *Thürmann*, in: FS Hamburger Seminar, 2016, S. 505, 512 ff.; ähnlich *O. Lange*, D&O-Versicherung und Managerhaftung, § 4 Rn. 33, 34 ff., 39 ff.

341 S. auch *Henning*, Exzedentenversicherung, S. 36; *O. Lange*, D&O-Versicherung und Managerhaftung, § 4 Rn. 32, 34; *Schaloske*, in: FS Fürstenwerth, 2020, S. 315, 323.

342 *Thürmann*, in: FS Hamburger Seminar, 2016, S. 505, 510.

1. Attachment-Point Abreden

Attachment-point Klauseln dienen dazu, die Eintrittspflicht des Exzedentenversicherers näher zu konkretisieren.[343]

Während in Grundversicherungsverträgen vorbehaltlich etwaiger Selbstbehaltsvereinbarungen davon ausgegangen wird, dass die Versicherungssumme bereits ab dem ersten Cent bereitsteht, kann dies für Exzedentendeckungen naturgemäß nicht gelten. Neben der notwendigen Konkretisierung, *bis* zu welchem Betrag der Versicherer leistet (Versicherungssumme, in der Haftpflichtversicherung Deckungssumme), muss auch definiert werden, *ab* wann der Versicherer leistet. Dies geschieht durch Attachment-point Klauseln, auf Deutsch auch Anknüpfungsklauseln. Für diese hat sich in der Praxis ein zweigeteiltes System entwickelt. Auf der einen Seite kann die sog. Summendifferenzdeckung beschrieben werden, auf der anderen Seite steht die sog. Summenausschöpfungsdeckung.

a. Summendifferenzdeckungsklauseln (difference in limits)

Wenngleich die Gestaltungen der Praxis vielfältig sind, lassen sich die unterschiedlichen Formulierungen der Attachment-Point Klauseln anhand ihrer Bezugnahme auf die vorhergehende Deckung systematisieren.[344] Dabei gilt es zunächst die Summendifferenzdeckungsklauseln zu betrachten. Diese setzen an einer im Exzedentenversicherungsvertrag definierten Summe an, die starr und somit unabhängig von Teilausschöpfungen der Grunddeckung ist, wobei sich im Regelfall dennoch ein Bezug auf die Grundversicherung findet.[345]

---

343 *Henning*, Exzedentenversicherung, S. 38.

344 *Thürmann*, in: FS Hamburger Seminar, 2016, S. 505, 512 ff.

345 *Thürmann*, in: FS Hamburger Seminar, 2016, S. 505, 512; solche werden auch in Internationalen Versicherungsprogrammen regelmäßig vereinbart, s. *Ganzer*, Internationale Versicherungsprogramme, S. 24 ff.

aa) Summenmäßige Anknüpfung

Der Attachment-point des Exzedentenversicherers zeichnet sich im Grundsatz durch zwei Elemente aus. Auf der einen Seite bestimmt der Exzedent ein Schadensausmaß, von dem an er zur Leistung verpflichtet ist. Es handelt sich zunächst um eine nominale Größe. Hinzu tritt sodann die Bezugnahme auf die vorhergehende Deckung.[346]

Zunächst soll die summenmäßige Anknüpfung betrachtet werden. Sie zeichnet sich durch die Nennung eines Betrages aus, über den hinaus der Exzedenten nach dem Grundversicherer zur Leistung verpflichtet ist, soweit der Versicherungsfall eingetreten ist;

Versicherungssumme: 10 Mio. EUR xs. 20 Mio. EUR.

Dabei fragt sich, ob der Nominalbetrag an den eingetretenen Schaden anknüpft oder an die durch den Grundversicherer geleistete Zahlung.

Im ersteren Fall genügt es, dass das Schadensausmaß bei Eintritt des Versicherungsfalls insgesamt die summenmäßige Anknüpfung des Exzedenten erreicht. Die zweite Variante setzt demgegenüber voraus, dass die Zahlung der vorangehenden Versicherung die Summengrenze des Exzedenten erreicht. Diese wird im Regelfall auch nicht überschritten, da bei ordnungsgemäßem Aufbau der Exzedentendeckung die Summengrenze des Exzedenten das Ende der Versicherungssumme des Grundversicherers bedeutet. In die Exzedentendeckung hineinreichende Zahlungen sind im Regelfall daher nicht geschuldet.

Die genaue Anknüpfung ist jeweils durch Auslegung der Exzedentenklausel zu ermitteln. Es bleibt daher im Grundsatz den Parteien überlassen, ob sie die Leistungspflicht an das Erreichen eines bestimmten Schadensausmaßes oder an die Höhe der durch die vorangehende Versicherung zu zahlende Leistung anknüpfen.

346 Diese Differenzierung klingt auch an bei OLG Düsseldorf, Urt. v. 13.12.2019 – 4 U 23/18, r+s 2020, 271 Rn. 37, 39, 41, 61; *Schaloske*, PHi 2012, 166, 170; tendenziell auch *R. Koch*, VersR 2021, 879, 880; ungenau insofern *Mitterlechner/Wax/Witsch*, D&O-Versicherung, § 12 Rn. 127, wo nur auf die Schadenshöhe abgestellt wird.

Geht man davon aus, dass bloß der entstandene Schaden die summenmäßige Anknüpfung übersteigen muss, so kann der Versicherungsnehmer bei Zahlungen des Grundversicherers, die zwar unter einen Ausschöpfungstatbestand fallen, in ihrer Gänze aber die summenmäßige Anknüpfung nicht übersteigen, jedenfalls für den übersteigenden Betrag Entschädigung aus der Exzedentenpolice verlangen. Dies ist insbesondere in Fällen des Vergleichs hinsichtlich der Grunddeckung bedeutsam.[347] Hier kann das Nachgeben seitens des Versicherungsnehmers darin liegen, dass der Grundversicherer die Versicherungssumme nicht vollständig ausbezahlt, sondern bloß hinsichtlich eines reduzierten Anteils. In diesen Fällen wäre die summenmäßige Anknüpfung regelmäßig nicht erreicht, würde sie an die vollständige Ausbezahlung der Grundversicherungssumme anknüpfen.

Allerdings hat der Exzedent regelmäßig kein erhöhtes Interesse daran, dass der Grundversicherer tatsächlich seine gesamte Deckungssumme ausbezahlt. Das starre Anknüpfen an ein Schadensausmaß, sowie die nachrangige Verpflichtung,[348] sind Ausdruck seines Leistungsversprechens. Ein schützenswertes Interesse, dass der Grundversicherer auch tatsächlich bis zu dieser Schadenshöhe leistet, besteht nicht.[349]

Gerade der Vergleich mit der sog. Summenausschöpfungsdeckung (drop-down)[350] zeigt, dass auch das überwiegende Verständnis der Praxis regelmäßig von der Anknüpfung an das Schadensausmaß ausgeht.[351] Denn im Gegensatz zur Summendifferenzdeckung handelt es sich bei Drop-down Vereinbarungen, nach denen sich die Versicherungssumme dynamisch an die vorgehende Versicherung

---

[347] S. auch *Knöfel*, ZIP 2018, 1814, 1819, freilich ohne die Differenzierung zwischen summenmäßiger Anknüpfung und Ausschöpfungstatbeständen.

[348] Dazu sogleich S. 83 ff.

[349] S. für den anglo-amerikanischen Rechtskreis auch *Zeig v. Massachusetts Bonding & Insurance Co* 23 F. 2d 665 (2d Cir. 1928); besprochen bei *Henning*, Exzedentenversicherung, S. 230 ff. und *Splinter*, Aktienrechtliche Organhaftung, S. 113 f.

[350] Zu dieser ab S. 97.

[351] In diese Richtung OLG Düsseldorf, Urt. v. 13. 12. 2019 – 4 U 23/18, r+s 2020, 271 Rn. 34, 61; *Diller*, AVB-RSW, Einl. Rn. 116; *Mitterlechner/Wax/Witsch*, D&O-Versicherung, § 12 Rn. 127; *Schulze Schwienhorst*, in: Looschelders/Pohlmann, VVG, § 100 Rn. 36; *Thürmann*, in: FS Hamburger Seminar, 2016, S. 505, 512 f.; *Knöfel*, ZIP 2018, 1814, 1820; *Schaloske*, PHi 2012, 166, 170; unklar *Drave*, VersPrax 6/2017, 35.

anpasst[352], gerade um solche, bei denen der Verbrauch der Versicherungssumme für die Eintrittspflicht des Exzedenten eine Rolle dergestalt spielen soll, dass nicht bloß der Nachrang des Exzedenten bestimmt, sondern vor allem auch das summenmäßige Eingreifen herabgesenkt wird.

Das erste Element eines Attachment-points ist folglich üblicherweise eine der Summe nach bestimmte Grenze, die der eingetretene Schaden, nicht aber die Leistung des vorgehenden Versicherers, erreichen muss.

bb) Ausschöpfungstatbestände

Sodann gilt es sich dem zweiten Aspekt des Attachment-points zuzuwenden; den Ausschöpfungstatbeständen. Hierbei handelt es sich um die Bezugnahme auf die vorangehende Versicherung und die Anforderungen, die an die Leistung des Grundversicherers gestellt werden.

(1) Ausschöpfung als Auslegungsergebnis bei undefinierten Ausschöpfungstatbeständen

Zunächst können diejenigen Formulierungen der Exzedentenverträge genannt werden, die die Eintrittspflicht des Exzedenten in Abhängigkeit von der Grunddeckungssumme beschreiben, allerdings ohne nähere Anforderungen an die Art und Weise der Inanspruchnahme des Grundversicherers zu stellen. Zu der summenmäßigen Anknüpfung tritt die Bezugnahme auf den Grundversicherungsvertrag, wobei unklar verbleibt, ob und inwieweit aus dieser noch Leistung verlangt werden könnte.[353]

---

352 S. dazu ab S. 99.

353 *Thürmann*, in: FS Hamburger Seminar, 2016, S. 505, 512; ein solches zweigeteiltes Verständnis des Attachment-points ist auch in anderen Rechtskreisen verbreitet, s. *Henning*, Exzedentenversicherung, S. 231 mit Bezug zu *Zeig v. Massachusetts Bonding & Insurance Co* 23 F. 2d 665 (2d Cir. 1928).

Eine solche Klausel könnte beispielsweise lauten:

> Im Anschluss an die unter Ziff. X angeführte Haftpflichtversicherung besteht durch die vorliegende Police Versicherungsschutz im Rahmen der Bedingungen der unter Ziff. X aufgeführten Haftpflichtversicherung.[354]

Oder:

> Die Exzedenten-Versicherungssumme steht im Anschluss an die Exzedenten-Versicherungssumme 10 Mio. EUR des Exzedentenvertrages bei der (...) mit der Versicherungsnummer (...) – 1. Exzedentenvertrag – im Anschluss an die Versicherungssumme über 10 Mio. EUR des bestehenden Grundvertrages bei der (...) mit der Versicherungsscheinnummer (...) je Versicherungsfall und für alle Versicherungsfälle der genannten Versicherungsperiode zusammen zur Verfügung.[355]

Der Bezug auf die vorgehende Versicherung findet sich in der Formulierung „im Anschluss“ und der näher bezeichneten Police.

Dies bedeutet zunächst, dass der Versicherungsnehmer nicht schon eine Leistung vom Versicherer verlangen kann, soweit ein gewisses Schadensausmaß erreicht ist, das die im Exzedentenvertrag angegebene Summe erreicht. Vielmehr enthält die Formulierung auch eine nähere Aussage über die Leistungspflicht der vorhergehenden Police. Diese ist durch Auslegung im Grundsatz nach den §§ 133, 157 BGB zu ermitteln. Soweit es sich im konkreten Falle um eine AVB-Regelung handelt, vollzieht sich die Auslegung nach ständiger Rechtsprechung des BGH[356] sowie nach der von der Literatur geteilten Auffassung[357] nach den Verständnismöglichkeiten des durchschnittlichen Versicherungsnehmers ohne versicherungsrechtliche Spezialkenntnisse, der die AVB aufmerksam liest und

---

354 *Thürmann*, in: FS Hamburger Seminar, 2016, S. 505, 513.

355 *O. Lange*, D&O-Versicherung und Managerhaftung, § 4 Rn. 29.

356 BGH, Urt. v. 23.6.1993 – IV ZR 135/92, BGHZ 123, 83 = VersR 1993, 957; Beschl. v. 6.7.2011 – IV ZR 217/09, VersR 2012, 48 Rn. 13 ff.; Urt. v. 6.7.2016 – IV ZR 44/15, BGHZ 211, 51 = VersR 2016, 1177 Rn. 17; Urt. v. 26.2.2020 – IV ZR 235/19, VersR 2020, 549 Rn. 9.

357 Eingehend *Diringer*, Prinzipien der Auslegung von AVB, S. 70 ff.; *Pilz*, AVB, S. 25 ff.; *R. Koch*, VersR 2015, 133 ff.

verständig – unter Abwägung der Interessen der beteiligten Kreise und unter Berücksichtigung des erkennbaren Sinnzusammenhanges – würdigt. Dabei kommt es auf die Verständnismöglichkeiten und Interessen des typischen Adressatenkreises des Versicherungsschutzes an.[358] Folglich sind bei der Exzedentenversicherung für die Auslegung geschäftserfahrene Personen maßgeblich, wobei auch diesen keine juristischen Fachkenntnisse abverlangt werden können.[359] Bei der Versicherung für fremde Rechnung i.S.d. §§ 43 ff. VVG, wozu die im Industriesektor bedeutsame D&O-Versicherung zählt, ist neben den Versicherungsnehmer auch auf den Verständnishorizont der versicherten Personen abzustellen.[360]

Nach diesen Maßstäben entnimmt der Versicherungsnehmer den Abreden zunächst, dass die angesprochene Exzedentendeckung gegenüber der Grunddeckung nachrangig ist. Der Versicherungsnehmer kann Leistung aus der Exzedentenversicherung also nur verlangen, nachdem er die Grundversicherung in Anspruch genommen hat.[361] Hinzu tritt, dass keine Überschneidung zwischen den Layern gewollt sein kann. Eine gleichzeitige Inanspruchnahme beider Layer für dieselbe Schadensstrecke scheidet daher aus.

Nach Ansicht des OLG Düsseldorf ist der Formulierung auch zu entnehmen, dass die Grunddeckung ausgeschöpft sein muss, dem Versicherungsnehmer also nicht mehr zur Verfügung stehen darf.[362] Dies überzeugt, da der Versicherungsnehmer die Exzessdeckung gerade für über die Grunddeckung hinausgehende Schäden abschließt, die ihm nach der Regulierung selbst zufallen würden.[363]

---

358 Vgl. BGH, Urt. v. 18.12.2020 – IV ZR 179/19, BGHZ 227, 279 = VersR 2021, 113 Rn. 11; Urt. v. 25.5.2011 – IV ZR 117/09, VersR 2011, 918 Rn. 22.

359 BGH, Urt. v. 18.12.2020 – IV ZR 179/19, BGHZ 227, 279 = VersR 2021, 113 Rn. 22.

360 BGH, Urt. v. 8.5.2013 – IV ZR 233/11, VersR 2013, 853 Rn. 40; Urt. v. 16.7.2014 – IV ZR 88/13, VersR 2014, 1118 Rn. 16; *R. Koch*, VersR 2015, 133, 144.

361 OLG Düsseldorf, Urt. v. 13. 12. 2019 – 4 U 23/18, r+s 2020, 271 Rn. 34; mit anderer Begründung („Grundsätze des Haftpflichtversicherungsrechts“) i. Erg. aber genauso *Knöfel*, ZIP 2018, 1814, 1821.

362 OLG Düsseldorf, Urt. v. 13.12.2019 – 4 U 23/18, r+s 2020, 271 Rn. 32 ff., mit zust. Anm. *Fortmann*, r+s 2020, 274, 275; i.Erg. ebenso ohne Bezug zu einer konkreten Formulierung *Henning*, Exzedentenversicherung, S. 60, 209 ff.; *Knöfel*, 2018, 1814, 1820; *Schaloske*, PHi 2012, 166, 170; a.A. wohl *Koch*, in: FS Thümmel, 2020, S. 421, 433, der hierin den Unterschied zwischen Summendifferenz- und Summenausschöpfungsdeckung zu sehen scheint.

363 Zur Berücksichtigung des Zwecks der Versicherung bei Auslegung der AVB s. bspw. BGH, Urt. v. 18.11.2020 – IV ZR 217/19, BGHZ 227, 279 = NJW 2021, 231 Rn. 27 ff.

Schon dem Zweck der Versicherung nach ist also auch eine inhaltliche Abstufung in der Inanspruchnahme der Versicherer typisch. Es genügt daher nicht, dass der Versicherungsnehmer vortragen kann, dass keine Grunddeckung mehr besteht, oder aus dieser keine Leistung verlangt werden konnte. Das ist zugleich darin begründet, dass der Versicherungsnehmer die Exzedentendeckung gerade nicht als Ausfall, sondern als Ergänzungsversicherung abgeschlossen hat.[364] Das ist ein bedeutsamer Umstand für das Verständnis der Ausschöpfungstatbestände. Hieraus folgt unmittelbar, dass der Ausfall der Grundversicherung kein Fall der Ausschöpfung sein kann. Denn ansonsten würde der Exzedent an die Stelle einer fehlenden Grundversicherung treten. Das drückt eine Summendifferenzklausel aber gerade nicht aus und auch der vom Versicherungsnehmer verfolgte Zweck, also die Erhöhung der zur Verfügung stehenden Versicherungssumme, verlangt eine solche Auslegung nicht.

(a) Ausschöpfung durch Leistung

Es stellt sich also anschließend die Frage, welche Umstände die Grundversicherung „ausschöpfen“.[365] Unproblematisch sind Zahlungen aufgrund eines festgestellten Versicherungsfalls in Höhe des tatsächlich bestehenden Anspruchs erfasst. Diese Situation beschreibt den Normalfall, in dem die Parteien des Exzedentenvertrages von der Eintrittspflicht des Exzedentenversicherers ausgehen.[366] Hiervon ausgehend kann zudem festgehalten werden, dass eine Ausschöpfung im Grundsatz nur durch Leistungen des Grundversicherers, nicht aber aufgrund einer solchen durch Dritte eintreten kann.[367]

---

364 Zu dieser Differenzierung gelangt auch *Henning*, Exzedentenversicherung, S. 218 bei der Frage nach dem Begriff der „Leistung“ des Grundversicherers.

365 S. auch *Schaloske*, in: FS Fürstenwerth, 2020, S. 315, 324; mit Konzentration auf den Sachverhalt des OGH, Urt. v. 23.5.2013 – 7 Ob 60/13v, VersR 2014, 901; s. *Henning*, Exzedentenversicherung, S. 210 ff.

366 OLG Düsseldorf, Urt. v. 13.12.2019 – 4 U 23/18, r+s 2020, 271 Rn. 39 m. zust. Anm. *Fortmann*, r+s 2020, 274, 275; *Schaloske*, in: FS Fürstenwerth, 2020, S. 315, 324.

367 OLG Düsseldorf, Urt. v. 13. 12. 2019 – 4 U 23/18, r+s 2020, 271 Rn. 62.

(b) Ausschöpfung durch Vergleich

Problematischer erscheinen dagegen Zahlungen aufgrund von Vergleichen. Hier ist unklar, ob auch diese Leistungen die Grundversicherungssumme „ausschöpfen". Auch diese Frage hängt im Einzelfall von der Auslegung der Vereinbarung im Einzelfall ab.

Eine Zweifelsregelung lässt sich jedoch aufstellen, wenn man den typischen Sachverhalt, den die Parteien bei Abfassen des Attachment-points hatten, zum Ausgangspunkt nimmt. Wie gezeigt, besteht der Regelfall in der erfüllenden Leistung des Grundversicherers, die gem. § 362 Abs. 1 BGB zum Erlöschen des Anspruchs des Versicherungsnehmers gegen den vorhergehenden Versicherer führt.[368] Hiervon ausgehend wird der Versicherungsnehmer vom Versicherer redlicherweise erwarten können, dass auch andere Leistungen, die zum Verlust seines Anspruchs führen, unter den Attachment-point fallen. Davon betroffen sind beispielsweise Zahlungen aufgrund eines Vergleichsvertrages oder eines wirksamen Anerkenntnisses des Versicherers.[369] Für den Versicherungsnehmer macht es wirtschaftlich keinen Unterschied, ob die Grunddeckung aufgrund einer tatsächlichen Zahlung oder des Abschlusses eines Vergleichsvertrages nicht mehr zur Verfügung steht. Die Position des Exzedentenversicherers wird durch diese Auslegung auch nicht in Mitleidenschaft gezogen. Denn aus seiner Sicht ist lediglich relevant, dass eine bestimmte Schadenshöhe erreicht ist und der Versicherungsnehmer ihn nicht in Anspruch nimmt, solange er sich nicht an den Versicherer der vorliegenden Deckungsstrecke gewandt hat.[370] Ob die vorangehende Versicherung vollständig oder im Wege eines gegenseitigen Nachgebens bloß reduziert ausbezahlt wurde, tangiert die Rechtsposition des Exzedenten nicht.[371]

Hieran anschließend stellt sich die Frage, ob es tatsächlich zu einer Zahlung der Summe gekommen sein muss, oder ob eine festste-

---

368 Ähnlich *Henning*, Exzedentenversicherung, S. 218 („ungestörte Vertragsabwicklung aus dem Grundversicherungsvertrag").

369 I. Erg. ebenso für Vergleichszahlungen *Henning*, Exzedentenversicherung, S. 252 f.

370 S. schon für die summenmäßige Anknüpfung S. 80 ff., sowie *Henning*, Exzedentenversicherung, S. 230 ff.

371 *Fortmann*, r+s 2020, 274, 275; vgl. *Henning*, Exzedentenversicherung, S. 232.

hende Zahlungspflicht die Deckungssumme „ausschöpfen“ kann. Zweiteres ermöglicht zunächst eine zügige Abwicklung des Versicherungsfalls, da die Leistungen im Zweifel bereits gleichzeitig gefordert werden können. Auf die tatsächliche Leistung abzustellen, wäre letztlich auch reine Förmelei und dem Versicherungsnehmer nicht zumutbar, zumal der Grundversicherer bei unberechtigter Verweigerung einer Zahlung, die Leistungspflicht des Exzedenten weiter hinauszögern könnte.[372] Im Zweifel erscheint es folglich interessengerecht, nicht auf die tatsächliche Zahlung durch den Grundversicherer abzustellen, sondern auf die feststehende Zahlungsverpflichtung.[373]

(c) Ausschöpfung durch andere Erlöschensgründe

Fraglich erscheint darüber hinaus, wie mit anderen Erlöschensgründen umzugehen ist. Verletzt der Versicherungsnehmer beispielsweise eine Obliegenheit im Grundversicherungsvertrag grob fahrlässig, so ist der Grundversicherer teilweise leistungsfrei (§ 28 Abs. 2 S. 2 VVG). Beträgt die Deckungssumme einer beispielhaften Grundversicherung zehn Mio. Euro und führt die Obliegenheitsverletzung zur Quotelung i.H.v. 25% ist der Grundversicherer i.H.v. 2.5 Mio Euro leistungsfrei.[374] Der an die Grundversicherungssumme anknüpfende Exzedent, dessen Attachment-point also zehn Mio. Euro beträgt, könnte nun einwenden, dass die Grundversicherungssumme nicht ausgeschöpft sei, da der Grundversicherer nur 7.5 Mio. Euro ausgezahlt hat. Der Versicherungsnehmer wird hingegen einwenden, dass – soweit der Schaden zehn Mio. Euro überschreitet – die von ihm zu tragende Quote zur Leistung des Grundversicherers hinzuzurechnen sei, sodass von einer vollständigen Auszahlung der Grundversicherungssumme auszugehen sei.

---

372 *Henning*, Exzedentenversicherung, S. 240, 253; *Splinter*, Aktienrechtliche Organhaftung, S. 114 (Haftungssumme müsse Versicherungssumme übersteigen); *Fortmann*, r+s 2020, 274, 275; *Schaloske*, PHi 2012, 166, 170 f.

373 *Schaloske*, in: FS Fürstenwerth, 2020, S. 315, 324; *ders.*, PHi 2012, 166, 171.

374 In der Industrieversicherung kommt die Quotelung wegen § 210 Abs. 1 VVG regelmäßig nicht zur Anwendung, ähnlich auch bei der laufenden Versicherung, s. §§ 54 Abs. 1 S. 2, 57 Abs. 2 S. 2 Nr. 2, 58 VVG. Dort stellt sich die gleiche Frage wie hier jedoch unter dem Gesichtspunkt des Mitverschuldens nach § 254 BGB, das ebenso zur Anspruchskürzung führt.

Die summenmäßige Anknüpfung ist in diesem Beispiel erreicht, da der Schaden das Limit von zehn Mio. Euro überschreitet. Fraglich ist jedoch, ob die Grunddeckung „ausgeschöpft“ i.S.d. Exzedentenbedingung ist. Hiergegen spricht zunächst, dass der Grundversicherer lediglich i.H.v. 7,5 Mio. Euro i.S.v. § 362 Abs. 1 BGB geleistet hat. Dafür spricht aber, dass der Versicherungsnehmer aus der Grunddeckung für diesen Versicherungsfall keine Leistung mehr verlangen kann.

Sofern der Exzedentenvertrag diese Frage nicht ausdrücklich regelt,[375] bedarf es wiederum der Auslegung des Attachment-points. Dabei läge es im Interesse des Versicherungsnehmers, wenn die Leistungspflicht des Exzedenten bereits durch die Zahlung von 7,5 Mio. Euro des Grundversicherers ausgelöst würde. Dies hätte aber dann zur Folge, dass dem Exzedenten die Obliegenheitsverletzung des Versicherungsnehmers in der Grundversicherung zur Last fiele. Zwar würde die Obliegenheitsverletzung den Versicherungsnehmer auch weiterhin insoweit treffen, als sie nun die frühere Ausschöpfung der Exzedentenversicherungssumme bedeutete, weil der Exzedent im Beispiel 2.5 Mio. Euro zahlen würde und darüber hinaus unklar ist, ob ein weiterer Versicherungsfall überhaupt eintritt. Dennoch wäre die Obliegenheitsverletzung in der Grunddeckung für den konkreten Versicherungsfall unerheblich, da der Versicherungsnehmer den Anteil am Schaden nicht weiter tragen würde. Aus Sicht des Grundversicherers hätte dies zur Folge, dass die mit einer Quotelung einhergehende Präventionswirkung[376] leerlaufen, und das Bestehen einer Exzedentenversicherung die subjektive Gefahr somit erhöhen würde. Dies ist allerdings für die Auslegung der Exzedentenbedingungen nicht von entscheidender Bedeutung, da der Grundversicherer hieran nicht beteiligt, sondern ausschließlich seine Risikoberechnung durch die angesprochenen Konsequenzen tangiert ist. Gleichwohl trifft die Folge der Gefahrerheblichkeit der Exzedentendeckung auch den Versicherungsnehmer auf Prämienebene, auf dessen Interessen es durchaus auch ankommt. Insofern ist die Nichtberücksichtigung der Leistungsfreiheit bei der

375 S. *Schaloske*, PHi 2012, 166, 171.

376 Vgl. *Beckmann*, in: BK VVG, § 61 Rn. 5 (zur Begründung des nunmehr veralteten „Alles oder Nichts“ Prinzips.

Bewertung des Ausschöpfens auch für den Versicherungsnehmer im Ergebnis nicht gänzlich vorteilhaft. Unter Zugrundelegung dieses Verständnisses wäre das Bestehen einer Exzedentenversicherung daher auch gefahrerheblich i.S.v. § 19 Abs. 1 VVG.[377]

Zudem könnte vorgebracht werden, dass der pönale Charakter[378] der Leistungskürzung qua Gesetzes wegfallen würde, da der Versicherungsnehmer die Auswirkungen seines grob fahrlässigen Verhaltens nicht unmittelbar bei der Regulierung des betroffenen Versicherungsfalls spüren würde. Dies hat aber wiederum vorrangig Auswirkungen auf die Prämienkalkulation des Grundversicherers.[379]

Aus Sicht des Exzedentenversicherers dürfte eher entscheidend sein, dass er dem Versicherungsnehmer, der auch sein Vertragspartner ist, die Last eines grob fahrlässigen Obliegenheitsverstoßes abnimmt. Die hiervon ausgehende Signalwirkung zum Gegenstand seiner Police zu machen, kann dem Exzedentenversicherer kaum unterstellt werden.

Daher findet die Leistungsfreiheit des Grundversicherers bei der Exzedentenversicherung insoweit Beachtung, als dass sie Teil des Ausschöpfungstatbestandes ist. Erst unter Hinzurechnung der Quote, die der Versicherungsnehmer trägt, gilt die Grundversicherung als ausgeschöpft.[380] Die im Beispiel entstandene Lücke von 2.5 Mio. Euro trägt der Versicherungsnehmer also selbst als Folge seiner Obliegenheitsverletzung.

Aus dem Vorstehenden ergibt sich, dass es für ein Ausschöpfen insbesondere nicht darauf ankommt, dass die Grundversicherungssumme tatsächlich in voller Höhe ausbezahlt wurde. Sowohl in Vergleichssituationen als auch sofern sich der Anspruch des Versicherungsnehmers auf die Leistung der Grundversicherung wegen einer

---

377 Zur Frage der Gefahrerheblichkeit der Layerdeckung ab S. 50.

378 BT-Drucks. 16/3945, S. 50; vgl. zur Diskussion um das „Alles oder Nichts" Prinzip *Kramer*, NJW 1972, 1974, 1975 f.; zum pönalen Charakter bei grober Fahrlässigkeit *Armbrüster*, Das Alles-oder-nichts-Prinzip, Rn. 140.

379 Vgl. *Armbrüster*, Das Alles-oder-nichts-Prinzip, Rn. 139 ff., 150 f.

380 I. Erg. ebenso *Henning*, Exzedentenversicherung, S. 239 f. (zur AGB Kontrolle einer entsprechenden Klausel); im anglo-amerikanischen Rechtskreis finden sich hierzu unterschiedliche Entscheidungen, s. dazu *Henning*, Exzedentenversicherung, S. 230 ff.; *Knöfel*, ZIP 2018, 1814, 1819.

Obliegenheitsverletzung oder eines Mitverschuldens reduziert, kann sie i.S.d. Ausschöpfungstatbestände ausgeschöpft sein.[381]

Dieses durch Auslegung gefundene Ergebnis ist insbesondere im anglo-amerikanischen Rechtskreis Gegenstand gesonderter Vereinbarungen in den Exzedentenverträgen. In sog. „shaving of limits" Klauseln wird vereinbart, dass bei Vergleichen unterhalb des Attachment-points der Exzedenten die Versicherungsnehmer durch eigene Zahlung die Leistungspflicht des Exzedenten auslösen können.[382]

(d) Ausschöpfung durch Entstehungshindernisse

Schließlich ist zu fragen, wie mit Situationen umzugehen ist, die das Entstehen des Anspruchs verhindern. In Betracht kommen beispielsweise die Anfechtung oder die Kündigung vor Eintritt des Versicherungsfalls. Auch hier ist der Zweck der Versicherung im Rahmen der Auslegung besonders zu berücksichtigen. Da der Versicherungsnehmer die Exzedentenversicherung nicht als Ausfall-, sondern als Ergänzungsversicherung abgeschlossen hat, kann er grundsätzlich nicht erwarten, dass der Exzedent die Rolle der Grundversicherung übernimmt. Dies wäre aber der Fall, wenn Kündigung oder Anfechtung zu einem Ausschöpfen der Grundversicherung führen würden. Dann würde der Exzedent die Rolle des „ersten Versicherers" – angesichts der weiterhin bestehenden summenmäßigen Anknüpfung mit einem erheblichen Selbstbehalt des Versicherungsnehmers – übernehmen. Das wird regelmäßig auch nicht im Interesse des Exzedenten liegen, der im Zweifel bewusst nicht an der Grunddeckung beteiligt ist. Insofern können Gründe, die schon das Entstehen des Anspruchs des Versicherungsnehmers hindern, im Zweifel nicht als Ausschöpfungstatbestände verstanden werden.[383]

381 S. *Henning*, Exzedentenversicherung, S. 239 ff. unter dem Aspekt der AGB Kontrolle.

382 *Knöfel*, ZIP 2018, 1814, 1819 f.; *Schaloske*, PHi 2012, 166, 172.

383 I. Erg. ebenso jedenfalls hinsichtlich der Insolvenz *Henning*, Exzedentenversicherung, S. 258; a.A. *Eley*, VersR 2021, 1461, 1468, der auf die wirtschaftliche Belastung des Versicherungsnehmers aufmerksam macht.

Dieses Argument kann auch für Situationen fruchtbar gemacht werden, in denen die Grundversicherungssumme zwar entstanden und nicht erloschen ist, wirtschaftlich für den Versicherungsnehmer aber keinen Wert hat. Angesprochen sind damit die Fallgruppen der Insolvenz des Grundversicherers und die Situation, in der sich der Grundversicherer auf eine peremptorische Einrede beruft. In beiden Fällen ist der Anspruch zwar entstanden und auch nicht erloschen, der Versicherungsnehmer kann jedoch wirtschaftlich mit seinem Anspruch den eingetretenen Schaden nicht ausgleichen. Aufgrund des Zwecks der Exzedentendeckung als Ergänzungsversicherung fällt diese Gefahr aber ihm zur Last. Auch in derartigen Fällen kann die Grundversicherung daher nicht ausgeschöpft sein.

(e) Formulierung des Ausschöpfens

Attachment-point Vereinbarungen – hier eine „im Anschluss“ Formulierung – legen folglich nicht bloß die Höhe fest, ab der der Exzedenten zur Leistung verpflichtet ist. Ihnen wohnt auch eine inhaltliche Aussage zur Versicherungssumme der Grunddeckung inne, nämlich, dass diese dem Versicherungsnehmer nicht mehr zur Verfügung stehen darf, weil sie ausgeschöpft ist.[384]

Dementsprechend existieren auch Vereinbarungen, die sprachlich ausdrücklich auf das „Ausschöpfen“ der Grunddeckung abstellen. Beispiel:

> Versicherungsschutz besteht, wenn und soweit die Ersatzleistung für ein versichertes Schadenereignis die Versicherungssummen des anderweitig bestehenden Grundvertrags ausschöpft, und zwar nur für den darüberhinausgehenden Teil des Schadens bis zur Höhe der Versicherungssumme dieses Vertrages.

Dies gilt auch bei der bloßen Nennung der Deckungssumme „xs.“ der vorangehenden Summe.

---

[384] *Schaloske*, in: FS Fürstenwerth, 2020, S. 315, 323; *Thürmann*, in: FS Hamburger Seminar, 2016, S. 505, 512 ff.

Deckung 10.000.000. xs. 10.000.000.

Die Abkürzung xs. steht für das englische *excess*, was Überschuss oder darüberhinausgehende Menge meint.[385] Auch hiermit ist regelmäßig das Erschöpfen oder Ausschöpfen der Grundversicherung (mit-)gemeint.[386]

(f) Zwischenergebnis

Formuliert die Attachment-point Vereinbarung, dass der Exzedent „im Anschluss" oder nach „Ausschöpfung" der vorangehenden Versicherungssumme leistungspflichtig ist, ohne spezielle Situationen zu umschreiben, in denen ein Ausschöpfen angenommen werden kann, kommt es auf die Auslegung der Vereinbarung an. Unter Zugrundelegung der obigen Gedanken sind, sofern die Auslegung zu keinem eindeutigen Ergebnis führt, nur solche Situationen von der Ausschöpfung erfasst, die einen bereits entstandenen Anspruch des Versicherungsnehmers zum Erlöschen bringen. Dies betrifft insbesondere Leistungen des Grundversicherers, die den Versicherungsnehmer befriedigen.

(2) Definierte Ausschöpfungstatbestände

Hieran anknüpfend sind an zweiter Stelle Klauseln zu nennen, die einen Tatbestand formulieren, aufgrund dessen die Grundversicherungssumme nicht mehr zur Verfügung stehen soll. Diese Tatbestände können unterschiedlich ausgestaltet sein und verschieden detaillierte Regelungen, die im Wege einer abschließenden oder regelbeispielhaften Aufzählung genannt sind, enthalten.

> Sämtliche Bestimmungen dieses Organhaftpflicht-Excedentenvertrages sind so auszulegen, dass Entschädigungsleistungen hieraus nur erbracht werden, falls die Grunddeckung infolge von Schadenzahlungen vermindert oder ausgeschöpft wurde. Keine anderen Gründe können Entschädigungszahlungen unter diesem Organhaftpflicht-Excedentenversicherungsvertrag

---

385 S. schon zur Bezeichnung der Exzedentendeckung S. 9 f.

386 OLG Düsseldorf, Urt. v. 13. 12. 2019 – 4 U 23/18, r+s 2020, 271 Rn. 33.

veranlassen, insbesondere – aber nicht ausschließlich – nicht die (vollständige oder teilweise) Uneinbringlichkeit von Leistungen aus der Grundversicherung.[387]

In diesen Fällen legen die Parteien also nicht bloß die Summenhöhe, ab derer der Exzedenten zur Leistung verpflichtet ist fest, sondern bestimmen auch die Gründe, aufgrund derer die vorangehende Deckung nicht mehr zur Leistung verpflichtet ist und die sodann bestimmungsgemäß die Leistungspflicht des Exzedenten auslösen.

Beispiele für zu regelnde Tatbestände sind die bereits angesprochenen Situationen.[388] Die Parteien müssen sich also fragen, wie mit anspruchshemmenden oder anspruchsvernichtenden Tatbeständen umzugehen ist, oder welche Leistungen des Grundversicherers zur Erschöpfung der Grunddeckung führen.

Zusammengefasst lässt sich festhalten, dass die Attachment-point Vereinbarungen eine Aussage sowohl hinsichtlich der Höhe des eingetretenen Schadens als auch der Erschöpfung der vorangehenden Versicherung bereithalten. Formulieren die Parteien eine „*excess*" Deckung oder die Versicherung „im Anschluss" an die vorangehende Versicherung, so ist hierunter zu verstehen, dass die Grunddeckung „ausgeschöpft" sein muss. Diese versicherten Ausschöpfungstatbestände, also die tatsächlichen Umstände, die dazu geführt haben, dass die Grunddeckung für den Versicherungsnehmer tatsächlich nicht mehr zur Verfügung stehen, müssen dann im Einzelfall im Wege der Auslegung ermittelt werden. Im Zweifel ergibt sich, dass alle Leistungen, die dazu führen, dass der Anspruch des Versicherungsnehmers auf die vorgehende Versicherungssumme entfällt, als Ausschöpfungstatbestände zu verstehen sind.

Den Parteien steht es frei, die Ausschöpfungstatbestände im Einzelfall abschließend oder regelbeispielhaft ausdrücklich zu vereinbaren.

---

387 *O. Lange*, D&O-Versicherung und Managerhaftung, § 4 Rn. 41.

388 S. 83 ff.

cc) Keine Bezugnahme auf den Grundvertrag

Letztlich tauchen Attachment-point Vereinbarungen auch ohne eine besondere Bezugnahme auf den Vorvertrag auf, sodass sich nur aus den Umständen unter Auslegung des Vertrages die Anknüpfung an die vorangehende Deckungssumme ergeben kann.[389] Ohne die Bezugnahme auf die Grunddeckung fehlt es an der Definition von Ausschöpfungstatbeständen, sodass die Leistungspflicht des Exzedentenversicherers, soweit sich aus den übrigen Vereinbarungen nichts Anderweitiges ergibt, nur vom Erreichen eines bestimmten Schadensausmaßes abhängt. Der Attachment-point besteht daher nur aus einer summenmäßigen Anknüpfung.

> Versicherungsschutz durch diese Exzedentenversicherung (nachfolgend „Vertrag" genannt) besteht nur für den Teil des Schadens, der (...) je Versicherungsfall übersteigt.

Dies hat insbesondere zur Folge, dass der Versicherungsnehmer erwarten kann, dass das Geschehen auf dem vorgehenden Layer ausgeblendet wird. Somit ist unabhängig von der Verfügbarkeit der dortigen Versicherungssumme die Leistungspflicht des Exzedenten begründet. Der Charakter der Exzedentendeckung als Ergänzungsversicherung lässt sich aus dem Attachment-point also nicht ersehen.

Fraglich ist jedoch, ob dies zur Folge hat, dass der Versicherungsnehmer den Exzedenten auch unabhängig von der Grundversicherung auf Zahlung für den über die vorgehende Versicherung hinausgehenden Bereich in Anspruch nehmen kann, ob also auch der Nachrang des Exzedenten entfällt. Betroffen sind Fälle, in denen der Versicherungsnehmer sich dazu entscheidet, einen Schaden nur gegenüber dem Exzedenten und nicht auch gegenüber dem Grundversicherer zu melden. In Konsequenz dessen würde der Exzedent Aufgaben der Grundversicherung übernehmen. Allerdings ist das, soweit keine Summenausschöpfungsdeckung vereinbart ist, regelmäßig nicht in die Prämie des Exzedenten eingepreist.[390] Dies

---

[389] *Thürmann*, in: FS Hamburger Seminar, 2016, S. 505, 512 f. („Typ 1").

[390] Vgl. *Knöfel*, ZIP 2018, 1814, 1816 (allgemein zur Exzedentendeckung); *Schaloske*, PHi 2012, 166, 171 (zur Vergleichsbeteiligung).

spreche gegen eine solche Auslegung. Zudem solle die Konsumtion der Versicherungssummen in der Reihenfolge der Versicherungsfälle zu den Grundsätzen des Haftpflichtversicherungsrechts zählen, sodass der Versicherungsnehmer die Reihenfolge der Inanspruchnahme nicht willkürlich ändern dürfe.[391]

Andererseits ergibt sich dieser vom Exzedenten gewünschte Nachrang der Versicherungssumme nicht aus dem Vertrag, soweit keine Bezugnahme auf die Grunddeckung mehr vorliegt. Eher im Gegenteil kann der Versicherungsnehmer der Vereinbarung nur entnehmen, dass es ausschließlich auf das Erreichen eines Schadensausmaßes ankommen soll. Diese weitestgehende Isolation von der Grunddeckung lässt die vorangehende Deckungssumme einer Selbstversicherung gleichkommen.[392] Ob also für einen anderen Versicherungsvertrag über ein ähnliches versichertes Risiko schon vorher der Versicherungsfall[393] eingetreten ist, ist unerheblich. Daran ändert auch das Preisargument nichts; die Berechnungsgrundlagen der Prämie sind dem Versicherungsnehmer regelmäßig nicht ersichtlich und können daher bei der Auslegung einer vertraglichen Abrede auch keine Rolle spielen.

Im Ergebnis ist der Nachrang des Exzedentenversicherungsvertrages in diesen Fällen des Attachment-points daher regelmäßig aufgehoben.

dd) Ergebnis

Bei der Prüfung der Leistungspflicht des Exzedentenversicherers gilt es neben der Feststellung, dass ein versichertes Ereignis während der materiellen Versicherungsdauer eingetreten ist, auch den Attachment-point zu prüfen. Diese Prüfung vollzieht sich zweigeteilt. Zum einen bedarf es eines eingetretenen Schadens, der die summenmäßige Definition im Exzedentenvertrag übersteigt. Zum anderen muss die Grunddeckung, soweit auf sie Bezug genommen wird, ausgeschöpft sein. Das ist durch Auslegung zu bestimmen und re-

---

391 *Knöfel*, ZIP 2018, 1814, 1821.

392 *Thürmann*, in: FS Hamburger Seminar, 2016, S. 505, 512; *Eley*, VersR 2021, 1461, 1464.

393 Zur Qualifikation als Versicherungsfall ab S. 112.

gelmäßig der Fall, soweit der Versicherungsnehmer eine Leistung des vorangehenden Versicherers erhalten hat, die dazu führt, dass sein bereits entstandener Anspruch auf die vorangehende Versicherungssumme erlischt.

Können beide Aspekte bejaht werden, so ist der Attachment-point des Exzedenten erfüllt.

b. Summenausschöpfungsdeckung (drop-down)

Eine besondere Gestaltung der Attachment-point Klauseln liegt in der sog. Summenausschöpfungsdeckung. Diese Konstruktion bewahrt den Versicherungsnehmer vor Deckungslücken, die entstehen können, wenn der Attachment-point so formuliert ist, dass bei einer Teilausschöpfung oder gar vollständigen Ausschöpfung der vorangehenden Versicherungssumme sich die Exzedentendeckungsstrecke nicht entsprechend anpasst.[394]

aa) Grundlagen

Die Summenausschöpfungsdeckungsklausel könnte lauten:

> Steht wegen vollständiger oder teilweiser Summenausschöpfung die unter der Grunddeckung vereinbarte Versicherungssumme nicht mehr oder nicht mehr vollständig zur Verfügung, so besteht im Rahmen dieses Vertrages auch Versicherungsschutz für den Bereich der verbrauchten Versicherungssumme der Grunddeckung, und zwar im Anschluss an die für den Versicherungsfall noch zur Verfügung stehende restliche Versicherungssumme zuzüglich eines eventuell in der Grunddeckung vereinbarten Selbstbehalts.[395]

Wurde die Deckungssumme der vorangehenden Versicherung also gänzlich oder teilweise aufgezehrt, so senkt sich die Deckungs-

[394] *Henning*, Exzedentenversicherung, S. 61; *Diller*, AVB-RSW, Einl. Rn. 117; *O. Lange*, D&O-Versicherung und Managerhaftung, § 4 Rn. 42 f.

[395] *O. Lange*, D&O-Versicherung und Managerhaftung, § 4 Rn. 40.

summe des Exzedenten entsprechend des Verbrauchs herab.[396] So entstehen für den Versicherungsnehmer keine Deckungslücken, die er kraft eigener Zahlung schließen müsste. Dies zeigt sich an folgendem Beispiel: Der Versicherungsnehmer unterhält eine Grundversicherung mit einer Versicherungssumme von zehn Mio. Euro, die die Jahreshöchstentschädigung darstellt. Entsteht bei einem Dritten durch ein Verhalten des Versicherungsnehmers ein Schaden i.H.v. fünf Mio. Euro und reguliert der Grundversicherer diesen Schaden, verringert sich die Deckungssumme auf fünf Mio. Euro. Tritt in derselben Versicherungsperiode ein weiterer Versicherungsfall über sechs Mio. Euro ein, reguliert der Grundversicherer „nur" i.H.v. fünf Mio. Euro und verweist sodann auf die erschöpfte Deckungssumme. Der Versicherungsnehmer wendet sich daraufhin an den darüberliegenden Exzedentenversicherer. Der erste Versicherungsfall betrifft ersichtlich nur die Grundversicherung und hat zunächst keine Auswirkungen auf den Exzedentenversicherer. Problematisch ist dagegen das Zusammenspiel mit der Anschlussdeckung im zweiten Versicherungsfall. Der Grundversicherer zahlt hier die in der Versicherungssumme verbleibenden fünf Mio. Euro aus. Der Exzedentenversicherer wird dagegen einwenden, dass seine Leistungspflicht nominal ab einer Schadenhöhe (summenmäßige Anknüpfung des Attachment-points) von zehn Mio. Euro beginnt. Diese Schwelle ist vorliegend nicht erreicht. Es entsteht eine Deckungslücke über eine Mio. Euro, die dem Versicherungsnehmer zur Last fällt.[397]

Im Beispiel ist die Grundversicherung also zwar durch Leistung i.S.v. § 362 Abs. 1 BGB „ausgeschöpft". Es fehlt aber am Erreichen der nominalen Schadensgrenze des Exzedenten bei zehn Mio. Euro.

Diese Lücke wird durch eine Summenausschöpfungsklausel im Exzedentenvertrag geschlossen. Die Eintrittspflicht des Exzedenten senkt sich in diesem Falle nach der Auszahlung von fünf Mio. Euro

---

[396] *Henning*, Exzedentenversicherung, S. 62; *Gräfe*, in: Gräfe/Brügge, Vermögensschadenhaftpflichtversicherung, D. Rn. 304; zur Berücksichtigung sog. retained limits oder Selbstbehalte siehe *Ganzer*, Internationale Versicherungsprogramme, S. 27 ff.

[397] *Henning*, Exzedentenversicherung, S. 61; *Diller*, AVB-RSW, Einl. Rn. 117; *O. Lange*, D&O-Versicherung und Managerhaftung, § 4 Rn. 42 f.; *Knöfel*, ZIP 2018, 1814, 1820.

für den ersten Versicherungsfall um fünf Mio. Euro herab. Seine Leistungspflicht beginnt also im Anschluss an die Zahlung der restlich in der Grunddeckung verfügbaren fünf Mio. Euro. Die Deckungslücke i.H.v. einer Mio. Euro wird verhindert. B ist also im Beispiel zur Zahlung von einer Mio. Euro verpflichtet.

Betrachtet man diese Situation anhand der bereits herausgearbeiteten Zweiteilung des Attachment-points, zeigt sich, dass bei der Summenausschöpfungsdeckung die Ausschöpfungstatbestände unverändert sind.[398]

Lediglich hinsichtlich der summenmäßigen Anknüpfung des Schadens unterscheiden sich die beiden Formen der Deckung. Während in der Summendifferenzdeckung die nominale Größe abstrakt von den Ausschöpfungstatbeständen an einem festen Betrag ansetzt, verbindet die Summenausschöpfungsdeckung beide Elemente miteinander. Die jeweilige Ausschöpfung der Grundversicherung führt zu einer Herabsetzung des notwendigen Schadensausmaßes.

Hier nur erwähnt sei, dass die Versicherungssumme des Exzedentenlayers sich dadurch nicht erhöht.[399] Dem Gesagten nach fällt der Attachment-point herab, somit rückt die gesamte Deckungsstrecke „nach unten".

bb) Rückbezug auf die Ausschöpfungstatbestände

Insofern sind auch für die Summenausschöpfungsdeckung, wohl noch mehr als bei der Summendifferenzdeckung, die bereits angesprochenen Ausschöpfungstatbestände von Bedeutung.[400]

Es gilt auch hier von dem Grundsatz auszugehen, dass vornehmlich das Bewirken der geschuldeten Leistung des Grundversicherers Grund für die Ausschöpfung ist. In diesem Lichte sind insbesondere

---

398 So auch *Henning*, Exzedentenversicherung, S. 251.

399 *Henning*, Exzedentenversicherung, S. 62 mit Formulierungsvorschlag für eine entsprechende Vereinbarung.

400 *Schaloske*, PHi 2012, 166, 170 (gemeinsamer Anknüpfungspunkt einer Summendifferenz- und Summenausschöpfungsdeckung ist die Ausschöpfung der vorangehenden Versicherung).

die Erkenntnisse zu Vergleichsschlüsse oder Leistungen aufgrund eines Anerkenntnisses relevant.

Auf der anderen Seite spielen solche Leistungen, die den Anspruch des Versicherungsnehmers nicht berühren, auch hier keine Rolle für die Position des Exzedenten. Insofern bleibt es bei der bereits gefundenen Definition, dass es eines Tatbestands bedarf, der den bereits entstandenen Anspruch des Versicherungsnehmers gegen den Grundversicherer wieder erlöschen lässt.

cc) Übernahme der Position der Grunddeckung

Ohne die vorstehenden Erkenntnisse zu den Ausschöpfungstatbestände könnte vertreten werden, dass bei einem vereinbarten Drop-down die Exzedentendeckung auch die Rolle der Grundversicherung übernehmen kann, wenn diese – beispielsweise durch Anfechtung, Kündigung oder Insolvenz des Grundversicherers – wegfällt.[401]

Wie dargelegt[402], handelt es sich aber bei dem Wegfall der Grundversicherung nicht um einen Ausschöpfungstatbestand. Ohne, dass ein solcher erfüllt ist, kann aber durch die Verknüpfung, die die Summenausschöpfungsklausel herstellt, die summenmäßige Anknüpfung des Exzedenten an das Schadensausmaß nicht herabsinken. Der Wegfall der Grundversicherung bedeutet also im Lichte dieser Ergebnisse keinen Anknüpfungspunkt für das Herabsinken der Exzedentendeckungsstrecke.[403]

Dies erscheint auch interessengerecht. In Fällen der Anfechtung der Grundversicherung durch den Versicherer kann dem Versicherungsnehmer der Vorwurf der Arglist gemacht werden.[404] Er ist da-

---

401 Dieser Streit lag der Entscheidung *Zurich Insurance Company v. Heil Company* 815 F2d 1122 zugrunde, besprochen bei *Henning*, Exzedentenversicherung, S. 254 f.

402 S. 91 ff.

403 Für den Fall der Insolvenz des Grundversicherers i. Erg. genauso *Henning*, Exzedentenversicherung, S. 261 f.

404 Jedenfalls soweit es sich um gefahrerhebliche Umstände handelt, nach denen gefragt wurde, vgl. §§ 19, 22 VVG, nach denen in einem solchen Fall nur wegen arglistiger Täuschung angefochten werden kann; dazu *Armbrüster*, in: Prölss/Martin, VVG, § 19 Rn. 152 oder es sich um eine arglistige Nichtanzeige einer Gefahrerhöhung in der Unfallversicherung handelt (§ 181 Abs. 2 S. 2 VVG).

her nicht schutzwürdig.[405] Würde eine arglistige Täuschung gleichwohl zum Herabfallen der Leistung des Exzedenten führen, wäre die arglistige Täuschung jedenfalls für die Deckung auf Primary Ebene folgenlos. Zwar muss der Versicherungsnehmer es hinnehmen, dass der Exzedententurm „nach unten rückt", für den betreffenden Versicherungsfall erhielte er dennoch Leistung. Dies wäre nicht angemessen.

Ähnliches gilt auch für die Insolvenz des Grundversicherers. Anerkanntermaßen soll grundsätzlich jeder nur das Insolvenzrisiko der Geschäftspartner tragen, die er sich selbst ausgesucht hat.[406] Müsste der Exzedent in dieser Situation bereits „ab dem ersten Cent" leisten, wäre seine Risikoexposition wesentlich erhöht. Dies bürdet ihm zwar nicht das volle Insolvenzrisiko auf und liegt wiederum in seinem Leistungsversprechen bei Vereinbarung eines Drop-down begründet,[407] dennoch hat sich die Auslegung der Vereinbarung auch an den typischen Interessen des Versicherers zu orientieren. Dieser wird aber die größere Gefahr des Eintritts des Versicherungsfalls bei der Insolvenz des Grundversicherers regelmäßig nicht tragen wollen, was für den Versicherungsnehmer auch hinnehmbar ist.

Anders liegt die Situation aber, wenn die Grundversicherungssumme vollständig durch Ausschöpfungstatbestände erschöpft ist. Dann senkt sich der summenmäßige Betrag der Leistungspflicht des Exzedenten so weit herab, dass er als erster leisten muss.[408] Dies erscheint insofern interessengerecht, als dass der Exzedenten im Falle einer Drop-down Vereinbarung, anders als bei der Summendifferenzdeckung, durchaus eine höhere Risikoexposition in Kauf nimmt. Die Übernahme von Aufgaben der Grunddeckung, im

---

405 Zur Arglist im Versicherungsrecht *Armbrüster*, in: Prölss/Martin, VVG, Einl. Rn. 255 ff.; *Looschelders*, in: GS U. Hübner, 2012, S. 147 ff.

406 Zur bereicherungsrechtlichen Rückabwicklung im Versicherungsrecht bspw. BGH, Urt. v. 2.11.1988 - IVb ZR 102/87, BGHZ 105, 365 = NJW 1989, 900, 901; *Armbrüster*, in: Prölss/Martin, VVG, § 17 Rn. 23; vgl. BGH, Urt. v. 6. 7. 2012 – V ZR 268/11, NJW 2012, 3373 Rn. 7 (in bereicherungsrechtlichen Dreipersonenverhältnissen).

407 Ungenau daher *Henning*, Exzedentenversicherung, S. 260.

408 *O. Lange*, D&O-Versicherung und Managerhaftung, § 4 Rn. 41 (zudem mit Formulierungsvorschlägen für eine [klarstellende] Vereinbarung); *Thürmann*, in: FS Hamburger Seminar, 2016, S. 505, 508; *Schaloske*, in: FS Fürstenwerth, 2020, S. 315; *ders.*, PHi 2012, 166, 170.

Falle der Haftpflichtversicherung also beispielsweise die Abwehr unberechtigter Ansprüche, liegt also im Leistungsversprechen des Exzedenten begründet und ist auch erwartbar. Hiergegen spricht auch nicht der Zweck der Versicherung als Ergänzungs- und nicht Ausfallversicherung. Denn der Verbrauch der Grundversicherungssumme bedeutet keinen Ausfall, weshalb die Übernahme von Aufgaben der Grunddeckung eine Ergänzung der Leistungspflicht des Exzedenten ab der Erschöpfung der vorgehenden Versicherungssumme und als solche Kern der Layerversicherung ist.[409] Dies wird auch an der häufig in Summenausschöpfungsvereinbarungen zu findenden Formulierung „die Grundversicherung nicht *mehr* (voll) leisten kann“ deutlich.[410]

dd) Nicht geschuldete Leistungen der Grundversicherung

Ein Sonderproblem entsteht bei Zahlungen des Grundversicherers, die materiell nicht geschuldet waren. Dies betrifft unter anderem einen Vergleichsschluss, der den tatsächlich bestehenden Betrag des Haftpflichtanspruchs des Geschädigten übersteigt. Als Beispiel kann wiederum ein Produkthaftpflicht-Exzedententurm bestehend aus einer Grundversicherung i.H.v. zehn Mio. Euro und einem darauffolgenden Exzedenten dienen. Der Exzedentenvertrag enthält eine Summenausschöpfungsklausel. Nach Eintritt eines Versicherungsfalls einigen sich die Beteiligten, also der Geschädigte, der Versicherungsnehmer und der betroffene Grundversicherer, in einem kombinierten Vergleich über die Haftung und Deckung auf die Zahlung von acht Mio. Euro. Tatsächlich entstand dem Dritten nur ein Schaden i.H.v. fünf Mio. Euro. Der Exzedent und der Versicherungsnehmer streiten nun darüber, ob die Leistungspflicht des Exzedenten an einen weiteren Schaden i.H.v. fünf Mio. Euro anknüpft (anknüpfend an den tatsächlich eingetretenen Schaden) oder bereits bei Schäden, die zwei Mio. Euro übersteigen (anknüpfend an die ausbezahlte Grundversicherungssumme).

---

409 So i. Erg. auch *Thürmann*, in: FS Hamburger Seminar, 2016, S. 505, 508; *Schaloske*, in: FS Fürstenwerth, 2020, S. 315; *ders.*, PHi 2012, 166, 170.

410 Beispiel aus *Schulze Schwienhorst*, in: Looschelders/Pohlmann, VVG, § 100 Rn. 36; Herv. d. Verf.

Nach den bisherigen Stellungnahmen in der Literatur sei die Leistungspflicht des Exzedenten in einem solchen Fall nur insoweit abzusenken, wie der Anspruch des Dritten tatsächlich bestand. Auf die Auszahlung einer höheren Summe aufgrund des Vergleichs soll es folglich nicht ankommen.[411] Es würde sich andernfalls bei dem Vergleich um einen Fall des Vertrages zu Lasten Dritter handeln.[412]

Dieses Argument verdient nähere Betrachtung. Grundsätzlich bedarf es zur Begründung eines Schuldverhältnisses mit Rechten und Pflichten eines Vertrages. Diese Vertragsfreiheit ist zentrales Prinzip der Privatautonomie und findet in § 311 Abs. 1 BGB ihre Ausprägung.[413] Aus diesem Grunde werden Rechtssubjekte im Grundsatz durch einen Vertrag, an dem sie nicht beteiligt sind, weder berechtigt noch verpflichtet. Obwohl es von diesem Grundsatz auch Ausnahmen gibt, ist der Vertrag zu Lasten Dritter grundsätzlich unzulässig.[414]

Für diese Auffassung spricht zudem, dass der Versicherungsnehmer die Gefahr eines fehlerhaften Vergleichs im Rahmen der Grunddeckung und die Nichtrealisierung der Anschlussdeckung trägt. Dies ist insoweit interessengerecht, als dass er, im Gegensatz zum Exzedenten, auch an den Vergleichsverhandlungen beteiligt ist. Zudem ist wiederum auf den Zweck der Exzedentenversicherung Bezug zu nehmen, der in der Vereinbarung einer Anschluss-, nicht aber einer Ausfallversicherung liegt.

---

411 *R. Koch*, in: FS Thümmel, 2020, S. 421, 429; a.A. möglicherweise *Schaloske*, in: FS Fürstenwerth, 2020, S. 315, 324 („im Vergleichsfall schöpft die tatsächliche Vergleichszahlung die Versicherungssumme aus").

412 *R. Koch*, in: FS Thümmel, 2020, S. 421, 429; vgl. aber *Fortmann*, r+s 2020, 274, 275 (Vergleich soll aus Sicht der Parteien keine Rechtsfolgen für den Exzedenten haben, andererseits löst ein Vergleich regelmäßig Misstrauen des Exzedenten über seine Leistungspflicht aus).

413 BGH, Urt. v. 15.11.1987 – VIII ZR 283/86, BGHZ 102, 237 = NJW 1988, 703; Urt. v. 24.11.2017 – LwZR 5/16, NJW 2018, 199 Rn. 11; *Emmerich*, in: MünchKomm BGB, § 311 Rn. 1; zur verfassungsmäßigen Bedeutung s. bspw. BVerfG, Beschl. v. 7.2.1990 – 1 BvR 26/84, BVerfGE 81, 242 = NJW 1990, 1469, 1470; zur Bedeutung im Versicherungsrecht *Wandt*, Versicherungsrecht, Rn. 262 ff.

414 BGH, Urt. v. 9.4.1970 – KZR 7/69, BGHZ 54, 145 = NJW 1970, 2157; *Gottwald*, in: MünchKomm BGB, § 328 Rn. 261; *Roth*, in: FS Hadding, 2004, S. 253; *Bettermann*, JZ 1951, 321; *K.-P. Martens*, AcP 1977, 113, 124; eingehend *Habersack*, Vertragsfreiheit und Drittinteressen, 1991.

Entscheidend gegen diese Auffassung spricht allerdings, dass es sich bei dem in Rede stehenden Vergleich nicht um einen Vertrag zu Lasten Dritter handelt.

Der Vergleichsvertrag als solcher entfaltet nur zwischen Geschädigtem und Versicherer bzw. Versicherungsnehmer Wirkung, gerade nicht auch gegenüber dem Exzedentenversicherer. Die insofern mittelbare Wirkung auf seine Eintrittspflicht, dass diese sich analog zur Vergleichssumme „nach unten" verschiebt, entsteht allein aufgrund der im Exzedentenvertrag zu findenden Summenausschöpfungsklausel. Die Belastung, die der – aus Sicht der Versicherer – nachteilige Vergleich auf den Exzedentenversicherer ausübt, ist Folge seines eigenen vertraglichen Leistungsversprechens an den Versicherungsnehmer und nicht des Vergleichsvertrages in der Grunddeckung.[415] Von einem Vergleichsvertrag zu Lasten Dritter kann daher nicht die Rede sein.

Hinzu tritt, dass der Exzedentenversicherer zwar nicht am Vergleichsschluss beteiligt ist, es aber durch die Formulierung der Summenausschöpfungsdeckung und die darin enthaltenen Ausschöpfungstatbestände in der Hand hat, seine Leistungspflicht so auszugestalten, dass sie nur von solchen Verhandlungen abhängt, an denen er auch beteiligt ist. Die Fokussierung auf die bloße Beteiligung des Versicherungsnehmers an den Vergleichsverhandlungen greift daher zu kurz.

Eine Begrenzung dieser für den Exzedentenversicherer nachteiligen Wirkung ergibt sich allerdings aus den allgemeinen Regeln von §§ 242, 138 BGB. Insbesondere muss der Layerversicherer sich einen Vergleich dann nicht entgegenhalten lassen, wenn die Vergleichsparteien positiv wussten, dass die tatsächlich geschuldete Leistung geringer ist als die Vergleichssumme und sie den Vergleich dennoch abschließen, um dem Exzedenten zu schaden.[416] Diese Fälle kollusiven Zusammenwirkens muss sich der nachfol-

---

[415] Ähnlich *Fortmann*, r+s 2020, 274, 275.

[416] Vgl. *Splinter*, Aktienrechtliche Organhaftung, S. 115, wonach die Gefahr kollusiven Zusammenwirkens regelmäßig aufgrund der mehrfachen Beteiligung der Versicherer im Exzedententurm gering ist.

gende Versicherer nicht entgegenhalten lassen. Es kommt dann auf die tatsächlich geschuldete Leistung an.

Eine andere Frage ist, ob sich der Versicherungsnehmer oder der Grundversicherer durch den Abschluss eines solchen Vergleichs schadensersatzpflichtig gegenüber dem Exzedenten macht. In Betracht käme hierbei die Verletzung einer Rücksichtnahmepflicht i.S.v. § 241 Abs. 2 BGB. Dies setzt allerdings das Bestehen einer entsprechenden Nebenpflicht voraus, was jedoch aufgrund der Privatautonomie besonders begründungsbedürftig ist. Insbesondere im Verhältnis der Versicherer untereinander kann eine Rücksichtnahmepflicht nicht ohne weiteres angenommen werden, wie noch zu zeigen sein wird.[417]

Etwas anderes gilt jedoch im Verhältnis zwischen Versicherungsnehmer und Exzedentenversicherer. Diese sind durch den Versicherungsvertrag miteinander verbunden und daher zur gegenseitigen Rücksichtnahme verpflichtet (vgl. § 241 Abs. 2 BGB). Hierzu gehört auch die Berücksichtigung der Vermögensinteressen des Versicherers,[418] die nicht durch einen materiell unberechtigten Vergleich tangiert werden sollen. War das Verhalten des Versicherungsnehmers angesichts des nicht geschuldeten Vergleichsbetrages also schuldhaft, haftet er dem Versicherer grundsätzlich auf Schadensersatz nach §§ 280, 241 Abs. 2 BGB. Dabei wird jedoch kein allzu strenger Verschuldensmaßstab gelten können; das gegenseitige Entgegenkommen, auch hinsichtlich der geschuldeten Leistung, liegt in der Natur des Vergleichsvertrages. Daher begründen nicht schon Zweifel des Versicherungsnehmers hinsichtlich der Höhe der tatsächlich geschuldeten Leistung den Vorwurf der Fahrlässigkeit i.S.v. § 276 BGB.

Im Ergebnis kommt es im Umgang mit nicht geschuldeten Leistungen der Grunddeckung vorrangig auf die Formulierung der Summenausschöpfungsklausel in der Exzedentendeckung an. Stellt diese auf die Zahlung des vorangehenden Versicherers und nicht auf die Höhe der ursprünglich geschuldeten Leistung ab, muss sich der

---

417 S. ab S. 199.

418 Vgl. allgemein *Bachmann*, in: MünchKomm BGB, § 241 Rn. 49.

Exzedent an diesem Versprechen messen lassen. Eine Zweifelsregelung, dass es bei unklarer Formulierung auf die Höhe des Anspruches und nicht auf die Zahlung des Versicherers ankommt, kann dagegen keine Geltung beanspruchen.

ee) Ergebnis

Auch in Summendifferenzdeckungsvereinbarungen kommt die Zweiteilung eines Attachment-points zum Ausdruck. Während für die erforderlichen Ausschöpfungstatbestände weitestgehend die gleichen Grundsätze wie bei Summenausschöpfungsdeckungen gelten, wird hier die summenmäßige Anknüpfung mit der Leistungspflicht des vorangehenden Versicherers verknüpft. Dies birgt Schwierigkeiten, insbesondere bei Überzahlungen in der Grunddeckung oder bei der Frage, ob und wann der Exzedent an die Position des Grundversicherers rücken kann. Solche können indes durch eine interessengerechte Auslegung behoben werden.

c. Qualifikation des Attachment-points

In der Literatur zur Layerdeckung wurden den Attachment-point Klauseln, freilich zumeist ohne nähere Untersuchung, einige Funktionen beigemessen. Es soll sich bei ihnen um Fälligkeitsregelungen[419] oder Bedingungen, Selbstbehalts[420]-, Subsidiaritäts[421]- oder SIR-Regelungen[422] oder um einen Teil der Versicherungsfalldefinition[423] handeln.

Diese Vorschläge gilt es zu untersuchen und in Verhältnis zu setzen.

---

419 *Schaloske*, in: FS Fürstenwerth, 2020, S. 315, 320; unklar *Knöfel*, ZIP 2018, 1814, 1819.
420 *Schaloske*, PHi 2012, 166, 167; ähnlich *ders.*, in: FS Fürstenwerth, 2020, S. 315, 319.
421 *Henning*, Exzedentenversicherung, S. 64 ff.; *Knöfel*, ZIP 2018, 1814, 1815.
422 *Thürmann*, in: FS Hamburger Seminar, 2016, S. 505, 509 bei Fn. 9.
423 Unentschieden *Knöfel*, ZIP 2018, 1814, 1816, 1819.

aa) Die Attachment-point Klauseln als Fälligkeitsregelungen oder Bedingung

Bei den Attachment-point Klauseln könnte es sich um Fälligkeitsabreden handeln.[424] Ist eine aufschiebende Bedingung vereinbart, so entsteht der Anspruch bereits dem Grunde nach nicht.[425] Fehlende Fälligkeit hindert dagegen die Durchsetzbarkeit eines bestehenden Anspruches.[426] Eine Leistung ist fällig, wenn der Gläubiger sie verlangen kann.[427] Grundsätzlich richtet sich die Fälligkeit, ebenso wie ihr Gegenstück die Erfüllbarkeit, nach § 271 BGB. Nach dessen Abs. 1 ist die Leistung im Zweifel sofort fällig. An der Fälligkeit hängt eine Vielzahl von Rechtsfolgen; so ist eine Klage auf Leistung grundsätzlich abzuweisen, wenn die Leistung nicht fällig ist, der Schuldner kann vor Fälligkeit nicht in Verzug geraten und sie ist Voraussetzung für den Verjährungsbeginn.[428]

Im Versicherungsrecht regelt § 14 VVG vorrangig die Fälligkeit von Geldleistungen.[429] Nach § 14 Abs. 1 VVG werden Geldleistungen des Versicherers fällig, soweit der Versicherer die zur Feststellung des Versicherungsfalls und des Umfangs seiner Leistungspflicht notwendigen Erhebungen abgeschlossen hat. Die Norm findet aber – dies sei für die bisher beispielhaft dargestellten Konstellationen angesprochen – für die Haftpflichtversicherung keine Anwendung, da der Versicherer dort gem. § 100 VVG keine Geldleistung schuldet.[430] Vielmehr gilt § 106 VVG.

---

424 *Henning*, Exzedentenversicherung S. 71 f.; *Schaloske*, in: FS Fürstenwerth, 2020, S. 815, 820; *ders.*, PHi 2012, 166, 170; *R. Koch*, VersR 2021, 879, 880; offenbar auch OLG Düsseldorf, Urt. v. 13.12.2019 – 4 U 23/18, r+s 2020, 271 Rn. 38; anders *Thürmann*, in: FS Hamburger Seminar, 2016, S. 505, 512; *Alexander/Böhmer*, VersR 2020, 545, 546 (Leistungsbegrenzung mit Fälligkeitsaspekt).

425 *Medicus/Petersen*, BGB AT, Rn. 839.

426 *Medicus/Petersen*, BGB AT, Rn. 845.

427 *Grüneberg*, in: Grüneberg, BGB, § 271 Rn. 1.

428 *Krüger*, in: MünchKomm BGB, § 271 Rn. 2; *Grüneberg*, in: Grüneberg, BGB, § 271 Rn. 1.

429 *Veenker*, Fälligkeit von Geldleistungen des Versicherers, S. 26; *Armbrüster*, in: Prölss/Martin, VVG, § 14 Rn. 1; für die Situation nach Abtretung des Freistellungsanspruchs gilt wiederum § 14, s. *v. Rintelen*, r+s 2010, 133, 137 f.

430 *Armbrüster*, in: Prölss/Martin, VVG, § 14 Rn. 1; vgl. indes *K. Johannsen/R. Koch*, in: Bruck/Möller, VVG, § 14 Rn. 8; *v. Rintelen*, r+s 2010, 133, 137 f. (beide zum Freistellungsanspruch nach Abtretung an den Geschädigten).

Zudem ist § 14 VVG dispositiv, die Vorschrift kann daher von den Parteien privatvertraglich abbedungen werden.[431] Um eine solche Abbedingung könnte es sich bei den Attachment-point Klauseln handeln.

Für die Bewertung kommt es auf die Auslegung der Klausel an.[432] Der Versicherungsnehmer wird den Attachment-point Regelungen regelmäßig entnehmen können, dass er keine Leistung aus der Exzedentenversicherung verlangen kann, soweit die summenmäßige Anknüpfung nicht erreicht ist und die vorangehende Versicherungssumme nicht ausgeschöpft ist. Ob hiermit aber gemeint ist, dass der Versicherungsfall für den gesamten Turm gleichzeitig eintritt und lediglich das Recht des Versicherungsnehmers, die Leistung der Exzedenten zu fordern, hiervon abhängen soll, ergibt sich nicht deutlich.

Handelte es sich um Fälligkeitsabreden, wird der Versicherungsnehmer gleichwohl nicht davon ausgehen dürfen, dass die Regelung des § 14 Abs. 1 VVG insgesamt abbedungen ist, sondern dass sie vielmehr um ein zusätzliches Element erweitert wird. Dies ist angesichts der Abänderlichkeit der Vorschrift zulässig.[433] Weder aus dem Wortlaut noch aus dem erkennbaren Regelungsgehalt der Attachment-point Formulierungen ergibt sich, dass der Exzedentenversicherer unabhängig von der Nachprüfungsmöglichkeit, die § 14 Abs. 1 VVG ermöglicht, zur Leistung verpflichtet sein soll. Eher im Gegenteil dürfte gerade er bei der typischerweise komplizierten Ausgangslage der Exzedentendeckung ein erkennbares Interesse daran haben, sich notwendige Unterlagen – insbesondere über die vorgehende Versicherung – zu verschaffen, in eine eigene Prüfung einzutreten und schließlich auch die eigene Überlegungsfrist wahrzunehmen.[434] Im Übrigen treffen die Attachment-point Klauseln regelmäßig keine Aussagen zu Abschlagszahlungen (Abs. 2 S. 1)

---

431 *K. Johannsen/R. Koch*, in: Bruck/Möller, VVG, § 14 Rn. 44; *Armbrüster*, in: Prölss/Martin, VVG, § 14 Rn. 41.

432 *Henning*, Exzedentenversicherung, S. 70 f. mit Verweis auf mietrechtliche Rechtsprechung des BGH.

433 *Veenker*, Fälligkeit von Geldleistungen des Versicherers, S. 279; vgl. *Gaul*, NVersZ 1999, 458, 459 (zu § 24 IV lit. b VHB 84).

434 Zu diesen und weiteren Zwecken von § 14 Abs. 1 VVG *Veenker*, Fälligkeit von Geldleistungen des Versicherers, S. 25 f.; *Armbrüster*, in: Prölss/Martin, VVG, § 14 Rn. 8 f.

oder Verzugszinsen (Abs. 3). Diese Vorschriften sind ohnehin (halb-)zwingend.

Gleichwohl ist fraglich, ob Attachment-point Klauseln überhaupt eine Fälligkeitsbestimmung regeln.

Ihnen kann zunächst entnommen werden, dass für die Leistungspflicht des Versicherers ein weiterer Faktor hinzutritt, der neben die Realisierung eines Schadens tritt. Insofern ergibt sich, dass der Versicherer erst dann zur Leistung verpflichtet sein soll, wenn das Schadensausmaß einen gewissen Punkt erreicht, und andere Versicherer nicht mehr leisten oder schon geleistet haben.

Nach *Henning* handele es sich hierbei um eine Fälligkeitsabrede, in der die nach § 14 bzw. §§ 100 ff. VVG zur Feststellung des Versicherungsfalls notwendigen Erhebungen konkretisiert werden.[435] Hierfür spreche zunächst das Parteiinteresse. Versicherer und Versicherungsnehmer wollten durch die Regelung des Attachment-points nicht die Rechtswirkung eines Anspruches in Frage stellen, sondern seine Voraussetzungen festlegen.[436] Zudem soll der Versicherungsnehmer aus der Formulierung „verbraucht“ entnehmen können, dass die Leistungspflicht des Versicherers konkretisiert werden soll und wird sie so als Fälligkeitsregelung auffassen.[437] Letztlich spreche für die Rechtsnatur als Fälligkeitsregelung, dass es sich nicht um eine Bedingung i.S.v. § 158 Abs. 1 BGB handele, da der Versicherungsnehmer diese Regelungstechnik als fernliegend und unnötig kompliziert auffassen würde.[438]

Zunächst wird sich dies aus aus dem unmittelbaren Wortlaut der Vereinbarungen nicht ergeben. Ein direkter Bezug zu § 14 Abs. 1 VVG oder gar der direkte Rekurs auf die „Fälligkeit“ der Leistung ist den Formulierungen regelmäßig nicht zu entnehmen.[439]

---

435 *Henning*, Exzedentenversicherung, S. 70, 72.

436 *Henning*, Exzedentenversicherung, S. 72.

437 *Henning*, Exzedentenversicherung, S. 71.

438 *Henning*, Exzedentenversicherung, S. 71.

439 Ebenso fehlt die typischerweise Nennung eines Zeitpunktes, oder eine andere im Handelsverkehr gängige Formulierung, vgl. *Grüneberg*, in: Grüneberg, BGB, § 271 Rn. 4 f.

Zudem erscheint das Postulat zum Verständnis des Versicherungsnehmers fraglich. Denn in der Regel ist anzunehmen, dass der Versicherungsnehmer eines Exzedentenversicherungsvertrages über eine gewisse Geschäftskunde verfügt. Aus seiner Sicht wird sich die interessengerechte und angemessene rechtliche Bewertung einer Abrede nicht als „unnötig" kompliziert darstellen. Daher muss der Blick vorrangig auf die rechtliche Wirkung der unterschiedlichen Auslegungsvarianten gerichtet werden.

Hierbei ergibt sich aus dem Wortsinn von „verbrauchen" nicht deutlich, dass Leistungspflichten konkretisiert und nicht bedingt werden sollen. Dies gilt ebenso für andere Formulierungen, maßgeblich „xs.", „im Anschluss" oder „ausschöpfen". Auch sie deuten nicht deutlich darauf hin, ob der Anspruch des Versicherungsnehmers zwar besteht, aber (noch) nicht gefordert werden kann, oder ob der Anspruch ohne Erfüllung der Klausel gar nicht besteht.

Dennoch ist hier eine Entscheidung zu treffen, da Fälligkeitsregelung und Bedingung grundsätzlich in einem Alternativverhältnis stehen.[440] Sprächen daher entscheidende Gründe gegen das Verständnis des Attachment-points als Bedingung, so deutete dies auf die Auslegung als Fälligkeitsregelung hin.

Zur Abgrenzung lohnt ein Blick auf die Verteilung der Pflichten zwischen den Vertragsparteien. Durch eine aufschiebende Bedingung i.S.v. § 158 Abs. 1 BGB entsteht das Schuldverhältnis im weiteren Sinne erst endgültig mit Eintritt der Bedingung.[441] Dies bedeutet auch, dass erst ab diesem Zeitpunkt Rechte und Pflichten für die Parteien entstehen. Anders dagegen bei der Fälligkeitsregelung. Sie ist bloß weitere Voraussetzung für einen Anspruch aus dem

---

440 Vgl. BGH, Urt. v. 17.2.1993 – VIII ZR 37/92, NJW 1993, 1381, 1382 (nicht versicherungsrechtlich); Urt. v. 14.3.1984 – VIII ZR 284/82, BGHZ 90, 302 = NJW 1984, 2034, 2035 (nicht versicherungsrechtlich); Urt. v. 26.11.1997 – XII ZR 308-95, NJW-RR 1998, 801, 802 (nicht versicherungsrechtlich); *Reymann*, in: BeckOGK, BGB, Stand: 1.9.2021, § 158 Rn. 58.

441 *Westermann*, in: MünchKomm BGB, § 158 Rn. 40; s. *Reymann*, in: BeckOGK, BGB, Stand: 1.9.2021, § 158 Rn. 89.

Schuldverhältnis im weiteren Sinne, übrige Rechte und (Neben-) Pflichten können bereits vor Eintritt der Fälligkeit entstehen.[442]

Diese Erkenntnis lässt sich jedoch für die Layerdeckung nur teilweise fruchtbar machen. Denn bei der in Rede stehenden Klausel könnte es sich um eine Bedingung hinsichtlich des Vertrages als solchem, aber auch als Bedingung für die (Haupt-)Leistungspflicht des Versicherers, also die Auszahlung der Versicherungssumme, handeln. Lediglich für die erste Auslegungsalternative kann die oben genannte Abgrenzung helfen. Die vertragliche Ausgestaltung macht deutlich, dass der Versicherungsnehmer seine Leistung, also die Prämienzahlung, bereits vor Schadenseintritt oberhalb des Attachment-points zu erbringen hat. Das Schuldverhältnis im weiteren Sinne, also der Exzedentenversicherungsvertrag als solcher, ist daher nicht als durch Erfüllung der Attachment-point Klausel, die sodann auch Gegenstand eines etwaigen Vorvertrags sein müsste, bedingt anzusehen. Gleichwohl verbleibt die Möglichkeit der bedingten Leistungspflicht des Versicherers.

Zur weiteren Konturierung kann auf die bereits erläuterte Zweiteilung des Attachment-points Bezug genommen werden. Von der Bestimmung einer Leistungszeit, und damit einer Fälligkeitsregelung, wird man nur dann ausgehen können, wenn der Attachment-point lediglich auf das Erreichen einer bestimmten Summe abstellt.[443] Hingegen spricht schon das Erfordernis der Ausschöpfung, die also direkt auf die Leistungspflicht des vorgehenden Versicherers Bezug nimmt, gegen eine Fälligkeitsregelung. Die Ausschöpfung der vorangehenden Deckung ist keine Regelung zur Leistungszeit. Vielmehr steht erst nach Erfüllen der Ausschöpfungstatbestände die genaue Höhe der vom Exzedentenversicherer zu leistenden Entschädigung fest. Der Attachment-point regelt das „Ob“ der Verpflichtung, aber gleichsam ein „Wie viel“ und nicht nur das „Wann“.[444] Es handelt sich insofern auch um eine Leistungsbegrenzung.[445] Eine solche Begrenzung kann nicht im Wege einer Leitungszeitbestim-

---

442 BGH, Urt. v. 17.2.1993 – VIII ZR 37/92, NJW 1993, 1381, 1383; Urt. v. 26.11.1997 – XII ZR 308-95, NJW-RR 1998, 801, 802; *Reymann*, in: BeckOGK, BGB, Stand: 1.9.2021, § 158 Rn. 58.

443 S. dazu ab S. 80.

444 *Eley*, VersR 2021, 1461, 1470.

445 *Thürmann*, in: FS Hamburger Seminar, 2016, S. 505, 512.

mung, sondern nur durch eine Bedingung erreicht werden. Dass einer solchen Bedingung auch ein zeitlicher Aspekt innewohnt, liegt sowohl in der Natur des Eintritts eines ungewissen Ereignisses als auch, dass der Anspruch erst entstehen muss, bevor er fällig werden kann.[446] Eine bedingte Leistungspflicht wird dadurch aber nicht zu einer Fälligkeitsregelung.

Es handelt sich daher bei Attachment-point Vereinbarungen nicht um Fälligkeitsregelung. Ihnen ist vielmehr zu entnehmen, dass die Leistungspflicht des Exzedentenversicherers, nicht der ganze Exzedentenversicherungsvertrag, bedingt ist. Hinsichtlich der Fälligkeit der Leistung des Exzedentenversicherers bleibt es bei der Grundregel des § 14 Abs. 1 VVG.

bb) Versicherungsfalldefinition

An die soeben aufgezeigte Einordnung als Bedingung der Leistungspflicht ist im Folgenden hinsichtlich der Frage anzuknüpfen, inwieweit diese Bedingung Teil der Versicherungsfalldefinition ist.[447] Das ist vor allem für die Frage der Kontrolle der Attachment-point Klauseln anhand der §§ 307 ff. BGB relevant, die nach überwiegender Ansicht den Kernbereich der Leistungsbeschreibung, und daher möglicherweise auch Attachment-point Bestimmungen, nicht erfasst.

Der Versicherungsfall ist das Ereignis, das die Leistungspflicht des Versicherers begründet. Tritt er ein, so verwirklicht sich die versicherte Gefahr.[448] Die Festlegung der versicherten Gefahr(en) geschieht durch den Versicherungsvertrag, regelmäßig durch AVB.[449] Dies gilt auch für gelayerte Versicherungsprogramme. Auch hier erfolgt die Beschreibung der versicherten Risiken (alternativ: Gefah-

---

446 *Eley*, VersR 2021, 1461, 1470 f.

447 Hierfür *Perner*, Privatversicherungsrecht, Rn. 6.10; *Knöfel*, ZIP 2018, 1814, 1819, 1820; wohl auch *Thürmann*, in: FS Hamburger Seminar, 2016, S. 505, 512; a.A. *Schaloske*, in: FS Fürstenwerth, 2020, S. 315, 323 f.

448 *Armbrüster*, Privatversicherungsrecht, Rn. 1298; *Wandt*, Versicherungsrecht, Rn. 907 f.; eingehend *E. Lorenz*, VersR 2000, 2 f.

449 *Armbrüster*, Privatversicherungsrecht, Rn. 1240; s. Zur Haftpflichtversicherung *Lücke*, in: Prölss/ Martin, VVG, Vorbem. §§ 100-112 Rn. 1.

ren[450]) durch AVB. Eine Besonderheit ergibt sich jedoch daraus, dass diese AVB häufig durch den Grundversicherer vorgegeben und durch den Turm lediglich wiederholt werden. Dies gelingt durch Following-form Klauseln, auf die noch einzugehen sein wird.[451]

Dennoch kann sich die Umschreibung der versicherten Gefahr auch aus dem Attachment-point ergeben. Wie bereits aufgezeigt, enthalten diese Klauseln zwei wesentliche Aussagen bezüglich der Leistungspflicht des Layerversicherers.[452] Die Beschreibung des durch ihn übernommenen Risikos ist ohne Nennung des Attachment Points schlicht nicht möglich.[453] Es handelt sich um Leistungsbegrenzungen des Versicherers, die auch für die Prämienberechnung relevant sind.[454] Denn die zwei Dimensionen des ökonomischen Begriffs des Risikos – Eintrittswahrscheinlichkeit und Schwere der Konsequenzen[455] – werden dergestalt miteinander verknüpft, dass die Schwere der Konsequenzen die Eintrittswahrscheinlichkeit bedingt.

Dass der Eintritt des Schadens hierbei noch nicht gleichbedeutend mit dem Eintritt des Versicherungsfalls ist, da noch weitere Merkmale – die Ausschöpfung der vorangehenden Versicherungssumme – hinzutreten müssen, ist unschädlich. Der Eintritt des Versicherungsfalls ist nicht mit dem Eintritt des Schadens gleichzusetzen.[456]

Hinzu kommt, dass gerade durch die Ausschöpfungstatbestände im Exzedentenvertrag auch ein anderes Risiko Gegenstand des Exzedentenvertrags wird. Es geht nicht mehr nur um die Realisierung ei-

---

450 S. *Armbrüster*, Privatversicherungsrecht, Rn. 1241 f.; vgl. auch *Wandt*, Versicherungsrecht, Rn. 907 ff.; *Looschelders*, in: MünchKomm VVG, § 1 Rn. 31 ff.

451 S. dazu S. 129 ff.

452 S. 81.

453 *Eley*, VersR 2021, 1461, 1472.

454 *Thürmann*, in: FS Hamburger Seminar, 2016, S. 505, 512; in diese Richtung auch *Alexander/Böhmer*, VersR 2020, 545 („Wenn der VN beispielsweise ohne das Bestehen eines Excedentenvertrags für berechtigte Forderungen, deren Höhe jedoch über der vereinbarten Grunddeckungssumme liegen, selbst aufkommen müsste, kann genau dieses Risiko über einen Excedentenvertrag abgesichert werden."); ähnlich *R. Koch*, VersR 2021, 879 f., der aber für eine Fälligkeitsregelung streitet und nach Freistellungs- und Rechtsschutzanspruch in der Haftpflichtversicherung differenziert *ebd.*, S. 880; s. auch OGH, Urt. v. 23.5.2013 – 7 Ob 60/13v, VersR 2014, 901, 903.

455 *Zweifel/Eisen*, Versicherungsökonomie, S. 34.

456 *Wandt*, Versicherungsrecht, Rn. 910; *Looschelders*, in: MünchKomm VVG, § 1 Rn. 32; *Armbrüster*, in: Prölss/Martin, VVG, § 1 Rn. 166; a.A. *E. Lorenz*, VersR 2000, 2, 3.

ner versicherten Gefahr in einer versicherten Höhe, sondern um das Risiko des Versicherungsnehmers, über die Versicherungssumme der Grunddeckung hinaus, und zusätzlich nach ihrer Erschöpfung, Ansprüchen ausgesetzt zu sein.[457]

Der Attachment-point ist daher als Teil der Definition des Versicherungsfalls aufzufassen. Dies hat verschiedene Konsequenzen, die im Folgenden darzustellen sind.

(1) Auskunfts- und Mitwirkungsrechte bei Eintritt des Versicherungsfalls

Das VVG knüpft an den Eintritt des Versicherungsfalls verschiedene Folgen. Von besonderer Bedeutung sind in diesem Kontext die §§ 30 f. VVG sowie §§ 92, 111 VVG. Erstere bestimmen Mitwirkungsobliegenheiten des Versicherungsnehmers bei Eintritt des Versicherungsfalls, bei deren Verletzung in AVB meist Leistungsfreiheit vorgesehen ist.[458] Während § 30 VVG die Anzeige des Versicherungsfalls selbst vorsieht, schreibt § 31 VVG vor, dass der Versicherungsnehmer auf Verlangen des Versicherers jede Auskunft zu erteilen hat, die zur Feststellung des Versicherungsfalles oder der Höhe des Leistungsumfangs von Bedeutung sind.[459] Für die Layerversicherung bedeutet dies insbesondere Informationen über vorgehende Versicherungen, soweit sie dem Versicherungsnehmer nicht bereits bekannt sind.[460] Mit der obigen Annahme, dass der Versicherungsfall auch die Ausschöpfung dieser Versicherungssumme umfasst, bedeutet dies konkret, dass der Versicherungsnehmer derartige Informationen erst dann schuldet, wenn der Attachment-point des betreffenden Layers tatsächlich erreicht ist und nicht bereits dann, wenn in der Grundversicherung der Versicherungsfall eintritt.

---

[457] OGH, Urt. v. 23.5.2013 – 7 Ob 60/13v, VersR 2014, 901, 903; *Alexander/Böhmer*, VersR 2020, 545 f.

[458] *Armbrüster*, in: Prölss/Martin, VVG, § 30 Rn. 11, zur grundsätzlichen Sanktionslosigkeit der §§ 30 f. s. *ebd.*, Rn. 10.

[459] *Armbrüster*, Privatversicherungsrecht, Rn. 1334 f.; *Wandt*, in: MünchKomm VVG, § 31 Rn. 53 ff.;

[460] *Thürmann*, in: FS Hamburger Seminar, 2016, S. 505, 509.

(2) Kündigungsrechte im Schadensfall

Die §§ 92, 111 VVG bestimmen für Sach- und Haftpflichtversicherungen ein Kündigungsrecht jeder Partei im Falle des Eintritts des Versicherungsfalls. Analog zum Vorgesagten bedeutet dies, dass die Parteien den Vertrag nicht schon dann kündigen können, wenn der Versicherungsfall der Grundversicherung eingetreten ist.[461] Insbesondere dieser Aspekt spricht dafür, auch den Attachment-point als Teil der Versicherungsfalldefinition aufzufassen.[462] Sinn und Zweck der Kündigungsrechte aus §§ 92, 111 VVG sind die Wahrnehmungen, die im Zusammenhang mit dem Versicherungsfall, also einerseits die Nachforschungen über die Person des Versicherungsnehmers und andererseits das Regulierungsverhalten des Versicherers, gemacht werden.[463] Dieser Gedanke greift aber dann nicht, wenn der Versicherer (noch) nicht geleistet hat.[464]

(3) Abwehrverpflichtung des Haftpflichtversicherers

Bei Eintritt des Versicherungsfalls in der Haftpflichtversicherung obliegt es dem Versicherer zu entscheiden, ob er den Anspruch abwehren oder befriedigen möchte.[465] Dieses Recht steht im Grundsatz auch den Exzedentenversicherern zu, die aufgrund von Following-form Klauseln auch die Bedingungen der Grundversicherung und daher die nähere Ausgestaltung des Anspruchs des Versicherungsnehmers übernommen haben. Bliebe bei der Definition des Versicherungsfalls für die Exzedenten die spätere Eintrittspflicht außer Acht, könnten sie je nach vertraglicher Ausgestaltung bereits bei Eintritt des Versicherungsfalls in der Grundversicherung einen Abwehranspruch geltend machen.[466] Es käme dann zu gleichzeitiger Zuständigkeit der Versicherer. Versteht man den Attachment-point hingegen als Teil der Versicherungsfalldefinition, entstehen

---

461 Im Ergebnis ebenso *O. Lange*, D&O-Versicherung und Managerhaftung, § 4 Rn. 32; *Knöfel*, ZIP 2018, 1814, 1816; wohl auch *Schaloske*, in: FS Fürstenwerth, 2020, S. 315, 318.

462 Ähnlich *Henning*, Exzedentenversicherung, S. 75 („primäre Risikobegrenzung").

463 *Schulze Schwienhorst*, in: Looschelders/Pohlmann, VVG, § 111 Rn. 2; *Armbrüster*, in: Prölss/Martin, VVG, § 92 Rn. 1.

464 *Schulze Schwienhorst*, in: Looschelders/Pohlmann, VVG, § 111 Rn. 23.

465 BGH, Urt. v. 7.2.2007 – IV ZR 149/03, VersR 2007, 1116 Rn. 12 ff. *Langheid*, in: Langheid/Rixecker, VVG, § 100 Rn. 20.

466 *Thürmann*, in: FS Hamburger Seminar, 2016, S. 505, 522; *Knöfel*, ZIP 2018, 1814, 1817.

diese Überschneidungen nicht.[467] Der Exzedent ist dann hinsichtlich des Befreiungs- und Rechtsschutzanspruchs erst bei Ausschöpfung der Grundversicherung eintrittspflichtig.[468] Zu diesem Ergebnis gelangt man gleichwohl auch mit der Auffassung, dass die Leistungspflicht durch den Attachment-point bedingt ist, ohne dass diese Bedingung Teil der Versicherungsfalldefinition ist.[469]

(4) Vorgehende Versicherung als Selbstbehalt

In der Literatur wird vertreten, die vorgehende Versicherung sei aus Sicht des Exzedentenversicherers ein Selbstbehalt.[470] Nach anderer Auffassung handelte es sich um eine Selbstversicherung bzw. eine Self-Insured-Retention.[471]

Zwar wirkt aus Sicht des Exzedentenversicherers die vorangehende Versicherung ähnlich wie ein Selbstbehalt, da durch den Ausschluss von Frequenzschäden die Prämie reduziert werden kann.[472] Allerdings setzt der Selbstbehalt voraus, dass der Versicherungsfall eingetreten ist, der Versicherer also im Grundsatz leistungspflichtig ist. Dies führt dazu, dass im Bereich des Selbstbehaltes der Haftpflichtversicherer zur Leistung berufen ist und er sich daher im Grundsatz auch für die Abwehr des Anspruches entscheiden könnte.[473] Dies würde aber wiederum zu einer doppelten Zuständigkeit

---

467 *Alexander/Böhmer*, VersR 2020, 545; ähnlich *Thürmann*, in: FS Hamburger Seminar, 2016, S. 505, 521 (für die Leistungspflicht des Exzedentenhaftpflichtversicherers muss nach Sinn und Zweck auch sein Deckungsabschnitt tangiert sein).

468 *R. Koch*, VersR 2021, 879, 880; a.A. wenngleich lediglich mit Verweis auf eine anglo-amerikanische Rechtspraxis *Knöfel*, VersR 2018, 513, 519; *ders.*, ZIP 2018, 1814, 1816.

469 Vgl. oben; in diese Richtung *Schulze Schwienhorst*, in: Looschelders/Pohlmann, VVG, § 100 Rn. 36; dann aber „Weiter ist das Kündigungsrecht im Schadenfall (§ 111 VVG) auf tatsächlich schadenbelastete Versicherungsverträge beschränkt“ (Rn. 36); so auch wenn man von einer Fälligkeitsregelung ausgeht *Schaloske*, PHi 2012, 166, 170.

470 *Henning*, Exzedentenversicherung, S. 77; *Drave*, VersPrax 6/2017, 35; *Schaloske*, PHi 2012, 166, 167.

471 *Thürmann*, in: FS Hamburger Seminar, 2016, S. 505, 509 bei Fn. 9; *Eley*, VersR 2021, 1461, 1464.

472 *O. Lange*, D&O-Versicherung und Managerhaftung, § 4 Rn. 32; *Knöfel*, ZIP 2018, 1814, 1816; vgl. zum Selbstbehalt allgemein *Armbrüster*, Privatversicherungsrecht, Rn. 312; *Dreher/Görner*, ZIP 2003, 2321, 2322, 2326; s. zuvor S. 26.

473 *Thürmann*, in: FS Hamburger Seminar, 2016, S. 505, 509 bei Fn. 9; vgl. *O. Lange*, D&O-Versicherung und Managerhaftung, § 16 Rn. 6 ff.

der Versicherer führen.[474] Da mit der hiesigen Ansicht der Versicherungsfall aber erst mit Erreichen des Layers anhand des Attachment-points eintritt, kann die vorliegende Deckungsstrecke kein solcher Selbstbehalt sein. Dieses Verständnis des Versicherungsfalls bewahrt daher auch vor der in der Haftpflichtversicherung befürchteten Zuständigkeitskollision.

Nichtsdestotrotz hat die vorliegende Deckungsstrecke wenigstens teilweise eine ähnliche Wirkung wie der Selbstbehalt.[475]

(5) AVB-Kontrollfähigkeit

Folgt man der Einordnung des Attachment-points als Teil der Versicherungsfalldefinition, stellt sich die Anschlussfrage nach seiner AVB-rechtlichen Kontrollierbarkeit.

Die Bestimmung der Hauptleistung des Versicherers unterliegt gem. § 307 Abs. 3 S. 1 BGB nicht der materiellen Inhaltskontrolle.[476] Die Inhaltskontrolle soll nicht dazu verwendet werden, in das vertragliche Äquivalenzverhältnis einzugreifen und einer Angemessenheitskontrolle zu unterziehen.[477] Würde man auch die Definition des Versicherungsfalls, und damit den Kern des Leistungsversprechens des Versicherers, zum Gegenstand einer AVB-Kontrolle machen, drohte die Gefahr, dass der Richter im Sinne einer „Fairnesskontrolle" auf das Verhältnis von Leistung (Prämie) und Gegenleistung (Ausgleich für einen durch einen Versicherungsfall erlittenen Nachteil) eingreift.

Der kontrollfreie Bereich wird eng ausgelegt.[478] Ausgenommen sind daher nur die allgemeinste Beschreibung des versicherten Objekts

---

474 *Thürmann*, in: FS Hamburger Seminar, 2016, S. 505, 509 bei Fn. 9; zu Problemen, die aus einer Doppelzuständigkeit resultieren *R. Koch*, VersR 2021, 879.

475 Insbesondere für die Prämie, s. S. 28.

476 *Armbrüster*, Privatversicherungsrecht, Rn. 597.

477 *Armbrüster*, Privatversicherungsrecht, Rn. 597.

478 BGH, Urt. v. 13.7.1994 – IV ZR 107/93, BGHZ 127, 35 = VersR 1994, 1049, 1050 f.; Urt. v. 24.3.1999 – IV ZR 90/98, BGHZ 141, 137 = VersR 1999, 710, 711; vgl. Urt. v. 13.5.2014 – XI ZR 405/12, BGHZ 201, 168 = VersR 2016, 1577 Rn. 26 ff.; Urt. v. 11.7.2019 – VII ZR 266/17, BGHZ 223, 1 = NJW 2019, 2997 Rn. 18 ff. (beide nicht versicherungsrechtlich); *Dallwig*, Deckungsbegrenzungen, S. 74; *Schaffrin*, Kontrolle von AGB und AVB, S. 122 ff.; *Armbrüster*, Privatversicherungsrecht, Rn. 598; *Rixecker*, in: Langheid/Rixecker, VVG, § 1 Rn. 75.

und der versicherten Gefahr. Dies umfasst diejenigen Leistungsbeschreibungen, ohne deren Vorliegen mangels Bestimmtheit oder Bestimmbarkeit kein wirksamer Vertrag angenommen werden kann.[479] Anders gewendet geht es um den Bereich, bei dessen Wegfall es keine Regelung zum Versicherungsschutz als solchem mehr gibt, was deswegen von vornherein den Versicherungsnehmer jeglichen Versicherungsschutzes entkleiden würde.[480] Dies bedeutet aber im Umkehrschluss nicht, dass AVB, die das versicherte Risiko näher beschreiben, automatisch von der Inhaltskontrolle ausgeschlossen seien.[481]

Versicherungsprodukte werden im Gegensatz zu körperlichen Leistungen oder Waren ganz entscheidend durch ihre AVB ausgestaltet. Der Versicherungsnehmer ist in diesem Bereich wesentlich schutzwürdiger als bei anderen Vertragsgestaltungen. Will er den Wert, den ein Versicherungsprodukt für ihn hat, genau bestimmen, kann er das nur, wenn er alle Bedingungen und ihr Zusammenspiel zutreffend erfasst. Dies wird ihm indes kaum möglich sein. Eine weitgehende Inhaltskontrolle ist daher zu seinem Schutze geboten.[482] Auf der anderen Seite muss es dem Versicherer möglich sein, durch Versicherungstechnik homogene Risiken zu bilden, um überhaupt Versicherung anbieten zu können. Aus diesem Grunde muss auch die Regelung von Mindestvoraussetzungen zur Schaffung eines solchen Risikokollektivs kontrollfrei sein.[483]

Fraglich ist dies für den hier in Rede stehenden Versicherungsfall der Exzedentenversicherung. Wollte man eine Attachment-point Klausel der Inhaltskontrolle unterziehen, und stellte sie sich dann als unwirksam heraus mit der Folge, dass sie nicht Vertragsbestandteil würde, so läge dennoch ein wirksamer Versicherungsvertrag vor.[484] Denn die übrigen – über die Following-form Klausel inkorporierten – Bedingungen der Grunddeckung stellen den eigentli-

---

479 *Armbrüster*, Privatversicherungsrecht, Rn. 598.

480 *Langheid*, VersR 2015, 1071, 1072; vgl. *Armbrüster*, NJW 2015, 1788, 1790.

481 *Armbrüster*, in: Prölss/Martin, VVG, Einl. Rn. 87.

482 *Schaffrin*, Kontrolle von AGB und AVB, S. 135; *Armbrüster*, in: Prölss/Martin, VVG, Einl. Rn. 87.

483 Näher *Armbrüster*, in: Prölss/Martin, VVG, Einl. Rn. 93 ff.; weitere Erwägungen auch bei *Schaffrin*, Kontrolle von AGB und AVB, S. 122 ff.

484 I. Erg. genauso *Henning*, Exzedentenversicherung, S. 238 für eine Vereinbarung, die die Leistungspflicht des Exzedenten im Falle eines Vergleichs in der vorgehenden Deckung vorschreibt.

chen Umfang des Versicherungsfalls und des zu versichernden Risikos dar. Auch ohne die nähere Ausgestaltung des Attachment-points ist klar, welche tatsächlichen Gefahren vom Versicherungsschutz erfasst werden sollen. Die Negativprobe ergäbe daher der Sache nach, dass der Attachment-point als Ganzes kontrollfähig wäre.

Gleichwohl lässt dies die typische Situation der Exzedentendeckung außer Acht. Die Besonderheit der Layerdeckung liegt gerade in der gestaffelten Eintrittspflicht der Versicherer. Klauseln, die diese Ordnung ausdrücken, sind daher besonders grundlegend für das Gelingen der Layerung. Sie stellen insofern den Kerngehalt der Exzedentendeckung dar. Ohne sie würde es sich um einen Vertrag der Grunddeckung handeln, nicht jedoch um eine Exzedentendeckung.

Der wesentliche Aspekt, der für die Prämienberechnung – und somit auch für das vertragliche Äquivalenzverhältnis – von Relevanz ist, liegt in der zu erreichenden Schadenshöhe. Dass der Versicherer erst ab einer gewissen Schadenshöhe zur Leistung verpflichtet ist, ist Wesensgehalt der Exzedentenversicherung und gibt ihr das entscheidende Gepräge.[485] Die summenmäßige Anknüpfung erscheint daher als der Bereich, der von der Inhaltskontrolle auszunehmen ist.[486] Diese Inhaltskontrolle dürfte im Übrigen auch kaum praktisch durchführbar sein. Der Festsetzung einer Schadenshöhe wird nur im äußersten Ausnahmefall ein einseitig benachteiligender Regelungscharakter zukommen, wodurch sie nach §§ 307 Abs. 1, 306 BGB nicht Vertragsbestandteil werden würde.

Hingegen sind die Tatbestände, unter denen die vorgehende Versicherung als ausgeschöpft gilt, nicht wesentlich für den Charakter der Versicherung als Anschlussversicherung. Vielmehr handelt es sich um begleitende Regelungen, die der Versicherer zur näheren Konkretisierung seiner Leistungspflicht vereinbart. Es handelt sich also nicht mehr um den nicht kontrollfähigen Bereich. Sie sind daher

---

485 So auch *Dallwig*, Deckungsbegrenzungen, S. 74 (zur Kontrollfreiheit von Deckungsbegrenzungen); *van de Loo*, Angemessenheitskontrolle von AVB, S. 46; *Präve*, in: v. Westphalen/Thüsing, AGB, AVB Rn. 16; (zur Versicherungssumme allgemein).

486 I. Erg. genauso *Henning*, Exzedentenversicherung, S. 238 bei der Überprüfung einer konkreten Attachment-point Klausel; noch weiter *Knöfel*, ZIP 2018, 1814, 1820.

insbesondere auch einer materiellen Angemessenheitskontrolle i.S.v. § 307 Abs. 1 S. 1 BGB zugänglich.[487] Gleichwohl ist zu beachten, dass die Ausschöpfung als solche, also die wirtschaftliche Nichteinholbarkeit der vorangehenden Versicherung durchaus elementarer Bestandteil der Exzedentendeckung ist. Bei der Bewertung der Vereinbarung im Lichte der §§ 307 ff. BGB ist daher stets der jeweilige Ausschöpfungstatbestand (Vergleiche, Anerkenntnisse, Insolvenz, Verjährung) ins Auge zu nehmen, nicht jedoch die Notwendigkeit der Ausschöpfung als solcher.

Hier wird die Inhaltskontrolle auch ihren wesentlichen Anwendungsbereich in Attachment-point Klauseln haben, da die Ausschöpfungstatbestände in ihren Einzelheiten umstritten sind.[488] Bei ihnen zeigt sich auch die typische Gefahr für den Versicherungsnehmer, dass der Versicherer eine vorhergehende Versicherung nicht als ausgeschöpft ansieht.[489] Gerade dieser Regelungsbereich droht den Versicherungsschutz durch zu strenge Anforderungen an die Ausschöpfung der vorangehenden Versicherungssumme zu entwerten.

cc) Subsidiarität

Angesichts der aufeinander folgenden Leistungspflicht der Exzedentenversicherer in Abgrenzung zur gleichzeitigen Leistung der Mitversicherung liegt die Frage nahe, ob es sich bei den Attachment-point Klauseln um Subsidiaritätsabreden der Versicherer handelt.[490] Dies gilt es zu untersuchen. Hinzu tritt, dass innerhalb der Subsidiaritätsklauseln zwischen unechten und echten, und innerhalb letzterer zwischen einfachen (eingeschränkten) Subsidiaritätsklauseln und qualifizierten (uneingeschränkten) Subsidiaritätsklau-

---

487 Wohl auch *Henning*, Exzedentenversicherung, S. 238, 240.

488 Vgl. *Henning*, Exzedentenversicherung, S. 209 – 262; sowie alle bekannten deutschsprachigen Urteile zur Exzedentenversicherung, in denen die Ausschöpfung Streitpunkt der Parteien war OLG Düsseldorf, Urt. v. 13.12.2019 – 4 U 23/18, r+s 2020, 271 Rn. 32 ff.; OLG München, Beschl. v. 7.1.2019 – 25 U 2750/18, VersR 2020, 543; OGH, Urt. v. 23.5.2013 – 7 Ob 60/13 v, VersR 2014, 901, 903.

489 Vgl. alle bekannten deutschsprachigen Urteile zur Exzedentenversicherung ÖOGH VersR 2014, 901 ff.; OLG Düsseldorf, Urt. v. 13.12.2019 – 4 U 23/18, r+s 2020, 271 ff.; OLG München, Beschl. v. 7.1.2019 – 25 U 2750/18, VersR 2020, 543 ff. In jedem findet sich der Einwand, die Grundversicherungssumme sei nicht ausgeschöpft i.S.d. Attachment-points.

490 In diesem Sinne *Henning*, Exzedentenversicherung, S. 65 ff.; *Knöfel*, ZIP 2018, 1814, 1815.

seln unterschieden wird.[491] Diese Differenzierung ist auch hier heranzuziehen.

(1) Exzedentenversicherung als Fall der mehrfachen Versicherung desselben Interesses (§§ 77 ff. VVG)

In einem ersten Schritt stellt sich zunächst die Frage, ob es einer Subsidiaritätsabrede zwischen den Versicherern einer Layerdeckung überhaupt bedarf. Dies ist nur dann der Fall, wenn die Exzedentendeckung ein Fall der mehrfachen Versicherung i.S.v. §§ 77 ff. VVG ist. Da es sich bei gelayerten Versicherungen regelmäßig um Schadensversicherungen handelt,[492] steht der Anwendung dieser Regelungen grundsätzlich nichts entgegen.

Betrachtung bedarf zunächst die Grundnorm der mehrfachen Versicherung nach § 77 VVG. Maßgebend ist hier, dass der Versicherungsnehmer mehrere Verträge bei unterschiedlichen Versicherern unterhält, die hinsichtlich des versicherten Interesses und der Gefahr wenigstens teilweise identisch sind.[493]

Der Abschluss einer Mehrzahl von Verträgen, bereitet in der Layerdeckung keine Schwierigkeiten; auch Ergänzungsversicherungen sind Versicherungsverträge i.S.d. Vorschrift.[494]

Zudem muss die versicherte Gefahr wenigstens teilidentisch sein. Sie finden sich dort in den Abreden über die Risikobeschreibung.

Wie bereits erläutert, handelt es sich bei den Attachment-point Klauseln um einen Teil der Versicherungsfalldefinition in der Exzedentendeckung. Die versicherte Gefahr unter dem Exzedentenvertrag ist daher ein Mehr gegenüber der versicherten Gefahr des Grundversicherungsvertrages. Zu den im Wege der Following-Form

491 *Armbrüster*, in: Prölss/Martin, VVG, § 78 Rn. 28.

492 S. 16.

493 OGH, Urt. v. 21.12.2011 – 7 Ob 223/11 m, VersR 2013, 81, 83; OLG Frankfurt a.M., Urt. v. 11.3.2004 - 3 U 89/03, NJW-RR 2004, 1333, 1335; *Langheid*, in: Langheid/Rixecker VVG, § 77 Rn. 18; *Armbrüster*, in: Prölss/Martin, VVG, § 77 Rn. 5.

494 KG, Urt. v. 20.3.1929 – 24 U 14/29, JRPV 1929, 170; *Armbrüster*, in: Prölss/Martin, VVG, § 77 Rn. 11; daher auch nicht thematisiert in *Langheid*, in: Langheid/Rixecker VVG, § 77 Rn. 7; *Thürmann*, in: FS Hamburger Seminar, 2016, S. 505, 508; *Knöfel*, ZIP 2018, 1814, 1815; *Schaloske*, PHi 2012, 166, 167.

Klauseln auch in den Exzedentenverträgen auftretenden, im Grundversicherungsvertrag näher beschriebenen Gefahren tritt die Ausschöpfung der Grundversicherung für den Exzedentenvertrag hinzu.[495] Vergleicht man die versicherten Gefahren, liegt daher eine Teilidentität vor, die zur Anwendung der §§ 77 ff. VVG genügt.[496]

Zudem müsste eine solche Überschneidung auch hinsichtlich des versicherten Interesses vorliegen. Das versicherte Interesse beschreibt die rechtlichen Beziehungen, kraft derer der Versicherungsnehmer oder versicherte Dritte durch den Versicherungsfall einen Vermögensnachteil erleiden kann.[497] Anders gewendet geht es um den Vermögensnachteil, der im Falle seines Eintritts durch die Versicherungsleistung ausgeglichen werden soll.[498] Da eine ausdrückliche Vereinbarung regelmäßig fehlt, ist das versicherte Interesse durch Auslegung des Vertrages zu ermitteln.[499] Worum es sich bei dem versicherten Interesse handelt, ergibt sich aus der Frage, wovor der Versicherungsvertrag den Versicherungsnehmer schützen soll.[500]

Der Vermögensnachteil, den der Versicherungsnehmer durch den Eintritt des Versicherungsfalls erleidet, spiegelt sich in den unterschiedlichen Deckungsstrecken des Exzedententurms wider. Zunächst ist durch den Verweis auf die Grunddeckung im Wege der Following-form Versicherung jedenfalls dem Grunde nach eine Identität zwischen den versicherten Interessen festzustellen.[501]

Gleichwohl besteht der Unterschied des Exzedentenvertrages zum Grundversicherungsvertrag darin, dass der auszugleichende Ver-

---

495 *Henning*, Exzedentenversicherung, S. 83; *Alexander/Böhmer*, VersR 2020, 545, 546.

496 BGH, Urt. v. 13.3.2018 – VI ZR 151/17, VersR 2018, 726 Rn. 22; *Schnepp*, in: Bruck/Möller, VVG, § 78 Rn. 18; die §§ 77 ff. VVG finden sodann nur für den sich überschneidenden Bereich Anwendung, *Armbrüster*, in: Prölss/Martin, VVG, § 77 Rn. 5, dies ist für die in der Layerdeckung bedeutsamen Auskunftsobliegenheit des Versicherungsnehmers aber nicht von Bedeutung.

497 *Armbrüster*, Privatversicherungsrecht, Rn. 1364; *Bruns*, Privatversicherungsrecht, § 20 Rn. 6 ff.; vgl. BGH, Urt. v. 20.1.1988 – IVa ZR 165/86, NJW-RR 1988, 727.

498 BGH, Urt. v. 20.1.1988 – IVa ZR 165/86, NJW-RR 1988, 727.

499 BGH, Urt. v. 8.11.2000 – IV ZR 298/99, NJW 2001, 1353, 1354; *Armbrüster*, Privatversicherungsrecht, Rn. 1365; *Wandt*, Versicherungsrecht, Rn. 700, 705.

500 *Wandt*, Versicherungsrecht, Rn. 700, 705 f.; *Brambach*, in: HK-VVG, § 74 Rn. 7.

501 *Henning*, Exzedentenversicherung, S. 81; *Knöfel*, ZIP 2018, 1814, 1815; *Schaloske*, PHi 2012, 166, 167; wohl anders *Thürmann*, in: FS Hamburger Seminar, 2016, S. 505, 506 (Layer bezieht sich summenmäßig gerade auf einen anderen Bereich).

mögensnachteil, den der Exzedentenlayer versichert, summenmäßig ein anderer ist als derjenige der Grunddeckung.[502]

Diesem Verständnis könnte entgegengehalten werden, dass der Wert des versicherten Interesses etwas anderes als das versicherte Interesse selbst ist. Betrachte man also die Summenabschnitte, so würde die Unterscheidung zwischen Versicherungswert und versichertem Interesse aufgehoben.[503]

Obige Argumentation knüpft gleichwohl lediglich an der summenmäßigen Anknüpfung im Exzedentenversicherungsvertrag an und übersieht dabei die Notwendigkeit der Ausschöpfung der vorangehenden Versicherungssumme, die als weiterer „Filter" für den Exzedentenversicherer wirkt und ein zusätzliches Merkmal des versicherten Interesse des Exzedentenvertrages ist. Der Exzedentenvertrag erfasst also gegenüber dem Grundversicherungsvertrag zudem das Vermögensinteresse des Versicherungsnehmers, das sich aus dem Risiko der Inanspruchnahme über und nach der Grundversicherung ergibt.[504] Dies ist nicht lediglich ein anderer Wert desselben Interesses des Grundversicherungsvertrages, sondern vielmehr ein eigenständiger Vermögensnachteil. Hierin zeigt sich auch der Unterschied zur Mitversicherung, bei der die gleichzeitige Leistungsverpflichtung der Risikoträger dazu führt, dass die versicherten Interessen identisch sind.[505]

Insofern liegt eine Teilidentität hinsichtlich des versicherten Interesses angesichts der Vereinbarung einer Following-form Klausel vor. Fehlt diese, sind die Verträge im Einzelfall hinsichtlich der jeweils versicherten Risiken auszulegen. Jedenfalls das Ausschöpfungselement des Attachment-points unterscheidet die versicherten Interessen der Grund- und Exzedentenversicherungsverträge jedoch.

---

502 *Thürmann*, in: FS Hamburger Seminar, 2016, S. 505, 508; *Alexander/Böhmer*, VersR 2020, 545.

503 Dies erwägt *Henning*, Exzedentenversicherung, S. 82 mit Verweis auf *Schnepp*, in: Bruck/Möller, VVG, § 77 Rn. 32.

504 *Alexander/Böhmer*, VersR 2020, 545 f.

505 *Schaloske*, Mitversicherung, S. 31.

Gelegentlich wird vorgeschlagen, die Tatbestände der mehrfachen Versicherung um die ungeschriebene Voraussetzung des „Nebeneinander" der Deckungen zu erweitern.[506]

Die Vorschriften über die mehrfache Versicherung fänden dann nur Anwendung, wenn mehrere Versicherungsdeckungen parallel nebeneinanderstehen, sodass dem Versicherungsnehmer im Versicherungsfall Leistungen aus mehreren Versicherungen zur Verfügung stünden.[507]

Ob dieses Tatbestandsmerkmal auch für die Exzedentendeckung bejaht werden kann, ist umstritten. Hiergegen spricht, dass bei einem ordnungsgemäß gestalteten Layerprogramm gerade keine Überschneidung der Haftungsstrecken vorliegen soll, sodass das Nebeneinander gerade auszuschließen wäre.[508]

Entscheidend hierfür spricht allerdings, dass der Versicherungsnehmer im Falle der Layerung durchaus auf mehrere Versicherer zur Deckung seines Risikos zurückgreifen kann, diese also insoweit „nebeneinander" zur Leistung verpflichtet sind, als dass ein Versicherungsfall für jeden beteiligten Versicherer die Leistungspflicht auslösen kann, wenn auch nicht gleichzeitig.[509] Das Tatbestandsmerkmal des Nebeneinander soll vorrangig Ausfallversicherungen erfassen, bei denen die Leistungspflicht des zweiten Versicherers davon abhängt, dass der erste Versicherer nicht leistet.[510] Anschlussversicherungen sind daher gerade nicht erfasst.

Daher liegt auch bei der Exzedentenversicherung ein „Nebeneinander" der Versicherer vor. Es kommt daher im Ergebnis nicht darauf an, ob dieses zusätzliche Tatbestandsmerkmal tatsächlich vonnöten ist.

---

506 *Schnepp*, in: Bruck/Möller, VVG, § 77 Rn. 53; *H. Möller*, in: Bruck/Möller, VVG, 8. Aufl. 1980, § 58 Anm. 21; *R. Koch*, VersR 2021, 879, 880; ähnlich *ders.*, in: FS Thümmel, 2020, S. 421, 429, wonach die §§ 77 ff VVG dem Normzweck nach nicht passen.

507 *Schnepp*, in: Bruck/Möller, VVG, § 77 Rn. 53.

508 *Henning*, Exzedentenversicherung, S. 84; *Thürmann*, in: FS Hamburger Seminar, 2016, S. 505, 508.

509 Ausdr. zur Exzedentenversicherung KG, Urt. v. 20.3.1929 – 24 U 14/29, JRPV 1929, 170; *Schnepp*, in: Bruck/Möller, VVG, § 77 Rn. 54; *H. Möller*, in: Bruck/Möller, VVG, 8. Aufl. 1980, § 58 Anm. 21.

510 S. mit einigen Beispielen *H. Möller*, in: Bruck/Möller, VVG, 8. Aufl. 1980, § 58 Anm. 21.

Demnach finden die §§ 77 ff. VVG im Grundsatz Anwendung.[511] Hieraus folgt, dass der Versicherungsnehmer alle beteiligten Versicherer nach Maßgabe von § 77 Abs. 1 VVG über das Bestehen einer anderen Versicherung zu informieren hat.[512] Dies umfasst zunächst die Summe der Versicherung und die Person des Versicherers,[513] wobei der Exzedent von vorhergehenden Versicherungen regelmäßig Kenntnis hat. Besondere Relevanz erlangt die Anzeigepflicht daher „bottom-up“, also bezüglich nachfolgender Versicherungen.

(2) Anwendung von §§ 78 f. VVG

Fraglich ist jedoch, ob es sich bei der Layerdeckung auch um einen Fall der Mehrfachversicherung i.S.v. §§ 78 f. VVG handelt. Ist dies der Fall, so ordnet das Gesetz eine gesamtschuldnerische Haftung der Versicherer an.

Voraussetzung hierfür ist, dass im Rahmen einer Mit- oder Nebenversicherung die Versicherungssummen den Versicherungswert (§ 88 VVG) übersteigen (§ 78 Abs. 1 Var. 1 VVG) oder die Summe der Entschädigung, die von jedem Versicherer ohne Berücksichtigung der anderen Versicherer zu zahlen wären, den Gesamtschaden übersteigt (§ 78 Abs. 1 S. 1 Var. 2 VVG).[514]

Für die Layerdeckung sind diese Voraussetzungen bereits fraglich, da § 78 VVG seinem Zweck nach Bereicherungsmöglichkeiten verhindern soll. Dafür besteht in der Exzedentendeckung aber in der Regel kein Bedürfnis, da der Versicherungsnehmer einer Layerversicherung regelmäßig aus der Deckung nicht mehr verlangen kann, als er durch den Eintritt des Versicherungsfalls einbüßen musste.[515]

---

511 So auch *Schaloske*, PHi 2012, 166, 167; *Knöfel*, ZIP 2018, 1814, 1815; a.A. *Henning*, Exzedentenversicherung, S. 85, der auch eine Analogie ablehnt *ebd.* S. 85 ff., 89; *R. Koch*, in: FS Thümmel, 2020, S. 421, 429; vgl. *Thürmann*, in: FS Hamburger Seminar, 2016, S. 505, 509 (analog).

512 KG, Urt. v. 20.3.1929 – 24 U 14/29, JRPV 1929, 170; *Schaloske*, PHi 2012, 166, 167.

513 *Halbach*, in: MünchKomm VVG, § 77 Rn. 28; *Armbrüster*, in: Prölss/Martin, VVG, § 77 Rn. 14.

514 *Armbrüster*, in: Prölss/Martin, VVG, § 78 Rn. 4 ff.

515 *Armbrust*, Subsidiaritätsabreden, S. 16 f.; *R. Koch*, in: FS Thümmel, 2020, S. 421, 429.

Gleichwohl kommt es auf die Rechtsfolge der Gesamtschuldnerschaft nicht an, wenn es sich bei dem Attachment-point, wie eingangs beschrieben, um eine Subsidiaritätsabrede handelt.

(3) Formen der Subsidiarität

Je nach Ausgestaltung des Nachrangs des Versicherers werden verschiedene Formen der Subsidiarität unterschieden.

Einfache („eingeschränkte") Subsidiaritätsklauseln beseitigen die Mehrfachversicherung.[516] Sie bestimmen, dass der Vertrag schon dann gegenüber einem anderen subsidiär ist, wenn im Zeitpunkt des Eintritts des Versicherungsfalls aus einem anderen Vertrag Entschädigung verlangt werden kann. Später eintretende Umstände, die die Leistungsfreiheit des vorrangigen Versicherers begründen, bleiben daher außer Acht und fallen in das Risiko des Versicherungsnehmers, der dann aus keiner der Versicherungen Leistung verlangen kann.[517]

Im Gegensatz dazu kommt es bei sog. qualifizierten (uneingeschränkten) Subsidiaritätsvereinbarungen nur darauf an, dass überhaupt ein anderer Versicherungsvertrag über dasselbe Risiko besteht. Dass die andere Versicherung auch tatsächlich Versicherungsschutz gewährt, ist nicht entscheidend.[518]

Letztlich treten auch sog. unechte (unselbstständige) Subsidiaritätsvereinbarungen auf. Bei diesen wird die Subsidiarität im Hinblick auf einen konkreten, bereits bestehenden anderen Versicherungsvertrag vereinbart.[519] In diesen Konstellationen wird die Subsidiarität insbesondere auch an Bedingungen geknüpft, so beispielsweise die Insolvenz des anderen Versicherers, dessen Versicherungssumme

---

516 BGH, Urt. 4.7.2018 – IV ZR 121/17, VersR 2018, 990 Rn. 12; *Armbrüster*, in: Prölss/Martin, VVG, § 78 Rn. 30.

517 *Armbrust*, Subsidiaritätsabreden, S. 13; *Halbach*, in: MünchKomm VVG, § 78 Rn. 17; *Armbrüster*, in: Prölss/Martin, VVG, § 78 Rn. 30.

518 BGH, Urt. v. 21.4.2004 – IV ZR 113/03, VersR 2004, 994, 995; *Halbach*, in: MünchKomm VVG, § 78 Rn. 17; *Armbrüster*, in: Prölss/Martin, VVG, § 78 Rn. 31.

519 *Armbrust*, Subsidiaritätsabreden, S. 12 ff.; *Henning*, Exzedentenversicherung, S. 66; *Schnepp*, in: Bruck/Möller, VVG, § 78 Rn. 171.

sodann nicht (mehr) zur Verfügung steht.[520] Für sie wird, abseits der Subsidiarität, zumeist inhaltsgleicher Deckungsschutz vereinbart.[521]

(4) Zuordnung der Abreden über den Attachment-point

Die Stimmen der Literatur, die sich bisher mit der Exzedentendeckung auseinandergesetzt haben, ordnen sie den (unechten) subsidiären Versicherungen zu.[522] Hiermit wird implizit den Vereinbarungen über den Attachment-Point die Qualität einer Subsidiaritätsklausel beigegeben.

Hierfür spreche, dass der Exzedent erst nach Ausschöpfung der darunterliegenden Deckungssumme zur Leistung verpflichtet ist. Diese nachgelagerte, an das Erreichen einer bestimmten Schadenssumme geknüpfte Einstandspflicht begründe ein Rangverhältnis zu vorstehenden Versicherungen und somit auch Subsidiarität.[523] Um eine unechte Subsidiaritätsvereinbarung handele es sich, weil erst die Bezugnahme des Exzedentenversicherungsvertrages auf einen anderen Vertrag, also die Verknüpfung mit anderen Versicherungsverträgen, dem Exzedentenvertrag sein inhaltliches Gepräge verleihe.[524]

Allerdings ist es für den Exzedentenvertrag durch das Tatbestandsmerkmal der „Ausschöpfung" bedeutsam, ob und in welcher Form der Grundversicherer geleistet hat oder zur Leistung verpflichtet ist.

Insofern knüpft der Attachment-point eine andere Rechtsfolge an die Leistungspflicht des anderen Versicherers als Subsidiaritätsabreden. Diese lassen die Leistungspflicht des sie vereinbarenden Versicherers entfallen, falls die andere Versicherung geleistet hat.

---

520 S. die Situation bei RG, Urt. v. 1.10.1930 – I 120/30, RGZ 130, 47 ff., insbes. S. 49; *Armbrust*, Subsidiaritätsabreden, S. 12 ff.; *Henning*, Exzedentenversicherung, S. 66; *Schnepp*, in: Bruck/Möller, VVG, § 78 Rn. 171.

521 Vgl. RG, Urt. v. 1.10.1930 – I 120/30, RGZ 130, 47, 49; *Armbrust*, Subsidiaritätsabreden, S. 13.

522 *Henning*, Exzedentenversicherung, S. 65; *Schnepp*, in: Bruck/Möller, VVG, § 78 Rn. 101; *Knöfel*, ZIP 2018, 1814, 1815; *Schaloske*, PHi 2012, 166, 167; tendenziell anders dagegen LG Köln, Urt. v. 24.10.2018 – 20 O 216/18, BeckRS 2018, 42053 Rn. 31.

523 *Henning*, Exzedentenversicherung, S. 64 f.

524 *Henning*, Exzedentenversicherung, S. 67.

Dagegen ist für Attachment-point Klauseln die Leistung des anderen Versicherers, also die Ausschöpfung seiner Versicherungssumme, gerade Voraussetzung der eigenen Leistungspflicht. Auf Rechtsfolgenseite normiert eine Attachment-point Klausel also das Gegenteil gegenüber einer Subsidiaritätsabrede. Dies spricht gegen eine Einordnung in die bekannten Formen der Subsidiaritätsvereinbarungen.

Dennoch wohnt auch dieser Anordnung eine Subsidiarität inne. Die Tatbestände der Subsidiaritätsabreden und der Abreden über den Attachment-point gleichen sich insoweit, als vorausgesetzt wird, dass eine andere Versicherung *nicht*, im Falle der Exzedentenversicherung *nicht mehr*, leistet.

In der Anordnung, dass die eigene Leistungspflicht erst nach der Ausschöpfung erfolgt, ordnet der Exzedentenvertrag sich in zweite Reihe und daher gegenüber der Primärdeckung in eine subsidiäre Rolle.[525] Diese Ähnlichkeit im Tatbestand, aber Unterscheidung auf Rechtsfolgenseite macht es schwierig, die Attachment-point Abreden in das bestehende System der Subsidiaritätsklauseln einzuordnen.

Dennoch ergeben sich entscheidende Parallelen der Attachment-point Klauseln zu unechten Subsidiaritätsklauseln. Denn vor Bedingungseintritt, also beispielsweise der Insolvenz des Versicherers, besteht kein Deckungsschutz durch die subsidiäre Versicherung, obwohl der Vertrag bereits zustande gekommen und wirksam ist.[526] Dies ist ebenso bei der Exzedentendeckung der Fall. Ohne die Erfüllung der Ausschöpfung des Grundversicherungsvertrages, kann der Versicherungsnehmer keine Leistung aus dem Exzedentenvertrag verlangen.

Dies zeigt die Ähnlichkeit der Subsidiarität, die aus einem Attachment-point erwächst, mit einer solchen aufgrund einer unechten Subsidiaritätsvereinbarung. Insofern kann für die Wirkungsweise, insbesondere für den Ausschluss der Mehrfachversicherung i.S.v.

525 *Armbrust*, Subsidiaritätsabreden, S. 18; *Henning*, Exzedentenversicherung, S. 67.
526 Zur unechten Subsidiaritätsabrede *Armbrust*, Subsidiaritätsabreden, S. 15.

§ 78 VVG auf die dortigen Erkenntnisse zurückgegriffen werden. Daher bedingt die Attachment-point Abrede die gesamtschuldnerische Haftung zwischen Grundversicherer und Exzedent ab, sodass es auf § 78 VVG nicht mehr ankommt.[527]

Im Ergebnis findet § 78 VVG keine Anwendung.[528]

dd) Ergebnis

Attachment-point Klauseln kommt eine vielfache Regelungsfunktion zu. Sie stellen einen Teil der Versicherungsfalldefinition dar, indem sie die Leistungspflicht des Exzedentenversicherers durch die Ausschöpfung der vorangegangenen Versicherungssumme bedingen. Es handelt sich hierbei auch nicht generell, sondern nur hinsichtlich der Versicherungssumme um den materiell kontrollfreien Bereich der Versicherungsfalldefinition, die Ausschöpfungstatbestände sind daher kontrollfähig.

Bei der vorgehenden Versicherung handelt es sich deshalb auch nicht um einen Selbstbehalt. Dennoch kommt ihr teilweise eine ähnliche Bedeutung zu.

Letztlich ordnen die Attachment-point Klauseln auch die Subsidiarität des Exzedentenversicherers an. Sie wirken wie unselbstständige Subsidiaritätsabreden. Insbesondere die gesamtschuldnerische Haftung aus § 78 Abs. 1 VVG ist zwischen den Versicherern einer Layerdeckung also abbedungen. Der Versicherungsnehmer ist nach Maßgabe von § 77 Abs. 1 S. 1 VVG verpflichtet, die Versicherer von der Struktur des Exzedententurmes zu informieren.

2. Following-form Vereinbarungen

Die zweite in Exzedentenverträge typischerweise zu findende Vereinbarung ist die sog. Following-form Abrede. Indem durch sie die

527 *Schnepp*, in: Bruck/Möller, VVG, § 78 Rn. 171.

528 I. Erg. ebenso *Henning*, Exzedentenversicherung, S. 89; *Schnepp*, in: Bruck/Möller, VVG, § 78 Rn. 171; *R. Koch*, in: FS Thümmel, 2020, S. 421, 429; *Thürmann*, in: FS Hamburger Seminar, 2016, S. 505, 508; *Knöfel*, ZIP 2018, 1814, 1815; *Schaloske*, PHi 2012, 166, 167.

Bedingungen der in Bezug genommenen Deckung auch für den bezugnehmenden Vertrag übernommen werden, soll der Deckungsschutz durch die Layer homogenisiert werden.[529]

In diesem Zusammenhang stellen sich nicht nur Fragen nach verschiedenen Formen der Following-form Vereinbarungen. Vielmehr ist auch – in der gebotenen Kürze – auf ihre grundsätzliche Zulässigkeit einzugehen und die Wirkung sowohl für den in Bezug nehmenden Vertrag als auch für den in Bezug genommenen Vertrag zu untersuchen.

a. Erscheinungsformen der Following-form Vereinbarung

Following-form Klauseln können nach ihrer Anknüpfungsart in sog. statische und dynamische Verweisungen unterschieden werden.[530]

Zunächst seien statische Inbezugnahmen angesprochen. Sie verweisen auf die Bedingungen der in Bezug genommenen Police zu einem bestimmten Zeitpunkt. Insofern werden die Bedingungen übernommen, die in diesem Zeitpunkt dem anderen Vertrag zugrunde liegen. Vorhergegangene oder nachfolgende Änderungen an den in Bezug genommenen Bedingungen finden daher keine Berücksichtigung.

Eine solche Klausel kann beispielsweise lauten.

> „Soweit im Folgenden nichts Gegenteiliges festgelegt ist, richtet sich dieser Organhaftpflicht-Excedentenvertrag nach den Vereinbarungen der Grundversicherung („following form") in der bei Abschluss dieses Organhaftpflicht-Excedentenvertrages wirksamen Fassung."[531]

---

529 *Henning*, Exzedentenversicherung, S. 60, 181; *O. Lange*, D&O-Versicherung und Managerhaftung, § 4 Rn. 34; *Riechert*, Die Berufshaftpflichtversicherung der Rechtsanwälte, Einl. Rn. 52; *Brand*, in: MünchKomm VVG, § 118 Rn. 18a; *Thürmann*, in: FS Hamburger Seminar, 2016, S. 505, 511; *R. Koch*, VersR 2021, 879; *Schaloske*, PHi 2012, 166, 168.

530 *Henning*, Exzedentenversicherung, S. 181; *Thürmann*, in: FS Hamburger Seminar, 2016, S. 505, 511.

531 *O. Lange*, D&O-Versicherung und Managerhaftung, § 4 Rn. 35.

Im Gegensatz hierzu können die Parteien mit der Following-form Klausel auch dynamisch an die in Bezug genommene Deckung anknüpfen. Dies hat zur Folge, dass künftige Änderungen des in Bezug genommenen Vertrages auch für die Bezug nehmende Versicherung gelten.

> „Versicherungsschutz unter diesem Excedentenvertrag besteht im Rahmen der Bedingungen des Grundvertrages („Follow Form") in seiner jeweils gültigen Fassung, soweit im Folgenden nichts Abweichendes festgelegt ist."

Letztere Vereinbarungen sind indes selten.[532] Sie geben die Hoheit über die Bestimmungen des Vertrags weitgehend in die Hände des Versicherungsnehmers, der durch Absprachen mit dem (Grund-) Versicherer der in Bezug genommenen Deckung über den Deckungsumfang des vorliegenden (Exzedenten-)Vertrags verfügen kann.[533]

Hingegen profitiert der Versicherungsnehmer von einer dynamischen Verweisungsklausel weit mehr als von einer statischen Verweisung, da durch sie das Risiko von Deckungsauseinandersetzungen reduziert wird. Dies geschieht auf zwei Wegen; zunächst kann der Versicherungsnehmer jedenfalls grundsätzlich annehmen, dass rechtliche und tatsächliche Einschätzungen auf Ebene der Grundversicherung auch Geltung in den nachfolgenden Layern beanspruchen können, weil die jeweiligen Bedingungen sich gleichen.[534] Zum anderen vermeidet eine dynamische Bezugnahme Streit um die Frage, welche Grundbedingungen für den Exzedentenvertrag Anwendung finden, sofern und soweit die in Bezug genommenen Bedingungen über die Laufzeit des Exzedentenvertrages Änderungen erfahren haben.[535]

---

532 *Henning*, Exzedentenversicherung, S. 181.

533 Daher werden dynamische Verweisungen auch häufig an Informationspflichten des Versicherungsnehmers geknüpft, *Thürmann*, in: FS Hamburger Seminar, 2016, S. 505, 511.

534 Vgl. *Mitterlechner/Wax/Witsch*, D&O-Versicherung, § 6 Rn. 31; § 12 Rn. 124 f; *Gräfe*, in: Gräfe/Brügge, Vermögensschadenhaftpflichtversicherung, D. Rn. 307.

535 Vgl. *Knöfel*, ZIP 2018, 1814, 1822; steht hingegen der Zeitpunkt des Eintritts des Versicherungsfalls in Streit, führt eine dynamische Verweisung zu demselben Streit in Grund- und Exzedentenvertrag *Thürmann*, in: FS Hamburger Seminar, 2016, S. 505, 511.

Zudem kann der Organisations- und Verhandlungsaufwand des beauftragten Versicherungsmaklers reduziert werden, da eine Deckungserweiterung, ebenso wie eine -einschränkung automatisch für den gesamten Turm gilt und nur mit dem Grundversicherer verhandelt werden muss.[536]

Um sich dieser Vorteile zu erhalten, zugleich allerdings sicherzustellen ein Mitspracherecht über den Deckungsumfang eingeräumt zu bekommen, kann als Kompromiss zwischen Exzedent und Versicherungsnehmer ein Zustimmungs- oder Genehmigungsvorbehalt oder eine Auskunftspflicht des Versicherungsnehmers vereinbart werden.[537]

> „Erweiterungen oder Änderungen des Versicherungsschutzes des Grundvertrages, die nach dem Beginn dieses Excedentenvertrages vereinbart werden, gelten für diesen Excedentenvertrag nur nach ausdrücklicher Zustimmung des Versicherers dieses Excedentenvertrages in Textform."
>
> „Nach Abschluss dieses Vertrages eintretende Änderungen der Grundversicherung sind für diesen Vertrag nur wirksam, wenn der Versicherungsnehmer die Bedingungen rechtzeitig zur Kenntnis des Excedentenversicherers bringt."

Allerdings können Veränderungen des Deckungsumfangs auf Ebene der Grundvesicherung zu einer Störung des Äquivalenzverhältnisses in den übernehmenden Layern führen.[538] Zur Wahrung des Äquivalenzverhältnisses müssen dynamische Following-form Vereinbarungen auch offen für eine relative Anpassung der Prämie in beide Richtungen, also analog zu einer Deckungseinschränkung oder -erweiterung, sein.

Eine faktische Erleichterung für dynamische Verweisungsklauseln liegt zudem darin, dass innerhalb eines Exzedentenprogramms die Versicherer häufig auf mehreren Layern tätig werden.[539] Insofern

---

536 *Henning*, Exzedentenversicherung, S. 192.

537 *Henning*, Exzedentenversicherung, S. 193; *Thürmann*, in: FS Hamburger Seminar, 2016, S. 505, 511; *Schaloske*, PHi 2012, 166, 169.

538 *Henning*, Exzedentenversicherung, S. 193.

539 *Thürmann*, in: FS Hamburger Seminar, 2016, S. 505, 510.

können die Beteiligten im Einzelfall geneigt sein, nicht auf einem Zustimmungsvorbehalt zu bestehen, wenn die Parteien des in Bezug genommenen Vertrags, insbesondere also der Versicherer, identisch sind. Da die Versicherer häufig auf den Layern als Mitversicherer auftreten und sich bei der Führungsrolle im Regelfall abwechseln, sind ihnen auch bereits aus diesem Grunde die Entwicklungen der Bedingungswerke der vorgehenden Layer in diesen Fällen bekannt.

Eine gewisse Einschränkung der Hoheit des Versicherungsnehmers mag schließlich der Grundsatz von Treu und Glauben (§§ 242, 138 BGB) gewähren. Insbesondere unter dem Aspekt der Kollusion, also dem treuwidrigen Zusammenwirken (ausschließlich) zu Lasten eines Dritten,[540] ergibt sich bereits aus allgemeinen Regeln das Verbot, durch Absprachen mit dem Versicherer des in Bezug genommenen Vertrages den Exzedentenversicherer einseitig zu schädigen. Dies wird angesichts der häufigen Organisation als Mitversicherer[541] aber nur in Ausnahmefällen relevant werden.

b. Zulässigkeit von Following-form Klausel

Als Ausfluss der Privatautonomie steht es Vertragsparteien grundsätzlich frei, ob sie Regelungen selbst vereinbaren oder ob sie bereits vorhandene, nicht aus der eigenen Feder stammende Regelungen für angemessen erachten und sie daher in den eigenen Vertrag inkorporieren wollen.[542] Following-form Vereinbarungen sind daher grundsätzlich zulässig und finden sich beispielsweise auch im Baurecht auf die VOB,[543] im Arbeitsrecht auf Tarifverträge[544] oder im Speditionsgeschäft auf die Allgemeinen Deutschen Spediteurbedingungen.[545]

540 S. *Walker/Brox*, BGB AT, § 26 Rn. 3; *Schubert*, in: MünchKomm BGB, § 164 Rn. 215.

541 S. 25.

542 *Treber*, in: Schaub, Arbeitsrechts-Handbuch, XX. Buch § 206 Rn. 5; vgl. *P. Schneider*, Arbeitsvertragliche Bezugnahmeklauseln, S. 58 (für das Arbeitsrecht).

543 S. BGH, Urt. v. 21.6.1990 – VII ZR 308/89, BGHZ 111, 388 = NJW 1990, 3197; *Lehmann-Richter*, in: BeckOGK, BGB, Stand: 1.12.2021, § 305 Rn. 237.

544 Dazu noch S. 135 ff.

545 S. BGH, Urt. v. 16.3.2006 – I ZR 65/03, NJW-RR 2006, 1350; *Bahnsen*, in: MünchKomm HGB, Vorbem. ADsP Rn. 38.

Dies kann auch für das Versicherungsrecht gelten.[546]

c. Rechtliche Wirkung

Fraglich erscheint, welche rechtstechnische Wirkung Bezugnahmeklauseln zukommt, insbesondere, inwieweit die Übernahme der Bedingungen in den Vertrag gelingt und ob sich aus der Bezugnahme auch Konsequenzen für das Bezugnahmeobjekt ergeben.

aa) Zustandekommen des Vertrages und Vertragsinhalt

Auch im Anwendungsbereich der Following-form Klausel vollzieht sich der Vertragsschluss nach §§ 145, 147 BGB, also durch Antrag und Annahme. Es besteht kein Anlass hier von den allgemeinen Regeln des BGB abzuweichen.

Dabei ist zu beachten, dass unabhängig von einer Following-form Vereinbarung der Vertrag die essentialia negotii regeln muss.[547] Dies ist im Rahmen der Layerdeckung selten problematisch.[548] Die Following-form Klausel regelt typischerweise erst das Weitere.

Dabei liegt in der Einigung über die Bezugnahmeklausel auch gleichzeitig die Einigung über den Inhalt des Bezugnahmeobjekts.[549] Hierfür spricht, dass den Parteien der Bezugnahmeklausel regelmäßig die Einzelheiten des Bezugnahmeobjekts bekannt sind. Ihr rechtsgeschäftlicher Wille geht also dahin, auch diese Regeln in

---

546 Vom BGH daher auch nicht thematisiert in BGH, Urt. v. 18.12.1958 – II ZR 351/56, BGHZ 29, 120 = NJW 1959, 720; BGH, Urt. v. 5.12.1966 – II ZR 232/64, VersR 1967, 156; vgl. RG, Urt. v. 24.11.1928 – I 68/28, RGZ 122, 316, 319.

547 *Thürmann*, in: FS Hamburger Seminar, 2016, S. 505, 511.

548 S. zu den essentialia negotii des Exzedentenvertrages schon S. 78.

549 Vgl. BGH, Urt. v. 18.12.1958 – II ZR 351/56, BGHZ 29, 120 = NJW 1959, 720 („[Die Vereinbarung] kann nur bedeuten, dass die Bedingungen des Chartervertrages auch solche des Konnossements werden, in diese also zusätzlich aufgenommen werden sollen"), BGH, Urt. v. 5.12.1966 – II ZR 232/64, VersR 1967, 156; für das Arbeitsrecht BAG, Urt. v. 3.7.2019 – 4 AZR 312/18, NZA 2019, 1592 Rn. 20 ff.; wohl auch *Schaloske*, in: FS Fürstenwerth, 2020, S. 315, 318; mglw. anders RG, Urt. v. 24.11.1928 – I 68/28, RGZ 122, 316, 319 („Die erwähnte Klausel des Konnossements lässt erkennen, dass diese Rechtsbeziehungen gleich denen der Parteien des Frachtvertrags gestaltet werden sollten, soweit sich nicht aus dem Konnossement etwas anderes ergibt. [...] Unter diesen Umständen bestehen keine Bedenken gegen die Auffassung, dass auch die in der streitigen Rechtsfrage berührten Rechtsbeziehungen zwischen [den Parteien] der Beurteilung nach englischem Recht zu unterwerfen seien."); *Schaefer*, Die individualrechtliche Bezugnahme, S. 73.

den Vertrag aufzunehmen, sie aber dort nicht ausdrücklich niederzulegen. Die Einigung über die Following-form Klausel enthält also zum einen den Willen, eine Bezugnahmeklausel in den Vertrag aufzunehmen und zum anderen den Willen, dem Inhalt der Bezugsobjekte durch Einzelabrede Geltung zu verschaffen.[550] Im Ergebnis wird somit der Text der Grundbedingung abgekürzt in den Layervertrag übernommen.[551]

Dies bedeutet auch, dass der Zustimmungsvorbehalt einer dynamischen Following-form Klausel lediglich deklaratorischer Natur ist. Denn der Einigung über die Bezugnahmeklausel kann nicht auch gleichzeitig die antizipierte Einigung über künftige Bestandteile des Bezugnahmeobjekts ausgelegt werden. Hieraus folgt auch, dass eine dynamische Vereinbarung ohne Zustimmungsvorbehalt grundsätzlich nicht bedeutet, dass die Regelungen ohne Weiteres Vertragsbestandteil werden. Vielmehr müssten die Parteien ausdrücklich eine antizipierte Einigung in die Following-form Abrede aufnehmen. Gleichwohl wird der tatsächliche Wille der Parteien, die eine dynamische Verweisung ohne Zustimmungsvorbehalt vereinbaren, in diese Richtung gehen.

Fraglich erscheint, ob eine Zweifelsregelung aufgestellt werden kann, die bei unklarer Formulierung der Following-form Abrede auf eine dynamische oder statische Verweisung hindeutet und im Kontext einer AGB-Kontrolle gem. § 305c Abs. 2 BGB Berücksichtigung finden könnte.

Im Arbeitsrecht existiert eine solche Zweifelsregelung. Dort finden sog. Bezugnahmeklauseln weite Verbreitung. Durch sie wird im Individualarbeitsvertrag auf einen Tarifvertrag Bezug genommen, sodass dieser Wirkungen für das Individualarbeitsverhältnis hat. Fraglich ist jedoch, ob beide Formen der Bezugnahme einander insoweit

[550] Vgl. für das Arbeitsrecht *Otto*, Bezugnahmeklauseln, S. 26, 30; *Preis*, in: ErfK ArbR, § 611a BGB Rn. 230 (das Bezugnahmeobjekt wird schuldrechtlicher Inhalt des Vertrages); vgl. *Giesen*, NZA 2006, 625; zur Exzedentendeckung *Schaloske*, in: FS Fürstenwerth, 2020, S. 315, 318; *Knöfel*, VersR 2018, 513, 515.

[551] *Knöfel*, VersR 2018, 513, 516; wohl auch *Armbrüster*, NJW 2016, 897, 899 („identisches Wording“).

ähneln, als dass die Erkenntnisse des Arbeitsrechts auch für das Versicherungsrecht Geltung beanspruchen können.

Zunächst zeigt sich in arbeitsrechtlichen Bezugnahmevereinbarungen ein bedeutsamer Unterschied zu den in der Layerdeckung vorkommenden Following-form Klauseln. Denn der Tarifvertrag hat normative Wirkung (§ 4 Abs. 1 TVG), die dem Grundversicherungsvertrag nicht zukommt. Er wirkt nach allgemeinen Regeln inter partes. Aber es zeigen sich auch Gemeinsamkeiten. Auch am Tarifvertrag ist zuweilen nur eine der Parteien des Individualvertrages beteiligt. Zudem kommt nach mittlerweile allgemeiner Ansicht der Bezugnahmeklausel schuldrechtliche Wirkung zu, somit wird die normative Wirkung des Tarifvertrages nicht in den Arbeitsvertrag übernommen.[552]

Dies ist auch in Following-form Fällen so. Zumindest der Versicherungsnehmer ist auch an den in Bezug genommenen Abreden beteiligt. Unproblematisch kommt einer derartigen Abrede auch schuldrechtliche Wirkung zu. In gewissem Maße nehmen auch beide Formen der Bezugnahmeklauseln auf ein anderes Schuldverhältnis Bezug, wenngleich hier der Unterschied in der normativen Wirkung des Tarifvertrages und der schuldrechtlichen Wirkung der Grunddeckung zu achten ist.

Besieht man allerdings die Wirkung des Grundvertrages für den Versicherungsnehmer und den Versicherer, so handelt es sich auch hier um eine (privatvertragliche) Rechtssetzung zwingender Natur. In der Wirkung auf die Berechtigten und Verpflichteten erscheinen die Bezugnahmeobjekte, trotz der normativen Wirkung des Tarifvertrages, nicht allzu unterschiedlich.[553]

---

552 BAG, Urt. v. 22.9.1993 – 10 AZR 207/92, BAGE 74, 238 = NZA 1994, 667, 668; *Otto*, Bezugnahmeklauseln, S. 30; *Willemsen*, Arbeitsvertragliche Bezugnahme, S. 67; *Preis*, in: ErfK ArbR, § 611a BGB Rn. 230.

553 Insofern war vor Einführung von §§ 1 Abs. 1, 3 Abs. 2, 4 Abs. 1 TVG die zwingende Natur des Tarifvertrages auch Ausgangspunkt einiger dogmatischer Erklärungsversuche, s. *Giesen*, in: BeckOK ArbR, Stand: 1.9.2021, § 4 TVG Rn. 1.

Dies legt nahe, die Erkenntnisse über die Auslegung von Bezugnahmeklauseln im Arbeitsrecht auch vorsichtig für die Layerversicherung zu übernehmen.[554]

Dabei ist jedoch stets zu beachten, dass sich die Hintergründe für die Nutzung einer Bezugnahmeklausel nicht völlig decken. Bezugnahmeklauseln dienen sowohl im Arbeitsrecht als auch in der Layerdeckung zunächst der Vereinfachung der Vertragsdurchführung.[555] Allerdings werden sie im Arbeitsrecht vornehmlich für den Gleichlauf von Arbeitsbedingungen für Gewerkschaftsmitgliedern und anderen Arbeitnehmern verwendet. Da der Arbeitgeber bei der Einstellung nicht nach einer Gewerkschaftszugehörigkeit fragen darf,[556] weiß er für gewöhnlich nicht, ob tarifvertragliche Regelungen bereits gelten (vgl. §§ 4 Abs. 1, 3 Abs. 1 TVG). Arbeitgeber bringen daher häufig im Wege einer individualarbeitsvertraglichen Abrede den Tarifvertrag zur Geltung, indem sie auf ihn verweisen.[557] In seiner neueren Rechtsprechung kommt das BAG auf dieser Grundlage zu dem Ergebnis, dass es sich bei Bezugnahmeklauseln im Zweifel um dynamische Verweisungen auf Tarifverträge handelt.[558]

Dieser Aspekt der Gleichstellung fehlt bei Verweisungen in Layerdeckungen, sodass die wesentliche Grundlage der arbeitsrechtlichen Zweifelsregelung wegfällt. Zudem spricht auch die typische Interessenlage des Versicherers, dessen Erklärung nicht ohne weiteres dahingehend ausgelegt werden kann, dass er dem Versicherungsnehmer die Möglichkeit einer Änderung des Vertragsinhalts ohne seine Beteiligung überlässt, für eine – im Zweifel – statische Verweisung.[559] Diese Auslegung ist auch nicht schlechthin mit den

---

554 Wohl auch *Henning*, Exzedentenversicherung, S. 193.

555 *Willemsen*, Arbeitsvertragliche Bezugnahme, S. 65; *Preis*, in: ErfK ArbR, § 611a BGB Rn. 230 (zum Arbeitsrecht); *Henning*, Exzedentenversicherung, S. 37; *O. Lange*, D&O-Versicherung und Managerhaftung, § 4 Rn. 34 (zur Exzedentendeckung).

556 Vor der Einstellung verstößt die Frage nach der Gewerkschaftszugehörigkeit gegen die negative Koalitionsfreiheit aus Art. 9 Abs. 3 GG, BAG, Beschl. v. 28.3.2000 – 1 ABR 16/99, NZA 2000, 1294, 1295 f.; *P. Schneider*, Arbeitsvertragliche Bezugnahmeklauseln, S. 55.

557 *P. Schneider*, Arbeitsvertragliche Bezugnahmeklauseln, S. 55 auch zu weiteren, insbesondere betriebspolitischen Gründen; *Henssler*, in: FS Wissmann, 2005, S. 133, 135 f.

558 BAG, Urt. v. 14.12.2005 – 4 AZR 536/04, NZA 2006, 607 Rn. 19; krit. *Giesen*, NZA 2006, 625, 626 f.

559 *Schaloske*, in: FS Fürstenwerth, 2020, S. 315, 319; *ders.*, PHi 2012, 166, 169; *Eley*, VersR 2021, 1461, 1462; ähnlich *Drave*, VersPrax 6/2017, 35, 36 (Bindung des Layerversicherers an geänderte Grundvertragsbedingungen nur bei Kenntnis und Zustimmung des Exzedenten.).

Interessen des Versicherungsnehmers inkompatibel. Zwar läuft er Gefahr, dass Deckungslücken dadurch entstehen, dass neue Tatbestände der Grunddeckung sich nicht auch gegenüber Exzedentenversicherern durchsetzen lassen.[560] Dies ist gleichwohl hinnehmbar, da eine solche Situation für den Versicherungsnehmer erkennbar ist, weil er an der Vertragsverhandlung im Grundversicherungsvertrag beteiligt ist, die Änderung also ebenso verantwortet. Im Übrigen wird der Versicherungsnehmer auch von einer statischen Verweisung nicht unangemessen benachteiligt. Denn auch Kürzungen in der Grunddeckung, beispielsweise im Rahmen eines Renewal, werden nicht ipso iure auch in die Layerdeckung übernommen.

bb) Auslegung der inkorporierten Abreden

Klärungsbedürftig ist gleichwohl die Wirkung von Following-form Klauseln im Hinblick auf die Auslegung des Bezugnahmeobjekts. Denn vertragliche Abreden werden im Grundsatz nach dem objektiven Empfängerhorizont ausgelegt. Dies eröffnet die Frage, ob durch die Inbezugnahme der Grunddeckung auch die dortige Auslegung nach dem dortigen Empfängerhorizont übernommen wird,[561] oder ob die Verträge nach dem Verständnis des objektiven Dritten eines Exzedentenvertrages auszulegen sind.

Auch hier kann auf die Diskussion im Arbeitsrecht zurückgegriffen werden. Technisch stellen Bezugnahmeklauseln eine verkürzte Absprache über den Vertragsinhalt dar.[562] Bei ihrer Behandlung kann es keinen Unterschied machen, ob die Vertragsparteien sie über eine Verweisung zum Gegenstand des Vertrages machen, oder ob sie die Bezugsobjekte abschreiben und so in den Vertrag aufnehmen.[563]

---

560 *Schaloske*, in: FS Fürstenwerth, 2020, S. 315, 319.

561 So *Schaloske*, PHi 2012, 166, 168 (jedenfalls für AGB).

562 BAG, Urt. v. 3.7.2019 – 4 AZR 312/18, NZA 2019, 1592 Rn. 25; *Otto*, Bezugnahmeklauseln, S. 30; *Willemsen*, Arbeitsvertragliche Bezugnahme, S. 65; *Preis*, in: ErfK ArbR, § 611a BGB Rn. 230; *Giesen*, NZA 2006, 625 (zum Arbeitsrecht); *Schaloske*, in: FS Fürstenwerth, 2020, S. 315, 318; *Knöfel*, VersR 2018, 513, 515 (zur Exzedentendeckung).

563 *Schaefer*, Die individualrechtliche Bezugnahme, S. 73; *Willemsen*, Arbeitsvertragliche Bezugnahme, S. 65.

Dies lässt auch den Blickwinkel der Auslegung deutlich werden. Als Vertragsbestandteile werden die Bedingungen des Bezugsobjektes so ausgelegt, wie der objektivierte Empfängerhorizont des jeweiligen Vertrages sie verstehen darf. Die allein textliche Übernahme des Wordings der Grunddeckung kann daher nicht zu einer Übernahme auch der dortigen Auslegungsergebnisse führen.[564]

Dies führt insbesondere für den Versicherungsnehmer jedoch zu einem entscheidenden Problem. Es kann durch diese im Einzelfall möglicherweise unterschiedlichen Maßstäbe zu Abweichungen im Deckungsinhalt kommen, die der Versicherungsnehmer durch die Following-form Abrede gerade zu verhindern sucht.

Auf der anderen Seite lassen sich aber auch nur so unbillige Deckungsüberschneidungen verhindern, auf die *Thürmann* und *Koch* zu Recht hinweisen.[565] Denn der Exzedentenvertrag nimmt – vorbehaltlich einer anderen, vorrangigen Regelung im Layervertrag – vollständig auf die Grunddeckung Bezug und inkorporiert sohin beispielsweise auch Vollmachten, die typischerweise im Rahmen der Beurteilung des Versicherungsfalls relevant werden.[566] Sind diese nicht an den Eintritt des Versicherungsfalls gebunden, oder geht man entgegen hier vertretener Ansicht von einem einheitlichen Versicherungsfall für alle Layer aus, so stehen diese Vollmachten dem Grund- und den Exzedentenversicherern gleichzeitig zu. Diese Überschneidung wird aber verhindert, wenn die inkorporierte Abrede im Exzedentenvertrag interessengerecht dahingehend (gegebenenfalls ergänzend) ausgelegt wird, dass auch diese vom Attachment-point abhängen.[567]

In dieser Form ist auch mit in Bezug genommenen Abreden umzugehen, die den sonstigen Abreden des Exzedentenvertrages wider-

564 *Knöfel*, VersR 2018, 513, 516; wohl auch *Thürmann*, in: FS Hamburger Seminar, 2016, S. 505, 522; in diese Richtung auch *Fortmann*, r+s 2020, 274; tendenziell a.A. aber ohne nähere Begründung *Schaloske*, PHi 2012, 166, 168; unklar *R. Koch*, in: FS Thümmel, 2020, S. 421, 423, der eine Vertragssituation beschreibt, in der eine Auslegungsfolgepflicht des Exzedentenversicherers gesondert vertraglich vereinbart wird.

565 *Thürmann*, in: FS Hamburger Seminar, 2016, S. 505, 522; *R. Koch*, VersR 2021, 879.

566 *Thürmann*, in: FS Hamburger Seminar, 2016, S. 505, 522; *R. Koch*, VersR 2021, 879 bringen das Beispiel der Erklärungs- und Prozessführungsvollmachten in der Haftpflichtversicherung.

567 So auch *Thürmann*, in: FS Hamburger Seminar, 2016, S. 505, 522.

sprechen. Streng genommen dürfte es sich hierbei um einander widersprechende Abreden im selben Vertrag handeln, die einen Dissens zur Folge hätten. Gleichwohl erscheint dieses Auslegungsergebnis wenig interessengerecht. Angemessener ist es, im Rahmen der Auslegung der inkorporierten Bedingungen den gesamten Vertragsinhalt des Exzedentenvertrages einzubeziehen und im Einzelfall zu entscheiden.[568] Dies wird typischerweise zu einem Vorrang der Absprachen aus dem Layervertrag führen, ist aber andererseits auch nicht zwingend.

Hingegen wird eine Analogie zu § 305b BGB daran scheitern, dass inkorporierte Vereinbarungen nicht mit Allgemeinen Geschäftsbedingungen vergleichbar sind, da es an der einseitigen Inanspruchnahme der Vertragsgestaltung fehlt und eine vergleichbare Interessenlage daher nicht vorliegt.[569]

cc) Umgang mit unwirksamen Regelungen im Grundversicherungsvertrag

Zudem bleibt die Frage zu beantworten, wie mit unwirksamen Bezugnahmeobjekten, also einzelnen Abreden des Grundversicherungsvertrages oder des Vertrages als Ganzes umzugehen ist.[570]

Ist eine Abrede im in Bezug genommenen Vertrag unwirksam, so sind zwei Ebenen zu unterscheiden. Zum einen ist nach dem Schicksal der in Bezug genommenen Abrede im Exzedentenvertrag zu fragen. Zum anderen ist fraglich, ob dieser Umstand an der Bezugnahmeabrede und ihrer Auslegung etwas ändert.

Zur Beantwortung der ersten Frage, lässt sich an die vorherigen Ergebnisse anknüpfen. Die textliche Übernahme einer Abrede in einen Vertrag durch eine Following-form Vereinbarung führt dazu,

---

568 Vgl. *Fortmann*, r+s 2020, 274 f. (zu Widersprüchen, die sich aus zeitlich vorgelagert abgeschlossenen Exzedentenverträgen ergeben); ähnlich auch *Schaloske*, in: FS Fürstenwerth, 2020, S. 315, 318 (zu Anzeigeobliegenheiten); s. allgemein zur Auslegung im Hinblick auf die Vermeidung von Widersprüchen *Busche*, in: MünchKomm BGB, § 157 Rn. 6.

569 I. Erg. so auch für das Arbeitsrecht *Willemsen*, Arbeitsvertragliche Bezugnahme, S. 65.

570 Zur umgekehrten Situation, wenn sich erst durch die Bezugnahme eine unwirksame Regelung ergeben würde, s. *Schaloske*, in: FS Fürstenwerth, 2020, S. 315, 319 (Übernahme einer Claims-made Deckung, obwohl nach deutschem Recht Verstoßdeckung vorgeschrieben ist).

dass das Bezugnahmeobjekt Gegenstand des Vertrages wird, als ob sie dort niedergeschrieben wäre. Dies bedeutet auch, dass ihre Unwirksamkeit in einem anderen Vertrag, selbst wenn es der in Bezug genommene Vertrag ist, zunächst keine Auswirkungen auf die Abrede im Bezugnahmevertrag hat. Denn ebenso wie die Klausel dort gesondert anhand der §§ 133, 157 BGB auszulegen ist, gilt es auch dort gesondert ihre Unwirksamkeit zu untersuchen. Da sich die Unwirksamkeit einer Abrede insbesondere auch aus den Umständen ergeben kann, folgt aus ihrer Unwirksamkeit auf Ebene der Grunddeckung nicht automatisch auch ihre Unwirksamkeit in Exzedentenverträgen, auch wenn dies schon aufgrund der häufig kongruenten Interessen- und Ausgangslage oft der Fall sein wird.[571]

Einen anderen Anknüpfungspunkt bietet die Auslegung der Bezugnahmeabrede selbst. Hier käme in Betracht sie dahingehend auszulegen, dass die Parteien nur wirksame Bedingungen der Grunddeckung übernehmen.

Hierfür spricht zunächst, dass den Parteien grundsätzlich daran gelegen ist, einen wirksamen Vertrag zu vereinbaren. Durch die Inbezugnahme einer unwirksamen Abrede, sodass diese Teil des Vertrages wird, entsteht Teilnichtigkeit, die im Zweifel nach § 139 BGB zur Gesamtnichtigkeit des Vertrags führen würde.

Hiergegen spricht aber, dass die Parteien das Bezugnahmeobjekt grundsätzlich im Ganzen erfassen. Zudem ist nach dem Vorgesagten nicht klar, dass eine im Grundvertrag unwirksame Abrede dieses Schicksal auch im Exzedentenvertrag teilt.

Insofern erscheint es angemessen zu differenzieren. Abreden, deren Unwirksamkeit auf einer Wertung im Einzelfall beruhen und bei denen daher nicht von vorneherein klar ist, dass sie auch im Exzedentenvertrag unwirksam sind, werden von der Following-form Vereinbarung erfasst. Dagegen sind Vereinbarungen, die abweichend einer Einzelfallwertung unwirksam sind, beispielhaft wegen Verstoßes gegen ein gesetzliches Verbot, nicht von einer Bezugnahmeklausel erfasst. Hierfür spricht auch der Grundsatz, dass die Partei-

---

571 Vgl. zur AGB-rechtlichen Wirksamkeit *Henning*, Exzedentenversicherung, S. 192 f.

en sich im Zweifel gesetzestreu verhalten wollen.[572] Denn der Auslegung wohnen ebenso sozialethische Elemente inne, sie zielt also auch darauf, einen sozialethisch positiv bewertbaren Regelungsinhalt zu erschließen.[573] Hierzu gehört auch die Achtung der Rechtsordnung. Insofern sind die Rechtsordnung schädigende Regelungen, die nach § 134 BGB nichtig sind, in der Regel nicht von einer Following-form Abrede erfasst.[574]

dd) Umgang mit im Grundversicherungsvertrag weggefallenen Regelungen

Aus den bisherigen Erkenntnissen lässt sich im Übrigen die Frage nach dem Umgang mit beendeten Bezugnahmeobjekten beantworten. Denn durch die Inkorporation in den eigenen Vertrag erlangen die Abreden eine eigene Qualität und verlieren ihren Bezug zu dem Bezugnahmeobjekt. Selbst wenn der Grundvertrag also beendet oder eine vorher enthaltene Regelung nicht erneut vereinbart wird, verliert eine statische Bezugnahmeklausel nicht automatisch ihre Wirkung.[575] Stattdessen sind die in Bezug genommenen Regelungen weiterhin Vertragsbestandteil.[576] In diesem Zusammenhang kann es im Einzelfall zu Beweisproblemen gerade für den Exzedenten kommen, der von der Beendigung des Grundversicherungsvertrages nicht notwendigerweise Kenntnis haben muss. Es empfiehlt sich daher, die textliche Fassung des Bezugnahmeobjekts gesichert vorzuhalten.

Der Wirkungserhalt im Exzedentenvertrag ist bei dynamischen Bezugnahmeklauseln fraglicher. Denn sie nehmen auf die Grunddeckung in ihrer jeweiligen Ausgestaltung Bezug. Wird diese aber beendet, so greift die Bezugnahme ins Leere. Dies könnte für ein Erlöschen der Abreden auch im Exzedentenvertrag sprechen. Dem steht jedoch entgegen, dass Deckungslücken im Exzedentenvertrag

---

572 BGH, Urt. v. 3.12.2003 – VIII ZR 86/03, NJW 2004, 1240; *Armbrüster*, in: Erman, BGB, § 157 Rn. 7.

573 *Busche*, in: MünchKomm BGB, § 157 Rn. 10, 12; *Neuner*, in: FS Canaris, 2007, S. 901, 908.

574 Ähnlich für das Arbeitsrecht *Willemsen*, Arbeitsvertragliche Bezugnahme, S. 82; *Preis*, in: ErfK ArbR, § 611a BGB Rn. 230.

575 A.A. aber ohne Begründung *Drave*, VersPrax 6/2017, 35, 36.

576 Vgl. *Preis*, in: ErfK ArbR, § 611a BGB Rn. 230 (nicht versicherungsrechtlich).

entstehen können, wenn Regelungen aus der Grunddeckung wegfallen. Der Parteiwille könnte daher dahingehend gehen, dass sich die dynamische Bezugnahme zu einer statischen wandelt, um wenigstens den Rechtszustand zu erhalten, der zwischenzeitlich bestand. Hierfür spricht zudem, dass dynamische Bezugnahmeklauseln gerade auch deshalb vereinbart werden, um jegliche Änderungen des Grundversicherungsvertrags zu erfassen.

Differenzierend könnte Folgendes gelten: Fällt der Grundversicherungsvertrag vollständig weg, sodass die gesamte dynamische Bezugnahme bedeuten würde, dass schlichtweg gar keine Regelung zum Versicherungsschutz besteht, entsteht im Vertrag nachträglich eine Lücke, die im Wege der ergänzenden Vertragsauslegung nach §§ 133, 157, 242 BGB geschlossen werden kann.[577] Der schlichte Wegfall der Regelung wird regelmäßig nicht dem Willen der Parteien der Bezugnahmevereinbarung entsprechen, die zwar bewusst die Hoheit über die eigenen Vertragsbestimmungen aus der Hand gegeben haben, gleichwohl aber gerade eine Regelung über die betroffenen Sachverhalte vereinbart wissen wollten. Gegen die Aufrechterhaltung der inkorporierten Abrede durch die Umwandlung der dynamischen Verweisung in eine statische spricht andererseits die Vereinbarung der Following-form Vereinbarung als solche. Die Parteien haben nämlich gerade nicht die Formulierungen des Grundversicherungsvertrages textlich übernommen, sondern im Wege einer dynamischen Bezugnahmevereinbarung inkorporiert. Den hierin zum Ausdruck kommenden Willen würde man also ebenso missachten, würde man die dynamische Klausel in eine Statische, die auf den letzten noch möglichen Moment rekurriert, umdeuten.

Fällt hingegen lediglich eine Regelung im Bezugnahmeobjekt weg, ohne dass der Grundvertrag insgesamt beendet wird, ist es gerade Sinn der dynamischen Verweisung, auch eine solche Änderung in

577 So auch für eine kleine Bezugnahmeklausel im Arbeitsvertrag BAG, Urt. v. 29.6.2011 – 5 AZR 651/09, NZA-RR 2012, 192 Rn. 19 ff.; Urt. v. 12.12.2018 – 4 AZR 123/18, NZA 2019, 543 Rn. 27, *Preis*, in: ErfK ArbR, § 611a BGB Rn. 230.

die Layer zu übernehmen. Hier bleibt es also bei der dynamischen Verweisung auf das Gesamtkonzept der Grundversicherung.[578]

d. Rechtswirkungen für das Bezugnahmeobjekt

Letztlich bleibt klarzustellen, dass die Vereinbarung einer Following-form Abrede keine Pflichten für den Versicherer des in Bezug genommenen Vertrages bereithält.

Dies ergibt sich zunächst aus dem grundsätzlichen Verbot des Vertrages zu Lasten Dritter, den die Following-form Abrede andernfalls darstellen würde (vgl. § 311 Abs. 1 BGB). Hinzu tritt, dass eine solche Wirkung der Abrede selbst auch regelmäßig nicht entnommen werden kann. Denn wie aufgezeigt transformiert sie den Text des Bezugnahmeobjekts. Die bloße textliche Übernahme in einen anderen Vertrag führt aber nicht zu weiteren Verhaltenspflichten, insbesondere nicht für die Parteien des Bezugnahmeobjekts.

Diese entstehen auch nicht aus einem anderen Rechtsgrund.[579] Insbesondere vertrauen die Parteien der Following-form Klausel nicht auf die Wirksamkeit oder gar Angemessenheit der in Bezug genommenen Abreden. Hinzu tritt auch kein Berücksichtigungsgebot der Interessen der Parteien für die Beteiligten des Bezugnahmeobjekts.

Demgegenüber begründet die Vereinbarung eine Following-form Abrede für den Versicherungsnehmer durchaus weitere Pflichten. Da dieser weiß, dass seine Vertragsverlängerungsverhandlungen mit dem Grundversicherer im Falle der Vereinbarung einer dynamischen Bezugnahmeklausel direkte Auswirkungen auch auf den Vertragsinhalt mit dem Exzedenten haben, bedeutet dies weitere zu berücksichtigende Interessen. Diese Pflicht zur Rücksichtnahme i.S.v. § 241 Abs. 2 BGB ergibt sich freilich aus dem Exzedentenvertrag als solchem und nicht speziell aus der Bezugnahme auf den Grundversicherungsvertrag.

---

578 Wohl auch *Henning*, Exzedentenversicherung, S. 193; *Thürmann*, in: FS Hamburger Seminar, 2016, S. 505, 511.

579 Zu § 311 Abs. 3 in der Fallgruppe der Inanspruchnahme besonderen persönlichen Vertrauens s. S. 250 ff.

e. Zwischenergebnis

Following-form Vereinbarungen transformieren die Vereinbarungen der in Bezug genommenen Deckung textlich in den Exzedentenvertrag. Eine Bezugnahmevereinbarung enthält daher auch die Einigung über die in Bezug genommenen Abreden. Hieraus folgt, dass die Auslegung nach den allgemeinen Regeln sich nach dem objektiven Empfängerhorizont auf Layerebene richtet. Der Auslegungsblickwinkel der Grundversicherung wird nicht übernommen. Zur Bestimmung des Bezugnahmeobjekts kommt es auf die Auslegung der Following-form Vereinbarung an. Es können dynamische und statische Bezugnahmeabreden unterschieden werden. Diese Differenzierung ist für den Umgang mit unwirksamen oder weggefellanenen Abreden im in Bezug genommenen Vertrag bedeutsam.

III. Sonstige Vereinbarungen

Abseits der zwei genannten, für die Layerversicherung besonders bedeutsamen Programmklauseln können die Parteien noch weitere Abreden über die Gestaltung der Exzedentenbeziehung in den Vertrag aufnehmen. Diese sind im Folgenden anzusprechen. Allerdings handelt es sich nicht um solche Vereinbarungen, die für die Layerversicherung essenziell sind, wie der Attachment-point,[580] oder besonders häufig auftreten, wie die Following-form.[581] Auf sie wird daher kein Schwerpunkt gesetzt.

1. Bedingungsdifferenzdeckung (difference in condition)

Im Einzelfall kann eine Situation auftreten, in der der Layerversicherer imstande ist, mehr Risiken zu decken als der Grundversicherer. Dies führt zu einem erhöhten Deckungsumfang in der Layerdeckung als in der Grundversicherung. Tritt ein Schaden aufgrund eines solchen Ereignisses ein, dass zwar unter der Layerpolice, nicht

---

580 *Schaloske*, in: FS Fürstenwerth, 2020, S. 315, 323.

581 Ausführlicher *Henning*, Exzedentenversicherung, S. 38 ff.

aber unter dem Grundversicherungsvertrag gedeckt ist, stellt sich für den Versicherungsnehmer die Frage, ob er den Layerversicherer unmittelbar in Anspruch nehmen kann.

Hiergegen spricht der Grundsatz, dass die Layer nach ihrer Deckungsstrecke zu erschöpfen sind, der Versicherungsnehmer also im Grundsatz dann Leistungen von den Exzedenten verlangen kann, wenn er zunächst die vorgehenden Versicherer in Anspruch genommen hat.[582] Dann verliert der Versicherungsnehmer aber den Vorteil, den der größere Deckungsumfang des Exzedenten gewährt, für welchen er unter Umständen auch eine erhöhte Prämie zahlt.

Daher halten manche Versicherungsverträge eine gesonderte Abrede bereit, auf Grund derer der Exzedent für den Bereich des überhängenden Deckungsschutzes (auch) die Rolle des Grundversicherers übernimmt (sog. difference in conditions, auch: Konditionen- oder Bedingungsdifferenzdeckung).[583]

Ein Beispiel für eine solche Vereinbarung kann sein:

> „Ist der inhaltliche Deckungsumfang dieses Vertrages weitergehend als die vorangehende Grundversicherung, besteht Versicherungsschutz im Rahmen der Bestimmungen dieses Vertrages im Anschluss an den für die Grundversicherung vereinbarten Selbstbehalt."[584]

Diese Vereinbarung weist erhebliche Überschneidungen mit der Summenausschöpfungsdeckung auf.[585] Denn die Erweiterung des inhaltlichen Deckungsumfangs ergibt nur Sinn, wenn hierfür auch die Versicherungssumme bereitsteht. Insofern setzt die Vereinbarung einer Bedingungsdifferenzdeckung zwingend auch eine Summendifferenzdeckung jedenfalls für die überhängenden Risiken voraus. Ist letztere nicht ausdrücklich vereinbart, ergibt sie sich jedenfalls – gegebenenfalls ergänzend – aus der Auslegung der Bedingungsdifferenzabrede.

---

582 S. dazu S. 85.

583 *Henning*, Exzedentenversicherung, S. 63; *O. Lange*, D&O-Versicherung und Managerhaftung, § 4 Rn. 41.

584 Aus *O. Lange*, D&O-Versicherung und Managerhaftung, § 4 Rn. 44.

585 *Ganzer*, Internationale Versicherungsprogramme, S. 30.

2. Anzeige- und Mitteilungspflichten bzw. -obliegenheiten

Wie bereits angesprochen[586], wird in der Layerversicherung gerade unter dem Gesichtspunkt der §§ 77 Abs. 1, 31 f. VVG über die Frage diskutiert, ob der Versicherungsnehmer das Bestehen von Anschlussversicherungen gegenüber den beteiligten Versicherern anzeigen muss.[587] Für eine solche Pflicht sprechen insbesondere zwei Gründe. Zum einen hat der Exzedentenversicherer regelmäßig Kenntnis von der Grundversicherung, da er mit der Attachment-point Vereinbarung auf eine (konkrete) unterliegende Police Bezug nimmt und die dortigen Bedingungen following-form zum Gegenstand auch seines Vertrages macht. Im Regelfall geht hiermit eine hinreichende Information über das Bestehen und den Umfang der Grundversicherung einher. Demgegenüber hat der Grundversicherer nicht notwendigerweise Kenntnis über die Anschlussversicherungen,[588] auch obwohl sein Verhalten Auswirkungen auf die Eintrittspflicht der Exzedenten haben und es sich aus Sicht des Versicherungsnehmers wirtschaftlich um ein einheitliches Gesamtgebilde handeln kann. Dies wird gemeinhin als unbillig empfunden.[589] Inhaltlich tritt hinzu, dass die Regulierung eines Schadensfalls idealerweise unter Einbeziehung sämtlicher potenziell Betroffener der Layerstruktur erfolgt. Auch hierfür ist die Kenntnis über das Bestehen und gegebenenfalls den Umfang nachfolgender Versicherungen maßgeblich.

Die Beteiligten, insbesondere der Versicherungsnehmer, können sich die Unsicherheit über das Bestehen solcher Anzeigepflichten oder -obliegenheiten abnehmen, indem sie eine entsprechende Vereinbarung in den Grund- bzw. Exzedentenverträge vereinbaren. Diese könnte lauten

> „Die Versicherungsnehmerin ist verpflichtet, jede Schadenmeldung unter der Grunddeckung auch dem Versicherer dieses Vertrages unverzüglich schriftlich anzuzeigen. Eine Verlet-

[586] S. 114 ff.

[587] *Henning*, Exzedentenversicherung, S. 77 ff.; *Thürmann*, in: FS Hamburger Seminar, 2016, S. 505, 508; *Schaloske*, PHi 2012, 166, 167.

[588] Zuvor S. 44.

[589] *Thürmann*, in: FS Hamburger Seminar, 2016, S. 505, 508 f.; *Knöfel*, ZIP 2018, 1814, 1817.

zung dieser Obliegenheit kann die Leistungsfreiheit des Versicherers zur Folge haben."[590]

„Dem Versicherer des vorliegenden Exzedentenvertrages sind Abschriften aller Dokumente einzureichen, welche den Deckungsumfang der vorlaufenden Versicherungen betreffen."[591]

„Der Versicherungsnehmer informiert den Grundversicherer unverzüglich über die Struktur des Haftpflicht-Exzedentenprogramms (u.a. über die die einzelnen Versicherer und attachment points) – losgelöst von einem Schadensfall."

3. Umgang mit Selbstbehalten

Gerade in umfangreichen koordinierten Programmen können die einzelnen Layer unterschiedliche Selbstbehalte enthalten. Dabei kann im Einzelfall unklar sein, inwiefern solche auch für die Exzedentendeckungen von Relevanz sind.[592] Sieht der Exzedentenvertrag hierzu keine Regelung vor, so gelten die Selbstbehalte der vorangehenden Deckung dort grundsätzlich nicht, sodass die ursprünglich bezweckte Verhaltenssteuerung nicht eintritt.

Insbesondere stellt sich die Frage, ob schon bei einer teilweisen Ausschöpfung der Grunddeckung und vereinbarten Summendifferenzdeckung auch für die Exzedentenversicherungssumme ein Selbstbehalt des Versicherungsnehmers vereinbart ist, sodass dieser in einem Versicherungsfall mehre Selbstbehalte zahlt.

„Die zu den vorlaufenden Versicherungen vereinbarten Selbstbeteiligungen finden für diesen Exzedentenvertrag im Falle der vollständigen Summenausschöpfung der vorlaufenden Versicherungen Anwendung."[593]

---

[590] *O. Lange*, D&O-Versicherung und Managerhaftung, § 4 Rn. 33.
[591] *O. Lange*, D&O-Versicherung und Managerhaftung, § 4 Rn. 34.
[592] *O. Lange*, D&O-Versicherung und Managerhaftung, § 4 Rn. 43; *Schaloske*, PHi 2012, 166, 169.
[593] *O. Lange*, D&O-Versicherung und Managerhaftung, § 4 Rn. 42.

Hieran schließt sich die Frage an, ob der Versicherungsnehmer auch dann eine Selbstbeteiligung trägt, wenn die Exzedentendeckung zur Grunddeckung wird.

> „Wird die vorliegende Exzedentenversicherung im Falle des vollständigen Verbrauchs der Versicherungssumme der Grunddeckung durch Versicherungsfälle, die auch unter der vorliegenden Exzedentenversicherung gedeckt wäre, selbst zur Grunddeckung, werden die unter der gegenwärtigen Grunddeckung vereinbarten Selbstbehalte übernommen."[594]

IV. Ergebnis

Das vertragliche Außenverhältnis der Layerdeckung, also die Beziehungen des Versicherungsnehmers zum Grundversicherer einerseits und zum Exzedentenversicherer andererseits, sind von den vertraglichen Vereinbarungen der Layerdeckung geprägt.

Dabei handelt es sich um zunächst übliche Versicherungsverträge. Eine Besonderheit der Verträge auf den Layern ist, dass sie nicht bloß einen zu leistenden Maximalbetrag, sondern insbesondere auch den Beginn ihrer Leistungspflicht vereinbaren müssen. Dies geschieht über Attachment-point Abreden, die in vielfacher Form auftreten und denen einige gewichtige Funktionen zukommen.

Um insbesondere das Interesse des Versicherungsnehmers an einheitlichem Versicherungsschutz umzusetzen, vereinbaren die Parteien des Exzedentenvertrages üblicherweise sog. Following-form Abreden. Hier entstehen Unsicherheiten vor allem bei der Frage der technischen Transformation der Bedingungen des Grundvertrages sowie der Auslegung der Vereinbarungen.

Darüberhinausgehende Abreden über die Gestaltung der Layerversicherung können den Parteien zugutekommen, um Schwierigkeiten in der Vertragsdurchführung und bestehende Unsicherheiten über die Rechtslage bereits im Voraus zu umgehen. Hier seien insbe-

[594] *O. Lange*, D&O-Versicherung und Managerhaftung, § 4 Rn. 42.

sondere Auskunfts- und Informationspflichten bzw. -obliegenheiten genannt.

B. Vertragliche Ausgestaltung des Innenverhältnisses einer Layerversicherung

Im Anschluss an die Betrachtung des Außenverhältnisses der Layerdeckung, also der Betrachtung der vertraglichen Rechtsbeziehung zwischen Versicherungsnehmer und den Versicherern der Layerdeckung, soll nun eine gegebenenfalls vertragliche Beziehung der Layerversicherer untereinander betrachtet werden.

Dies erfordert zunächst die Untersuchung, ob die Layerversicherer überhaupt schuldvertraglich untereinander verbunden sind. Im Anschluss ist dann ein Blick auf die mögliche Gestaltungsform dieses Innenverhältnisses zu werfen, gerade unter dem Gesichtspunkt einer sog. layerübergreifenden Führungsklausel.

I. Vertragsverhältnis zwischen den Versicherern einer Layerdeckung

Aus wirtschaftlicher Sicht des Versicherungsnehmers stellt sich die Layerdeckung als einheitliches Gebilde dar. Es dient dem Zweck, Versicherungsschutz für ein oder mehrere Risiken mit erheblichem Ausmaß zur Verfügung zu stellen.

Dieses verbindende Element führt zu einer tatsächlichen – und angesichts der Attachment-point Vereinbarungen auch rechtlichen – Verknüpfung verschiedener Versicherer. Darüber hinaus handelt es sich auch um einen einheitlichen Vertragspartner in Person des jeweiligen Versicherungsnehmers.

Letztlich betreffen die Entscheidungen des vorangehenden Versicherers unmittelbar die Interessen des nachfolgenden Versicherers, was zu einer gewissen Abhängigkeit führt. Aber auch vice versa ist für den vorangehenden Versicherer das Bestehen und der Umfang nachfolgender Versicherungen unter Umständen von Bedeutung.

In der Literatur wurde daher die Frage aufgeworfen, ob diese wirtschaftliche, tatsächliche und rechtliche Verbindung der Versicherer dazu führt, dass zwischen ihnen ein Vertragsverhältnis unabhängig vom Außenverhältnis zum Versicherungsnehmer anzunehmen ist. Insofern wird vertreten, dass zwischen den Versicherern auf unterschiedlichen Layern Verträge oder ein einheitlicher Vertrag eigener Art (*sui generis*) bestehen oder besteht.[595] Es könnte sich hier um einen solchen handeln, der auf die Geltung von Pflichten i.S.d. § 241 Abs. 2 BGB gerichtet ist, also folglich keine Hauptleistungspflichten zum Gegenstand hat.[596]

Diese Diskussion ist für die Risikoteilung, insbesondere in der Industrieversicherung, bereits bekannt. Auch in der Mitversicherung stellt sich die Risikotragung im Außenverhältnis für den Versicherungsnehmer als Ausdruck einer abgestimmten Risikoteilung dar.[597] Dort wird daher teilweise angenommen, dass die Versicherer als Folge dessen untereinander aus einem Schuldverhältnis mit Nebenpflichten verbunden seien.[598]

Bevor aber die Frage nach der Ausgestaltung des Innenverhältnisses untersucht werden kann, gilt es grundsätzlich die Frage aufzuwerfen, ob die Versicherer eines Exzedententurms – soweit sie tatsächlichen Kontakt haben – mit rechtsgeschäftlichem Willen, also insbesondere Rechtsbindungswillen, tätig werden.

In der Mitversicherung wird ein Rechtsbindungswille zwischen den Versicherern angenommen, weil hinsichtlich des Kernbestandes der gemeinsamen Risikotragung ein Abhängigkeitsverhältnis zwischen

595 *Knöfel*, ZIP 2018, 1814, 1818 (Näheverhältnis eigener Art); in diese Richtung *Thümmel*, in: FS Schütze, 2014, S. 633, 639 (Entstehen wechselseitiger Schutz- und Treuepflichten).

596 Insofern könnte nun aus sprachlicher Sicht angemerkt werden, dass die Nebenpflichten zu Hauptpflichten des Rechtsverhältnisses erhoben wurden. Im Sinne der Verständlichkeit werden sie dennoch weiter als Nebenpflichten bezeichnet; vgl. *Gottwald*, in: MünchKomm BGB, § 328 Rn. 169.

597 *Schaloske*, Mitversicherung, S. 129; vgl. *Armbrüster*, in: Prölss/Martin, VVG, Vorbem. § 77 Rn. 4.

598 *Schaloske*, Mitversicherung, S. 132; in diese Richtung *H. Möller*, in: Bruck/Möller, VVG, 8. Aufl. 1980, § 58 Anm. 60; *Dreher/M. Lange*, VersR 2005, 717, 720.

den Versicherern besteht.[599] Da sich die Mitversicherer im Bewusstsein der Notwendigkeit ihres Zusammenwirkens und damit ihrer gegenseitigen Verbundenheit zusammenschließen, entscheiden sie sich also gerade gegen eine jeweils separate, vollkommen unabhängige Risikotragung. Aus der Abhängigkeit sollen sodann Rechtsbeziehungen im Innenverhältnis folgen.[600] Hierin liegt auch gerade der Unterschied zur bloßen Nebenversicherung, da der Versicherer dort einen bestimmten Teil des Risikos meist in Unkenntnis und vollkommen unabhängig von anderen Risikoträgern übernimmt.[601]

Möglicherweise kann dieser Befund auf die Layerdeckung übertragen werden. Denn hinsichtlich des Kernbestandes seiner Leistung ist der Exzedentenversicherer vom Grundversicherer abhängig.[602] Auch die Layerdeckung stellt gerade keine isolierte, unverbundene Risikotragung dar. Der Exzedentenversicherer wirkt auch in gewisser Hinsicht einseitig mit dem Grundversicherer zusammen, indem er auf seine Leistungsstrecke Bezug nimmt in dem Bewusstsein, dass ihre Zusammenarbeit notwendig für die Realisierung der Gesamtdeckung ist.

Insoweit scheinen die Argumente, mit denen in der Mitversicherung die Geltung von Nebenpflichten begründet wird, auch für die Layerdeckung Geltung beanspruchen zu können. Dies führte zu einem Rechtsbindungswillen im Rahmen eines Kontakts zwischen Exzedent und Grundversicherer.

Dem wird überwiegend entgegengetreten.[603] Im Regelfall hätten der Exzedent und der Grundversicherer, bzw. die Exzedentenversiche-

---

[599] *Schaloske*, Mitversicherung, S. 133; a.A. wenn auch ohne nähere Begründung KG Urt. v. 24.3.1928 – 24 U 13804/27, JRPV 1928, 156, 157; LG Berlin, Urt. v. 26.2.1929 – 570 44/28, JRPV 1929, 190, 191; unklar BGH, Urt. v. 9.11.2011 – IV ZR 251/08, VersR 2012, 178, 179; OLG Hamburg, Urt. v. 19.2.2008 – 6 U 119/07, VersR 2008, 1249, 1250; *Brinker/Schädle*, VW 2003, 1318, 1321.

[600] *Schaloske*, Mitversicherung, S. 134.

[601] *Schaloske*, Mitversicherung, S. 133; *Armbrüster*, in: Prölss/Martin, VVG, Vorbem. § 77 Rn. 1.

[602] Anhand verschiedener Konstellationen *R. Koch*, in: FS Thümmel, 2020, S. 421, 423 ff.

[603] *Henning*, Exzedentenversicherung, S. 101; *R. Koch*, in: FS Thümmel, 2020, S. 421, 429; *Schaloske*, in: FS Fürstenwerth, 2020, S. 315, 317 f.; *Thürmann*, in: FS Hamburger Seminar, 2016, S. 505, 510; *Schaloske*, PHi 2012, 166, 169; *Drave*, VersPrax 6/2017, 35; *R. Koch*, VersR 2021, 879, 880.

rer untereinander, keinen Kontakt.[604] Es ergebe sich daher üblicherweise kein Anknüpfungspunkt zur Auslegung hinsichtlich eines rechtsgeschäftlichen Willens.[605]

Inwieweit im Einzelfall die beteiligten Versicherer keinen Kontakt zu einem eventuell nachfolgenden Exzedenten haben, lässt sich allerdings nicht mit Gewissheit feststellen. Zudem beantwortet diese Begründung nicht die Frage nach dem Rechtsbindungswillen, soweit der Versicherungsnehmer die Versicherer von ihrer Eingliederung in den Exzedententurm unterrichtet, und diese sodann Kontakt zueinander aufnehmen.[606] Zuzugeben ist gleichwohl, dass soweit tatsächlich feststellbar ist, dass die Versicherer der Layerdeckung keinen Kontakt untereinander hatten, auch kein Anknüpfungspunkt für das Zustandekommen eines Vertrages durch Antrag und Annahme gefunden werden kann.

Im Vergleich zur Mitversicherung zeigt sich bei der Layerdeckung dennoch ein entscheidender Unterschied. Denn die Mitversicherung ist von einvernehmlichem Zusammenwirken der Versicherer geprägt, sodass schon bei der Erstellung des Konsortiums die Parteien gegenseitigen Kontakt pflegen. Dies ist bei der Layerdeckung anders, da hinsichtlich des Kerns der Risikodeckung nur der Exzedent auf die Police des Grundversicherers Bezug nimmt, und insoweit bloß einseitig überhaupt rechtsgeschäftlicher Kontakt vorliegt. Dieser kann aber zur konsensualen Pflichtenbegründung nicht genügen.

Dies ist selbst dann der Fall, wenn einer der Versicherer für die Erstellung des Layerprogramms verantwortlich ist. Wie bereits gezeigt, handelt er sodann als Vertreter des Versicherungsnehmers.[607] Dies bindet nach § 164 Abs. 1 BGB den Versicherungsnehmer. Sein Ver-

604 So lag der Fall in OLG München, Beschl. v. 7.1.2019 – 25 U 2750/18, VersR 2020, 543, 544.

605 *Henning*, Exzedentenversicherung, S. 100 f.; so für den konkreten Fall auch OLG München, Beschl. v. 7.1.2019 – 25 U 2750/18, VersR 2020, 543, 544.

606 Vgl. *Schaloske*, PHi 2012, 166, 167 der von Market-Meetings zwischen den Beteiligten eines Layerprogramms spricht.

607 S. zuvor S. 42.

treter, also der tätig werdende Versicherer, wird aber nicht Partei des Vertrages.[608]

Auch abseits dieses Vergleichs sprechen entscheidende Gesichtspunkte gegen eine konsensuale Pflichtenbegründung. Zwar vermag das Bestehen von Rechten und Pflichten die Durchführung der Layerdeckung fördern und so dem Versicherungsnehmer nützen, dies ist aber für die Bewertung etwaigen Verhaltens der Versicherer untereinander nur von nachrangiger Bedeutung. Eher im Gegenteil stellen die Versicherer ihre Leistung vorrangig aufgrund der vertraglichen Abrede zum Versicherungsnehmer zur Verfügung. Insofern eint die Versicherer keine Interessengemeinschaft, die Grundlage eines Vertragsschlusses sein könnte.[609] Vielmehr können die Interessen der Versicherer nicht nur im Schadenfall,[610] sondern bereits bei Vertragsschluss widerstreben.[611]

Im Ergebnis kann daher nicht davon ausgegangen werden, dass die Versicherer mit rechtsgeschäftlichem Willen in Kontakt treten. Ausnahmen bestehen dann, wenn die Exzedenten untereinander oder mit dem Grundversicherer gesonderte Abreden treffen. Dies betrifft beispielsweise Fälle der – im Folgenden zu behandelnden – layerübergreifenden Führungsklausel.

II. Führungsklauseln in der Layerdeckung

Eine in der Literatur zur Layerversicherung häufig angesprochene Gestaltungsmöglichkeit des Innenverhältnisses stellt die layerübergreifende Führungsklausel dar.[612]

---

608 S. allg. *Schubert*, in: MünchKomm BGB, § 164 Rn. 233, 241. Zur dort angesprochenen Haftung aus § 311 Abs. 3 BGB s. unter S. 254 ff., zw. am Rechtsbindungswillen daher auch *Henning*, Exzedentenversicherung, S. 118 für den Sonderfall, in dem die Versicherer eine gemeinsame Regulierungsstrategie festlegen.

609 *Knöfel*, ZIP 2018, 1814, 1817 f.; *Schaloske*, PHi 2012, 166, 168.

610 Hierzu *Knöfel*, ZIP 2018, 1814, 1817; s. auch *O. Lange*, D&O-Versicherung und Managerhaftung, § 4 Rn. 33.

611 *Henning*, Exzedentenversicherung, S. 101 (zur GbR), 192 f. (zur Following-form Vereinbarung).

612 *Thürmann*, in: FS Hamburger Seminar, 2016, S. 505, 510; *Knöfel*, ZIP 2018, 1814, 1818; *Schaloske*, PHi 2012, 166, 168.

Eine solche bedarf der ausdrücklichen Vereinbarung zwischen den Layerversicherern und ist bis dato soweit ersichtlich (noch) nicht aufgetreten. Wie aber zu zeigen sein wird, kann sie für alle Beteiligten des Exzedententurms Vorteile mit sich bringen. Im Folgenden sollen Problemfelder der Exzedentendeckung und ihre Lösungsmöglichkeiten diskutiert werden.

Bevor sich aber der layerübergreifenden Führungsklausel zugewandt werden kann, müssen zunächst die Grundlagen der Führungsklauseln dargelegt werden. Hier kann der Blick wiederum auf die Mitversicherung gerichtet werden, in der Führungsklausel üblich sind.

1. Grundlagen der Führungsklauseln in der Mitversicherung

Gerade in großen Layerprogrammen sind Gestaltungen, in denen nur ein Versicherer in einem Layer vertreten ist, selten. Ganz im Gegenteil finden sich vielmehr auch für jeden Layer gesondert mehrere Versicherer zusammen, die die für den Deckungsabschnitt notwendige Versicherungssumme gemeinsam im Wege der offenen Mitversicherung beisteuern.

Dies bewirkt eine zusätzliche Komplikation in der Durchführung der Anschlussdeckung. Denn auch bei der Mitversicherung handelt es sich um selbstständige Versicherungsverträge, die daher grundsätzlich gesondert zu behandeln sind.[613] Hieraus folgt eine erhebliche Mehrbelastung des Versicherungsnehmers bei der Erfüllung von Obliegenheiten, beispielsweise den Anzeigepflichten bei Gefahrerhöhung, oder der Abgabe anderer Erklärungen und Mitteilungen.[614] Zudem müsste der Versicherungsnehmer im Streitfall mit jedem

[613] So jedenfalls die überwiegende Meinung, s. OLG Hamburg, Urt. v. 19.2.2008 – 6 U 119/17, VersR 2008, 1249; *Schaloske*, Folgerungen aus der Dornbracht-Entscheidung, S. 31 ff.; *Halbach*, in: MünchKomm VVG, § 77 Rn. 7; *Armbrüster*, in: Prölss/Martin, VVG, Vorbem. § 77 Rn. 4; *Brinker/ Schädle*, VW 2003, 1318.

[614] *Hübener*, Die Führungsklausel, S. 34 f.; *Schaloske*, Mitversicherung, S. 156 f.; *ders.*, Folgerungen aus der Dornbracht-Entscheidung, S. 75.

Mitversicherer gesondert verhandeln und letztlich gegebenenfalls sogar vor unterschiedlichen Gerichten prozessieren.[615]

Andererseits sehen sich auch die Mitversicherer durch einen erhöhten Verwaltungsaufwand belastet, der aus dieser Kommunikation mit dem Versicherungsnehmer folgt. Gerade für Versicherer mit nur geringen Quoten können die durch Vertragsverwaltung, Besichtigung oder Schadensbearbeitung entstehenden Kosten die Beteiligung an der Mitversicherung unattraktiv erscheinen lassen.[616]

Daher hat sich in der Praxis der Mitversicherung eine Möglichkeit der Koordination der Versicherer gefunden. Über Führungsklauseln kann einem Gros der aus der Beteiligung vieler Versicherer resultierender Schwierigkeiten begegnet werden.[617] Hierbei wird ein Versicherer, zumeist derjenige mit der höchsten Quote oder besonderem Sachverstand, eine Vertretungsbefugnis gegenüber den anderen Mitversicherern eingeräumt.[618] Für Hamburg und München haben die Gerichte gar einen Handelsbrauch bejaht, nach dem der im Mitversicherungsvertrag erstgenannte Versicherer automatisch die Führungsposition innehaben soll, ohne dass eine Führungsklausel ausdrücklich niedergelegt wurde.[619]

Dies wirft für die Exzedentenversicherung zwei Fragen auf. Inwieweit funktionieren Führungsklauseln auf den jeweiligen Layern, also grundsätzlich in der Mitversicherung? Und kann eine solche Führungsklausel auch für den gesamten Turm, als sog. layerübergreifende Führungsklausel implementiert werden?

a. Formen und Wirkungen der Führungsklauseln

Innerhalb der Führungsklauseln kann zwischen der Einräumung einer passiven Vollmacht zu Gunsten des führenden Mitversicherers, der Einräumung aktiver Vertretungsmacht sowie Regelungen für ge-

---

615 *Schaloske*, Mitversicherung, S. 157; *Langheid*, in: Langheid/Rixecker VVG, § 77 Rn. 10.

616 *Hübener*, Die Führungsklausel, S. 35, *Schaloske*, Mitversicherung, S. 157; *ders.*, Folgerungen aus der Dornbracht-Entscheidung, S. 76.

617 *M. Lange/Dreher*, VersR 2008, 289.

618 *Schaloske*, Mitversicherung, S. 157; *M. Lange/Dreher*, VersR 2008, 289 f.

619 OLG Hamburg, Urt. v. 24.4.1975 – 6 U 156/73, VersR 1976, 37, 38 (Güterversicherung); LG München I, Urt. v. 29.6.1993 – 32 S 11053/91, VersR 1994, 1375.

richtliche Verfahren, die im Ergebnis zu einer Prozessführungsklausel des führenden Mitversicherers für die anderen Mitversicherer führen, unterschieden werden.[620]

aa) Anzeigeklauseln

Eine Anzeigeklausel verleiht dem führenden Versicherer eine passive Empfangsvollmacht im Außenverhältnis zum Versicherungsnehmer. Es handelt sich um den typischen Mindestinhalt einer Führungsklausel.[621]

Eine solche findet sich in beispielsweise in den Klauseln für die Feuer-Betriebsunterbrechungs-Versicherung des GDV, dort SK 8801:

> „Der führende Versicherer ist bevollmächtigt, Anzeigen und Willenserklärungen des Versicherungsnehmers für alle beteiligten Versicherer entgegenzunehmen."

Sie führt zur Geltung der §§ 167 Abs. 1 Alt. 2, 164 Abs. 3 BGB.[622] Wird also gegenüber dem führenden Versicherer eine Anzeige gemacht, so geht sie den übrigen Mitversicherern in diesem Moment zu.[623] Der Führende ist also nicht bloß Bote, sondern echter Bevollmächtigter.[624] Hierdurch wird das Übermittlungsrisiko den Mitversicherern zugewiesen.[625] Der Versicherungsnehmer muss bei seiner Anzeige daher auch nicht deutlich machen, dass er sich gegenüber allen Versicherern erklärt.[626]

---

620 *Schnepp*, in: Bruck/Möller, VVG, Anh. § 216 Rn. 68; *Langheid*, in: Langheid/Rixecker VVG, § 77 Rn. 10.

621 *Schaloske*, Folgerungen aus der Dornbracht-Entscheidung, S. 83.

622 *Henning*, Exzedentenversicherung, S. 123; *Schaloske*, Mitversicherung, S. 177; *Schnepp*, in: Bruck/Möller, VVG, Anh. § 216 Rn. 77; s. auch *Hübener*, Die Führungsklausel, S. 46 („Briefkasten der Mitversicherer").

623 BGH, Beschl. v. 31.7.2003 – III ZR 353/02, NJW 2003, 3270; *Armbrüster*, in: Prölss/Martin, VVG, Vorbem. § 77 Rn. 20; *M. Lange/Dreher*, VersR 2008, 289, 291; zum allgemeinen Zivilrecht *Einsele*, in: MünchKomm BGB, § 130 Rn. 27.

624 Zur Abgrenzung im allgemeinen Zivilrecht *Schubert*, in: MünchKomm BGB, § 164 Rn. 248.

625 *Schnepp*, in: Bruck/Möller, VVG, Anh. § 216 Rn. 77.

626 *Schnepp*, in: Bruck/Möller, VVG, Anh. § 216 Rn. 77; vgl. zum allgemeinen Zivilrecht *Schubert*, in: MünchKomm BGB, § 164 Rn. 245.

Infolge der Anzeigeklausel ist der führende Versicherer Wissensvertreter der übrigen Mitversicherer.[627] Seine Kenntnisse sind den anderen Versicherern daher nach § 166 BGB analog zuzurechnen.[628] Die beteiligten Mitversicherer erlangen daher schon dann Kenntnis von relevanten Tatsachen, wenn der führenden Versicherer von ihnen im Rahmen der ihm übertragenen Vertragsdurchführung erfährt.[629]

Diese Form der Führungsklausel ist gleichwohl regelmäßig nicht dahin auslegbar, dass der Führende auch zu Realakten, wie beispielsweise die Einziehung oder Entgegennahme der Prämie, befugt ist.[630] Sie verleiht dem Führenden auch keine aktive Vertretungsmacht, sodass er nicht befugt ist, Erklärungen im Namen der anderen Versicherer für sie bindend abzugeben.[631] Hierfür bedürfe es einer gesonderten Bevollmächtigung, ohne die der Führende bei Abgabe einer solchen Willenserklärung als Vertreter ohne Vertretungsmacht aufträte.[632]

Aufgrund dieser negativen Abgrenzungsfunktion einer begrenzt erteilten Vollmacht kann aus dem Verhalten der Mitversicherer auch nicht ohne weiteres ein rechtlich relevantes Dulden geschlossen werden, sodass der Führende auch regelmäßig nicht nach den Grundsätzen der Anscheins- oder Duldungsvollmacht zu behandeln ist.[633]

Letztlich kommt es auf die Formulierung und Auslegung der Klausel im Einzelfall an. So kann die passive Empfangsvollmacht unter Umständen nicht nur für Erklärungen des Versicherungsnehmers ge-

---

627 OLG Hamm, Urt. v. 3.11.2010 – I-20 U 38/10, VersR 2011, 469, 472 f.; *Henning*, Exzedentenversicherung, S. 124; *Schnepp*, in: Bruck/Möller, VVG, Anh. § 216 Rn. 77.

628 Allg. zur Zurechnung des Wissens des Führenden an die übrigen Mitversicherer LG Hagen, Urt. v. 16.12.2019 – 23 O 40/09, r+s 2010, 276, 277.

629 *Schaloske*, Folgerungen aus der Dornbracht-Entscheidung, S. 84.

630 *Schnepp*, in: Bruck/Möller, VVG, Anh. § 216 Rn. 78; ähnlich *Schaloske*, Mitversicherung, S. 179, der zumindest auch rechtsgeschäftsähnliches Verhalten als erfasst ansieht, solange es sich um eine Erklärung handelt, s. auch *ebd.*, S. 180; in diesem Sinne auch *M. Lange/Dreher*, VersR 2008, 289, 291.

631 *Schaloske*, Mitversicherung, S. 181; *Schnepp*, in: Bruck/Möller, VVG, Anh. § 216 Rn. 78.

632 Mit der Folge, dass nur der Vertreter, nicht die Vertretenen verpflichtet werden, vgl. §§ 177, 179 BGB; s. OLG Bamberg, Urt. v. 11.1.1990 – 1 U 85/89, VersR 1990, 894, 895; *Schaloske*, Mitversicherung, S. 181; *M. Lange/Dreher*, VersR 2008, 289, 290.

633 *Schnepp*, in: Bruck/Möller, VVG, Anh. § 216 Rn. 78.

genüber den Mitversicherern gelten, sondern auch für Erklärungen Dritter im Zusammenhang mit dem Versicherungsvertrag, gedacht sei hier nur beispielsweise an den Versicherten, den Erwerber der versicherten Sache oder den Geschädigten in der Haftpflichtversicherung.[634]

Insgesamt bewirkt die Anzeigeklausel eine Erleichterung der Vertragsdurchführung der Mitversicherung und wahrt die Autonomie der Verträge im weitesten Maße. Da der Führende aber wenig weitreichend bevollmächtigt ist, findet die Klausel hauptsächlich in Sparten Anwendung, in denen es auf ein schnelles und flexibles Einschreiten des Führenden nicht ankommt.[635]

bb) Anschlussklauseln

Im Gegensatz zur rein passiven Empfängnisvollmacht der Anzeigeklausel gewährt die Anschlussklausel dem führenden Versicherer auch aktive Erklärungsvollmacht i.S.v. § 167 Abs. 1 Var. 2 BGB für solche Geschäfte, die die Abwicklung der konkreten Mitversicherung gewöhnlich mit sich bringt.[636] Anschlussklauseln sind weniger weit verbreitet als bloße Anzeigeklauseln, da sie dem führenden Versicherer die Befugnis verleihen, die übrigen Mitversicherer im Außenverhältnis rechtswirksam zu binden.[637]

Eine Anschlussklausel könnte lauten

> „Die vom führenden Versicherer mit dem Versicherungsnehmer getroffenen Vereinbarungen sind für die Mitversicherer verbindlich."[638]

Obwohl in dieser Vereinbarung nicht ausdrücklich von einer Bevollmächtigung die Rede ist, wird sie gemeinhin nach dem objektiven

---

[634] *Schaloske*, Mitversicherung, S. 178.

[635] *M. Lange/Dreher*, VersR 2008, 289, 291.

[636] *Schaloske*, Mitversicherung, S. 181; *Schnepp*, in: Bruck/Möller, VVG, Anh. § 216 Rn. 79; *Armbrüster*, in: Prölss/Martin, VVG, Vorbem. § 77 Rn. 21; a.A. OLG Köln, Urt. v. 2.9.2008 – 9 U 151/07, VersR 2008, 1673, 1675 (Ermächtigung i.S.v. § 185 BGB); dagegen wiederum *Schaloske*, Folgerungen aus der Dornbracht-Entscheidung, S. 86.

[637] *Schaloske*, Mitversicherung, S. 181; *ders.*, Folgerungen aus der Dornbracht-Entscheidung, S. 84; *M. Lange/Dreher*, VersR 2008, 289, 292 f.

[638] Ziff. 25.2 DTV-Güter 2000/2011.

Empfängerhorizont dahingehend ausgelegt, dass die Versicherer dem Führenden eine aktive Erklärungsvollmacht einräumen.[639] Solche Anschlussklauseln werden gelegentlich mit einer Anzeigeklausel verbunden.[640] Dies ist gleichwohl nicht vonnöten, da eine aktive Erklärungsvollmacht a maiore ad minus zugleich eine passive Empfängnisvollmacht enthält.[641]

Gelegentlich werden die Befugnisse des führenden Versicherers von der Zustimmung der Mitversicherer abhängig gemacht. In einem solchen Falle ist zweifelhaft, ob dies auch Auswirkungen auf das Außenverhältnis zum Versicherungsnehmer hat, oder ob es sich um eine bloß interne Regelung der Mitversicherer im Innenverhältnis handelt.[642] Einerseits ist zu beachten, dass die Zustimmung der Mitversicherer ein Vorgang ist, der sich dem Versicherungsnehmer regelmäßig nicht erschließt. Dies spricht dafür, die Wirkung der Zustimmung nicht auf die ordnungsgemäße Bevollmächtigung im Außenverhältnis zu erstrecken.[643] Dennoch liegt dem Zustimmungsvorbehalt auch ein Regelungscharakter im Verhältnis zum Versicherungsnehmer zugrunde.[644] Dies spricht dafür, die Wirkung der Zustimmung auch auf das Außenverhältnis zu erstrecken.

Im Ergebnis ist zu differenzieren. Grundsätzlich ist bei der Auslegung der Innenvollmacht auf den objektiven Empfängerhorizont des Vertreters abzustellen.[645] Dagegen ist der Umfang der Außenvollmacht nach dem Verständnis des Geschäftsgegners zu ermitteln.[646] Hat der Versicherungsnehmer daher keine Kenntnis vom Zustimmungsvorbehalt, kann sich dieser nach allgemeinen Regeln auch nicht auf das Außenverhältnis auswirken, sondern hat lediglich Fol-

---

639 *Schaloske*, Mitversicherung, S. 183.

640 *Hübener*, Die Führungsklausel, S. 48; *Halbach*, in: MünchKomm VVG, § 77 Rn. 15.

641 *Schaloske*, Mitversicherung, S. 187 f.; *Schnepp*, in: Bruck/Möller, VVG, Anh. § 216 Rn. 82; *M. Lange/Dreher*, VersR 2008, 289, 291; *dies.*, VersR 2005, 717, 724; zum allgemeinen Zivilrecht BGH, Urt. v. 28.11.2001 – VIII ZR 38/01, NJW 2002, 1041, 1042; *Schubert*, in: MünchKomm BGB, § 164 Rn. 246.

642 *Schnepp*, in: Bruck/Möller, VVG, Anh. § 216 Rn. 83.

643 *Schnepp*, in: Bruck/Möller, VVG, Anh. § 216 Rn. 83.

644 *Schnepp*, in: Bruck/Möller, VVG, Anh. § 216 Rn. 83.

645 BGH, Urt. v. 9.7.1991 – XI ZR 218/90, NJW 1991, 3141; *Schubert*, in: MünchKomm BGB, § 167 Rn. 60.

646 *Schubert*, in: MünchKomm BGB, § 167 Rn. 63; wobei im Zweifel von einem geringeren Umfang auszugehen ist, OLG München, Beschl. v. 19.9.2011 – 34 Wx 385/11, NJW-RR 2012, 392, 393.

gen im Innenverhältnis der Versicherer untereinander.[647] Die Pflicht des Versicherungsnehmers sich über den Umfang der Vertretungsmacht des Führenden gesondert zu erkundigen, ist besonders begründungsbedürftig.[648] Dies betrifft Fälle, in denen die Vertretungsmacht des Führenden beschränkt ist und der Versicherungsnehmer dies auch erkennen kann, sodass ihm eine entsprechende Erkundigungspflicht auch zumutbar ist.[649]

Zuweilen wird in der Anschlussklausel vereinbart, dass die übrigen Mitversicherer der Entscheidung des Führenden zu folgen haben.[650] Dies erfolgt konstruktiv über eine Vereinbarung mit dem Versicherungsnehmer, die die automatische Erstreckung jeglicher dem führenden Mitversicherer übertragener und von ihm getroffener Entscheidungen auf den Anteil der beteiligten Mitversicherer beinhaltet.[651]

Wie bereits in der Anzeigeklausel kann auch die Anschlussklausel für den erstmaligen Vertragsabschluss grundsätzlich keine Wirkung entfalten. Als Bestandteil des Versicherungsvertrages kann sie aber im Rahmen einer Vertragsverlängerung eine Rolle spielen.[652] Rechtstechnisch kann sie als Ausschluss des Offenkundigkeitsprinzips verstanden werden, das den Parteien zur Disposition steht, da es vorrangig ihrem Schutz dient.[653] Die Entscheidung des Führenden, soweit sie auch in fremdem Namen erfolgt, bindet die Mitversicherer ohnehin bereits aufgrund der Stellvertretung im Außenverhältnis, soweit sie sich im Rahmen der erteilten Vollmacht bewegt. Eine gesonderte Abrede mit dem Versicherungsnehmer über diese Erstreckung bedarf es daher nicht.

Anschlussklauseln eröffnen die Möglichkeit, dass das Konsortium flexibel und schnell in eilbedürftigen Situationen handelt, da der

---

647 Vgl. *Schubert*, in: MünchKomm BGB, § 164 Rn. 211.

648 Eine solche scheint *Schaloske*, Mitversicherung, S. 189 anzunehmen.

649 *Schaloske*, Mitversicherung, S. 189.

650 Sog. „strenge Anschlussklauseln“, *Schaloske*, Folgerungen aus der Dornbracht-Entscheidung, S. 87.

651 *Schaloske*, Folgerungen aus der Dornbracht-Entscheidung, S. 87.

652 *Schaloske*, Mitversicherung, S. 185; *ders.*, Folgerungen aus der Dornbracht-Entscheidung, S. 89.

653 *Schubert*, in: MünchKomm BGB, § 164 Rn. 24; wohl a.A. BGH, Urt. v. 7.6.2001 – I ZR 49/99, VersR 2002, 117 (Vertragserklärungen, die aufgrund der ohnehin bestehenden Wirkung der Vertretungsmacht überflüssig sind, seien als Ermächtigung i.S.v. § 185 BGB anzusehen).

Versicherungsnehmer nicht mit jedem beteiligten Versicherer Rücksprache halten muss und diese sich nicht jeweils gesondert erklären müssen. Zudem kann der im Einzelfall spezifische Sachverstand des führenden Versicherers effektiv eingesetzt werden.[654] Darüber hinaus zählt zu den Aufgaben des führenden Versicherers regelmäßig auch die Abwicklung eines Schadensfalles, gegebenenfalls also die Beauftragung von Sachverständigen oder die Führung von Vergleichsverhandlungen.[655]

Letztlich ist Anschlussklauseln auch eine negative Abgrenzung dahingehend zu entnehmen, dass sie gerade keine Prozessführungsklauseln sind.[656] Da die Mitversicherungspraxis regelmäßig zwischen diesen Formen der Bevollmächtigung unterscheidet, kann einer (eindeutigen) Anschlussklausel grundsätzlich auch keine prozessrechtliche Wirkung beigemessen werden.[657]

cc) Prozessführungsklauseln

Noch weitergehend, da mit prozessualer Rechtsfolge ausgestattet, sind Prozessführungsklauseln.

Wie bereits einleitend erwähnt, muss der Versicherungsnehmer unter Umständen nach Eintritt des Versicherungsfalls gegen jeden Versicherer gesondert prozessieren.[658] Auf der anderen Seite muss auch jeder Mitversicherer die ihm zustehende Ansprüche, zuvorderst den Prämienzahlungsanspruch, grundsätzlich gesondert gegen den Versicherungsnehmer durchsetzen.[659] Hieran ändert grundsätzlich auch die Bestimmung eines führenden Mitversicherer durch Anzeige- oder Anschlussklauseln nichts, da diese regelmäßig nicht auf prozessuale Handlungen erstreckt werden.[660] Um die so-

---

654 *Schaloske*, Mitversicherung, S. 184.

655 *Schaloske*, Mitversicherung, S. 186.

656 *Schaloske*, Mitversicherung, S. 189.

657 *Schaloske*, Mitversicherung, S. 189; a.A. LG Darmstadt, Urt. v. 24.9.2002 – 18 O 68/01, BeckRS 2010, 4378.

658 *Schaloske*, Mitversicherung, S. 197; *Schnepp*, in: Bruck/Möller, VVG, Anh. § 216 Rn. 84.

659 *Schaloske*, Mitversicherung, S. 197; *Schnepp*, in: Bruck/Möller, VVG, Anh. § 216 Rn. 84.

660 LG Köln, Urt. v. 14.7.1961 – 9 O 42/61, VersR 1962, 439, 440; vgl. auch BGH, Urt. v. 24.3.1954 – VI ZR 114/52, VersR 1954, 249 anders dagegen BGH, Urt. v. 7.6.2001 – I ZR 49/99, VersR 2002, 117, 118; *Schnepp*, in: Bruck/Möller, VVG, Anh. § 216 Rn. 84.

wohl für den Versicherungsnehmer als auch die Versicherer entstehenden prozessualen Hürden bei der Durchsetzung ihrer Ansprüche zu vermeiden, werden in Mitversicherungsverträgen regelmäßig Prozessführungsklauseln vereinbart.[661]

Sie werden in aktive, passive und zugleich aktive und passive Prozessführungsklauseln unterteilt.

(1) Passive Prozessführungsklauseln

Regelmäßiger Inhalt einer passiven Prozessführungsklausel ist die Vereinbarung, dass der Versicherungsnehmer seine Ansprüche nur gegen den führenden Versicherer und nur wegen dessen Anteil gerichtlich geltend machen muss.[662] Hinzutreten kann aber auch die Legitimation, im Passivprozess für die übrigen Versicherer aufzutreten, soweit eine solche direkte gewillkürte passive Prozessführungsbefugnis als zulässig anerkannt wird.[663] Insofern kommt es stets auf die Formulierung der Klausel im jeweiligen Falle an.[664]

Beispielhaft kann folgende Klausel SK 8802 aus den Zusatzbedingungen der Feuer-Betriebsunterbrechungs-Versicherung genannt werden:

> „Soweit die vertraglichen Grundlagen für die beteiligten Versicherer die gleichen sind, ist folgendes vereinbart:
>
> a) Der Versicherungsnehmer wird bei Streitfällen aus diesem Vertrag seine Ansprüche nur gegen den führenden Versicherer und nur wegen dessen Anteil gerichtlich geltend machen.
>
> b) Die beteiligten Versicherer erkennen die gegen den führenden Versicherer rechtskräftig gewordene Entscheidung sowie die von diesem mit dem Versicherungsnehmer nach Rechtshängigkeit geschlossenen Vergleiche als auch für sich ver-

---

661 *Schnepp*, in: Bruck/Möller, VVG, Anh. § 216 Rn. 84.
662 *Schnepp*, in: Bruck/Möller, VVG, Anh. § 216 Rn. 86.
663 *Armbrüster*, in: Prölss/Martin, VVG, Vorbem. § 77 Rn. 25; *M. Lange/Dreher*, VersR 2008, 289, 292.
664 Zu dieser Differenzierung im Einzelnen mit verschiedenen Beispielen *Kretschmer*, VersR 2008, 33, 34 f.

bindlich an. Die Prozesskosten werden von den Versicherern anteilig getragen."

Die Klage gegen den führenden Versicherer auf seinen Anteil ist damit nicht bloß ein Recht des Versicherungsnehmers, vielmehr ist er auch dazu verpflichtet, ausschließlich den Führenden zu verklagen.[665] Eine diesen Anforderungen nicht gerecht werdende Klage des Versicherungsnehmers ist insoweit also unbegründet.[666] Die passive Prozessführungsklausel gewährt keine gewillkürte Prozessstandschaft der Mitversicherer zugunsten des Führenden. Vielmehr handelt es sich um ein Stillhalteabkommen mit dem Inhalt, dass die Mitversicherer vorübergehend berechtigt sind, die Leistung zu verweigern.[667] Aus der schuldrechtlichen Wirkung ergibt sich sodann auch die Wirkung auf die Klage des Versicherungsnehmers als unbegründet und nicht bereits unzulässig.[668] Darüber hinaus führt der pacto de non petendo in seinem Anwendungsbereich zur Verjährungshemmung.[669]

Das Stillhalteabkommen wird regelmäßig mit einer Anerkenntnisvereinbarung kombiniert.[670] Es handelt sich um eine materiellrechtliche Abrede zwischen Versicherungsnehmer und den übrigen Mitversicherern, wonach sich Letztere verpflichten, die rechtskräftige Entscheidung und/oder einen nach Rechtshängigkeit geschlossenen Vergleich für sich verbindlich anzuerkennen.[671] Die Mitversicherer sind also entsprechend der Entscheidung gebunden, ihre Versicherungsleistung an den Versicherungsnehmer zu erbringen,

---

665 OLG Köln, Urt. v. 2.9.2008 – 9 U 151/07, VersR 2008, 1673, 1675; *Schnepp*, in: Bruck/Möller, VVG, Anh. § 216 Rn. 86; *Halbach*, in: MünchKomm VVG, § 77 Rn. 17.

666 OLG Düsseldorf, Urt. v. 5.12.2000 – 4 U 231/99, NVersZ 2001, 177, 178; LG Köln, Urt. v. 14.7.1961, VersR 1962, 439 f.; *Schnepp*, in: Bruck/Möller, VVG, Anh. § 216 Rn. 86.

667 *Schaloske*, Mitversicherung, S. 200 f.; *Armbrüster*, in: Prölss/Martin, VVG, Vorbem. § 77 Rn. 22.

668 *Schnepp*, in: Bruck/Möller, VVG, Anh. § 216 Rn. 86; a.A. *Schaloske*, Mitversicherung, S. 201; *ders.*, Folgerungen aus der Dornbracht-Entscheidung, S. 92; *M. Lange/Dreher*, VersR 2008, 289, 292.

669 *Schnepp*, in: Bruck/Möller, VVG, Anh. § 216 Rn. 86; mit Kritik an der Bezeichnung, i. Erg. jedoch ebenso *Halbach*, in: MünchKomm VVG, § 77 Rn. 21.

670 *Schaloske*, Mitversicherung, S. 201; *ders.*, Folgerungen aus der Dornbracht-Entscheidung, S. 92; *Halbach*, in: MünchKomm VVG, § 77 Rn. 17; *Armbrüster*, in: Prölss/Martin, VVG, Vorbem. § 77 Rn. 22.

671 *Schaloske*, Mitversicherung, S. 201 f.; *Schnepp*, in: Bruck/Möller, VVG, Anh. § 216 Rn. 87.

auch ohne selbst unmittelbar hierzu hoheitsaktlich verpflichtet worden zu sein.[672]

Erbringen die Mitversicherer sodann absprachewidrig dennoch keine Leistung, muss der Versicherungsnehmer zwar auch hier auf Leistung klagen, ihm kommen dabei aber prozessuale Erleichterungen zugute.[673] Zum einen ist seine Klage im Wege des Urkundenprozesses unter Verweis auf die Policen sowie der Prozessführungsklausel und der ergangenen Entscheidung führbar.[674] Zum anderen ergibt sich aufgrund der materiell-rechtlichen Abrede sowohl eine Tatbestands- als auch eine Rechtskrafterstreckung der Entscheidung.[675] Dies schneidet den Mitversicherern Einwände gegen die Sachverhaltsfeststellung und materielle Rechtsentscheidungen des Urteils ab.[676]

Auch aus diesem Grunde enthalten passive Prozessführungsklauseln regelmäßig Einschränkungen. Häufig wird die Anerkenntnisvereinbarung dann ausgeschlossen, wenn vertragliche Deckungsdivergenzen zwischen Führendem und einem oder mehreren Mitversicherern bestehen.[677] Auch abseits dessen setzt die Anerkenntnisvereinbarung voraus, dass mögliche Einwendungen der Mitversicherer und des Führenden gleichlaufen.[678] Darüber hinaus ist die Wirkung des pacto de non petendo wegen widersprüchlichen Verhaltens (§ 242 BGB) ausgeschlossen, wenn der Mitversicherer den Versicherungsvertrag wirksam angefochten hat, sich aber dennoch auf den Klageausschluss berufen möchte.[679]

Insgesamt trägt eine passive Prozessführungsklausel dem Interesse der Beteiligten an der Konzentration auch der prozessualen Vor-

---

672 *Schnepp*, in: Bruck/Möller, VVG, Anh. § 216 Rn. 87.

673 *Schaloske*, Mitversicherung, S. 201; *Armbrüster*, in: Prölss/Martin, VVG, Vorbem. § 77 Rn. 22.

674 *Schaloske*, Mitversicherung, S. 201; *ders.*, Folgerungen aus der Dornbracht-Entscheidung, S. 92; *Schnepp*, in: Bruck/Möller, VVG, Anh. § 216 Rn. 87; *M. Lange/Dreher*, VersR 2008, 289, 292.

675 *Schaloske*, Folgerungen aus der Dornbracht-Entscheidung, S. 91; *Schnepp*, in: Bruck/Möller, VVG, Anh. § 216 Rn. 87.

676 *Schnepp*, in: Bruck/Möller, VVG, Anh. § 216 Rn. 87.

677 *Schaloske*, Mitversicherung, S. 205.

678 S. BGH, Urt. v. 9.11.2011 – IV ZR 251/08, VersR 2012, 178 Rn. 21; Urt. v. 9.11.2011 – IV ZR 15/10, VersR 2012, 183 Rn. 27; *Schaloske*, Mitversicherung, S. 201; *Schnepp*, in: Bruck/Möller, VVG, Anh. § 216 Rn. 88.

679 *Schnepp*, in: Bruck/Möller, VVG, Anh. § 216 Rn. 88.

gänge bei dem führenden Versicherer Rechnung.[680] Insofern dienen Prozessführungsklauseln auch der Realisierung der materiellrechtlichen Vertretungsmacht, die dem Führenden eingeräumt wurde.[681]

(2) Aktive Prozessführungsklauseln

Eine aktive Prozessführungsklausel kann wie folgt lauten

> „Der führende Versicherer ist legitimiert, Prämienansprüche, Ansprüche auf Schadensbeteiligung und Regressansprüche zu Gunsten der Mitversicherer gerichtlich zu verfolgen. Ein gegen den oder von dem führenden Versicherer erstrittenes Urteil wird deshalb von den Mitversicherern als auch für Sie verbindlich anerkannt.“[682]

Auf Grundlage dieser Abrede wird dem Führenden das Recht eingeräumt, als gewillkürter Prozessstandschafter im eigenen Namen die Ansprüche der Mitversicherer einzuklagen, unter Beantragung der Leistung direkt an diese.[683] Die von der Rechtsprechung allgemein entwickelten Voraussetzungen der gewillkürten Prozessstandschaft liegen im Falle der Mitversicherung regelmäßig vor.[684] Insbesondere ist das überwiegend geforderte besondere Interesse an der Fremdprozessführung häufig erfüllt, weil sowohl der Führende als auch die übrigen Mitversicherer ein wirtschaftliches Interesse an der Prozesskonzentration haben.[685] Dies deckt sich im Übrigen mit dem Interesse des Versicherungsnehmers, die Prozessführung zu vereinfachen.[686] Soweit der führende Versicherer unter Offenlegung

---

680 *Schaloske*, Mitversicherung, S. 198, 207.

681 *M. Lange/Dreher*, VersR 2008, 289, 292.

682 S. OLG Düsseldorf, Urt. v. 13.6.1995 – 4 U 112/94, VersR 1996, 957; *Schnepp*, in: Bruck/Möller, VVG, Anh. § 216 Rn. 93.

683 *Schaloske*, Folgerungen aus der Dornbracht-Entscheidung, S. 94, *Schnepp*, in: Bruck/Möller, VVG, Anh. § 216 Rn. 94; *Armbrüster*, in: Prölss/Martin, VVG, Vorbem. § 77 Rn. 24.

684 *Schaloske*, Folgerungen aus der Dornbracht-Entscheidung, S. 94; s. BGH, Urt. v. 7.6.2001 – I ZR 49/99, VersR 2002, 117, 119.

685 *Schaloske*, Folgerungen aus der Dornbracht-Entscheidung, S. 95.

686 *Schaloske*, Folgerungen aus der Dornbracht-Entscheidung, S. 95.

der Prozessstandschaft klagt, hemmt dies die Verjährung für die den Mitversicherern zustehende Ansprüche.[687]

Gelegentlich wird auch bei der aktiven Prozessführungsbefugnis des Führenden eine zusätzliche Anerkenntnisvereinbarung getroffen. Gleichwohl ergibt sich schon aus dem Wesen der Prozessstandschaft, dass ein erwirktes Urteil für und gegen die Personen wirkt, für die es erstritten wurde.[688] Eine Anerkenntnisvereinbarung kann daher allenfalls klarstellende Bedeutung haben.[689]

Ein eigener Regelungsgehalt kann einer solchen Vereinbarung demgegenüber zukommen, wenn der Führende von der Ermächtigung keinen Gebrauch macht und den Versicherungsnehmer nur für seinen eigenen Anteil in Anspruch nimmt.[690]

Erteilt die Führungsklausel ihrem Wortlaut nach dem führenden Versicherer eine Vollmacht zur Prozessführung für die übrigen Mitversicherer, ist dies dogmatisch unrichtig, nach §§ 133, 157 BGB aber grundsätzlich als Einräumung einer gewillkürten Prozessstandschaft zu verstehen.[691]

Klauseln wie die Vorbenannte sind im Zweifel nicht dahingehend auszulegen, dass sie auch die passive Prozessstandschaft erfassen.[692] Dies zeigt der zweite Satz der Klausel; hinsichtlich solcher Prozesse, die gegen den führenden Versicherer gewonnen werden, erkennen die übrigen Mitversicherer das Urteil an. Aus dieser Systematik ergibt sich also, dass der Führende nicht zu einem Passivprozess ermächtigt wird.

---

687 Vgl. BGH, Urt. v. 16.9.1999 – VII ZR 385/98, VersR 2000, 195 (nicht versicherungsrechtlich); *Schnepp*, in: Bruck/Möller, VVG, Anh. § 216 Rn. 94; *Armbrüster*, in: Prölss/Martin, VVG, Vorbem. § 77 Rn. 24; *Thume*, VersR 2008, 455, 459.

688 BGH, Urt. v. 7.7.1993 – IV ZR 190/92, BGHZ 123, 132 = NJW 1993, 3072, 3073; *Schnepp*, in: Bruck/Möller, VVG, Anh. § 216 Rn. 95.

689 *Schaloske*, Mitversicherung, S. 210; s. auch BGH, Urt. v. 7.6.2001 – I ZR 49/99, VersR 2002, 117, 119.

690 *Schaloske*, Mitversicherung, S. 211.

691 BGH, Urt. v. 7.6.2001 – I ZR 49/99, VersR 2002, 117, 118 f.; *Armbrüster*, in: Prölss/Martin, VVG, Vorbem. § 77 Rn. 27.

692 *Schnepp*, in: Bruck/Möller, VVG, Anh. § 216 Rn. 96; leicht anders *Schaloske*, Folgerungen aus der Dornbracht-Entscheidung, S. 95.

Der führende Versicherer ist daher grundsätzlich nicht ermächtigt, auch Passivprozesse, beispielsweise auf Zahlung der Versicherungsleistung für die Mitversicherer zu führen. Eine Klage des Versicherungsnehmers über den Haftungsanteil des Führenden hinaus ist daher abzuweisen.[693]

Eine aktive Prozessführungsklausel entlastet also insgesamt die Parteien davon, im Einzelfall aufwändige Abtretungsvereinbarungen zu schließen, um prozessual ein einheitliches Klageverfahren führen zu können.[694]

b. Rechte und Pflichten des Führenden

Mit dem Abschluss einer Führungsklausel im Außenverhältnis zum Versicherungsnehmer korrespondiert der Führungsauftrag im Innenverhältnis der Mitversicherer.[695] Dieser ergibt sich jedenfalls reflexartig aus dem Außenverhältnis, wenn die Mitversicherer im Innenverhältnis keine gesonderten Absprachen über den Führungsvertrag getroffen haben.[696] Gleichwohl gehen die Regelungen des Innenverhältnisses, auch wenn sie konkludent vereinbart sind, im Einzelfall über den Inhalt der Führungsklausel hinaus. Prägnant wird daher formuliert: „Alles was Inhalt der Führungsklausel ist, ist auch Inhalt des Führungsvertrages, nicht aber umgekehrt."[697]

Bevor die Haftung des Führenden näher betrachtet werden kann, ist zunächst die Rechtsnatur des Führungsvertrages zu untersuchen. Denn ohne seine Bestimmung kann keine nähere Aussage zur Haftung getroffen werden.

---

693 OLG Düsseldorf, Urt. v. 13.6.1995 – 4 U 112/94, VersR 1996, 957 f.; *Schnepp*, in: Bruck/Möller, VVG, Anh. § 216 Rn. 96; s. zum Gegenbeispiel bei einer Klausel, die auch die passive Prozessführungsbefugnis erfasst OLG Bremen, Urt. v. 13.1.1994 – 2 U 104/93, VersR 1994, 709 f.; *Henning*, Exzedentenversicherung, S. 127; *M. Lange/Dreher*, VersR 2008, 289, 292.

694 *Schaloske*, Mitversicherung, S. 209.

695 *Schaloske*, Mitversicherung, S. 229; *Schnepp*, in: Bruck/Möller, VVG, Anh. § 216 Rn. 115; *M. Lange/Dreher*, VersR 2008, 289, 293.

696 *Schaloske*, Mitversicherung, S. 299; *ders.*, Folgerungen aus der Dornbracht-Entscheidung, S. 98; *Schnepp*, in: Bruck/Möller, VVG, Anh. § 216 Rn. 115.

697 *Schnepp*, in: Bruck/Möller, VVG, Anh. § 216 Rn. 115.

Dies wird in Rechtsprechung und Literatur unterschiedlich bewertet.[698] Klarheit besteht jedenfalls darüber, dass die Führungsklausel dem Rechtsverhältnis der Beteiligten ein neues Gepräge gibt.[699] Die Frage nach der grundsätzlichen Rechtsnatur der Mitversicherung ist daher von der Frage der Rechtsnatur einer Mitversicherung mit Führungsklausel zu trennen. Auf erstere Frage braucht für das hiesige Untersuchungsziel nicht näher eingegangen zu werden, sie wurde an anderer Stelle bereits ausführlich diskutiert.[700] Vielmehr kommt es auf die zweite Fragestellung an, da sich aus ihr auch möglicherweise Folgerungen für das Verhältnis der Layerdeckung im Falle einer layerübergreifenden Führungsklausel ergeben können.

aa) Rechtsnatur des Führungsvertrages

Die Rechtsnatur des Führungsvertrages ist im Einzelnen umstritten.

(1) Meinungsstand

Nach einer Ansicht handelt es sich um ein entgeltliches Geschäftsbesorgungsverhältnis bzw. um einen unentgeltlichen Auftrag an den Führenden.[701] Dies führt zu einem weitgehenden Weisungsrecht der übrigen Mitversicherer (vgl. e contrario § 665 BGB). Überwiegend wird dieses Weisungsrecht jedoch in der Mitversicherung der Schranke unterworfen, dass seiner Ausübung keine Rücksichtnahme- und Abstimmungspflichten entgegenstehen dürfen.[702]

Gegen dieses Weisungsrecht spricht sich die Gegenansicht aus. Sie nimmt stattdessen für das Innenverhältnis einen ungeregelten

---

698 *Schnepp*, in: Bruck/Möller, VVG, Anh. § 216 Rn. 115.

699 *Schaloske*, Mitversicherung, S. 231; *ders.*, Folgerungen aus der Dornbracht-Entscheidung, S. 98; *Schnepp*, in: Bruck/Möller, VVG, Anh. § 216 Rn. 115; *M. Lange/Dreher*, VersR 2008, 289, 293.

700 S. insbes. *Schaloske*, Mitversicherung, S. 67 ff., 129 ff.

701 BFH, Urt v. 24.4.2013 – XI R 7/11, BFHE 241, 459 = DStRE 2013, 995 Rn. 29; OLG Hamburg, Urt. v. 19.2.2008 – 6 U 119/17, VersR 2008, 1249 f.; *Schaloske*, Mitversicherung, S. 231 f.; *Schnepp*, in: Bruck/Möller, VVG, Anh. § 216 Rn. 117; *Halbach*, in: MünchKomm VVG, § 77 Rn. 13; *Armbrüster*, in: Prölss/Martin, VVG, Vorbem. § 77 Rn. 16; *Brinker/Schädle*, VW 2003, 1318, 1321; *Dreher/M. Lange*, VersR 2005, 717, 724; *dies.*, VersR 2008, 289, 293.

702 *Schaloske*, Mitversicherung, S. 232 f.; *Schnepp*, in: Bruck/Möller, VVG, Anh. § 216 Rn. 117; *M. Lange/Dreher*, VersR 2008, 289, 296.

Vertrag sui generis unter Ablehnung des Auftrags- bzw. Geschäftsbesorgungsverhältnisses an.[703]

(2) Stellungnahme

Für die zweitgenannte Auffassung spricht die typische Interessenlage der Mitversicherung.[704] Denn in einem üblichen Auftragsverhältnis wird der Beauftragte maßgeblich für den Auftraggeber tätig und hat nur ein untergeordnetes Interesse an dem Gelingen des Geschäfts.[705] Dies ist bei der Mitversicherung anders. Denn der führende Mitversicherer hat – wie bereits aufgezeigt – im Regelfall den größten Anteil an der Versicherung, sodass ihn auch der größte Haftungsanteil und daher das größte Interesse an der Durchführung des Vertrages trifft. Insofern ist die Interessenlage bei der Mitversicherung sogar das genaue Gegenteil derer bei Geschäftsbesorgungs- oder Auftragsverhältnissen.

Hinzu tritt, dass das Weisungsrecht der übrigen Mitversicherer der Gestaltung der Mitversicherung entgegensteht. Denn der Führende wäre allen Weisungen der übrigen Mitversicherer unterworfen, die sich im Einzelfall auch widersprechen können.[706] Zudem ist die typische Situation auch hier genau umgekehrt; der Führende hat häufig das leitende Recht zur Entscheidung für die anderen, im Regelfall untergeordneten Mitversicherer, nicht umgekehrt.[707]

Dennoch ist der Vertragsinhalt von seiner Rechtsnatur grundsätzlich zu trennen. So steht es dem Charakter als Geschäftsbesorgung bzw. Auftrag nicht entgegen, dass ein Weisungsrecht besteht, da dieses auch als konkludent abbedungen gelten kann.[708] Dies erscheint für die Mitversicherung auch interessengerecht, da der Führende einen gewissen Entscheidungsspielraum haben muss, um seiner Verantwortung gerecht zu werden und die im Einzelfall zeiti-

---

703 *Hübener*, Die Führungsklausel, S. 85.

704 *Schaloske*, Mitversicherung, S. 231 ff.; *Schnepp*, in: Bruck/Möller, VVG, Anh. § 216 Rn. 119.

705 Für den Auftrag *F. L. Schäfer*, in: MünchKomm BGB, § 667 Rn. 1; zur Geschäftsbesorgung *Fischer*, in: BeckOK BGB, Stand: 1.11.2021, § 675 Rn. 3.

706 *Schnepp*, in: Bruck/Möller, VVG, Anh. § 216 Rn. 119.

707 *Hübener*, Die Führungsklausel, S. 85; hiergegen *Brinker/Schädle*, VW 2003, 1318, 1322.

708 *Schnepp*, in: Bruck/Möller, VVG, Anh. § 216 Rn. 119; krit. *Schaloske*, Folgerungen aus der Dornbracht-Entscheidung, S. 99 (es bedürfe für eine Abbedingung weiterer Anhaltspunkte).

ge Entscheidung auch für die übrigen Mitversicherer zu treffen.[709] Im Übrigen ist aber das Bestehen eines Weisungsrechts auch nicht schlechthin mit der Mitversicherung unvereinbar.[710] Zwar sollen die Führungsklauseln der Vereinfachung der Abwicklung der Mitversicherung durch ihre Konzentration beim Führenden bewirken, aus der Wahrnehmung fremder Interessen folgt aber ebenso eine Bindung an die Weisungen, jedenfalls aber die Interessen der anderen Mitversicherer.[711]

Schließlich ist auch allgemein anerkannt, dass der Auftragnehmer bzw. derjenige, der das Geschäft besorgt, auch zumindest gleichrangige eigene Interessen durch sein Tätigwerden erfüllen kann.[712] Dies steht dem Argument der gegenteiligen Interessenlage entgegen.

Folglich ist der weit überwiegend vertretenen Ansicht zuzustimmen und der Führungsvertrag als entgeltlicher Geschäftsbesorgungsvertrag oder unentgeltlicher Auftrag zu verstehen.

bb) Rechte und Pflichten des Führenden

Konsequenz aus der vorherigen Einordnung ist, dass die Vorschriften über das Auftragsrecht der §§ 662 ff. BGB, im Falle einer entgeltlichen Tätigkeit über die Verweisung in § 675 BGB, Anwendung finden.[713] Dies gilt vorbehaltlich gesonderter Abreden im Führungsvertrag, die aber selten sind; dieser wird vielmehr in der Regel konkludent durch Vereinbarung der Führungsklausel im Außenverhältnis geschlossen.[714]

---

709 *Schaloske*, Mitversicherung, S. 232 f.

710 *Schaloske*, Mitversicherung, S. 232; *M. Lange/Dreher*, VersR 2008, 289, 296.

711 *Schaloske*, Mitversicherung, S. 232; *ders.*, Folgerungen aus der Dornbracht-Entscheidung, S. 99, das Weisungsrecht sei auch „gelebte Vertragspraxis“; *ders.*, VersR 2007, 606, 616; *M. Lange/Dreher*, VersR 2008, 289, 296.

712 *Schaloske*, Mitversicherung, S. 251; *Schnepp*, in: Bruck/Möller, VVG, Anh. § 216 Rn. 119.

713 *Schnepp*, in: Bruck/Möller, VVG, Anh. § 216 Rn. 120; *M. Lange/Dreher*, VersR 2008, 289, 293.

714 *Schaloske*, Mitversicherung, S. 233; *ders.*, Folgerungen aus der Dornbracht-Entscheidung, S. 101 f.; s. auch *M. Lange/Dreher*, VersR 2008, 289, 297.

Umfasst sind als Hauptpflicht die Wahrnehmung der Führungsaufgabe gem. § 662 BGB bzw. § 675 Abs. 1 i.V.m. § 611 BGB.[715] Der Führende hat sich hierbei so zu verhalten, wie ein verständiger, billig denkender Versicherer verfahren würde, wenn er allein ein eigenes, nicht weiter versichertes Risiko versichert hätte.[716] Er hat insbesondere auch für die Anteile der Mitversicherer alle Rechte und Pflichten, die sich aus den Versicherungsverträgen ergeben, und andere Verwaltungsaufgaben wahrzunehmen.[717]

Konkretisiert werden diese Pflichten durch die Führungsklausel im Verhältnis zum Versicherungsnehmer. Soweit also keine besonderen Abreden im Innenverhältnis bestehen, ist der Versicherer befugt, alle Aufgaben so wahrzunehmen, wie dies die Führungsklausel im Außenverhältnis vorsieht.[718] Hinzu tritt die Mitteilungspflicht über relevante, sich aus der Vertragsverwaltung ergebende Tatsachen an die Mitversicherer, die Auskunfts- und Rechenschaftspflicht bei Nachfragen der Mitversicherer (§ 666 BGB) sowie die Pflicht zur Herausgabe des durch die Geschäftsführung Erlangten, was insbesondere die Prämie – soweit der Führende mit dem Inkasso beauftragt ist – und Unterlagen betrifft.[719]

Grundsätzlich folgt aus der Anwendung der Vorschriften über den Auftrag auch die Pflicht des führenden Versicherers, die Weisungen der übrigen Mitversicherer zu befolgen (e contrario § 665 BGB). Dies kann zu Spannungen mit den eigenen Interessen des Führenden führen, ist aber auch dann problematisch, wenn die Mitversicherer sich widersprechende Weisungen erteilen.[720] In einem solchen Spannungsfall folgt aus der generellen Rechtsbeziehung der Mitversicherer untereinander, namentlich bestehender Treue- und Schutzpflichten, das Recht des Führenden, die Weisungen zu igno-

---

715 *Schaloske*, Mitversicherung, S. 234; *ders.*, Folgerungen aus der Dornbracht-Entscheidung, S. 101; *Armbrüster*, in: Prölss/Martin, VVG, Vorbem. § 77 Rn. 16.

716 *Hübener*, Die Führungsklausel, S. 73; *Schaloske*, Mitversicherung, S. 234; *Schnepp*, in: Bruck/Möller, VVG, Anh. § 216 Rn. 121.

717 BFH, Urt v. 24.4.2013 – XI R 7/11, BFHE 241, 459 = DStRE 2013, 995 Rn. 3, 30; *Schaloske*, Mitversicherung, S. 234; *Schnepp*, in: Bruck/Möller, VVG, Anh. § 216 Rn. 121.

718 *Schnepp*, in: Bruck/Möller, VVG, Anh. § 216 Rn. 122.

719 *Schaloske*, Mitversicherung, S. 236 f.; *Schnepp*, in: Bruck/Möller, VVG, Anh. § 216 Rn. 123 f.; *M. Lange/Dreher*, VersR 2008, 289, 293; *Schaloske*, VersR 2007, 606, 617.

720 *Schnepp*, in: Bruck/Möller, VVG, Anh. § 216 Rn. 126.

rieren.[721] Bei dieser Entscheidung gilt ein objektiver Rahmen, anhand des Maßstabes eines verständigen und billig denkenden Versicherers.[722] Das Prognoserisiko trägt hierbei der Führende.[723]

Demgegenüber hat der Führende allem voran einen Aufwendungsersatzanspruch gegen die übrigen Mitversicherer nach § 670 BGB (gegebenenfalls i.V.m. § 675 BGB).[724]

Ein Anspruch auf Zahlung einer Führungsposition steht dem führenden Versicherer aber nur bei ausdrücklicher Vereinbarung und nicht schon auf Grund der §§ 675 Abs. 1, 612 Abs. 1 BGB zu.[725] Denn in der Praxis wird die Führung der Mitversicherung häufig unentgeltlich übernommen, eine Vergütung kann daher billigerweise nicht erwartet werden.[726]

cc) Haftung des Führenden

Verletzt der Führende eine Pflicht aus dem Führungsverhältnis, haftet er den übrigen Mitversicherern im Grundsatz nach den allgemeinen Regeln, also insbesondere den §§ 280 ff. BGB.[727] Ihn trifft dabei der Verschuldensmaßstab nach § 276 Abs. 1 S. 1 BGB; er hat Vorsatz und Fahrlässigkeit zu vertreten. Eine Haftungserleichterung analog §§ 521, 599, 690 BGB kennt das Auftragsrecht auch hier nicht.[728] Gegen eine solche Annahme spricht auch der regelmäßige (hypothetische) Parteiwille. Neben der Unentgeltlichkeit der Tätigkeit liegen üblicherweise keine Gründe vor, die eine Reduktion be-

---

721 Vgl. für die Einholung von Zustimmungen *Schaloske*, Mitversicherung, S. 235 f.; allgemein *M. Lange/Dreher*, VersR 2008, 289, 295; *dies.*, VersR 2005, 717, 724 f.; in diese Richtung auch *Henning*, Exzedentenversicherung, S. 133, 135.

722 *Schnepp*, in: Bruck/Möller, VVG, Anh. § 216 Rn. 216.

723 *Schnepp*, in: Bruck/Möller, VVG, Anh. § 216 Rn. 216.

724 *Schaloske*, Mitversicherung, S. 244; *ders.* Folgerungen aus der Dornbracht-Entscheidung, S. 102; *Schnepp*, in: Bruck/Möller, VVG, Anh. § 216 Rn. 127.

725 *Schaloske*, Mitversicherung, S. 240; *Schnepp*, in: Bruck/Möller, VVG, Anh. § 216 Rn. 127; *M. Lange/Dreher*, VersR 2008, 289, 293.

726 *Schaloske*, Mitversicherung, S. 240; *ders.*, Folgerungen aus der Dornbracht-Entscheidung, S. 100 (Provisionen stellen die Ausnahme dar).

727 *Schaloske*, Mitversicherung, S. 251; *Schnepp*, in: Bruck/Möller, VVG, Anh. § 216 Rn. 130.

728 *Schaloske*, Mitversicherung, S. 252; *Schnepp*, in: Bruck/Möller, VVG, Anh. § 216 Rn. 130; s. allgemein BGH, Urt. v. 30.4.1959 – II ZR 126/57, BGHZ 30, 40, 46 f. = NJW 1959, 1221, 1223.

gründen könnten.[729] Im Gegenteil überwiegt das Interesse der übrigen Versicherer an einer weitreichenden Haftung des Beauftragten.[730]

c. Zwischenergebnis

Die verschiedenen Formen der Führungsklausel in der Mitversicherung sind geeignet, die aus der Beteiligung vieler Versicherer resultierenden Probleme zu lösen. Der jeweilige Umfang der Führungsaufgabe ergibt sich aus der vereinbarten Führungsklausel. Hierbei trifft den führenden Versicherer einiges an Verantwortung und ein entsprechend umfangreiches Haftungsrisiko. Für die Layerdeckung sind diese Erkenntnisse bedeutsam, da vielfach ein einzelner Layer durch eine Mitversicherung versichert wird. Hier vereinbaren die Beteiligten häufig eine Form der hier besprochenen Führungsklauseln.

2. Layerübergreifende Führungsklauseln

Eine vergleichbar umfangreiche Diskussion wurde für Führungsklauseln in der Layerdeckung bis dato nicht geführt.[731] Dies liegt vornehmlich darin begründet, dass sich in der Marktpraxis keine gemeinsame Koordination der Versicherer, weder durch eine Absprache im Außenverhältnis zum Versicherungsnehmer noch durch gemeinsame Regelungen für das Innenverhältnis, durchsetzen konnte.[732]

In diesem Abschnitt gilt es zunächst zu untersuchen, ob eine layerübergreifende Führungsklausel geeignet ist, die aus der Beteiligung einer Vielzahl von Versicherern resultierenden Komplikationen zu bewältigen und eine interessengerechte Lösung darzustellen. Bejahendenfalls ist analog zur Mitversicherung zu untersuchen,

---

729 *Schaloske*, Mitversicherung, S. 253, der eine Begrenzung der Haftung auf die Sorgfalt in eigenen Angelegenheiten gem. § 277 BGB diskutiert.

730 *Schaloske*, Mitversicherung, S. 253.

731 Lediglich *Henning*, Exzedentenversicherung, S. 121 ff.; *Herdter*, VersPrax 10/2012, 201 ff. beschäftigen sich mit layerübergreifenden Führungsklauseln.

732 *Henning*, Exzedentenversicherung, S. 121; *Thürmann*, in: FS Hamburger Seminar, 2016, S. 505, 510; *Drave*, VersPrax 6/2017, 35, 37; *Schaloske*, PHi 2012, 166, 173.

welchen Regelungsgehalt derartige Führungsklauseln aufweisen sollen, um schließlich ihre Wirkung im Gefüge der Layerdeckung zu erläutern.

a. Ausgangslage einer layerübergreifenden Führungsklausel

Aus der Beteiligung einer Vielzahl von Versicherern folgt auch in der Layerdeckung die Notwendigkeit sie zu koordinieren, um ansonsten drohende Nachteile nicht nur für den Versicherungsnehmer, sondern auch für die Versicherer zu verhindern.[733]

aa) Gefahren für den Versicherungsnehmer

Neben der Gefahr einer uneinheitlichen Regulierung im Schadenfall birgt die Exzedentendeckung organisatorische Nachteile für den Versicherungsnehmer, der grundsätzlich alle seine versicherungsvertraglichen (und sonstigen) Pflichten und Obliegenheiten gegenüber jedem Versicherer gesondert zu erfüllen hat.[734] Auch sind Abreden, die der Versicherungsnehmer bzw. sein Makler mit einem Versicherer trifft, nur diesem gegenüber bindend und ohne Einfluss auf andere Versicherungsverträge, wodurch sodann unterschiedliche Regulierungsentscheidungen drohen.[735] Zudem besteht ein erhöhtes Prozessrisiko, da der Versicherungsnehmer im Schadenfall jeden Versicherer gesondert auf seine Leistung verklagen muss, wobei im Einzelfall unterschiedliche Gerichte sachlich und örtlich zuständig sein können.[736] Letztlich trifft den Versicherungsnehmer auch das Risiko, das aus der Unsicherheit im Umgang mit der Exzedentendeckung in der Praxis resultiert. So ist beispielsweise unklar, ob der Versicherungsnehmer jeden Schaden gegenüber je-

733 S. *Mitterlechner/Wax/Witsch*, D&O-Versicherung, § 12 Rn. 126; *Schaloske*, in: FS Fürstenwerth, 2020, S. 315, 318 (fehlende Abstimmung sei „kontraproduktiv“); *ders.*, PHi 2012, 166, 168 (Schadensabwicklung gewinnt erheblich an Komplexität); *Knöfel*, ZIP 2018, 1814, 1816.

734 S. oben S. 46 ff., 114 ff.; zur zusätzlichen Hürde bei ausländischen Carriern *Knöfel*, VersR 2018, 513, 520;

735 Vgl. *Schaloske*, Mitversicherung, S. 157 (zur Mitversicherung); *ders.*, PHi 2012, 166, 168.

736 *Henning*, Exzedentenversicherung, S. 122.

dem Versicherer zu melden hat,[737] oder nur gegenüber den Versicherern, deren Layer potenziell berührt werden können.[738]

bb) Gefahren für die Versicherer

Auch für die Layerversicherer kann eine Führungsklausel für Erleichterung sorgen. Vor allem bei Beteiligung in höheren, von der Grunddeckung weit entfernten Layern, kann ein Verwaltungsaufwand entstehen, der die Beteiligung an der Deckung weniger lohnenswert erscheinen lässt.[739] Die jeweils gesonderte Ausfertigung von Vertragsdokumenten, die Entgegennahme der Erklärungen des Versicherungsnehmers sowie Besichtigungen und Schadensbearbeitung können einen Kosten verursachen, die sich in Layern mit nur geringer Wahrscheinlichkeit der Inanspruchnahme nicht lohnen, da sie außer Verhältnis zur Prämie stehen, zumal sie durch Abreden im Innenverhältnis gänzlich vermieden werden könnten.[740] Es liegt daher gerade auch im Interesse dieser kleineren Carrier aus Gründen der Kostenersparnis einen Layerversicherer mit der Geschäfts- und Vertragsabwicklung zu betrauen. Diese Führung kann dem Beteiligten übertragen werden, der aufgrund seines spezifischen Sachverstandes, der Risikokenntnis und der Kapazitäten für die Schadensbearbeitung die Gewähr einer sachgerechten Vertragsabwicklung bietet.[741] Dies wird typischerweise der Grundversicherer sein, da seine Entscheidungen ohnehin einen erheblichen Einfluss auf die Leistungspflicht der übrigen Exzedenten haben kann und sie zugleich in gewisser Hinsicht „faktisch präjudiziert".[742]

---

737 So *R. Koch*, in: FS Thümmel, 2020, S. 421, 423 im dargestellten Beispiel.

738 Hierfür *Schaloske*, in: FS Fürstenwerth, 2020, S. 315, 318.

739 *Diller*, AVB-RSW, Einl. Rn. 117; *Gräfe*, in: Gräfe/Brügge, Vermögensschadenhaftpflichtversicherung, D. Rn. 306; *Knöfel*, ZIP 2018, 1814, 1817; vgl. *Schaloske*, Mitversicherung, S. 157 (zur Mitversicherung).

740 *Schaloske*, PHi 2012, 166; vgl. *ders.*, Mitversicherung, S. 157 (zur Mitversicherung).

741 Vgl. *Schaloske*, Mitversicherung, S. 157 (zur Mitversicherung); s. auch *ders.*, in: FS Fürstenwerth, 2020, S. 315 (höhere Layer für Versicherer mit weniger Expertise oder Erfahrung attraktiv).

742 *Thürmann*, in: FS Hamburger Seminar, 2016, S. 505, 522; s. auch *Drave*, VersPrax 6/2017, 35, 37; *Knöfel*, ZIP 2018, 1814, 1817 („treuhänderisch"); mit verschiedenen Beispielen *R. Koch*, in: FS Thümmel, 2020, S. 421, 423 ff., 427.

cc) Der Führungsklausel entgegenstehende Umstände

Trotz dieser Vorteile konnte sich die Koordination der Layerversicherer, ganz im Gegenteil zur Situation in der Mitversicherung, bisher nicht durchsetzen. Lediglich nach Eintritt des Versicherungsfalls kann es vorkommen, dass sich die Versicherer zur Koordinierung und Führung der Abwicklung zusammenschließen.[743] Dies liegt insbesondere im unterschiedlichen Zustandekommen der Deckungsformen begründet.[744] Da Grund- und Exzedentenversicherer im Regelfall bei der Erstellung des Exzedententurmes nicht zusammenwirken, [745] kommt von ihnen nicht die Initiative, eine gemeinsame Strategie im Innenverhältnis festzulegen.[746]

Hinzu tritt, dass in der tatsächlichen Auseinandersetzung der Layerdeckung die Versicherer einen größeren Abstand zueinander wahren, als dies bei der Mitversicherung der Fall ist. Denn aus der fehlenden gleichzeitigen Betroffenheit und der einseitigen Abhängigkeit der Leistungspflicht des Exzedenten vom Grundversicherer folgt eine Hemmschwelle. So besteht aus Sicht der Exzedentenversicherer die Sorge, dass der führende Grundversicherer Regulierungsentscheidungen großzügiger vornimmt, da einerseits seine Deckungsstrecke ohnehin ausgeschöpft wird und er andererseits seinem Versicherungsnehmer durch die Bindung der Exzedenten an seine Führungsentscheidung eine zusätzliche Sicherheit anbietet.[747] Ein häufig angesprochener Punkt ist zudem die unterschiedliche Interessenlage der Versicherer.[748] Denn der Exzedent hat zunächst ein Interesse daran, dass der Grundversicherer das Schadensausmaß klein hält, um nicht selbst leisten zu müssen. Ein ähnliches Interesse hat auch der Grundversicherer, der ebenso seine Leistungspflicht zu reduzieren sucht.[749] Gleichwohl ist seine De-

---

[743] *Hemeling*, in: FS Hoffmann-Becking, 2013, S. 491, 506; diese Praxis entwickelte sich im Anschluss an die Darstellung des gemeinsamen Deckungsvergleichs der Siemens AG mit den Versicherern des Layerprogramms im Jahre 2009 bzw. 2010, s. *Schaloske*, in: FS Fürstenwerth, 2020, S. 315, 326.

[744] *Henning*, Exzedentenversicherung, S. 135; *Schaloske*, PHi 2012, 166, 168.

[745] Zum Zustandekommen über den Grundversicherer s. S. 42 ff.

[746] *Schaloske*, in: FS Fürstenwerth, 2020, S. 315, 321; *ders.*, PHi 2012, 166, 168.

[747] *Henning*, Exzedentenversicherung, S. 138.

[748] *Henning*, Exzedentenversicherung, S. 141; *Drave*, VersPrax 6/2017, 35, 37; *Knöfel*, ZIP 2018, 1814, 1817; *Schaloske*, PHi 2012, 166, 168.

[749] *Knöfel*, ZIP 2018, 1814, 1817.

ckungsstrecke begrenzt. Im Einzelfall kann es aus seiner Sicht wirtschaftlich sein, einen wenig erfolgversprechenden Prozess „auf gut Glück" zu führen, um wenigstens eine theoretische Chance zu haben, weniger leisten zu müssen.[750] Hierdurch können die Kosten des Versicherungsfalls aber auch erhöht werden, was bei der Begrenzung der Leistungsstrecke zwar den Grundversicherer nicht tangiert, die Exzedenten jedoch unmittelbar berührt.[751]

dd) Verhandlungsposition des Versicherungsnehmers

Der Versicherungsnehmer ist insofern aus dem oben genannten Gründen gut beraten, seine Verhandlungsposition dazu zu nutzen, eine weitgehende Führungsklausel zu vereinbaren.[752] Hierdurch rücken die beteiligten Versicherer neben ihrer tatsächlichen Verbindung aufgrund des häufigen Auftretens in mehreren Layern auch rechtlich näher zusammen und die Vertragsdurchführung vereinfacht sich.[753] Zwar kann es auch zu einem Informationsaustausch zu Lasten des Versicherungsnehmers kommen, andererseits entlastet sich der Versicherungsnehmer bzw. seinen Makler auch von einem erheblichen Verwaltungsaufwand.

Nicht übersehen werden darf schließlich, dass der Versicherungsnehmer mit der Layerung der Deckungsstrecken die Versicherung eines einheitlichen wirtschaftlichen Lebenssachverhaltes verfolgt. Dieses Ziel kann aber für den Versicherungsnehmer zumindest reibungsloser erreicht werden, wenn die Versicherer untereinander kooperieren, um einheitliche Tatsachen- und Deckungsentscheidungen zu treffen. Dadurch kann zugleich das Ineinandergreifen der Layer optimiert werden, ohne dass Deckungslücken entstehen oder es zu einem Rechtsstreit kommt, in dessen Rahmen die Versicherer nicht nur gegen den Versicherungsnehmer, sondern auch unterei-

---

750 Vgl. *Mitterlechner/Wax/Witsch*, D&O-Versicherung, § 6 Rn. 31 (der Grundversicherer könnte seine Deckungssumme als rasch erschöpft ansehen, was sich in einer sehr großzügigen bzw. liberalen Kostenabwehr [bei vereinbarter Anrechnung von Abwehrkosten] ausdrücken könne).

751 S. auch das Beispiel bei *Knöfel*, ZIP 2018, 1814, 1818; *Drave*, VersPrax 6/2017, 35, 37.

752 *Hemeling*, in: FS Hoffmann-Becking, 2013, S. 491, 506; *Drave*, VersPrax 6/2017, 35, 37; *Schaloske*, PHi 2012, 166, 168; zur Verhandlungsmacht des Versicherungsnehmers bei hohen Versicherungssummen *Dreher*, in: FS Baums, 2017, S. 325, 328.

753 *Hemeling*, in: FS Hoffmann-Becking, 2013, S. 491, 506.

nander versuchen, (Regress-)Ansprüche durchzusetzen.[754] Dieses besondere Interesse des Versicherungsnehmers am Gelingen der eigentlichen Aufgabe der Exzedentenversicherung, nämlich die Versicherung einer Gefahr mit einem hohen Schadensausmaß, ist von besonderer Bedeutung.

Im Rahmen seiner Verhandlungen kann der Versicherungsnehmer, um den bereits angesprochenen Bedenken der Exzedentenversicherer Rechnung zu tragen, auf die Haftung des Führenden bei Verletzung seiner Pflichten verweisen. Zwar kann der führende Grundversicherer – je nach Ausgestaltung der Führungsklausel – die übrigen Versicherer im Außenverhältnis wirksam verpflichten. Im Innenverhältnis stellt sich das Abweichen von erteilten Weisungen, konkludenten oder ausdrücklichen Vereinbarungen oder das Unterschreiten des objektiven Sorgfaltsmaßstabes als Pflichtverletzung im Rahmen des Führungsauftrages dar. Entsteht den Exzedenten hierdurch ein messbarer Schaden, können sie gegen den Führenden im Wege des Schadensersatzes vorgehen.[755] Dies wird durch den strengen Maßstab, der an die Führungshandlungen gestellt wird, noch verstärkt. Bedient man sich an dieser Stelle den Erkenntnissen aus der Mitversicherung, wird klar, dass der Führende einer strengen Kontrolle unterliegt, da er sich so zu verhalten hat, wie ein verständiger, billigdenkender Versicherer verfahren würde, wenn er allein ein nicht rückversichertes Risiko versichert hätte.[756] Schon eine mangelnde Auskunft oder Benachrichtigung i.S.d. § 666 Var. 1 BGB kann zur Schadensersatzverpflichtung führen.[757] Dies kann insbesondere dann relevant werden, wenn der führende Versicherer von Tatsachen Kenntnis erlangt, die die Leistungspflicht (auch) der übrigen Versicherer betrifft und dieses Wissen nicht oder verspätet weitergibt.[758]

---

754 S. die Konstellation in OLG München, Beschl. v. 7.1.2019 – 25 U 2750/18, VersR 2020, 543; *Knöfel*, ZIP 2018, 1814, 1815; *ders.*, VersR 2018, 513, 520 („Mehrfrontenkrieg"); *Drave*, VersPrax 6/2017, 35, 36; *Schaloske*, PHi 2012, 166, 167 (erst die gegenseitige Information ermöglicht die Regulierung komplexer Schadensfälle).

755 *Henning*, Exzedentenversicherung, S. 138.

756 *Henning*, Exzedentenversicherung, S. 138.

757 Vgl. *Schaloske*, Mitversicherung, S. 252 (zur Mitversicherung).

758 Mit diesem Beispiel zur Mitversicherung *Schaloske*, Folgerungen aus der Dornbracht-Entscheidung, S. 103.

Unter Zugrundelegung dieses Maßstabs wird dem führenden Versicherer ein erhebliches Risiko übertragen.[759] Dennoch kann er ein Interesse an dieser Aufgabe haben. Durch sie erwirbt er nicht nur eine herausgehobene Stellung, die ihm weitreichendere Befugnisse verleiht, vielmehr wird zugleich, aufgrund eines stetigen Austauschs, die Kundenbindung gestärkt.[760] Hinzu tritt das besondere Vertrauen, das der Versicherungsnehmer und die übrigen Versicherer ihm gewähren, die sich auf seine Sachkunde und eine an ihren Interessen ausgerichtete Geschäftsführung verlassen.[761] Letztlich verwaltet er auch die Verhandlungen mit dem geschädigten Dritten in der Haftpflichtversicherung bzw. Regressansprüche i.S.v. § 86 Abs. 1 S. 1 VVG, bei der er die Exzedenten hinter sich vereinen kann, um eine stärkere Verhandlungsposition zu erlangen.

Trotz alledem wird es sich bei der Übernahme der Führungsaufgabe der Layerdeckung um eine zusätzliche Leistung des Führenden an den Versicherungsnehmer handeln und wird nicht von einem überwiegenden Eigeninteresse des Versicherers getragen sein.

b. Gestaltungsmöglichkeiten analog zur Mitversicherung

Bevor die Übertragung der bereits gefundenen typischen Führungsklauseln der Mitversicherung auf die Layerdeckung diskutiert werden kann, ist zunächst auf die bereits eingangs gefundene Differenzierung typischer Layerstrukturen einzugehen.

aa) Koordinierte und kapazitätsgebende Programme

Grundlegende Voraussetzung für die ordnende Funktion einer Führungsklausel ist die Einheitlichkeit der Versicherungsbedingungen.[762] Andernfalls verbleibt für den Versicherungsnehmer lediglich

---

759 Zur Einschränkung der Haftung in der Haftpflichtversicherung im Rahmen der Ermessensausübung des führenden Haftpflichtversicherers s. *Henning*, Exzedentenversicherung, S. 141; vgl. auch *R. Koch*, in: FS Thümmel, 2020, S. 421, 431 zur Haftung aus c.i.c.

760 *M. Lange/Dreher*, VersR 2008, 289, 290.

761 Vgl. *Schaloske*, Mitversicherung, S. 253; *ders.*, Folgerungen aus der Dornbracht-Entscheidung, S. 103; *Dreyer*, in: FS G. Winter, 2007, S. 159, 162; (zur Mitversicherung).

762 *Henning*, Exzedentenversicherung, S. 135 f.; vgl. zur Mitversicherung *Schaloske*, Mitversicherung, S. 205.

der Vorteil, dass er nur mit einem Versicherer kontrahieren muss, der Vertreter der übrigen Beteiligten ist.[763] Hingegen tritt keine Entlastung hinsichtlich der Pflichten und Obliegenheiten gegenüber anderen Versicherern mit unterschiedlichen Vertragswerken ein.

Zudem fiele auch beim führenden Versicherer erhöhter Arbeitsaufwand dadurch an, dass er im Einzelfall prüfen müsste, welchem Versicherer die ihm zur Kenntnis gelangten Informationen weiterzuleiten seien.[764]

Letztlich könne in dem durch den Führenden geführten Prozess auch keine Entscheidung getroffen werden, die Rückschlüsse für den restlichen Turm eröffnet.[765] Insbesondere würden die Layerversicherer in diesem Falle keine Anerkenntnisvereinbarung mit dem Führenden treffen.[766]

Sind die vertraglichen Nebenpflichten, Obliegenheiten oder Versicherungsfalldefinitionen in den Layern nicht einheitlich, so kann eine Führungsklausel kaum ihre ordnende Funktion erfüllen.

Hieraus folgt, dass die Vereinbarung einer Führungsklausel nur dann zielführend ist, wenn es sich um ein weitestgehend kapazitätsgebendes Programm handelt, bei dem die zugrundeliegenden Versicherungsbedingungen zumindest im Wesentlichen following-form gezeichnet sind. Erst dann kann die homogenisierende Wirkung der Führungsklausel auch in der Layerdeckung eintreten.

Gleichwohl dürften unbedeutende Abweichungen in den Versicherungsverträgen nicht hinderlich sein, sodass es auch auf eine vollständige Following-form Vereinbarung nicht ankommt. Lediglich in den streitigen Punkten, sowie hinsichtlich wesentlicher Pflichten und Obliegenheiten, deren Mehrfacherfüllung dem Versicherungsnehmer gerade abgenommen werden soll, sollten die Verträge sich in den Layern entsprechen.

---

763 *Henning*, Exzedentenversicherung, S. 136; ein Vorgehen, das gerade bei koordinierten Programmen durch die Maklerbeteiligung oder die Gestaltung durch den Grundversicherer üblich ist.

764 *Henning*, Exzedentenversicherung, S. 136.

765 *Henning*, Exzedentenversicherung, S. 136.

766 Vgl. BGH, Urt. v. 9.11.2011 – IV ZR 251/08, VersR 2012, 178 Rn. 21 (zur Mitversicherung).

bb) Anzeigeklauseln

Zunächst richtet sich der Blick auf die Anzeigeklausel. Die als wenig intensive Form des Eingriffs in die Autonomie der Versicherungsverträge darf auf höhere Zustimmung seitens der Exzedentenversicherer hoffen.[767]

Diese Vereinbarung soll das Problem des erhöhten Vertragsverwaltungsaufwands des Versicherungsnehmers bzw. seines Maklers lösen. Sie bedeutet zudem eine Form der Wissensorganisation auf Seiten der Versicherer, sodass sich der Versicherungsnehmer darauf verlassen kann, dass die von ihm an den Führenden weitergeleiteten Tatsachen auch bei jedem Versicherer des Exzedententurms, jedenfalls im Wege der Wissensfiktion, vorhanden sind.

Auf der anderen Seite trägt sie der Abstraktion der Versicherungsverträge insoweit Rechnung, als dass dem führenden (Grund-) Versicherer keine aktive Vertretungsmacht eingeräumt wird. Seinem faktischen Führungsrecht wird daher keine unmittelbare Rechtsqualität beigegeben. Insbesondere verbleibt also die Entscheidung zum Umgang mit der eigenen Leistungspflicht jedem Versicherer erhalten.[768]

Für die Exzedentenversicherer besteht die Gefahr der Anzeigeklausel hauptsächlich in der Informationsweiterleitung.[769] Verletzt der Führende seine entsprechende Pflicht, gelten die Versicherer im Außenverhältnis zum Versicherungsnehmer, als hätten sie positive Kenntnis von dem nicht weitergeleiteten Umstand.[770] Ihnen steht jedoch ein Schadensersatzanspruch aus dem spiegelbildlichen Führungsvertrag i.V.m. § 280 Abs. 1 BGB gegen den führenden (Grund-)Versicherer zu. Soweit aus der mangelnden Informationsweiterleitung tatsächlich ein durch den Führenden ersetzbarer Schaden entsteht, können sie sich insoweit schadlos halten.[771] Al-

---

767 Mit Empfehlung zur Vereinbarung einer solchen *Henning*, Exzedentenversicherung, S. 144; *Herdter*, VersPrax 10/2012, 201, 203; ähnlich *Schaloske*, PHi 2012, 166, 173.

768 *Henning*, Exzedentenversicherung, S. 143.

769 *Henning*, Exzedentenversicherung, S. 143.

770 Dies folgt aus seiner Stellung als Wissensvertreter, s. zum allgemeinen Zivilrecht *Schubert*, in: MünchKomm BGB, § 166 Rn. 50.

771 *Henning*, Exzedentenversicherung, S. 144.

lerdings konnten sie ihr Verhalten dennoch nicht an dem Wissen ausrichten.

cc) Anschlussklauseln

In Erweiterung dessen verleihen Anschlussklauseln dem Führenden nicht nur die faktische Herrschaft über die Entscheidung zur Leistung der übrigen Versicherer, sondern geben dieser noch Rechtsqualität dahingehend, dass der Führende die Exzedenten wirksam nach außen hin verpflichten kann.

Hierbei wird für die Layerversicherung eine abgewandelte Version der Anschlussklausel in Form der Auslegungsfolgepflicht der Exzedenten vorgeschlagen.[772] Mit dieser unterwerfen sich die nachfolgenden Exzedenten der Auslegung der Versicherungsbedingungen, die im Wege der Following-form Vereinbarung auch in ihren Verträgen gelten. Dies soll vorrangig Entscheidungen hinsichtlich des der Beurteilung des Umfangs des Versicherungsschutzes betreffen.[773]

> „Der Excedentenversicherer ist bei der Auslegung der Versicherungsbedingungen an die Beurteilung und Entscheidungen der Versicherer der vorlaufenden Deckungen gebunden."

Auf diese Weise erhält die Layerdeckung eine erhebliche Einheitlichkeit, von der der Versicherungsnehmer profitiert.[774] Allerdings ist bei der Formulierung der Klausel besondere Achtung zu wahren. So bedeutet die Auslegungsfolgepflicht des Exzedentenversicherers nicht auch automatisch, dass er im Zweifel auch der *Subsumtion* des Grundversicherers folgen muss.[775] Die Auslegung einer Vereinbarung betrifft zunächst einmal ihr abstraktes Verständnis. Hiermit ist aber nicht gesagt, dass auch in der Anwendung der Followingform geltenden Vereinbarung auf den jeweiligen (Versicherungs-) Fall Homogenität entsteht. Die Vereinbarung einer „Auslegungsfolgepflicht" im Gegensatz zu einer „Auslegungs- und Subsumtionsfol-

---

772 *Henning*, Exzedentenversicherung, S. 105 ff.

773 *Schaloske*, in: FS Fürstenwerth, 2020, S. 315, 322.

774 S. das Beispiel bei *R. Koch*, in: FS Thümmel, 2020, S. 421, 423; in diese Richtung auch *Henning*, Exzedentenversicherung, S. 105.

775 Hierauf macht auch *Schaloske*, in: FS Fürstenwerth, 2020, S. 315, 322 aufmerksam.

gepflicht" bietet dem Exzedentenversicherer als zusätzlichen Argumentationsspielraum, der den Gleichlauf der Bedingungen und der Einheitlichkeit der Schadenbearbeitung entgegenstehen kann.

Derartige Subsumtionsfolgepflichten sind bereits in der Rückversicherung als „follow the settlements" – Klausel bekannt. Die Folgepflicht soll dem Erstversicherer garantieren, dass ihm der Rückversicherer in der Subsumtion des Originalschadens unter die Originalpolice folgen muss und keine eigenständige neue Überprüfung vornimmt.[776] Eine solche Folgepflicht hat dort vor allem Bedeutung, wenn die Ungewissheit über Tatsachen oder eine streitige rechtliche Bewertung durch einen Vergleich gelöst wird.[777]

Hier zeigt sich auch die unterschiedliche Interessenlage, die mit der Vereinbarung der Klausel verfolgt wird. Der Rückversicherer unterwirft sich gegenüber dem Erstversicherer der Folgepflicht, um seinem Vertragspartner Gewissheit über die Leistung im Schadenfall zu gewähren. Indes geht es in der Layerdeckung darum, dass der Exzedent sich gegenüber seinem Vertragspartner verpflichtet, den Entscheidungen eines Dritten, also des Grundversicherers, zu folgen. Lässt sich der Exzedent auf eine solche Vereinbarung trotz dieser veränderten Ausgangslage ein, stellt die Vereinbarung dieser Folgepflicht jedoch eine Möglichkeit für die Layerdeckung dar.[778]

Dies könnte grundsätzlich auch mit einer Anerkenntnisvereinbarung einhergehen.[779] Die Exzedenten unterwerfen sich in diesem Falle nicht nur dem Verständnis des Grundversicherers von den Klauseln, sondern auch der gerichtlichen Entscheidung, die auf Grundlage dieser Klauseln ergangen ist.

Dies kann im Einzelfall sogar für den Versicherungsnehmer einfacher gegenüber den Exzedentenversicherern im Rahmen der Vertragsverhandlungen durchzusetzen sein. Die Exzedenten mögen eher gewillt sein, dem Verständnis der neutralen gerichtlichen In-

---

776 *Gerathewohl*, Rückversicherung, Bd. I, S. 525; *Witthoff*, in: Lüer/Schwepcke, Rückversicherungsrecht, § 15 Rn. 185.

777 *Witthoff*, in: Lüer/Schwepcke, Rückversicherungsrecht, § 15 Rn. 186.

778 *Schaloske*, PHi 2012, 166, 173.

779 Das Urteil, das gegen den Grundversicherer ergeht, wirkt nach allgemeinen Regeln nicht automatisch auch gegenüber den übrigen Versicherern, s. *Schaloske*, PHi 2012, 166, 169.

stanz als der Entscheidung eines Marktteilnehmers zu folgen. Daher kann auch eine Auslegungs- und Subsumtionsfolgepflicht bezüglich der gerichtlichen Entscheidung vereinbart werden, hierbei handelt es sich dann regelmäßig um eine Anerkenntnisvereinbarung.[780]

dd) Prozessführungsklauseln

Im Rahmen der Prozessführungsklauseln ergibt sich eine erhebliche Abweichung der Layerdeckung gegenüber der Mitversicherung.

In der Layerdeckung ist der Grundversicherer als erster Versicherer einstandspflichtig. Daher ist, wenn der Versicherungsnehmer Leistungen aus seiner Versicherung im Prozesswege einklagt, die Klage gegen diesen Grundversicherer zu richten. Dies ist in der Mitversicherung insoweit anders, als dass die gleichzeitige Eintrittspflicht der Versicherer dazu führt, dass der Versicherungsnehmer jeden Versicherer gleichzeitig und auf seinen Anteil in Anspruch nehmen muss. Diesem Problem hilft die beschriebene passive Prozessführungsklausel ab. Die Vereinbarung einer solchen bietet aber bei einem Exzedententurm keinen Mehrwert, da der Versicherungsnehmer die Versicherer grundsätzlich nicht gemeinsam, sondern nacheinander in der Reihenfolge ihrer Eintrittspflicht verklagen muss.[781] Denn die Leistungspflicht des Exzedenten entsteht erst dann, wenn der Grundversicherungsvertrag auch ausgeschöpft ist.[782] Nach anderer Ansicht ist die Leistung des Grundversicherers dann noch nicht fällig. Auch dann hat eine Klage gegen den Versicherer aber keinen Erfolg.

Insofern liegen die tatsächlichen Voraussetzungen, die eine passive Prozessführungsklausel in der Mitversicherung notwendig erscheinen lassen, hier nicht vor.

Auch eine passive gewillkürte Prozessführungsbefugnis kann in der Layerversicherung nicht zu einer Erleichterung der Abwicklung füh-

[780] Zu ihr im Kontext der Layerversicherung sogleich.
[781] Oben S. 85.
[782] S. 83 ff.

ren. Sie dient in der Mitversicherung der Konzentration des Prozesses, da der Versicherungsnehmer den Führenden sodann gemeinsam auf Leistung verklagen kann. Dies ist in der Layerversicherung nicht zielführend. Selbst bei einem Schaden, der erkennbar die Grundversicherung übersteigt und sohin auch den (ersten) Exzedentenlayer triggert, bedarf es für die Leistungspflicht des Exzedenten der Ausschöpfung der Grundversicherungssumme, die jedoch, soweit der Grundversicherer nicht leistungswillig ist, frühestens aufgrund der gerichtlichen Entscheidung erfolgt. Nach der oben gefundenen Definition der Ausschöpfung kann das gleichzeitige gerichtliche Vorgehen gegen den Grund- und Exzedentenversicherer durch den Versicherungsnehmer nur scheitern.

Auch gewährt die Vereinbarung einer aktiven Prozessführungsklausel zugunsten des layerübergreifend Führenden nur wenig Vereinfachung. Im Regelfall finden sich auf einem Layer bereits eine Vielzahl von Versicherern, die sich im Wege der Mitversicherung unter Beteiligung eines Führenden zusammengeschlossen haben.[783] Dieser Führende hat sodann in der Regel bereits eine Prozessführungsklausel vereinbart, die es ihm erlaubt, für die anderen Mitversicherer auf dem Layer den Prozess zu führen. Die layerübergreifende Führungsklausel würde hier keine weitere Entlastung gewähren.

Durchaus sinnvoll kann aber die Vereinbarung einer Anerkenntnisvereinbarung sein. Soweit die Bedingungen following-form gezeichnet sind, kann der Versicherungsnehmer anhand des gegen den Grundversicherer ergangenen Urteils sowie der Exzedentenpolicen im Wege des Urkundenprozesses vereinfacht gegen die Exzedenten vorgehen. Aus der Entscheidung ergibt sich nämlich die letztlich erforderliche Ausschöpfung der Grundversicherungssumme, da auch die feststehende Leistungspflicht des Grundversicherers regelmäßig hierunter zu fassen ist.[784] Die ergangene Entscheidung, hierzu gehören auch Schiedssprüche und (außergerichtliche) Vergleiche,[785] entfaltet aufgrund dieser schuldrechtlichen Abrede so-

783 S. 25.

784 Dazu S. 86 ff.

785 *Schnepp*, in: Bruck/Möller, VVG, Anh. § 216 Rn. 87.

dann Tatbestands- und Rechtskraftwirkung gegen die nachfolgenden Versicherer, was ihnen Einwände gegen das ergangene Urteil (bzw. den Schiedsspruch oder Vergleich) abschneidet.[786] Eines in der Mitversicherung regelmäßig mitvereinbarten pactum de non petendo wird es bei der Exzedentendeckung nicht bedürfen. Der Versicherungsnehmer kann und darf die Exzedenten erst nach der Grundversicherung in Anspruch nehmen, eine gleichzeitige Inanspruchnahme, der die Exzedenten diese Einrede entgegenhalten könnten, ist nicht gewollt.

ee) Folgerungen

Vereinbaren die Parteien eine layerübergreifende Führungsklausel zugunsten des Grundversicherers, ergeben sich für das Verhältnis der Versicherer untereinander die gleichen Rechtsfolgen, wie sie auch aus der Mitversicherung bekannt sind.

Dazu gehört zunächst, dass die Führungsabrede im Außenverhältnis zum Versicherungsnehmer auch einen Führungsvertrag im Innenverhältnis zwischen den Versicherern zur Folge hat. Bei diesem handelt es sich dem Vorgesagten nach um einen Geschäftsbesorgungsvertrag oder einen Auftrag, je nachdem, ob der Führende ein Entgelt für seine Tätigkeit erhält.

Eine Besonderheit besteht jedoch im Umgang mit Weisungen der übrigen Versicherer an den Führenden. Während im Rahmen der Mitversicherung das Treue- und Rücksichtnahmeverhältnis der Versicherer untereinander dazu führt, dass der führende Versicherer sich über konfligierende oder nicht interessengerechte Weisungen der anderen Versicherer hinwegsetzen kann, wird ein solches Verhältnis zwischen den Versicherern eines gelayerten Programms allgemein abgelehnt.[787]

Gleichwohl liegt die Interessenlage in der Layerversicherung ähnlich wie in der Mitversicherung. Auch hier hat der Grundversicherer ein

[786] *Schnepp*, in: Bruck/Möller, VVG, Anh. § 216 Rn. 87; *Armbrüster*, in: Prölss/Martin, VVG, Vorbem. § 77 Rn. 22.

[787] Zur Thematik insgesamt noch eingehend ab S. 201.

erhöhtes eigenes Interesse an der Durchführung des Versicherungsvertrages. Da er bei Eintritt des Versicherungsfalls auch als erster grundsätzlich zur Leistung verpflichtet ist, ist seine Position mit der des Führenden in der Mitversicherung vergleichbar, der den zumeist größten Anteil gezeichnet hat. Insofern scheint auch im Rahmen der Layerdeckung die Bindung des Führenden an die Weisung der Exzedenten nicht interessengerecht.

Hier gilt es im Einzelfall zu prüfen, ob das Weisungsrecht als solches als abbedungen gelten kann, soweit es den Kernbereich der Leistung des Grundversicherers betrifft und keine Implikation für die nachfolgenden Layer bereithält. Ob dies in der Praxis jedoch tatsächlich einmal der Fall sein wird, ist fraglich. Es bietet sich daher an, eine entsprechende Vereinbarung ausdrücklich in den Führungsvertrag aufzunehmen oder das Weisungsrecht als solches zugunsten eines Führungsgremiums[788] auszuschließen.

Schließlich könnten konfligierende Weisungen auch über eine Analogie zu § 82 Abs. 2 S. 2 VVG gelöst werden.[789] Die Norm erfasst vom Wortlaut her nur den Fall, dass mehrere Versicherer an einem Versicherungsvertrag beteiligt sind. Insofern findet sie auf die Layerdeckung, bei der die Versicherer nach allgemeiner Meinung keinen einheitlichen Versicherungsvertrag schließen[790], keine direkte Anwendung. Die Interessenlage könnte aber insofern vergleichbar sein, als dass sichergestellt würde, dass die Abwicklung des Versicherungsfalls in den Händen des Versicherers liegt, der eine größere Sachkompetenz aufweist als der Versicherungsnehmer.[791] Die Anwendbarkeit von § 82 Abs. 2 S. 2 VVG ist für die Mitversicherung anerkannt.[792] Dieser Gedanke kann im Grundsatz auch für die Layerdeckung Geltung beanspruchen. Voraussetzung ist ebenso, dass der Versicherungsfall für den betreffenden Layer eingetreten ist.[793] Die Vorerstreckung auf den Zeitabschnitt unmittelbar vor Eintritt des

788 Dazu sogleich S. 193 f.

789 *Schaloske*, PHi 2012, 166, 173.

790 S. 3.

791 *R. Koch*, in: Bruck/Möller, VVG, § 82 Rn. 112.

792 *R. Koch*, in: Bruck/Möller, VVG, § 82 Rn. 137; *H. Möller*, in: Bruck/Möller, VVG, 8. Aufl. 1980, § 62 Rn. 26, § 58 Rn. 50; *Looschelders*, in: MünchKomm VVG, § 82 Rn. 56; *Voit*, in: Prölss/Martin, VVG, § 82 Rn. 26.

793 *Looschelders*, in: MünchKomm VVG, § 82 Rn. 10; *Voit*, in: Prölss/Martin, VVG, § 82 Rn. 3.

Versicherungsfalls ist mit der überwiegenden Meinung angesichts der Neuregelung in § 90 VVG abzulehnen[794] und für die Layerversicherung auch weniger relevant, da mit der vorangehenden Deckung grundsätzlich ein sachkundiger Weisungsgeber zur Verfügung steht.

ff) Zwischenergebnis

Es hat sich gezeigt, dass die aus der Mitversicherung bekannten Führungsklauseln, insbesondere Anzeige- und Anschlussklauseln, auch layerübergreifend dienlich sein können. Hingegen bieten Prozessführungsklauseln keinen über die Koordination der auf einem Layer im Wege der Mitversicherung verbundenen Versicherer hinausgehenden Mehrwert für die Layerdeckung.

c. Vorschläge besonderer layerübergreifender Gestaltungsformen

Auf Grundlage der gefundenen Ergebnisse soll nun ein Vorschlag zur vertraglichen Ausgestaltung des Innenverhältnisses der Layerversicherer gemacht werden.

Zwar haben die vorherigen Ausführungen gezeigt, dass die klassischerweise in der Mitversicherung verwendeten Formen der Führungsklauseln auch in der Layerversicherung eine gewisse homogenisierende Wirkung erzielen können, wodurch die Versicherer näher zueinander rücken.[795]

Dennoch soll noch ein Schritt weiter gegangen werden, um Regelungen zu erarbeiten, die spezifisch für die Layerversicherung zu einem angemessenen Interessenausgleich führen können.

---

794 *R. Koch*, in: Bruck/Möller, VVG, § 82 Rn. 38; *Looschelders*, in: MünchKomm VVG, § 82 Rn. 13; *Voit*, in: Prölss/Martin, VVG, § 82 Rn. 6; anders noch im alten Recht BGH, Urt. v. 13.7.1994 – IV ZR 250/93, r+s 1994, 326.

795 *Henning*, Exzedentenversicherung, S. 135; *Drave*, VersPrax 6/2017, 35, 37; *Herdter*, VersPrax 10/2012, 201, 203; *Schaloske*, PHi 2012, 166, 173.

aa) Vorschlag zur Regelung des Innenverhältnisses der Layerdeckung

Eine solche „Layerabrede" sollte zunächst, um die aus der Führungsklausel in der Mitversicherung bekannte Diskussion über eine reflexhafte Wirkung für das Innenverhältnis zu vermeiden, unter Beteiligung des Versicherungsnehmers bzw. seines Maklers, des Grundversicherers sowie aller Versicherer auf den Layern oder den jeweils führenden Versicherern zustande kommen. Auch daher hat der Versicherungsnehmer ein Interesse daran, die genaue Ausgestaltung des Layerturms allen Versicherern zur Kenntnis zu bringen.

Eine andere Möglichkeit liegt darin, eine solche Klausel in den Grundversicherungsvertrag aufzunehmen und im Wege der Following-form Vereinbarung so auch in den Layern zur Geltung zu verhelfen.[796] Angesichts der Wirkung einer Following-form Vereinbarung als bloß textliche Übernahme der Grundversicherungsbedingungen könnte hier die Frage aufkommen, ob der Exzedentenversicherer sich hierdurch selbst ein Führungsrecht einräumen möchte. Dies kann gleichwohl mit einer interessengerechten Auslegung dahingehend verstanden werden, dass der Exzedenten die Führungsrolle nur dann übernimmt, wenn sie nicht bereits anderweitig, also durch den Grundversicherer, wahrgenommen wird, beispielsweise bei vereinbarten Drop-down und Erschöpfung der Grunddeckung, sodass der erste Exzedent nunmehr an Stelle der Grundversicherung steht.[797]

(1) Informations- und Auskunftsregelungen

Zunächst ist auf die Informations- und Auskunftsrechte der Versicherer einzugehen. Insbesondere die Exzedenten haben ein Interesse daran, dass der Grundversicherer sowohl während der Vertragsdurchführung als auch der Schadensregulierung die ihm bekannten und für die Exzedenten relevanten Tatsachen weiterleitet. Dies betrifft insbesondere Umstände, die die Leistungspflicht der

---

[796] *Herdter*, VersPrax 10/2012, 201, 203.

[797] Zum Umgang mit solchen konfligierenden Klauseln, die Following-form übernommen wurden, s. S. 139 f.

Exzedenten betreffen, so beispielsweise Tatsachen, die auf ein arglistiges Verhalten des Versicherungsnehmers oder den Fortgang der Schadensregulierung, beispielsweise die Wahrscheinlichkeit eines Deckungsprozesses, schließen lassen.[798] Auf der anderen Seite kann der Grundversicherer diese Tatsachen nur weitergeben, wenn der Versicherungsnehmer ihn über die Struktur des Exzedenturmes, und insbesondere den Deckungsumfang der nachfolgenden Versicherungen, jedenfalls aber die Frage, ob sie followingform gezeichnet sind, aufklärt.

Insofern könnte eine Klausel zu den Informationsansprüchen der Versicherer lauten

> „Der Makler oder der Versicherungsnehmer informieren den Grundversicherer unverzüglich über die Struktur des Exzedentenprogramms – losgelöst von einem Schadensfall.
>
> Dies umfasst
>
> - die Identität der nachfolgenden Versicherer
> - die Attachment-points nachfolgender Layer
> - den Umfang der Deckung, insbesondere ob sie followingform zur Grunddeckung besteht.
>
> Der Grundversicherer ist verpflichtet, einen Schadenfall, der hinsichtlich der Höhe des geltend gemachten Haftungsanspruchs oder des erkennbaren Schadenfallrisikos nicht nur die Grunddeckungsvertrag betrifft, sondern voraussichtlich auch 1 – X weitere Layerverträge, den betroffenen Layern bekannt zu geben. Weitere Informationen in angemessenem Umfang sind in der Folge regelmäßig zu übermitteln."

Eine Besonderheit dieser Klausel besteht in der präzisen Umschreibung der Informationen, die der Versicherungsnehmer der Grunddeckung zu übermitteln hat. Gleichwohl mag insbesondere die Mitteilung über den Umfang der Deckung eine Tatsache sein, die die

798 *Wiegels*, ZfV 2010, 252, 253.

Exzedenten dem Grundversicherer aus Gründen der Marktkonkurrenz nicht mitzuteilen bereit sind. In einem solchen Falle sollte der Versicherungsnehmer darauf hinwirken, dass zumindest grundsätzlich eine Following-form Vereinbarung der späteren Layer offengelegt wird. Dies ist auch im Interesse der übrigen Versicherer, da der Grundversicherer sodann nur diejenigen Informationen übermittelt, die auch für die konkrete Police von Bedeutung sind, was die Informationsverwaltung auf Seiten der Exzedentenversicherer reduziert.

Hinzu tritt einschränkend, dass die Information nur an die möglicherweise betroffenen Layer weiterzugeben ist. Dennoch kann ein Bedürfnis der Exzedenten bestehen, auch über Vorgänge innerhalb des Turmes, die nicht unmittelbar in die Nähe des eigenen Layers kommen, informiert zu werden.[799]

(2) Mitwirkungsregelungen

Zudem wurde in der Literatur vorgeschlagen, den Exzedenten Mitwirkungsrechte einzuräumen.[800] Eine solche Verabredung greift deutlich in die Rechte des Grundversicherers ein, der als solcher im Rahmen seiner Deckungspflicht nunmehr nicht völlig frei entscheiden kann. Zudem wird ihm selbst ein solches Mitspracherecht nach Ausschöpfung seiner Deckungsstrecke nicht eingeräumt werden, da seine Interessen von der weiteren Schadensbearbeitung weitestgehend unberührt bleiben.

> „Die Schadensbearbeitung wird durch den Grundversicherer durchgeführt. Bei maßgeblichen Entscheidungen/Entwicklungen (Klageverfahren, Abstimmung wichtiger Schriftsätze in einem Klageverfahren, Rechtsmitteleinlegung, Vergleich usw.) sind alle betroffenen Layer so einzubeziehen, dass diesen eine informierte Auffassung hierüber ermöglicht wird.

---

799 In diese Richtung *Thürmann*, in: FS Hamburger Seminar, 2016, S. 505, 522; *Knöfel*, ZIP 2018, 1814, 1817; *Wiegels*, ZfV 2010, 252, 253; und das Beispiel in *R. Koch*, in: FS Thümmel, 2020, S. 421, 423.

800 *Thürmann*, in: FS Hamburger Seminar, 2016, S. 505, 510, 522 f.; *Drave*, VersPrax 6/2017, 35, 37; *Knöfel*, ZIP 2018, 1814, 1817 (Mitherrschaft); *Schaloske*, PHi 2012, 166, 168 (Mitwirkungsrechte über Führungsgremien).

Diese maßgeblichen Entscheidungen werden einvernehmlich getroffen. Sofern kein Einvernehmen hergestellt werden kann, wird das Einigungsverfahren durchgeführt."

Die Klausel regelt die Frage der Verpflichtung des Grundversicherers, den Schaden zu bearbeiten. Insbesondere in der Haftpflichtversicherung wurde in der Vergangenheit eine Abwehrverpflichtung nicht nur des Grundversicherers, sondern unmittelbar auch des Exzedentenversicherers für den gesamten Prozess diskutiert.[801]

(3) Einigungsverfahren durch Mediations- und Schlichtungsklauseln

Das zudem angesprochene Einigungsverfahren dient der Verbesserung der Koordination der Versicherer. Dies gilt nicht nur in der Situation einer gemeinsamen Regulierungsstrategie[802], sondern insbesondere auch in Fragen der Kostentragung und der Vergleichsfindung. Durch die Verwendung einer Mediations- und Schlichtungsvereinbarung können die Parteien sicherstellen, dass Streitigkeiten aus oder im Zusammenhang mit dem Exzedentenvertrag nicht unmittelbar in ein streitiges Verfahren vor einem staatlichen Gericht oder einem Schiedsgericht münden.[803]

„Sofern eine freihändige Einigung versucht wurde und gescheitert ist, müssen der Versicherungsnehmer und die Versicherer der betroffenen Layer und der Grundversicherung das Mediationsverfahren [oder: Schlichtungsverfahren] gemäß der Mediationsordnung [oder: Schlichtungsordnung] der Deutschen Institution für Schiedsgerichtsbarkeit e.V. (DIS) durchführen."[804]

Eine solche Regelung zum Mediations- oder Schlichtungsverfahren gewährt den Beteiligten die besondere Möglichkeit, Entscheidun-

---

801 *Thürmann*, in: FS Hamburger Seminar, 2016, S. 505, 510; *Knöfel*, ZIP 2018, 1814, 1817.

802 Die Festlegung einer solchen ist nicht ohne praktischen Präzedenzfall, s. *Henning*, Exzedentenversicherung, S. 114 bei Fn. 487 mit Verweis auf die Einladung zur Hauptverhandlung der Siemens AG; *Schaloske*, PHi 2012, 166, 167.

803 *Behme*, in: AGB-Recht im unternehmerischen Rechtsverkehr, Klauseln (M) Rn. 1.

804 S. https://www.disarb.org/werkzeuge-und-tools/dis-musterklauseln (zuletzt abgerufen am 3.5.2022); zur Mediationsordnung der DIS s. *Breidenbach/Peres*, SchiedsVZ 2010, 125 ff.

gen, die idealerweise unter Einbeziehung aller Parteien zu treffen sind, durch eine neutrale Instanz herbeizuführen, ohne ein nationales Gericht oder ein Schiedsgericht anzurufen. Der maßgebliche Unterschied ist das Ziel des Schlichtungsverfahrens, eine Einigung herbeizuführen, nicht aber eine Entscheidung, die im Einzelfall auch ohne den Willen einer Partei Geltung beanspruchen kann.[805]

Die Parteien begeben sich durch diese Vereinbarung selbst der Möglichkeit, unmittelbar nach Entstehen eines Konflikts ein (schieds-)gerichtliches Verfahren einzuleiten, da zunächst der Ausgang des Mediations- oder Schlichtungsverfahrens abzuwarten ist; sie kann regelmäßig als dilatorischer Klageverzicht ausgelegt werden.[806] Der Zugang zu den Gerichten darf aber nicht dauerhaft verwehrt werden, da eine solche Vereinbarung schon aufgrund rechtsstaatlicher Vorgaben in Allgemeinen Geschäftsbedingungen regelmäßig unwirksam ist (vgl. § 309 Nr. 14 BGB).[807]

Über die obige Regelung hinaus, können Schlichtungs- und Mediationsvereinbarungen weitere Vorgaben etwa zu Mitwirkungspflichten der Parteien, zur Auswahl des Mediators oder Schlichters und zur Gewährleistung der Vertraulichkeit enthalten.[808] Gerade letztere ist für die von besonderer Verschwiegenheit geprägte Industrieversicherung[809] bedeutsam.

(4) Vertragsverlängerung

Letztlich ist noch auf die Frage der Verlängerung des Programmes einzugehen, die bereits an anderer Stelle aufgeworfen wurde.[810] Gerade bei der Verlängerung eines koordinierten Layerprogrammes besteht die besondere Schwierigkeit, dass der Versicherungsneh-

---

805 *Wurmnest*, in: MünchKomm BGB, § 307 Rn. 276.

806 H.M. BGH, Urt. v. 23.11.1983 – VIII ZR 197/82, NJW 1984, 669; *Behme*, in: AGB-Recht im unternehmerischen Rechtsverkehr, Klauseln (M) Rn. 9; *Fehrenbach*, in: BeckOGK, BGB, Stand: 1.11.2021, § 307 Schlichtungsklausel Rn. 16; *Unberath*, NJW 2011, 1320, 1321 f.; a.A. *Loos/ Brewitz*, SchiedsVZ 2012, 305, 307.

807 *Fehrenbach*, in: BeckOGK, BGB, Stand: 1.11.2021, § 307 Schlichtungsklausel Rn. 39; *Wurmnest*, in: MünchKomm BGB, § 307 Rn. 278; *Greger*, SchiedsVZ 2016, 306 f.

808 *Behmer*, in: AGB-Recht im unternehmerischen Rechtsverkehr, Klauseln (M) Rn. 10.

809 *Thürmann*, in: FS Hamburger Seminar, 2016, S. 505.

810 S. oben iRd. Vertragsverlängerung S. 44 ff.

mer kaum auf einen Versicherer verzichten kann, da er ansonsten entsprechenden Ersatz finden muss, der sich auch hinsichtlich der following-form zu zeichnenden Bedingungen in das Programm einfügen sollte. Zudem treten bei Auswechslung eines Versicherers komplexe Fragen der Nachhaftung und somit Deckungsüberschneidungen und Kumulrisiken auf. Um gleichwohl nicht mit jedem einzelnen Versicherer stets neu zu verhandeln, kann es empfehlenswert sein, eine Verlängerungsklausel für das gesamte Programm aufzunehmen, sodass sich alle Verträge automatisch verlängern, sofern nicht einer der Beteiligten widerspricht.

bb) Versicherungskartellrechtliche Zulässigkeit

Die hier thematisierte vertragliche Verbindung wirft die Frage nach der wettbewerbsrechtlichen Zulässigkeit einer solchen Koordination der Versicherer auf.[811]

Hierbei ist zu bedenken, dass seit dem Wegfall der aufgrund von Art. 101 Abs. 3 AEUV ergangenen Gruppenfreistellungsverordnung (GVO-Vers2010)[812] die Auswirkungen des Verhaltens der Versicherer auf den Markt selbst bei der Mitversicherung im jeweiligen Einzelfall zu beurteilen sind.[813] Gleichwohl lassen sich abstrakte Aussagen treffen, anhand derer eine Leitlinie für die Bewertung der Layerdeckung im jeweiligen Anwendungsfall aufgestellt werden kann.

Im Vordergrund steht dabei das Kartellverbot des Art. 101 Abs. 1 AEUV, der auf die in der Industrieversicherung häufig vorliegende interföderale Gefährdungslage Bezug nimmt. Dieses verbietet es Unternehmen durch Vereinbarungen und aufeinander abgestimmte Verhaltensweisen den Wettbewerb innerhalb des Binnenmarktes zu verhindern, einzuschränken oder zu verfälschen oder dies zu bewirken und den Handel zwischen Mitgliedstaaten zu beeinträchtigen.

---

811 Für die Zulässigkeit *Schaloske*, PHi 2012, 166, 167 (bezogen auf den Informationsaustausch der gelayerten Versicherer); einschränkend *Herdter*, VersPrax 10/2012, 201, 204 (nur Austausch konkreter Informationen zulässig).

812 VO 267/2010 vom 24.3.2010, ABl. EU L 83/1.

813 *Stancke*, VersR 2017, 518, 523 (speziell zur Mitversicherung); vgl. *Armbrüster*, Privatversicherungsrecht, Rn. 67 (zu den Auswirkungen auf die gesamte Versicherungswirtschaft).

Für den hiesigen Vorschlag einer gemeinsamen Entscheidungsfindung der Layerversicherer in Form eines „Führungsgremiums“ ist der Tatbestand der Vereinbarung, durch die der Wettbewerb beschränkt werden kann, von Bedeutung.

Eine solche Vereinbarung ist die wechselseitige Bindung des Willens der beteiligten Unternehmen über ihr zukünftiges Verhalten im Wettbewerb.[814] Dieser Begriff wird weit ausgelegt und erfasst jeden Ausdruck eines gemeinsamen Willens, sich auf dem Markt in einer bestimmten Weise zu verhalten.[815]

Dies wird für den hiesigen Fall regelmäßig angenommen werden können; der vorstehende Vorschlag soll als vertragliche Absprache gerade dazu anhalten, dass die Beteiligten sich künftig zu einer gemeinsamen Entscheidung zusammenfinden. Es kommt dabei angesichts der weiten Auslegung auch nicht darauf an, ob schon der Abschluss des layerübergreifenden Koordinationsvertrages oder erst das Ergebnis der späteren Übereinkunft maßgebend ist. Das spätere Zusammentreffen stellt als solches eine abgestimmte Verhaltensweise i.S.v. Art. 101 Abs. 1 AEUV dar, da hierunter schon die bloße Abstimmung oder Koordinierung des Verhaltens im Wettbewerb gefasst wird.[816] Beide Anknüpfungspunkte lassen sich daher unter die Begehungsformen des Art. 101 Abs. 1 AEUV fassen.

Aus diesem Verhalten muss sodann eine Wettbewerbsbeschränkung folgen.[817] Vorausgesetzt wird also die Entstehung von Wettbewerbsbedingungen, die im Hinblick auf die Art der Waren oder erbrachten Dienstleistungen, die Bedeutung und Zahl der beteiligten Unternehmen sowie den Umfang des in Betracht kommenden Marktes nicht den normalen Bedingungen entsprechen.[818]

---

814 *Mestmäcker/Schweitzer*, Europäisches Wettbewerbsrecht, § 10 Rn. 1.

815 EuGH, Urt. v. 13.7.2006 – Rs. C-74/04 P, Slg. 2006, I-6602 Rn. 37 [„Volkswagen II“]; *Mestmäcker/Schweitzer*, Europäisches Wettbewerbsrecht, § 10 Rn. 4.

816 *Mestmäcker/Schweitzer*, Europäisches Wettbewerbsrecht, § 10 Rn. 33; der Übergang zwischen Vereinbarungen und abgestimmten Verhaltensweisen ist fließend, s. *ebd.*, Rn. 37

817 Wettbewerbsbeschränkung ist die weitestgehend anerkannte Sammelbezeichnung der einzelnen, nicht streng voneinander unterschiedenen Tatbestandsmerkmale der Verhinderung, Einschränkung oder Verfälschung, s. *Mestmäcker/Schweitzer*, Europäisches Wettbewerbsrecht, § 11 Rn. 1.

818 EuGH, Urt. v. 28.5.1998 – Rs. C-7/95 P, Slg. I 1998, 3111, 3164 Rn. 87 [„Deere“].

Im Falle des obigen Vorschlags kann eine Wettbewerbsbeschränkung in Form einer bezweckten Beschränkung vorliegen, wenn die beteiligten Layerversicherer durch den Informationsaustausch und die künstlich erhöhte Transparenz ein Kollusionsergebnis erzielen und dessen Einhalt durch die gegenseitige Beaufsichtigung sicherstellen.[819] Da Grund- und Exzedentendeckungen keine unterschiedlichen Märkte bilden,[820] kann es zudem zu einer (bewirkten) Marktbeschränkung kommen, indem durch die bereits erfolgte Koordinierung der Versicherer im Rahmen späterer Umdeckungen nicht beteiligte Versicherer benachteiligt werden.

Gleichwohl ist die kartellrechtliche Bedeutung der Vereinbarung zweifelhaft. Schon in der Mitversicherung ist anerkannt, dass eine Mitversicherung im Einzelfall, die auf Veranlassung des Versicherungsnehmers zustande kommt, wettbewerbsneutral ist.[821] Dies kann auf die Layerdeckung übertragen werden. Eine Layerdeckungsgemeinschaft im Unterschied zu einer solchen im Einzelfall ist bisher nicht bekannt. Dem Zusammenschluss, der nur zur Deckung eines Risikos im Einzelfall erfolgt, kommt insofern eine weniger wettbewerbsbeschränkende Wirkung zu, als wenn der Zusammenschluss der Versicherer auf Dauer angelegt ist.[822]

Hinzu tritt der kartellrechtliche Arbeitsgemeinschaftsgedanke; allein durch den Zusammenschluss im Wege der Layerung ist es möglich, Risiken mit besonders hohem Schadenspotenzial zu versichern. Dies ist unter kartellrechtlichen Gesichtspunkten auch zulässig.[823]

Letztlich und entscheidend kommt die obige Vereinbarung aber vorrangig dem Versicherungsnehmer zugute, dessen (wirtschaftlich

---

819 Vgl. für den allgemeinen Informationsaustausch zwischen Versicherungsunternehmen *Dreher/ J. Hoffmann*, WuW 2011, 1181, 1188.

820 S. dazu den Beschluss des Bundeskartellamts B4 – 31/05 v. 10.8.2007, S. 27 f.; abrufbar unter http://www.bundeskartellamt.de/SharedDocs/Entscheidung/DE/Entscheidungen/Kartellverbot/2007/B4-31-05.pdf?__blob=publicationFile&v=3 (zuletzt abgerufen am 3.5.2022).

821 *Schaloske*, Mitversicherung, S. 354; *Dreher/J. Hoffmann*, in: MünchKomm VVG, 160. Versicherungskartellrecht Rn. 78 f.; ebenso nach Wegfall der GVO-Vers 2010 *Stancke*, VersR 2017, 518, 523.

822 *Dreher/J. Hoffmann*, in: MünchKomm VVG, 160. Versicherungskartellrecht Rn. 80; in diese Richtung auch *Herdter*, VersPrax 10/2012, 201, 204.

823 Zur Mitversicherung nach Wegfall der GVO-Vers 2010 *J. Hoffmann*, VersR 2016, 821, 826.

einheitliches) Versicherungsprodukt für ihn effizienter gestaltet wird.[824]

III. Ergebnis

Durch eine layerübergreifende Führungsklausel oder eine Koordinationsvereinbarung der Layerversicherer kann der Versicherungsnehmer sicherstellen, dass in der praktischen Umsetzung des Exzedententurmes weniger Schwierigkeiten auftreten. Die aus der Mitversicherung bekannten Führungsklauseln können auch im Rahmen der Exzedentenversicherung eingesetzt werden. Dies setzt aber voraus, dass die Versicherungsverträge sich im Wesentlichen gleichen. Nach der gefundenen Systematisierung der Exzedentendeckung sind herkömmliche Führungsklauseln daher vorrangig in reinen kapazitätsgebenden Programmen sinnbringend.

Zudem gilt es auf die Besonderheit der Staffelung der Versicherungen Rücksicht zu nehmen. Aus diesem Grunde erscheint die Übernahme einer Prozessführungsklausel in einen Vertrag zur layerübergreifenden Koordinierung wenig sinnvoll.

Spezifisch für die Layerdeckung lohnt es sich, eine vertragliche Regelung zur gemeinsamen Streitbeilegung zu finden. So kann die Vereinbarung eines „Führungsgremiums“ oder die Benennung eines Streitschlichters dazu führen, dass in der praktischen Umsetzung der Deckung gerichtliche Auseinandersetzungen verhindert werden und so das Versicherungsprodukt für den Versicherungsnehmer attraktiver wird.

824 So auch bzgl. der Informationsweitergabe in der Layerdeckung *Schaloske*, PHi 2012, 166, 167.

§ 4 Beziehungen der Versicherer untereinander

Nachdem die wesentlichen vertraglichen Vereinbarungen in der Exzedentendeckung näher untersucht wurden, gilt es sich den hierneben bestehenden Pflichten zuzuwenden. Von besonderer Relevanz sind solche, die zwischen den Versicherern gelten.

Während der Versicherungsnehmer und die Versicherer gegenseitig vertraglich verpflichtet sind, wird aus dem Vorgesagten deutlich, dass aus den Programmklauseln der Layerdeckung keine unmittelbare Verbindung zwischen den Versicherern eines Exzedententurmes entstehen. Soweit keine layerübergreifende Führungsklausel vereinbart ist, erscheinen Pflichten zwischen den Versicherern also auf den ersten Blick unwahrscheinlich.

Dennoch lohnt sich eine nähere Untersuchung des Rechtsverhältnisses der Layerversicherer untereinander. Nicht nur handelt es sich um einen Bereich, der bisher nur gelegentlich Aufmerksamkeit erfahren hat, sondern vor allem geht es um das Gelingen der Layerdeckung überhaupt. Mannigfaltige Schwierigkeiten während der Vertragslaufzeit[825] oder im Schadensfall[826] können durch eine Kooperation der Versicherer minimiert oder gar verhindert werden. In diesem Rahmen wird insbesondere auf Treuepflichten einzugehen sein. Es handelt dabei um Nebenpflichten, die das Schuldverhältnis begleiten, wie sich aus § 241 Abs. 2 BGB ergibt.

Es wird daher zunächst (A.) abstrakt auf Nebenpflichten und ihren möglichen Zweck im Layergefüge eingegangen um sodann verschiedene Situationen zu untersuchen, in denen zwischen zwei oder mehreren Parteien ein Schuldverhältnis entsteht, das insbesondere auch zur gegenseitigen Rücksichtnahme verpflichten kann. Hierunter fallen die allgemeine Vertragsauslegung (B.), die Gesellschaft bürgerlichen Rechts (C.), das Schuldverhältnis mit Schutz-

825 Zu denken ist an Obliegenheiten des Versicherungsnehmers, die gegenüber jedem beteiligten Versicherer zu erfüllen sind.

826 Beispiele sind die Weigerung eines Versicherers, an der Bearbeitung des Versicherungsfalls mitzuwirken, sich überschneidende Erklärungsvollmachten der Versicherer oder fehlende Informationsweitergabe über obliegenheitswidriges Verhalten des Versicherungsnehmers, das zu unberechtigten Leistungen der Versicherer führt.

wirkung für Dritte (D.) und die Eigenhaftung Dritter i.S.v. § 311 Abs. 3 BGB (E.).

A. Nebenpflichten, ihre Geltung und Klagbarkeit

In der Literatur wurde die Frage nach der Geltung von Rücksichtnahme- oder Informationspflichten der Versicherer untereinander bereits aufgeworfen.[827]

Verdeutlich werden kann sie an folgendem Beispiel:

> In einem Produkthaftpflicht-Exzedentenprogramm bestehend aus einem Grundversicherer (Deckungssumme: zehn Mio. Euro) und einem Exzedenten (Deckungssumme: 15 Mio. Euro xs. zehn Mio. Euro following-form zur Grunddeckung) tritt bei einem Dritten ein (versicherter) Schaden i.H.v. 15 Mio. Euro ein. Diesen meldet der Versicherungsnehmer gegenüber dem Grundversicherer und dem Exzedenten. Der Primary sieht sich zunächst zur Leistung berufen. Nach Abschluss der Beurteilung des Sachverhaltes steht für ihn fest, dass der Anspruch des Dritten wahrscheinlich begründet ist. Dennoch entscheidet der Grundversicherer sich für die Anspruchsabwehr. Er vermutet zwar, dass sich im Rahmen des Prozesses weitere Tatsachen ergeben können, die den Anspruch des Dritten noch höher ausfallen lassen.[828] Gleichwohl weiß er, dass seine Leistungspflicht auf zehn Mio. Euro begrenzt ist. Er hofft also – auch wenn dies unwahrscheinlich erscheint – durch den Prozess den Anspruch auf unter zehn Mio. Euro verringern zu können.
>
> Dieses Vorgehen missfällt dem Exzedenten. Er sieht die Gefahr, dass durch den Prozess der Anspruch des Dritten weiter erhöht wird. Dies wirkt sich sodann aber auf seine Leistungspflicht aus, die bei einem unmittelbaren Anerkenntnis fünf Mio.

---

[827] *Henning*, Exzedentenversicherung, S. 95; *Brand*, in: MünchKomm VVG, § 118 Rn. 18a; *R. Koch*, in: FS Thümmel, 2020, S. 421, 422; *Thümmel*, in: FS Schütze, 2014, S. 633, 639; *Knöfel*, ZIP 2018, 1814, 1818; *ders.*, VersR 2018, 513, 519; *Schaloske*, PHi 2012, 166, 168.

[828] Man denke nur an das Regulierungsverhalten als solches, das den Anspruch erhöhen kann.

Euro betragen würde. Er erwartet daher von dem Grundversicherer, dass dieser bei der Ermessensentscheidung auch seine Interessen, also die des Exzedenten, berücksichtigt.

In diesem Verhältnis erfährt der Exzedent, dass der Versicherungsnehmer eine Obliegenheit aus dem Versicherungsvertrag grob fahrlässig verletzt hat. Der Exzedentenversicherer weiß daher, dass er nur reduziert leisten muss. Da der Exzedentenvertrag following-form gezeichnet ist, weiß er zudem, dass auch der Grundversicherer nur teilweise leisten müsste. Er gibt sein Wissen um die Obliegenheitsverletzung dennoch nicht weiter, sodass der Primary teilweise zu Unrecht an den Versicherungsnehmer leistet.

I. Berücksichtigungspflichten in der Layerdeckung

Wie bereits festgestellt, entsteht zwischen den Versicherern der Layerdeckung im Regelfall kein unmittelbares vertragliches Verhältnis, das zur Geltung von Rücksichtnahme-, Berücksichtigungs- oder Loyalitätspflichten i.S.v. § 241 Abs. 2 BGB zwischen ihnen beitragen könnte.[829] Gleichwohl sind sie in gewisser Weise eng verbunden. Denn die Leistungspflicht des Exzedenten wird maßgeblich durch seinen Attachment-point bestimmt, der unmittelbar auf die vorgehende Versicherungssumme Bezug nimmt. Hinzu tritt, dass der Versicherungsnehmer wirtschaftlich die Versicherung eines einheitlichen Risikos sucht. Zwar wird dieses auf mehrere Verträge aufgespalten, allerdings dienen sämtliche Verträge einem einheitlichen Zweck.

Insofern eint die Versicherer eines Layerprogramms der Zweck, den ihr identischer Vertragspartner bei Abschluss der Verträge verfolgt. Zudem ist der Exzedent wirtschaftlich an den vorangehenden Versicherer verbunden. Dies führt letztlich auch bei tatsächlicher Betrachtung zu einigen Überschneidungen. Informationen, die für den Grundversicherer von Relevanz sind, beispielsweise über das versi-

[829] S. 150 ff.

cherte Risiko, die Gefahrumstände oder das Verhalten des Versicherungsnehmers, sind in gleichem oder ähnlichem Umfang auch für die Exzedenten von Bedeutung. Ihre Interessen ähneln sich in der Vertragsdurchführung.[830] Besteht Anlass, an der Rechtmäßigkeit des Anspruchs des Versicherungsnehmers zu zweifeln, haben die Versicherer ein einheitliches Interesse daran, dass die Versichertengemeinschaft nicht zu Unrecht belastet wird.[831] In der Passivenversicherung mag es nur unter Bündelung der gemeinsamen Kräfte gelingen, den Anspruch des Dritten oder – in den besonders relevanten Innenhaftungsfällen der D&O-Versicherung – der Versicherungsnehmerin abzuwehren und so die Versichertengemeinschaft zu schützen.

> **Beispiel 1**: Verletzt der Versicherungsnehmer wie im eingangs genannten Beispiel eine Obliegenheit gegenüber dem Grundversicherer, so liegt es nahe, dass eine ähnliche oder gar dieselbe Verletzung auch gegenüber den Exzedentenversicherern (und umgekehrt) in Betracht kommt. Erkennt einer der Versicherer nun die Anzeigepflicht, dann ist er berechtigt, seine Leistung zu verweigern. Teilt er dieses Wissen dem anderen Versicherer gleichwohl nicht mit und leistet dieser daraufhin, erleidet dieser nicht nur eine nicht erforderliche Vermögenseinbuße. Gleichzeitig wird auch die Versichertengemeinschaft in unangemessener Weise belastet. Beide Versicherer und die jeweils dahinterstehende Versichertengemeinschaft, haben also ein Interesse an einem Informationsaustausch über risikorelevante Tatsachen.

> **Beispiel 2**: Entscheidet sich der Grundversicherer des genannten Beispiels zur Anspruchsabwehr gegenüber einem geschädigten Dritten, betrifft der Ausgang des Prozesses unmittelbar den Exzedenten. Gelingt die Abwehr des gesamten Anspruchs, so entfällt auch die Leistungspflicht nachfolgender Versicherer. Erhöht sich dagegen der Anspruch des Dritten, so kann dies den Attachment-point nachfolgender Versicherer berühren. Erkennt der Grundversicherer über seine gesamte

---

830 *Knöfel*, ZIP 2018, 1814, 1817.
831 *Knöfel*, ZIP 2018, 1814, 1817.

Deckungssumme an, so ist automatisch der Attachment-point der Exzedenten erreicht.[832] In allen drei Situationen hat die Entscheidung des Primarys also einen unmittelbaren Bezug zur Leistungspflicht der Layerversicherer.[833]

Aufgrund dieser Ausgangssituation liegt es nahe, eine Sonderverbindung zwischen den Versicherern zu erwägen. Existiert eine solche Sonderverbindung, kann sich aus ihr die Geltung von Nebenpflichten ergeben.[834] In diesen Fällen könnte die im Beispiel eins illustrierte gegenseitige Information durch die Versicherer geschuldet werden. Alle Versicherer könnten untereinander verpflichtet sein, relevante Informationen und Auskünfte über die Tatsachen, die das Versicherungsverhältnis betreffen, weiterzugeben. Dies könnten beispielsweise Tatsachen sein, die die Rechtmäßigkeit des Anspruchs des Versicherungsnehmers in Frage stellen.[835] In Fall zwei könnte der Grundversicherer gehalten sein, die Interessen der nachfolgenden Versicherer zur berücksichtigen. Er könnte dann daran gehindert sein, über seine gesamte Leistungsstrecke anzuerkennen und so unmittelbar die Leistungspflicht des Exzedenten auszulösen.

Diese Sonderverbindung könnte auf zwei verschiedene Arten begründet werden. Zum einen könnte zwischen den Versicherern selbst ein Schuldverhältnis eingegangen werden, das sodann unmittelbar zur Geltung von Pflichten und sohin auch von Nebenpflichten führt.

Zum anderen könnte der Versicherer in einen anderen Versicherungsvertrag des Exzedententurmes einbezogen werden. Die Geltung von Nebenpflichten zwischen den Versicherern ergäbe sich dann aus einer besonderen Nähe des Layerversicherers zu einem anderen Versicherungsvertrag.

---

832 S. 87.

833 Mit weiteren Beispielen, auch bei Vereinbarung einer Kostenanrechnungsklausel *R. Koch*, in: FS Thümmel, 2020, S. 421, 423.

834 Vgl. *Bachmann*, in: MünchKomm BGB, § 241 Rn. 49.

835 S. *Henning*, Exzedentenversicherung, S. 95 mit weiteren relevanten Tatsachen.

Besonders diese zweite Möglichkeit birgt allerdings Spannungen. Denn zum einen wird die Grundlage konsensualer Pflichtenbegründung, wie sie in §§ 311 Abs. 1, 241 BGB Ausdruck findet, verlassen. Dies tangiert unmittelbar die Privatautonomie der Beteiligten. Der dritte Versicherer sähe sich Pflichten gegenüber einem ihm Fremden ausgesetzt, ohne sich hierzu rechtsgeschäftlich verpflichtet zu haben. Zudem sähen sich auch die Parteien des dritten Vertrages einem weiteren Beteiligten gegenüber. Das eigentlich relative Schuldverhältnis zwischen ihnen würde aufgelockert, um den Dritten, nicht willentlich rechtsgeschäftlich Beteiligten, zu umschließen. Angesichts dessen ist die zweite Herangehensweise der Begründung der Nebenpflichtenbegründung besonders begründungsbedürftig.

II. Das Schuldverhältnis in der Gesamtrechtsordnung

Das BGB definiert den Begriff „Schuldverhältnis" nicht und verwendet ihn gar mit zwei Bedeutungsinhalten, die sich beide in § 241 BGB finden. Zum einen erfasst es das Schuldverhältnis als Forderung, zum anderen als die gesamten Leistungsbeziehungen zwischen Gläubiger und Schuldner.[836] Ersteres bezeichnet die Rechtswissenschaft als Schuldverhältnis im engeren, letzteres als Schuldverhältnis im weiteren Sinne. Dieses letztere Verständnis soll hier gemeint sein, wenn von Schuldverhältnis die Rede ist.

Das Schuldrecht stellt dem Einzelnen Mittel zur Verfügung, damit er seine Interessen in eigener Verantwortung verwirklichen kann. Wichtigstes Gestaltungsmittel hierfür ist der Vertrag. Darüber hinaus soll das Schuldrecht die Rechtsgüter und Rechte des Einzelnen schützen und einen gerechten Ausgleich für ungerechtfertigte Vermögensverschiebungen gewähren.[837]

---

[836] BGH, Urt. v. 11.11.1953 – II ZR 181/52, BGHZ 10, 391 = NJW 1954, 231, 232; *Gernhuber*, Das Schuldverhältnis, § 2 I 1; *Sutschet*, in: BeckOK BGB, Stand: 1.11.2021, § 241 Rn. 3; *Bachmann*, in: MünchKomm BGB, § 241 Rn. 4; eingehend *Bucher*, in: FS Wiegand, 2005, S. 93, 108 ff.

[837] *Gernhuber*, Das Schuldverhältnis, § 1 I 1, II.; *Larenz*, Lehrbuch des Schuldrechts, S. 1; *Looschelders*, Schuldrecht AT, § 1 Rn. 5 f.; *Bucher*, in: FS Wiegand, 2005, S. 93, 102 f.

III. Leistungspflichten, Nebenleistungspflichten und Nebenpflichten

Als komplexe Einheit kann das Schuldverhältnis eine Vielzahl von Elementen verschiedener Art aufweisen. Vornehmlich Pflichten, aber auch nicht ausschließlich. Gleichwohl ist keine Pflicht unentbehrlich, sodass es auch Schuldverhältnisse geben kann, die mit nur einer Pflicht aufwarten.[838] Innerhalb der Leistungspflichten, also den Pflichten, die dem Schuldverhältnis sein charakteristisches Gepräge geben,[839] werden selbstständige Leistungspflichten von Nebenleistungspflichten differenziert.[840] Nebenleistungspflichten sind selbstständigen Leistungspflichten in helfender Funktion zugeordnet. Sie dienen dazu, dem Gläubiger Leistungen zu sichern, die ihn in die Lage versetzen, die ihm geschuldete selbstständige Leistung entgegenzunehmen, sie als die so und nicht anders geschuldete Leistung zu erkennen und sie alsdann auch bestimmungsgemäß zu nutzen.[841] Sie können aber auch den Gläubiger treffen mit dem Ziel, den Schuldner zu entlasten oder auch ihm einen Beleg zur Verfügung zu stellen.

Letztlich sind hiervon all diejenigen Pflichten zu trennen, die nicht mit der Leistungserbringung als solche, sondern mit dem Schuldverhältnis als Ganzem, also der Sonderbeziehung zwischen Gläubiger und Schuldner, zusammenhängen. Gemeint sind die sog. Nebenpflichten, die der Gesetzgeber im Rahmen der Schuldrechtsreform in § 241 Abs. 2 BGB verankert hat. Sie unterscheiden sich von den (Neben-)Leistungspflichten dadurch, dass sie dem Erhalt des *status quo* und damit dem Integritätsinteresse des Gläubigers dienen.[842] Sie stehen im Zentrum dieser Untersuchung. Denn wie bereits festgestellt, treffen die Versicherer – vorbehaltlich einer layerübergreifenden Führungsklausel – keine Haupt- und damit auch

---

838 *Gernhuber*, Das Schuldverhältnis, § 2 III 2 f.

839 *Larenz*, Lehrbuch des Schuldrechts, S. 8; *Medicus/S. Lorenz*, Schuldrecht AT, Rn. 108; *S. Martens*, in: Erman, BGB, § 241 Rn. 10; *Bachmann*, in: MünchKomm BGB, § 241 Rn. 29.

840 *Gernhuber*, Das Schuldverhältnis, § 2 III 4; *S. Martens*, in: Erman, BGB, § 241 Rn. 12; *Bachmann*, in: MünchKomm BGB, § 241 Rn. 29, 55.

841 *Gernhuber*, Das Schuldverhältnis, § 2 III 4; *Larenz*, Lehrbuch des Schuldrechts, S. 8 f.

842 *S. Martens*, in: Erman, BGB, § 241 Rn. 14; anders *Bachmann*, in: MünchKomm BGB, § 241 Rn. 57, 61 ff.

keine Nebenleistungspflichten untereinander. Denkbar ist daher allein die Geltung von Nebenpflichten.

1. Nebenpflichten

Je nach der Intensität und der besonderen Art der Sonderverbindung verpflichtet das Schuldverhältnis in verschiedenem Maße und Umfang zu wechselseitiger Rücksichtnahme, zur Beachtung der berechtigten Belange des anderen und damit zu einem Verhalten insgesamt, wie es unter redlich und loyal denkenden Geschäftspartnern erwartet werden kann.[843] Eine gesetzliche Anknüpfung findet sich in § 241 Abs. 2 BGB.

Die Parteien eines Schuldverhältnisses werden zur Rücksicht auf die Rechte, Rechtsgüter und Interessen des anderen Teils verpflichtet. Die genannten Schutzobjekte wählte der Gesetzgeber bewusst weit, um klarzustellen, dass der Schutz nach Abs. 2 nicht auf die absolut geschützten Rechtsgüter nach § 823 Abs. 1 BGB beschränkt sein, sondern darüber hinaus insbesondere auch auf das Vermögen und die Entscheidungsfreiheit erstreckt werden soll.[844] Die Annahme dieser weitergehenden Pflichten rechtfertigt sich daraus, dass die Parteien einander im Rahmen von schuldrechtlichen Sonderverbindungen erhöhte Möglichkeit gewähren, auf ihre Rechtsposition einzuwirken.[845] Sie müssen also besonders auf die Rücksicht des anderen Teils vertrauen können.

Um die als Generalklausel gestaltete Norm zu erfassen, sind Fallgruppen zu bilden.[846] Unter Nebenpflichten fallen daher Schutz-

---

843 *Larenz*, Lehrbuch des Schuldrechts, S. 9; *S. Martens*, in: Erman, BGB, § 241 Rn. 14; der Versicherungsvertrag verpflichtet die Parteien seit jeher zu besonderen Anstrengungen s. *Armbrüster*, in: Prölss/Martin, VVG, Einl. Rn. 245.

844 BT-Drs. 14/6040, S. 125 f.; *S. Martens*, in: Erman, BGB, § 241 Rn. 16; *Bachmann*, in: MünchKomm BGB, § 241 Rn. 50.

845 *Gernhuber*, Das Schuldverhältnis, § 2 IV 1 f.; *Looschelders*, Schuldrecht AT, § 1 Rn. 20; *Grigoleit*, in: FS Canaris, 2007, S. 275, 277 f.

846 *Bachmann*, in: MünchKomm BGB, § 241 Rn. 56.

pflichten, Aufklärungspflichten, Informationspflichten, Mitwirkungspflichten, Treuepflichten oder Rücksichtnahmepflichten.[847]

Ihr Inhalt und Umfang richtet sich immer nach den vertraglichen Abreden der Parteien und den konkreten Umständen des Einzelfalls.[848] Sie sind umso mehr anzunehmen, je mehr die Parteien auf eine vertrauensvolle Zusammenarbeit angewiesen sind oder eine andere Partei sich auf die besondere Fachkunde der anderen Partei verlassen muss.[849] Insbesondere bei Dauerschuldverhältnissen und dort insbesondere im Versicherungsvertrag haben Nebenpflichten daher eine besondere Bedeutung.[850]

Eine erschöpfende Darstellung aller Nebenpflichten ist nicht möglich und auch nicht sinnbringend, da sie im flexiblen System des Schuldverhältnisses im Einzelfall ihre Ausgestaltung finden.

Es wird unterschiedlich beurteilt, welche Nebenpflichten unter § 241 Abs. 2 BGB zu fassen sind und ob manche nicht gar weiterhin unter § 242 BGB zu subsumieren seien.[851] Diese Unterscheidung ist für diese Arbeit gleichwohl von geringer Bedeutung, da sich ihr Kern um die Frage des „Ob" der Geltung von Nebenpflichten dreht. Lässt sich aber die Anwendung von § 241 Abs. 2 BGB begründen, steht auch der Anwendung von §§ 241 Abs. 1, 242 BGB grundsätzlich nichts im Wege.[852]

---

847 *Gernhuber*, Das Schuldverhältnis, § 2 IV 1 f.; *S. Martens*, in: Erman, BGB, § 241 Rn. 18 ff.; *Bachmann*, in: MünchKomm BGB, § 241 Rn. 56, 59.

848 *Larenz*, Lehrbuch des Schuldrechts, S. 9 ff.; *Sutschet*, in: BeckOK BGB, Stand: 1.11.2021, § 241 Rn. 44.

849 *Larenz*, Lehrbuch des Schuldrechts, S. 11; *Sutschet*, in: BeckOK BGB, Stand: 1.11.2021, § 241 Rn. 44.

850 Vgl. zu Treu und Glauben allgemein RG, Urt. v. 7.6.1929 – VII 67/29, RGZ 124, 343, 345; Urt. v. 14.12.1934 – VII 225/34, RGZ 146, 221, 224; BGH, Urt. v. 28.11.1963 – II ZR 64/62, BGHZ 40, 387 = NJW 1964, 645 f.; Beschl. v. 27.1.2016 – IV ZR 130/15, r+s 2016, 230 Rn. 16; *Armbrüster*, in: Prölss/Martin, VVG, Einl. Rn. 245 f.

851 Vgl. *Larenz*, Lehrbuch des Schuldrechts, S. 10; *Bachmann*, in: MünchKomm BGB, § 241 Rn. 60 ff.

852 S. auch *Looschelders*, Schuldrecht AT, § 1 Rn. 14a zur grundsätzlichen Bedeutung der Unterscheidung der Pflichten, sowie zur geringen Bedeutung der dogmatischen Einordnung *ebd.*, Rn. 21.

2. Die Klagbarkeit von Nebenpflichten

Von besonderem Interesse ist die Frage, ob die Versicherer der Layerdeckung bereits auf Primärebene voneinander Erfüllung etwaiger Nebenpflichten verlangen können. Angesprochen ist damit die umstrittene Frage der Klagbarkeit von Nebenpflichten.

Gegen die Klagbarkeit wird vorgebracht, dass ein entsprechender Antrag nicht bestimmt genug sein könne. Denn die Teilnehmer des Schuldverhältnisses seien verpflichtet, sich so zu verhalten, wie es in der gegebenen Situation erforderlich ist, um den Schuldzweck nicht zu vereiteln, Schaden zu verhüten, die Durchführung zu erleichtern.[853] Erst die schuldhafte Verletzung einer solchen Pflicht führe zu einer einklagbaren sekundären Leistungspflicht. In der Regel führen Nebenpflichten nach dieser Ansicht also zu einer nachträglichen Sanktion und sind daher nur ausnahmsweise einklagbar.

Dem ist mit folgender Differenzierung entgegenzutreten. Eine ganze Reihe an Nebenpflichten haben trotz ihrer Unterordnung unter die Hauptpflicht einen Eigenzweck. Hierzu gehören beispielsweise Auskunftspflichten, Informationspflichten, Mitwirkungspflichten und im einzelnen Falle auch Rücksichtnahmepflichten. Dieser selbstständige Zweck muss als solcher auch eigenständig einklagbar sein, aus ihnen erwächst auch ein korrespondierender Erfüllungsanspruch.[854] Dagegen sind unselbstständige Nebenpflichten, also insbesondere Leistungstreue- und Schutzpflichten grundsätzlich nicht einzeln einklagbar, da sich die konkrete Verhaltensanforderung an den Schuldner erst in der logischen Sekunde vor ihrer Verletzung ergibt. Nur in Ausnahmefällen kann auch eine unselbstständige Nebenpflicht einklagbar sein, wenn für den Gläubiger der Nebenpflicht ein schutzwürdiges Interesse hieran besteht.[855] Es erscheint daher überzeugender davon auszugehen, dass bestimmte Nebenpflichten auch grundsätzlich einklagbar sind.

---

853 *Larenz*, Lehrbuch des Schuldrechts, S. 12.

854 *Sutschet*, in: BeckOK BGB, Stand: 1.11.2021, § 241 Rn. 43; *S. Martens*, in: Erman, BGB, § 241 Rn. 21; *Bachmann*, in: MünchKomm BGB, § 241 Rn. 68.

855 *Sutschet*, in: BeckOK BGB, Stand: 1.11.2021, § 241 Rn. 43.

IV. Die Relativität der Schuldverhältnisse

Das Schuldverhältnis ist als Sonderverbindung zwischen den Parteien ein relatives Rechtsverhältnis.[856] Die aus dem Schuldverhältnis folgenden Rechte, und die korrelierenden Pflichten, entstehen daher grundsätzlich nur zwischen den Parteien. So kann grundsätzlich nur der Gläubiger vom Schuldner die Leistung verlangen, umgekehrt treffen die aus dem Schuldverhältnis folgenden Pflichten nur den Schuldner.[857] Dritte werden im Regelfall nicht verpflichtet und müssen auf diese Sonderbeziehung auch keine Rücksicht nehmen.[858] Dieser sog. Relativitätsgrundsatz findet seinen Ausdruck in §§ 241 Abs. 1 S. 1, 311 Abs. 1 BGB.

Die Begrenzung der Rechtswirkungen auf die Parteien des Schuldvertrages bewirkt zugleich eine pflichtenbegrenzende und freiheitswahrende Funktion.[859] Denn es dichtet das Schuldverhältnis gegen Dritteinflüsse ab und schützt die Dritten vor benachteiligenden Rechtsfolgen, an deren Herbeiführung sie selbst rechtsgeschäftlich nicht beteiligt sind.[860]

Freilich können sowohl auf Schuldner- als auch auf Gläubigerseite mehrere Personen auftreten. Dies durchbricht die Relativität jedoch genauso wenig, wie die Stellvertretung oder Botenschaft (§§ 164 ff. BGB) oder die Leistungserbringung oder Leistungsbestimmung durch Dritte (§§ 267 Abs. 1, 317 ff. BGB). In allen Fällen bleiben ausschließlich die Parteien des Schuldvertrages durch ihn verpflichtet.[861]

Eine echte gesetzliche Ausnahme zum Relativitätsgrundsatz stellt der echte Vertrag zugunsten Dritter i.S.v. § 328 BGB dar.[862] Hierdurch wird dem Dritten zwar eine Leistung gewährt, und keine

---

856 *Looschelders*, Schuldrecht AT, § 1 Rn. 29; *S. Martens*, in: Erman, BGB, Einl. § 241 Rn. 9.

857 *Looschelders/Makowsky*, JA 2012, 721, 722.

858 *Looschelders*, Schuldrecht AT, § 1 Rn. 29; vgl. den bereits angesprochenen Vertrag zu Lasten Dritter auf S. 104.

859 *H. Lange/Schiemann*, Schadensersatz, § 8 I 1.

860 *Papadimitropoulos*, Schuldverhältnisse mit Schutzwirkung zu Gunsten Dritter, S. 174.

861 Eingehend *Looschelders/Makowsky*, JA 2012, 721, 722 ff.

862 *Gernhuber*, Das Schuldverhältnis, § 19 I 3; *Looschelders*, Schuldrecht AT, Rn. 30; *Gottwald*, in: MünchKomm BGB, § 328 Rn. 1.

Pflicht auferlegt, dennoch handelt es sich um eine Abweichung des Vertragsprinzips aus §§ 241 Abs. 1, 311 Abs. 1 BGB. Auch aus diesem Grunde gewährt das Gesetz dem Dritten in § 333 BGB ein umfangreiches Zurückweisungsrecht.[863] Die umgekehrte Situation, also der Vertrag zu Lasten Dritter, ist dagegen mit der Privatautonomie grundsätzlich nicht vereinbar und daher nicht im BGB vorgesehen.[864]

B. Die Gesellschaft bürgerlichen Rechts

Mit dieser Vorarbeit kann sich der Frage nach Formen der unmittelbaren Rechtsbeziehung der Versicherer zugewandt werden. Hierbei ist fraglich, ob die Versicherer einer Exzedentendeckung als Beteiligte einer Gesellschaft bürgerlichen Rechts eingeordnet werden können. Der Zweck dieser Gesellschaft könnte darin bestehen, eine Gesamtversicherungssumme, die aus vielen einzelnen Versicherungsstrecken zusammengesetzt ist, für den Versicherungsnehmer bereitzustellen. Dies hätte insbesondere eine umfassende gesellschaftsrechtliche Treuepflicht zur Folge.[865] Ausgehend von dem Standpunkt des Versicherungsnehmers, aus dessen Sicht die Layerung maßgeblich dazu beiträgt, überhaupt Versicherungsschutz in entsprechender Höhe zu erhalten,[866] und zudem der Bezugnahme der Exzedentenverträge auf vorhergehende Policen, könnte sich das Verhalten der Versicherer als arbeitsteiliges Zusammenwirken zur Zweckförderung darstellen.

Verfolgt der Versicherungsnehmer den Zweck, sein Risiko i.H.v. 30 Mio. Euro, das in der gesetzlichen Haftpflicht für Personen-, Sach- und daraus entstandene weitere Schäden, soweit diese durch vom ihm hergestellte oder gelieferte Erzeugnisse oder erbrachte Arbeiten oder sonstige Leistungen verursacht wurden

[863] *Gottwald*, in: MünchKomm BGB, § 328 Rn. 1; *Looschelders/Makowsky*, JA 2012, 721, 725.

[864] BGH, Urt. v. 9.3.1972 – VII ZR 178/70, BGHZ 58, 216 = NJW 1972, 942; Urt. v. 8.11.1973 – VII ZR 246/72, BGHZ 61, 359 = NJW 1974, 96 f.; *Gottwald*, in: MünchKomm BGB, § 328 Rn. 261; *Looschelders/Makowsky*, JA 2012, 721, 725.

[865] *Schäfer*, in: MünchKomm BGB, § 705 Rn. 228 ff.

[866] Vgl. *Eley*, VersR 2021, 1461, 1465, der Aspekt der Prämienersparnis ist gegenüber den Marktgegebenheiten weniger entscheidend.

(s. Ziff. 1.1 ProdHM), liegt, zu versichern, kann dieser Zweck nur durch das gemeinsame Wirken von einem Versicherer auf Ebene der Grunddeckung (bspw. über 20 Mio. Euro) und einem darüberliegenden Exzedenten (bspw. über 10 Mio. Euro) erreicht werden. Führt dies zur Geltung der §§ 705 ff. BGB zwischen den Versicherern? Ist dies der Fall, wären beide Versicherer verpflichtet, den Zweck der Gesellschaft, also die Bereitstellung einer Versicherungssumme von 30 Mio. Euro und damit die Abdeckung des Risikos des Versicherungsnehmers zu fördern. Dies könnte zur Folge haben, dass sie – beispielsweise aufgrund der Geltung der gesellschaftsrechtlichen Treuepflicht – dazu verpflichtet sind, gemeinschaftlich an einer vergleichsweisen Streitbeilegung mit dem geschädigten Dritten in der Haftpflichtversicherung oder dem Versicherungsnehmer zusammenzuwirken.

Das Zustandekommen einer Gesellschaft bürgerlichen Rechts setzt den Abschluss eines Gesellschaftsvertrages voraus (vgl. § 705 BGB[867]). Dabei kommt es nicht auf Antrag und Annahme zweier Personen, wie von den §§ 145 ff. BGB im Grundsatz vorgesehen, an, sondern vielmehr auf die Erklärung des Beitritts zur Gesellschaft durch die Gesellschafter.[868] Dennoch finden die §§ 145 ff. BGB im Übrigen Anwendung.

Stellt man die jeweilige Verbindung der Versicherer zum Versicherungsnehmer in den Vordergrund und versteht man den Versicherungsnehmer daher bildlich als das Zentrum einer Vielzahl von gleichen Verträgen, die ein überindividuelles Ziel fördern, entsteht eine Sternstruktur, die als solche möglicherweise auch als Gesellschaft bürgerlichen Rechts verstanden werden kann.

Unter Sternverträgen versteht man, vorrangig im Wettbewerbsrecht, eine Organisationsstruktur, in der die Beteiligten inhaltlich gleichlautende zweiseitige Verträge zur Förderung eines für alle Beteiligten gemeinsamen Zwecks schließen.[869] Diese Verträge bilden dann aufeinander bezogene Elemente eines Gesamtsystems. Im Zen-

---

[867] Ab 1.1.2024: § 705 Abs. 1 BGB.

[868] *Kübler/Assmann*, Gesellschaftsrecht, § 6 II; *K. Schmidt*, Gesellschaftsrecht, § 5 I 3 a) f.; *C. Schäfer*, in: MünchKomm BGB, § 705 Rn. 20.

[869] *C. Schäfer*, in: MünchKomm BGB, § 705 Rn. 21.

trum dieses Vertragsnetzes steht ein Beteiligter, wobei seine Vertragspartner im Übrigen keine vertragliche Beziehung zueinander pflegen.[870] In dem zweckbedingten untrennbaren Zusammenhang zwischen den Verträgen des Sternsystems könnte ein gemeinsamer Gesamtzweck liegen, der das Entstehen einer GbR bedeuten könnte.[871]

Eine solche Konstellation könnte auch in der Layerdeckung zu sehen sein. Das Zentrum des Sternes bildet der Versicherungsnehmer, der verschiedene inhaltlich gleichlautende und – sogar – aufeinander bezugnehmende Verträge zu den Versicherern abschließt, sodass das beschriebene Sternsystem entsteht.

Gleichwohl erscheint die Übertragbarkeit dieser wettbewerbsrechtlichen Diskussion auf das Gesellschaftsrecht problematisch. Aufgrund der wettbewerbsbeschränkenden Wirkung eines Sternsystems besteht ein erhebliches Interesse daran, den Stern als „Unternehmen" i.S.v. § 1 GWB zu erfassen.[872]

Aus Sicht des Gesellschaftsrechts kann dieses Ergebnis jedoch nicht halten.[873] Der bloß faktische Zusammenschluss mehrerer Beteiligter kann nach heute fast unbestrittener Auffassung nicht zu einer Gesellschaft bürgerlichen Rechts führen.[874] Dies ist bei Sternverträgen aber gerade der Fall. Die Lehre von den faktischen Vertragsverhältnissen, die bei einer eigentümlich unternehmensrechtlichen Betrachtungsweise die Gründung einer Gesellschaft als körperschaftliche Schöpfungshandlung und nicht als Vertrag erscheinen lässt, hebt den sozialen und wirtschaftlichen Tatbestand über den Vertragstatbestand des Verbands.[875] Hierdurch entfernt sie sich aber zu weit von dem im BGB angelegten Schutz- und

---

870 *Schöne*, in: BeckOK BGB, Stand: 1.11.2021, § 705 Rn. 41.

871 *Martinek*, Franchising, S. 546 f.

872 *K. Schmidt*, Kartellverbot, S. 129 ff; *Isay*, Kart-Rundsch. 1927, 98, 106.

873 A.A. *C. Schäfer*, in: MünchKomm BGB, § 705 Rn. 21, ohne nähere Begründung.

874 Der Begriff der faktischen Gesellschaft stammt insbesondere von *Haupt*, Über faktische Vertragsverhältnisse, 1943; i. Erg. auch *Simitis*, Die faktischen Vertragsverhältnisse als Ausdruck der gewandelten sozialen Funktion der Rechtsinstitute des Privatrechts, 1957; ausführlich zuletzt *Kort*, Bestandsschutz, S. 6 ff.; s. insgesamt *C. Schäfer*, fehlerhafter Verband, S. 120; der BGH erwähnte die faktische Gesellschaft zuletzt in BGH, Urt. v. 5.3.1964 – II ZR 208/61, BeckRS 1964, 105083 Rn. 15 („faktische, besser fehlerhafte Gesellschaft").

875 *C. Schäfer*, fehlerhafter Verband, S. 120 f.; *K. Schmidt*, Gesellschaftsrecht, S. 138.

Funktionssystem der allgemeinen Rechtsgeschäftslehre.[876] Mit diesem Vertragsprinzip muss ein Erklärungsversuch konfligieren, der die rechtsgeschäftliche Grundlage der Gesellschaft insoweit außer Acht lassen will, als dass es auf einen Kontakt zwischen den Gesellschaftern nicht (mehr) ankommen soll.[877]

Im Übrigen hat die Rechtsentwicklung diese Überschneidung zwischen Gesellschaftsrecht und Wettbewerbsrecht auch in den Hintergrund treten lassen. Nach § 1 GWB wird der Begriff des „Unternehmens" als eigener Rechtsbegriff verstanden und ausgelegt und ist im Übrigen auch durch das Europarecht wesentlich beeinflusst,[878] während § 705 BGB den Abschluss eines Gesellschaftsvertrages zwischen den Gesellschaftern erfordert.

Am fehlenden Abschluss eines Gesellschaftsvertrages lässt *Henning* die Entstehung einer BGB-Gesellschaft im Rahmen der Layerdeckung scheitern.[879] Mit dem Verweis auf den regelmäßig fehlenden Rechtsbindungswillen beim Kontakt der Versicherer im Rahmen der Erstellung des Layerprogramms kann in aller Regel auch davon ausgegangen werden, dass auch der Abschluss eines Gesellschaftsvertrages scheitert.[880] Dies ist selbst dann der Fall, wenn die von einem Schadenfall betroffenen Versicherer des Turms sich zur Verabredung einer gemeinsamen Regulierungsstrategie auseinandersetzen.[881]

Dieses Ergebnis vermag auch nach hiesigen Erkenntnissen Geltung zu beanspruchen. Wie bereits aufgezeigt mangelt es dem Verhalten der Versicherer eines Exzedententurmes regelmäßig am notwendigen Rechtsbindungswillen, wenn sie in Kontakt zueinander tre-

---

876 *K. Schmidt*, Gesellschaftsrecht, S. 138; *Kübler/Assmann*, Gesellschaftsrecht, § 26 I 4 c).

877 Vgl. *C. Schäfer*, fehlerhafter Verband, S. 120 (zur Lehre von der faktischen Gesellschaft).

878 *Zimmer*, in: Immenga/Mestmäcker, Wettbewerbsrecht, § 1 GWB Rn. 18 f.

879 *Henning*, Exzedentenversicherung, S. 100, 118, der zudem an der gemeinsamen Zwecksetzung zweifelt; allg. zum fehlenden rechtsgeschäftlichen Kontakt *Thürmann*, in: FS Hamburger Seminar, 2016, S. 505; *Drave*, VersPrax 6/2017, 35; *R. Koch*, VersR 2021, 879 f.; *Knöfel*, ZIP 2018, 1814; *Schaloske*, PHi 2012, 166.

880 So liegt der Fall in OLG München, Beschl. v. 7.1.2019 – 25 U 2750/18, VersR 2020, 543, 544.

881 *Henning*, Exzedentenversicherung, S. 117 ff. zweifelnd zum Rechtsbindungswillen selbst bei Festlegung einer gemeinsamen Regulierungsstrategie, i. Erg. lehnt er die Förderung eines gemeinsamen Zwecks ab, S. 118 f.

ten.[882] Blendete man diesen Aspekt aus oder ließe sich im Einzelfall tatsächlich ein entsprechender Wille im Rahmen eines etwaigen Kontakts der Versicherer feststellen, so scheiterte eine Gesellschaftsgründung schließlich an der gemeinsamen Verfolgung eines Zwecks. Die Exzedentenversicherer verfolgen zwar in gewisser – nicht jedoch jeder – Hinsicht gleichgerichtete wirtschaftliche Interessen in Form der Risiko(auf)teilung.[883] Dies genügt aber nicht zur gemeinsamen Zweckförderung.[884]

Im Ergebnis genügt es daher nicht, die Layerdeckung als System eines Sternvertrages zu klassifizieren, um das Erfordernis eines gemeinsamen Gesellschaftsvertrages aufzuweichen und sie so als Gesellschaft bürgerlichen Rechts zu verstehen. Mangels Abschlusses eines Gesellschaftsvertrages, finden die §§ 705 ff. BGB in der Layerdeckung regelmäßig keine Anwendung.

C. Die Vertragsauslegung, §§ 133, 157 BGB

Fraglich ist, ob sich die Geltung von Nebenpflichten aus den typischerweise in Exzedentenverträgen enthaltenen Abreden, namentlich also den Programmklauseln über den Attachment-point und der Following-form Deckung, ergibt. Hierzu sind sie auszulegen. Diese bestimmt sich, wie bereits bekannt, im Grundsatz nach dem objektiven Empfängerhorizont (§§ 133, 157 BGB). Soweit es sich um Allgemeine Versicherungsbedingungen handelt, sind die Auslegungsgrundsätze der ständigen Rechtsprechung des BGH zu beachten.[885]

I. Attachment-point Vereinbarungen

Der Sinngehalt einer Attachment-point Abrede liegt darin, den Versicherungsschutz näher zu definieren. Er trifft eine Aussage über

---

882 S. 154.
883 Vgl. *Dreher/M. Lange*, VersR 2005, 717, 721 (zur Mitversicherung).
884 *Henning*, Exzedentenversicherung, S. 118.
885 S. eingehend S. 84.

das Hauptleistungsprogramm des Versicherers, der die Anknüpfung vereinbart.[886]

Die Regelung drückt aus, in welcher Situation der Versicherer zur Leistung verpflichtet ist. Ihr wohnt eine Bezugnahme auf den Grundvertrag und der dortigen Leistung des Versicherers inne. Aus diesem Verweis ergibt sich aber keine unmittelbare Verhaltenspflicht im Hinblick auf den Risikoträger dieser Deckungsstrecke. Welche Folgen aus dem Erreichen oder Übersteigen des Attachment-points erwachsen, ist Gegenstand der übrigen Versicherungsbedingungen. Insofern enthalten Attachment-Point Klauseln keine Aussage überhaupt zum Inhalt des Verhaltens des Exzedenten gegenüber anderen Versicherern und damit erst recht nicht zu gegebenenfalls geschuldeten Pflichten. Zwar nimmt die Vereinbarung Bezug zu ihren Leistungen, sie macht aber die Leistung als solche und nicht die Person des Versicherers zum Gegenstand der Betrachtung. Wenngleich das Verhalten des Grundversicherers auch faktisch entscheidend für die Leistungspflicht des Exzedenten ist, kann der Attachment-point Vereinbarung jedoch nicht rechtlich eine Aussage zur Beziehung der jeweiligen Partei entnommen werden.

Dennoch wird sich im Hinblick auf die Nebenleistungspflicht des Exzedenten festhalten lassen, dass er die Ausschöpfung der vorangehenden Versicherungssumme nicht treuwidrig verhindern darf, sodass sein Attachment-point nie erreicht und seine Leistungspflicht nicht ausgelöst würde. Dies ist jedoch keine spezielle Verhaltenspflicht im Sinne einer konkreten Berücksichtigung der Interessen des vorgehenden Versicherers, sondern eine grundsätzliche Anforderung an das Verhalten von Vertragspartnern und damit eine Pflicht, die den Exzedenten gegenüber dem Versicherungsnehmer trifft.

---

886 S. schon S. 111 ff.

II. Following-form Vereinbarungen

Wie dargelegt übernehmen Following-form Vereinbarungen textlich die Bedingungen der vorangehenden Versicherung durch Verweis auf diese. Ist den Bedingungen aber keine Regelung zum Verhältnis der Parteien zu entnehmen, bedeutet dies auch nichts anderes für die Following form Klauseln. Aus der textlichen Inbezugnahme folgt eine nähere Ausgestaltung des eigenen Pflichtenprogramms durch die dortigen Bedingungen. Details zur Leistungspflicht des Exzedenten ergeben sich also nicht aus der Following-form, sondern aus den durch sie transformierten Bedingungen. Lediglich diesen kann also eine mögliche Aussage über Leistungs- oder Nebenpflichten des Versicherers entnommen werden. Wiederum ergeben sich aber aus der Inbezugnahme als solcher aber keine Rechte oder Pflichten gegenüber dem geistigen Verfasser des Bezugnahmeobjekts. Ebenso enthalten die in Bezug genommenen Regeln selten Vorgaben zum Verhalten gegenüber anderen Beteiligten des Layerturms.

III. Berücksichtigungs- und Treuepflichten i.S.v. § 241 Abs. 2 BGB in der Layerdeckung

Folglich ergibt sich aus den beiden Programmklauseln keine unmittelbare Pflicht des Exzedenten im Hinblick auf die vorangehende Versicherungsstrecke. Etwas anderes kann sich aber aus der Gesamtbetrachtung des Exzedentenversicherungsvertrages ergeben.

1. Auslegung der Exzedentenversicherungsverträge

Die typischen Schwierigkeiten im Umgang mit der Layerdeckung liegen in dem Zusammenwirken der verschiedenen Versicherungsverträge im Anschluss aneinander und damit maßgeblich im Attachment-point.[887]

[887] *Eley*, VersR 2021, 1461.

Sieht beispielsweise der Grundversicherungsvertrag – wie in der Haftpflichtversicherung üblich (vgl. bspw. Ziff. 5.2 AHB 2016) – vor, dass der Grundversicherer zur Abgabe zweckmäßig erscheinender Erklärungen berechtigt ist, enthält ein following-form gezeichneter nachfolgender Vertrag die selbe Vollmacht auch zugunsten des Exzedentenversicherers. Fraglich ist, wie dieses Problem aufzulösen ist, insbesondere, wen das Risiko aus dieser Doppelzuständigkeit trifft. Sind beide Versicherer gleichermaßen berechtigt, Erklärungen abzugeben und den Versicherungsnehmer hierdurch im Außenverhältnis zu binden?

Das Beispiel zeigt; im gegebenen Fall lässt sich der Haftpflichtfall überhaupt nicht bewältigen, soweit die beteiligten Versicherer unterschiedliche Erklärungen abgeben.[888] Dies hätte für den Versicherungsnehmer gravierende Konsequenzen, immerhin erbringt er seine Leistung, also die Zahlung der Prämie, im Vertrauen darauf, dass bei Eintritt des Versicherungsfalls ihm die Gesamtversicherungssumme zur Verfügung steht, seine Vertragspartner also die ihnen obliegende Leistung erbringen. Es geht daher im Kern um die Reichweite des vertraglichen Leistungsversprechens des Versicherers und hierin um die Frage, wer das Risiko aus der Aufteilung der wirtschaftlich einheitlichen, aber rechtlich getrennten Gesamtdeckung trägt.

a. Risikotragung des Exzedentenversicherers

Lässt sich festhalten, dass der Inhalt der Schuld des Versicherers nicht bloß die Bereitstellung von Versicherungsschutz ab einer gewissen Höhe bis zu einer gewissen Höhe, sondern auch „passgenaue", also zur Grundversicherung kongruente Deckung im Anschluss an die Grund- oder vorhergehende Versicherung umfasst, könnte der Versicherungsnehmer redlicherweise erwarten, dass der Versicherer auch das Risiko trägt, das aus der Aufspaltung in Grund- und Exzedentendeckung und dem Verhalten der Versicherer zueinander entsteht. Das Vertragsversprechen des Exzedenten-

[888] *R. Koch*, VersR 2021, 879; vgl. *Schaloske*, PHi 2012, 166, 170 f. (zu unterschiedlichen Weisungen), s. aber auch zur Lösung über eine interessengerechte Auslegung der Following-form Vereinbarung ab S. 139.

versicherers umfasst dann auch die Aussage, dass zwischen seiner und der vorhergehenden Deckungsstrecke keine Lücken im Versicherungsschutz entstehen, egal ob durch die Vertragsgestaltung oder das Verhalten der Versicherer im Zuge der Vertragsdurchführung.[889]

Diese Risikotragung ist bereits in der Literatur angeklungen. So wurde die Frage aufgeworfen, ob eine Deckungslücke, die bei Fehlen einer Summenausschöpfungsvereinbarung entstehen kann, den Versicherungsnehmer entgegen den Geboten von Treu und Glauben unangemessen benachteiligen kann, mit der Folge der Unwirksamkeit nach den §§ 305 ff. BGB.[890] Dies betrifft im Kern den gleichen Gesichtspunkt wie hier; der Versicherungsnehmer soll nicht das Risiko von Deckungslücken tragen, das aus der Aufspaltung der Deckung in mehrere rechtliche Tatbestände resultiert.

Hierbei bleibt fraglich, wann das Leistungsversprechen des Versicherers hinsichtlich eines solchen kongruenten Versicherungsschutzes angenommen werden kann.

Zunächst spricht die Ausgestaltung des Versicherungsschutzes als Layerdeckung dafür, grundsätzlich Kongruenz zwischen Grund- und Exzedentenversicherung anzunehmen. So wählt der Versicherungsnehmer bzw. sein Makler die Anschlussversicherung ergänzend zu einer bereits bestehenden Deckung. Die Exzedentenversicherer wissen, dass der Bereich, der ihrer Deckungspflicht vorangeht, nicht etwa unversicherter Selbstbehalt, sondern durch einen anderen Risikoträger versichert ist. Im Gegenteil bringt der Versicherungsnehmer deutlich zum Ausdruck, dass die Layerdeckung „im Anschluss" an die vorangehende Deckungssumme greifen soll und idealerweise auch im Wege der Following-form Abrede hinsichtlich der gedeckten Risiken übereinstimmt. Durch die direkte Bezugnahme des Exzedentenversicherungsvertrages auf die vorgehende Deckungsstrecke im Wege einer Attachment-point Vereinbarung wird dieser Wille auch regelmäßig Vertragsinhalt.

---

889 S. auch *Schaloske*, in: FS Fürstenwerth, 2020, S. 315, 319 der ein regelmäßiges Parteiinteresse dahingehend sieht, dass der Versicherungsschutz möglichst weitgehend gleichläuft.

890 *Knöfel*, ZIP 2018, 1814, 1820, der diese Frage verneint auf S. 1821.

Hiergegen spricht allerdings, dass im Grundsatz der Versicherungsnehmer bzw. sein Makler im Zentrum der Layerdeckung steht, diese verwaltet und im Regelfall als einziger über das Bestehen und den Umfang der Versicherungsverträge voll informiert ist. Daher scheint es aus dieser Konstellation heraus fernliegend, dem Versicherer das Risiko aus dem Zusammenspiel der Verträge zuzuweisen. Gerade die fachkundige Beratung durch einen Industrieversicherungsmakler lässt den Versicherungsnehmer weniger schützenswert erscheinen.

Indes geht es hier nicht vorrangig um die Schutzwürdigkeit des Versicherungsnehmers, sondern um das Pflichtenprogramm des Versicherers, wie es sich aus dem Versicherungsvertrag ergibt. Daher bedeutet auch die fachkundige Beratung des Versicherungsnehmers durch seinen Makler, der aufgrund des Maklervertrages verpflichtet ist, den für den Versicherungsnehmer passendsten Versicherungsschutz zu besorgen,[891] nicht, dass das letztlich vereinbarte Leistungsprogramm des Versicherers begrenzt wäre.

Insofern ist eine Differenzierung geboten.[892] Verspricht der Versicherer trotz der fachkundigen Beratung des Versicherungsnehmers passgenauen Versicherungsschutz, ist das Vertrauen des Versicherungsnehmers auf dieses Leistungsversprechen anzuerkennen. Der Versicherer ist dem Versicherungsnehmer im Hinblick auf Fragen der Versicherungswirtschaft und der technischen Ausgestaltung des Versicherungsschutzes trotz der Einschaltung des Maklers überlegen.[893] Hieraus folgt, dass das Versicherungsverhältnis in ganz besonderem Maße vom Grundsatz von Treu und Glauben (§ 242 BGB) geprägt ist und die Vertragsparteien, jede in Bezug auf ihre strukturelle Überlegenheit, verstärkt zur loyalen Zusammenarbeit

891 *Dörner*, in: Prölss/Martin, VVG, § 59 Rn. 72a, § 61 Rn. 23.

892 Ähnlich auch *Brand*, in: MünchKomm VVG, § 118 Rn. 18a, der bzgl. des Verteilungsverfahrens zwischen sog. „einheitlicher Deckung" und „divergierender Deckung" differenziert, womit aber das gleiche wie hier gemeint sein dürfte.

893 *Armbrüster*, in: Prölss/Martin, VVG, Einl. Rn. 246; *W.-T. Schneider*, r+s 2015, 477, 483; vgl. *Werber*, VersR 2007, 1153, 1155 f. (betreffend die Maklerverantwortung); zur Überlegenheit trotz fachkundiger Beratung BGH, Urt. v. 28.10.1963 – II ZR 193/62, NJW 1964, 244, 245; s. auch Urt. v. 18.11.2020 – IV ZR 217/19, BGHZ 227, 279 = NJW 2021, 231 Rn. 11; *Armbrüster*, in: MünchKomm VVG, § 6 Rn. 72; einschränkend *Rudy*, in: Prölss/Martin, VVG, § 6 Rn. 7.

gehalten sind.[894] Gerade in Fragen der Ausgestaltung des Versicherungsschutzes ist der Versicherungsnehmer daher auf die Erfahrung und Expertise des Versicherers angewiesen, zumal die Versicherung als Rechtsprodukt für den Versicherungsnehmer besondere Verständnisschwierigkeiten bereithält.[895] Hinzu tritt, dass der Versicherungsnehmer auch abseits der Exzedentenversicherung im Zentrum des tatsächlichen Geschehens steht, weil gerade er vorrangig Zugriff auf das versicherte Risiko und die versichernden Verträge hat. In diesem Punkt unterscheiden sich Exzedentenversicherungsverträge nicht maßgeblich von Mitversicherungen oder (schlichten) alleinstehenden Versicherungsverträgen. Verspricht der Versicherer vor diesem Hintergrund passgenauen Versicherungsschutz im Anschluss an eine vorgehende Deckung, so muss sich der Versicherungsnehmer auf diese Zusage verlassen können, soweit sie Vertragsbestandteil ist.

Dieses Leistungsversprechen muss sich also durch Auslegung des Versicherungsvertrages ergeben. Dazu genügen die Vereinbarung einer Summenausschöpfungsdeckung oder der Following-form jedoch nicht. Vielmehr muss der Versicherungsnehmer dem Gesamtbild des Vertrags entnehmen können, dass Lücken, sowohl hinsichtlich der gedeckten Risiken als auch in Bezug auf die Anknüpfung an die vorherige Deckung so gut es geht vermieden werden. Insofern ist also entscheidend, dass die Exzedentenversicherung einerseits die Bedingungen der Grunddeckung weitestgehend übernimmt und andererseits flexibel an die vorherige Deckungsstrecke anknüpft. Erst dieses Zusammenspiel ergibt, dass der Versicherer zum einen grundsätzlich der Höhe und zum anderen der gedeckten Risiken

894 RG, Urt. v. 14.12.1934 – VII 225/34, RGZ 146, 221, 224; BGH, Urt. v. 28.11.1963 – II ZR 64/62, BGHZ 40, 387 = NJW 1964, 645; Urt. v. 11.9.2019 – IV ZR 20/18, VersR 2019, 1412, 1415; *H. Dörner*, in: BK VVG, Einl. Rn. 92; *Armbrüster*, in: Prölss/Martin, VVG, Einl. Rn. 245; *Prölss*, in: Prölss/Martin, VVG, 28. Aufl. 2010, Vorbem. II Rn. 8 f.; *Looschelders*, in: FS Hamburger Seminar, 2016, S. 209, 226.

895 *Dreher*, Die Versicherung als Rechtsprodukt, S. 147 f.; *Armbrüster*, in: MünchKomm VVG, § 7 Rn. 12 f.

nach Versicherungsschutz verspricht, der sich an den vorhergehenden Layer anpasst.[896]

Dieses Verständnis wird dadurch unterstrichen, dass die Summenausschöpfungsdeckung als diejenige Form eines Attachment-points verstanden wird, die eine Vermeidung von Deckungslücken zum Ziel hat.[897] Auf Grundlage der Summenausschöpfungsdeckung verspricht der Versicherer jedenfalls, dass hinsichtlich des summenmäßigen Anschlusses an die vorangehende Versicherungsdeckung keine Lücken entstehen.

Tritt sodann noch eine Bezugnahmeklausel, also die Deckung Following-form, hinzu, die die Reichweite der versicherten Risiken und Gefahren des vorangehenden Versicherungsvertrages im Wesentlichen auch für die Exzedentendeckungsstrecke übernimmt, kann der Versicherungsnehmer dem Gesamtbild des Vertrages entnehmen, dass der Exzedent sowohl hinsichtlich der Versicherungssumme als auch hinsichtlich der versicherten Tatbestände die Entstehung von Deckungslücken vertraglich vermeidet. Dies erfasst nicht nur defizitären Versicherungsschutz bei der Vertragsgestaltung, sondern entspricht auch dem Zweck der Following-form Vereinbarung, durch die Probleme bei der Schadensregulierung vermieden werden.[898]

Die Frage, ab wann eine solche Following-form Vereinbarung „im Wesentlichen" die vorangehenden Bedingungen übernimmt, ist dabei im Einzelfall zu entscheiden.[899] Dem Vorgesagten nach kommt es maßgeblich darauf an, dass der Versicherungsnehmer erwarten kann, dass die Versicherungsverträge sich inhaltlich – also bezüglich der gedeckten Risiken – so weit gleichen, als dass eine unterschiedliche rechtliche Bewertung eines einheitlich verstandenen

[896] Vgl. *Schaloske*, in: FS Fürstenwerth, 2020, S. 315, 319 (durch Following-form Klauseln sollen Probleme bei der Schadensregulierung, etwa auch der Ausschöpfung, vermieden werden. [...] Nach dem Parteiinteresse ist im Grundsatz auch davon auszugehen, dass ein möglichst weitgehender Gleichlauf im Versicherungsschutz erzielt wird.).

[897] *Henning*, Exzedentenversicherung, S. 60 f.; *Knöfel*, ZIP 2018, 1814, 1820.

[898] *Schaloske*, in: FS Fürstenwerth, 2020, S. 315, 319; vgl. auch *Thürmann*, in: FS Hamburger Seminar, 2016, S. 505, 511 die ebenso auf Schwierigkeiten hinweist, bspw. bei der Fixierung der vertraglichen Grundlagen zum Zeitpunkt des Eintritts des Versicherungsfalls.

[899] So auch *Brand*, in: MünchKomm VVG, § 118 Rn. 18a für die „einheitliche Deckung" im Verteilungsverfahren.

Sachverhaltes ausgeschlossen erscheint. In einem solchen Fall stellen sich die unterschiedlichen Versicherungsverträge als kongruente Deckung dar, als ob das Risiko nur durch einen Versicherungsvertrag oder durch ein einvernehmlich handelndes Konsortium gedeckt ist. Als Beispiel einer unwesentlichen Abweichung können unterschiedliche Selbstbehaltsregelungen gelten, die im Verhältnis zur Versicherungssumme nicht ins Gewicht fallen.[900]

Entscheidend bei der Bewertung des „Sich Einfügens" der Exzedentenversicherung in das Layerprogramm ist also, dass aus Sicht des Versicherungsnehmers die geteilte Deckung als Einheitliche erscheint. Erst dann, wenn neben der wirtschaftlichen und tatsächlichen Einheitlichkeit des Risikos auch der Eindruck einer rechtlichen Einheit mehrerer Versicherungsverträge besteht, kann der Versicherungsnehmer auch erwarten, dass er das Risiko des Zusammenspiels unterschiedlicher rechtlicher Vorgänge nicht (mehr) trägt.

Nimmt der Versicherungsnehmer beispielsweise ein Produkthaftpflicht-Exzedentenprogramm, das following-form gezeichnet ist und in dem die Exzedentenverträge eine Summenausschöpfungsdeckung enthalten, nimmt er an, dass soweit bei einem Dritten ein versicherter Schaden eintritt und der Grundversicherer reguliert, auch der Exzedent leistungspflichtig ist, da der Versicherungsschutz inhaltlich ausgestaltet ist. Er kann zudem erwarten, dass auch bei Teilleistungen aus dem Grundversicherungsvertrag bei zeitlich nachfolgenden Versicherungsfällen die Exzedentendeckung im Anschluss an die Grunddeckung leistet, weil eine Summenausschöpfungsdeckung vereinbart ist. Insgesamt geht er also davon aus, dass die vertragliche Ausgestaltung des Exzedentenvertrages der grundsätzlichen Abstraktion der Verträge entgegenwirkt, sodass kein wesentlicher Unterschied zu der Situation besteht, in der die Gesamtdeckung durch einen Vertrag bereitgestellt würde.

Ist hingegen lediglich Summendifferenzdeckung vereinbart, erscheint das Vertrauen des Versicherungsnehmers weniger schützenswert. Denn aufgrund des zum Attachment-point Gesagten ist

---

[900] S. auch *Brand*, in: MünchKomm VVG, § 118 Rn. 18a.

klar,[901] dass jedenfalls hinsichtlich der summenmäßigen Anknüpfung die Exzedentenversicherung gegenüber der Grundversicherung immunisiert ist. Im Falle einer Summendifferenzdeckung verspricht der Versicherer also nicht, dass seine Versicherungssumme „passgenau“ auf die vorangehende Deckungssumme aufsetzt.

Ist alternativ oder zudem keine Bezugnahmeklausel auf den vorhergehenden (Grund-)Versicherungsvertrag vereinbart, macht der Exzedent deutlich, dass die eigene Leistungspflicht hinsichtlich der versicherten Tatbestände abstrakt von denen der Grundversicherung sein soll. Auch dies schafft eine Zäsur im Deckungsturm, da der Versicherungsnehmer sich nicht darauf verlassen kann, dass im Einzelfall tatsächlich kongruente Deckung besteht, selbst wenn die versicherten Risiken und Gefahren ähnlich, aber mit unterschiedlichem Wortlaut in den Verträgen niedergelegt sind.

Aus dem Gesamtbild des Vertrages kann der Versicherungsnehmer in diesen Fällen nicht entnehmen, dass der Exzedentenversicherungsvertrag kongruent in die Gesamtdeckung des Turmes einfügen soll. Er kann daher auch nicht erwarten, dass der Versicherer die Gewähr dafür übernimmt, dass sein Vertrag sich nicht optimal in die Gesamtdeckung einführt.

Nichtsdestotrotz kann auch in koordinierten Programmen, die nicht gänzlich following-form gezeichnet sind, eine berechtigte und schutzwürdige Erwartung des Versicherungsnehmers bestehen, dass die einzelnen Verträge derart verzahnt sind, dass keine Deckungslücken entstehen. Dies ist immer dann der Fall, wenn der Versicherungsnehmer die Exzedentendeckung in ihrer Gesamtheit – oder jedenfalls weit überwiegend – als einheitliches Produkt erwirbt. Das kann angenommen werden, wenn die Zusammenstellung des Exzedentenprogrammes nicht durch den Versicherungsnehmer selbst oder seinen Makler erfolgt, sondern er ausnahmsweise einen der beteiligten Versicherer mit der Verhandlungsführung beauftragt. In diesen Fällen werden die Deckungstatbestände und Sublimite häufig aufeinander abgestimmt, sodass sich eine Struktur bildet, die

901 S. dazu S. 80 ff.

die maßgeblichen Risiken absichert und hinsichtlich dieser noch weitere Differenzierungen in der Deckungsstrecke vorsieht.

In einem solchen Fall wird sich der Exzedententurm für den Versicherungsnehmer als ein einheitliches Produkt darstellen, in dem der einzelne Vertrag aufgrund seines Zusammenhangs im Gesamtsystem nicht einfach so aus dem Turm getrennt werden kann. Dann kann der Versicherungsnehmer redlicherweise auch erwarten, dass das Risiko aus dem Zusammenspiel der verschiedenen Verträge, die er als „Gesamtpaket" erworben hat, nicht mehr ihn trifft.

Nur in diesen Fällen, in denen der Versicherer eine zur Grundversicherung oder dem gesamten Exzedententurm kongruente Lösung verspricht, erwartet der Versicherungsnehmer auch, dass die Leistung seines Versicherers auf die vorangehende Leistung abgestimmt ist und er somit das Risiko der rechtlichen Aufspaltung eines wirtschaftlich einheitlichen Vorgangs trägt.

b. Rechtsfolge: Geltung von Nebenpflichten gegenüber dem vorgehenden Versicherer oder besondere Pflicht gegenüber dem Versicherungsnehmer

In den angesprochenen Fällen umfasst das Leistungsprogramm des Exzedentenversicherers also zusätzlich die Risikotragung hinsichtlich des Anschlusses seiner Deckungsstrecke an die vorangehende Versicherung. Diese Risikotragung betrifft unmittelbar seine Pflichten aus § 241 BGB. Sie wird sich dabei in den Nebenpflichten nach § 241 Abs. 2 BGB gegenüber dem Versicherungsnehmer niederschlagen. Dies bedeutet, dass der Exzedent gegen seine vertraglichen Pflichten verstößt, wenn er der Realisierung der Gesamtdeckung zu Lasten des Versicherungsnehmers nicht fördert. Er kann also insbesondere dazu gehalten sein, eine einheitliche Schadenregulierung zu ermöglichen, sich an einer vom Grundversicherer angestrebten Vergleichsfindung zu beteiligen oder die Abwehr unberechtigter Ansprüche Dritter prozessual zu fördern.

Es handelt sich hierbei gleichwohl um Pflichten, die den Exzedenten nicht zugunsten des Grundversicherers, sondern seines Vertragspartners treffen.[902] Nur diesem gegenüber verspricht er die angesprochene Risikotragung. Die Berücksichtigung der Belange vorangehender Versicherer spielt für ihn also nur insoweit eine Rolle, wie diese Rücksichtnahme auch seinem Vertragspartner, also dem Versicherungsnehmer, zugutekommt. Dieser erwartet vom Versicherer die Wahrnehmung seiner Interessen also auch dann, wenn sie in Konflikt mit den Interessen des vorangehenden Versicherers kommen.[903] Insoweit ist auch jenseits der Layerversicherung anerkannt, dass der Versicherer im gegebenen Falle sogar seine eigenen Interessen den Interessen des Versicherungsnehmers unterordnen muss. Dann können aber die Interessen der weiteren Versicherer hieran nichts ändern, die Treue gegenüber seinem Vertragspartner geht der Berücksichtigung anderer Versicherer vor. Der Versicherungsnehmer kann redlicherweise nicht erwarten, dass der Exzedent die Interessen der dritten Versicherer um jeden Preis, also auch auf Kosten seiner eigenen Interessen, berücksichtigt.

Hieraus folgert *Koch*, dass ein dem Versicherungsnehmer gegenüber pflichtgemäßes Verhalten grundsätzlich keinen Pflichtverstoß gegenüber den anderen Versicherern der Layerdeckung bedeuten kann.[904] Dies verdient Zustimmung und ergibt sich dem Gesagten nach aus der Besonderheit, dass die Berücksichtigung der übrigen Versicherer nicht Ausdruck eines eigenen Schuldverhältnisses ist, das mit dem Versicherungsvertragsverhältnis konkurrieren könnte, sondern gerade Folge dieses Versicherungsverhältnisses ist. Konsequent ist es dann auf der anderen Seite auch, zu fordern, dass der Versicherer die übrigen Versicherer des Turms berücksichtigt, wenn mehrere, den Interessen seines Versicherungsnehmers oder

[902] Vgl. *Brand*, in: MünchKomm VVG, § 118 Rn. 18a (Pflicht des Exzedentenversicherers zur Beteiligung an einem Verteilungsverfahren gegenüber dem Versicherungsnehmer aus § 241 Abs. 2 BGB); allg. zur vorvertraglichen Haftung *R. Koch*, in: FS Thümmel, 2020, S. 421, 431.

[903] Vgl. BGH, Urt. v. 18.7.2001 – IV ZR 24/00, VersR 2001, 1150, 1151 (im Haftpflichtprozess); zust. *van Bühren*, r+s 2019, 6 f.; zur Ausdehnung auf alle Stadien der Regulierung *Büsken*, in: MünchKomm VVG, 300. Allgemeine Haftpflichtversicherung Rn. 121; zur Wahrnehmung der Interessen des Vertragspartners gegenüber Dritten als Ausprägung von § 241 Abs. 2 s. BGH, Urt. v. 14. 3. 2012 – VIII ZR 220/11, NJW 2012, 2184 Rn. 21 ff. m. Anm. *Witt*, NJW 2012, 3130, 3131.

[904] *R. Koch*, in: FS Thümmel, 2020, S. 421, 431.

seiner selbst gleichlaufende Entscheidungsmöglichkeiten bestehen.[905]

Eine zweite Grenze ergibt sich aus dem Kern der Rechte des Exzedenten. Aus Sicht des Versicherers sind die Pflichten, die er aufgrund seines Leistungsversprechens übernimmt, nicht vorrangig gegenüber dem Kern seiner Interessen, die mit seiner unmittelbaren Hauptleistung zusammenhängen. Geht es also um besonders relevante Entscheidungen des Versicherers, insbesondere die Ausübung von Gestaltungsrechten oder die Wahl zwischen Anspruchsabwehr und Befriedigung in der Haftpflichtversicherung, kann die Berücksichtigung der Interessen anderer Versicherer höchstens zweitrangig sein.

c. Zwischenergebnis

Insgesamt führt das angesprochene Leistungsprogramm des Exzedentenversicherers nicht zu einer schuldrechtlichen Verknüpfung gegenüber dem vorangehenden Versicherer und daher erst recht nicht zu entsprechenden klagbaren Ansprüchen der beteiligten Versicherer. Vielmehr handelt es sich um ein Element des Leistungsprogramms des Exzedenten gegenüber dem Versicherungsnehmer. Dies bedeutet auch, dass die Rücksicht auf die Belange des vorangehenden Versicherers, soweit sie zur Abwendung der Realisierung des Risikos der rechtlichen Aufspaltung von Bedeutung sind, kein zwingendes Berücksichtigungsgebot darstellt, sondern sich in das übrige Leistungsprogramm des Exzedenten einfügen muss. Hieraus folgt insbesondere, dass die Belange des vorangehenden Versicherers hinter den Hauptleistungspflichten des Exzedentenversicherers zurückstehen.

2. Auslegung der Grundversicherungsverträge

Fraglich ist, ob die Grundversicherungsverträge dahingehend ausgelegt werden können, dass der Primary regelmäßig Nebenpflichten

---

905 *R. Koch*, in: FS Thümmel, 2020, S. 421, 431.

i.S.v. § 241 Abs. 2 BGB gegenüber dem nachfolgenden Ezxedenten zu erfüllen hat.

Nach der obigen Auslegung des Exzedentenvertrages kommt es entscheidend darauf an, welche Interessen der Versicherungsnehmer hat und inwiefern es dem jeweiligen Exzedentenversicherer zumutbar ist, diese auch dann zu wahren, wenn sie seinen eigenen Interessen zuwiderlaufen.

Bei Betrachtung der Grundversicherung stellt der Entritt des Versicherungsfalls eine zeitliche Zäsur dar. Daher ist zwischen den Zeitpunkten vor und nach Eintritt des Versicherungsfalls zu differenzieren.

a. Auslegung des vorangehenden Versicherungsvertrags vor Eintritt des Versicherungsfalls

Aus dem Versprechen eines kongruenten Versicherungsschutzes anknüpfend an die vorhergehende Versicherungssumme lässt sich nicht entnehmen, dass der Versicherer auch für nachfolgende Deckungssumme die Verantwortung übernimmt. Denn zu dieser nachfolgenden Versicherung verhält sich der Vertrag nicht, weder Summenausschöpfungsdeckung noch Following-form Abreden nehmen auf nachfolgende Schuldverhältnisse Bezug. Der Versicherungsnehmer kann der Erklärung seines Vertragspartners nicht im Ansatz entnehmen, dass auch gegenüber nachfolgenden Layern das Risiko defizitären Zusammenspiels der Deckungen übernommen wird.

Dies gilt im besonderen Maße auch für die Grunddeckung. Der dortige Versicherer vereinbart keine Following-form und hält auch keine Regeln zum Attachment-point bereit. Im Zweifel hat er auch von der Existenz der Exzedentendeckung keine Kenntnis. Zudem hat gerade in kapazitätsgebenden gelayerten Programmen der vorgehende Versicherer keine Möglichkeit, auf die Auswahl nachfolgender Versicherer Einfluss zu nehmen. Durch Attachment-point und Following-form Deckung sind die nachfolgenden Versicherer über die Person des vorangehenden Versicherers informiert und können daher schon bei Vertragsschluss ersehen, wem gegenüber Rücksichtnahmepflichten zu erfüllen sein werden. In anderer Richtung, also bottom-up, kann dies nicht gelten. Gerade diese Unsicherheit über die Person gegenüber der Rücksichtnahme geschuldet sein wird, zeigt deutlich, dass der Grundversicherer kein zwingendes Interesse an der Geltung von Nebenpflichten gegenüber nachfolgenden Versicherern hat.[906]

Lediglich das Interesse des Grundversicherers an der Weitergabe von Informationen, die das versicherte Interesse oder das Verhalten des Versicherungsnehmers betreffen, genügt nicht zur Annahme eines Schuldverhältnisses, das eine entsprechende Pflicht umfasst.[907] Vor Eintritt des Versicherungsfalls können dem Grundversicherungsvertrag daher keine Rücksichtnahmepflichten im Verhältnis von unten nach oben ausgelegt werden.

b. Auslegung des Grundversicherungsvertrags nach Eintritt des Versicherungsfalls

Fraglich ist, ob die Auslegung der vertraglichen Abreden im Grundversicherungsvertrag nach Eintritt des Versicherungsfalls ein anderes Ergebnis zulassen.

Hierfür spricht, dass die Interessen der beteiligten Versicherer dann zu größeren Teilen gleichlaufen. Wiederum hat der Grundversicherer vorrangig ein Interesse daran, dass die Exzedentenversicherer, deren Versicherungssummen durch den Eintritt des Versicherungsfalls potenziell betroffen sein können, relevante Informationen über das versicherte Risiko und das Verhalten des Versicherungsnehmers weitergeben. Dies betrifft zum einen die bei *Thürmann* angesprochene Situation einer Vergleichsfindung auf der Grundebene, an der auch der Exzedent beteiligt werden soll.[908] Darüber hinaus kann der Grundversicherer bei der Entscheidung über die Schadensregulierung auch auf die Informationen hinsichtlich des Versi-

---

906 Vgl. LG Baden-Baden, Urt. v. 29.1.1993 – 3 O 295/92, VersR 1994, 852, 853; *Hannemann*, gedehnter Versicherungsfall, S. 149 (zur gesamtschuldnerischen Haftung bei gedehnten Versicherungsfällen).

907 *Henning*, Exzedentenversicherung, S. 95, 105.

908 *Thürmann*, in: FS Hamburger Seminar, 2016, S. 505, 519; dies sieht auch *Schaloske*, in: FS Fürstenwerth, 2020, S. 315, 326; in diese Richtung auch *Knöfel*, ZIP 2018, 1814, 1818.

cherungsfalls angewiesen sein, die die Exzedenten zur Verfügung stellen können. Ebenso können beispielsweise Tatsachen hinsichtlich des zugrundeliegenden Haftungsanspruches für die Versicherer und ihre Regulierungsentscheidung bedeutsam sein. Gerade letztere Tatsachen, also solche, die den zugrundeliegenden Haftungsfall betreffen, sind für den Grundversicherer von besonderer Relevanz. Denn dieser musst zuerst über die Frage entscheiden, ob er den Anspruch des Versicherungsnehmers anerkennt oder ob Zweifel an seiner Leistungspflicht bestehen. Durch seine Entscheidung können die nachfolgenden Versicherer, gerade in der Haftpflichtversicherung, bei hohen Versicherungssummen in der Grunddeckung und langandauernden Haftungsauseinandersetzungen hinsichtlich der Verteidigungsstrategie oder gar der Anwaltsauswahl faktisch präjudiziert sein.[909] Der Grundversicherer steht also an erster Stelle für die prozessuale Verwertung von Tatsachen, die für die Haftung der Versicherer von Bedeutung sind. Hinzu tritt das Interesse des Grundversicherers daran, dass die Exzedenten sich im Einzelfall an einer vergleichsweisen Streitbeilegung beteiligen oder diese jedenfalls nicht behindern.

Andererseits eint die Exzedenten das Interesse daran, dass der Grundversicherer in seiner Entscheidung über die Regulierung auch ihre wirtschaftliche Situation in seine Abwägung einbezieht.[910] Denn jeder Exzedent hat ein Interesse daran, dass der vorangehend verpflichtete Versicherer Rücksicht darauf nimmt, dass sein Verhalten die Leistungspflicht eines weiteren Versicherers mit auslösen kann. Vom Regulierungsverhalten des Grundversicherers kann insbesondere auch der Umfang der Leistungspflicht der Exzedenten abhängen.[911]

Zwischen dem Grund- und den Exzedentenversicherern besteht also nach Eintritt des Versicherungsfalls ein Abhängigkeitsverhältnis. Die Leistung der Exzedenten hängt vom Umgang des Grundversi-

909 *Thürmann*, in: FS Hamburger Seminar, 2016, S. 505, 522; vgl. *Drave*, VersPrax 6/2017, 35, 37.

910 Für den Fall eines Vergleichs auf der Grundebene *Thürmann*, in: FS Hamburger Seminar, 2016, S. 505, 516; so auch *Schaloske*, in: FS Fürstenwerth, 2020, S. 315, 326; *Knöfel*, ZIP 2018, 1814, 1817.

911 Mit Beispielen zu unterschiedlichen Vertragsgestaltungen *R. Koch*, in: FS Thümmel, 2020, S. 421, 423 ff.; *Schaloske*, PHi 2012, 166, 168.

cherers mit der Versicherungssumme ab. Der Grundversicherer hat ein erhöhtes Interesse an für den Haftungsprozess oder entsprechende Vergleichsverhandlungen relevanten Tatsachen und somit an der Weitergabe von Informationen über seine Leistungspflicht. Hinzu tritt das Interesse an der gemeinsamen vergleichsweisen Beilegung des Streits.

Zudem lässt der Versicherungsfall den Grundversicherer und die potenziell – nach Ausschöpfung der vorangehenden Versicherungssumme – betroffenen Versicherer näher zusammenrücken, da sie, sollte sich der Anspruch des Versicherungsnehmers als begründet herausstellen, gemeinschaftlich zur Leistung verpflichtet sind.

Eine rechtliche Bedeutung hat dies jedoch nicht zur Folge: Die Versicherer haften weder aufgrund von § 78 VVG[912] noch – mangels Gleichrangigkeit – der §§ 421 ff.[913] gesamtschuldnerisch.[914] Sie haften nicht einmal gleichzeitig, da die Ausschöpfung der vorangehenden Versicherungssumme regelmäßig Voraussetzung der Leistungspflicht des Exzedenten ist. Lediglich in Ausnahmefällen, beispielsweise, soweit der Grundversicherer die Entschädigungsleistung bewusst erhöht[915], um so den (auch) den nachfolgenden Exzedenten zur Leistung zu verpflichten, käme das Entstehen eines deliktischen Schuldverhältnisses aufgrund der Haftung aus § 826 BGB in Betracht.[916] Dies ist jedoch nicht Folge des eingetretenen Versicherungsfalls, sondern eines deliktischen Verhaltens eines beteiligten Versicherers.

Das bereits angesprochene Abhängigkeitsverhältnis der Versicherer nach Eintritt des Versicherungsfalls spricht für ein Interesse der Versicherer an der Geltung von Berücksichtigungspflichten auch

---

912 S. schon S. 125 f.

913 OLG München, Beschl. v. 7.1.2019 – 25 U 2715/18, VersR 2020, 543; *R. Koch*, VersR 2021, 879, 884; anders noch *ders.*, in: FS Thümmel, 2022, 421, 428, soweit der Grundversicherer sich oberhalb seiner Leistungspflicht und innerhalb der Exzedentenstrecke vergleicht.

914 *Eley*, VersR 2021, 1461, 1465

915 Bspw. durch ein das Schmerzensgeld erhöhendes Regulierungsverhalten oder einen Vergleich, der über das tatsächlich Geschuldete hinausgeht.

916 *Henning*, Exzedentenversicherung, S. 106 („eher theoretischer Fall"); *Splinter*, Aktienrechtliche Organhaftung, S. 121.

bottom-up. Andererereseits ist zu beachten, dass die Interessen der beteiligten und potenziell betroffenen Versicherer bei Eintritt des Versicherungsfalls in der Grunddeckung auch konfligieren können.[917] Während Exzedentenversicherer häufig eine frühe Anspruchserledigung anstreben, um so zu verhindern, dass der eingetretene Schaden sich unter Umständen noch vergrößert, hat der Grundversicherer kein solches Interesse.[918] Handelt es sich um eine Haftpflichtversicherung, hat der Grundversicherer sogar im Gegenteil ein Interesse an einer späteren Bewältigung des Versicherungsfalls, um gegebenenfalls weitere Deckungsschuldner zu ermitteln.[919]

Hinzu tritt, dass die Exzedentenversicherer gegebenenfalls nicht nur eigene Einwendungen gegen den Versicherungsnehmer erheben, sondern auch Ansprüche gegen vorhergehende Versicherer geltend machen wollen.[920] Diese, auch dem Versicherungsnehmer erkennbaren, gegenläufigen Interessen sprechen dagegen, die Verträge (ergänzend) dahingehend auszulegen, dass auch vorangehende Versicherer gegenüber nachfolgenden Versicherern zur Rücksichtnahme verpflichtet sind.

Dogmatisch ist zudem zu bedenken, dass diese Interessen ausschließlich solche der beteiligten Versicherer sind. Zwar dürfte auch der Versicherungsnehmer ein Interesse daran haben, dass die Versicherer einander bei der Realisierung ihrer jeweiligen Deckung unterstützen. Indes zeigt sich im Hinblick auf die Weitergabe von Tatsachen, die möglicherweise seinem Anspruch entgegenstehen, wie beispielsweise das Wissen um die (arglistige) Verletzung einer Obliegenheit, was gegebenenfalls zum vollständigen Ausschluss der Leistung aller Versicherer führen kann, dass die Wertung dieser Interessen und die Folgerung der Geltung von Treue- und Rücksichtnahmepflichten nicht (mehr) auf die Vertragsauslegung gestützt werden können. Die Geltung von Nebenpflichten auf Grundlage der teilweise gleichgerichteten Interessen der Versicherer und des teil-

917 *Drave*, VersPrax 06/2017, 35, 37; *Knöfel*, ZIP 2018, 1814, 1817; *v. Schenck*, NZG 2015, 494, 499.

918 *Knöfel*, ZIP 2018, 1814, 1817.

919 *Knöfel*, ZIP 2018, 1814, 1817.

920 *Knöfel*, VersR 2018, 513, 521; s. auch *v. Schenck*, NZG 2015, 494, 499; insbesondere zu eigenen Einwendungen *Splinter*, Aktienrechtliche Organhaftung, S. 119.

weise gegenseitigen Abhängigkeitsverhältnisses nach Eintritt des Versicherungsfalls stellt die Herleitung eines Rechtsverhältnisses aus § 242 BGB dar.[921] Mit einer solchen ist gleichwohl restriktiv umzugehen. Angesichts des Eingangs betonten Grundsatzes der Relativität der Schuldverhältnisse, muss die Geltung eines schuldrechtlichen Bandes allein auf der Grundlage von Treu und Glauben hier abgelehnt werden. Etwas anderes ergibt sich auch nicht aus der besonderen Geltung, die der Grundsatz von Treu und Glauben im Versicherungsrecht erfährt.[922] Denn dieser betrifft lediglich die Beziehung zwischen Versicherer und Versicherungsnehmer, die durch eine gegenseitige Über- und Unterordnung geprägt ist. Gleichrangige Beteiligte an einer Versicherung, gerade wenn die Risikotragung ihr Geschäftsmodell ist, stehen aber nicht in diesem Verhältnis zueinander.[923]

Die entsprechende Vertragsauslegung scheitert folglich im Verhältnis „bottom-up“, also vom Grundversicherer bzw. dem Exzedenten zu dem Versicherer der nachfolgenden Versicherungsstrecke.

IV. Ergebnis

Die Vertragsauslegung hat ergeben, dass im Verhältnis „top-down“ eine Pflicht des Versicherers zur Berücksichtigung der Belange des vorangehenden Versicherers bestehen kann. Diese ergibt sich jedoch nicht aufgrund einer schuldrechtlichen Verknüpfung zum anderen Risikoträger, sondern ist Ausdruck eines besonderen Leistungsprogrammes des Exzedenten. Dieser verspricht im Einzelfall, dass seine Deckungsstrecke nahtlos *im Anschluss* an die vorangehende Versicherungssumme anknüpft. Dieses Versprechen kann dahingehend ausgelegt werden, dass der Versicherer das Risiko,

921 Zu einer solchen krit. *Larenz*, Lehrbuch des Schuldrechts, S. 142 („Hierfür sind allerdings sehr gewichtige Umstände erforderlich“); *S. Martens*, in: Erman, BGB, § 241 Rn. 15 (Begründung von Schuldverhältnissen i.w.S. nur unter Analogiebildung zu geregelten Schuldverhältnissen durch extensive Auslegung entsprechend weit gefasster Tatbestände oder vorsichtig unter Rückbindung an andere gesetzliche Wertungen nach § 242 BGB möglich), s. auch *ebd.*, Rn. 20 bzgl. Informations- und Aufklärungspflichten.

922 Hierzu schon zuvor S. 219 f.

923 S. *Wandt*, Versicherungsrecht, Rn. 171 ff.

das aus der rechtlichen Aufspaltung eines wirtschaftlich einheitlichen Vorgangs erwächst, trägt. Um zu verhindern, dass sich dieses Risiko auch tatsächlich realisiert, kann der Exzedent sodann im jeweiligen Falle auch zum Zusammenwirken mit dem vorangehenden Versicherer oder zur Berücksichtigung seiner Interessen verpflichtet sein.

D. Das Schuldverhältnis mit Schutzwirkung für Dritte

Eine andere Möglichkeit der Begründung einer schuldrechtlichen Verknüpfung der Layerverträge stellt das Schuldverhältnis mit Schutzwirkung für Dritte dar.

Die Konstruktion eines Vertrages mit Schutzwirkung für Dritte ist auf eine gemeinhin als unbillig empfundene Eigenart des deutschen Deliktsrechts zurückzuführen. Ein geschädigter Dritter, also nicht an einem Schuldverhältnis Beteiligter, ist grundsätzlich auf die §§ 823 ff. BGB verwiesen. Diese offenbaren aber insbesondere drei entscheidende Schwächen. Zunächst gewährt die Zentralnorm des § 823 Abs. 1 BGB nur Schutz für absolut geschützte Rechte, mithin fallen reine Vermögensschäden nicht in ihren Anwendungsbereich.[924] Zudem ist der Geschädigte voll beweispflichtig für das Verschulden des Schädigers, eine Vermutungsregel vergleichbar derer aus § 280 Abs. 1 S. 2 BGB existiert abseits der – in ihrem Anwendungsbereich begrenzten – §§ 831 f. BGB nicht.[925] Letztlich besteht das Interesse, statt auf § 831 Abs. 1 S. 1 BGB auf die weitergehende Zurechnungsnorm des § 278 S. 1 BGB zurückgreifen zu können.[926]

Die Rechtsprechung versucht daher, sachlich berechtigte Ansprüche des Dritten im Wege schuldrechtlicher Schadensersatzansprü-

---

924 *Wagner*, in: MünchKomm BGB, Vor § 823 Rn. 85; *Bachmann*, in: MünchKomm BGB, § 241 Rn. 115.

925 *Van Eickels*, Drittschutzwirkung, S. 31; *Gottwald*, in: MünchKomm BGB, § 328 Rn. 166; s. auch *Larenz*, Lehrbuch des Schuldrechts, S. 225.

926 *Bachmann*, in: MünchKomm BGB, § 241 Rn. 115; *Gottwald*, in: MünchKomm BGB, § 328 Rn. 166.

che zur Geltung zu verhelfen. Dabei soll es nicht um die Gewährung eines (Haupt-)Leistungsanspruchs des Dritten gehen. Vielmehr sollen die Parteien des Schuldverhältnisses auch gegenüber dem Dritten bei ihrem Leistungsverhalten zur Achtung der erforderlichen Sorgfalt verpflichtet sein, soweit der Dritte durch die Leistungsgewährung in Mitleidenschaft gezogen werden kann.[927] Es geht folglich darum dem Dritten einen Anspruch aus §§ 280 Abs. 1, 241 Abs. 2 BGB auf Schadensersatz zu gewähren.

Die Bedeutung des Vertrages mit Schutzwirkung für Dritte in der Layerdeckung kann mithilfe eines Beispiels illustriert werden: Der Grundversicherer eines Produkthaftpflicht-Exzedentenprogramms entscheidet sich dazu, Vergleichsverhandlungen mit dem geschädigten Dritten zu führen. Die Grunddeckungssumme beträgt zehn Mio. Euro, hieran schließt ein Exzedentenlayer über 15 Mio. Euro an. Dem Dritten entstand ein tatsächlicher Schaden i.H.v. elf Mio. Euro. Die Parteien einigen sich auf eine Zahlungspflicht des Versicherungsnehmers von zwölf Mio. Euro, sodass die Grundversicherungssumme ausgeschöpft ist und dem Exzedenten zwei Mio. Euro zur Last fallen.

In diesem zu großzügigen Vergleich des Grundversicherers könnte eine Pflichtverletzung gegenüber dem Exzedenten liegen. Dies setzt indes voraus, dass der Grundversicherer dazu verpflichtet war, die Interessen und Belange des Exzedenten auch bei den Vergleichsverhandlungen zu berücksichtigen. Dies wäre der Fall, wenn der Exzedentenversicherer in den Schutzbereich des Grundversicherungsvertrages nach den Grundsätzen des Vertrages mit Schutzwirkung für Dritte einbezogen wäre.

I. Rechtsgrundlage

In der Vergangenheit wurde die Einbeziehung in einer Analogie zu § 328 BGB begründet. Diese liegt auf den ersten Blick nahe, geht

---

927 *Larenz*, Lehrbuch des Schuldrechts, S. 226.

es doch um die Ausdehnung der Berechtigung aus einem Vertrag auf einen am Vertragsschluss nicht beteiligten Dritten.[928]

Heute ist aufgrund der Unterschiede in der Ausgestaltung des Vertrags mit Schutzwirkung und § 328 BGB anerkannt, dass es sich bei dem Vertrag mit Schutzwirkung für Dritte um ein selbstständiges, vertragsähnliches gesetzliches Schuldverhältnis zwischen Drittem und den Parteien des Schuldvertrages handelt.[929]

Hierbei ist die Rechtsgrundlage des Vertrages mit Schutzwirkung zugunsten Dritter umstritten. Während manche § 311 Abs. 3 BGB als neugesetzlichen Anknüpfungspunkt für das bereits in der Vergangenheit von der Rechtsprechung aufgestellte Institut sehen,[930] wird überwiegend die ergänzende Vertragsauslegung (§§ 133, 157, 242 BGB), insbesondere durch die Rechtsprechung,[931] bemüht oder sie als richterlich rechtsfortbildende Ausgestaltung des Vertragsverhältnisses nach § 242 BGB, partiell bereits als Gewohnheitsrecht, angesehen.[932]

Die Begründung des Vertrages mit Schutzwirkung für Dritte anhand ergänzender Vertragsauslegung überzeugt nicht. Es handelt sich in der überwiegenden Zahl der Fälle um eine reine Fiktion, die mit den eigentlichen Voraussetzungen der ergänzenden Vertragsauslegung nicht begründbar ist.[933] Vielmehr ist es vorzugswürdig das Schuld-

---

928 Vgl. *Dahm*, Grundlagen des Vertrages mit Schutzwirkung für Dritte, 18 ff.; *Janoschek*, in: BeckOK BGB, Stand: 1.5.2021, § 328 Rn. 49; s. bspw. noch BGH, Urt. v. 20.2.1958 – VII ZR 76/57, BGHZ 26, 365, = NJW 1958, 710, 711.

929 *Karampatzos*, Vertrag mit Schutzwirkung für Dritte, S. 35 f.; *Papadimitropoulos*, Schuldverhältnisse mit Schutzwirkung zu Gunsten Dritter, S. 110; *Sutschet*, Der Schutzanspruch Dritter, S. 26 f.; *Janoschek*, in: BeckOK BGB, Stand: 1.11.2021, § 328 Rn. 49; *Gottwald*, in: MünchKomm BGB, § 328 Rn. 169.

930 KG, Urt. v. 25.02.2010 – 24 U 11/09 Rn. 47; *Armbrüster*, in: FS Wiegand, 2005, S. 71, 87; *Canaris*, JZ 2001, 499, 519 f.; *Kilian*, NZV 2004, 489, 494.

931 BGH, Beschl. v. 19.9.2017 – XI ZB 17/15, BGHZ 216, 37 = NJW 2017, 3777 Rn. 44; Urt. v. 9.7.2020 – IX ZR 289/19, NJW 2020, 3169 Rn. 11; *van Eickels*, Drittschutzwirkung, S. 164.

932 *Papadimitropoulos*, Schuldverhältnisse mit Schutzwirkung zu Gunsten Dritter, S. 145 ff.; *Larenz*, Lehrbuch des Schuldrechts, S. 227; *Bayer*, in: Erman, BGB, § 328 Rn. 66; *Gottwald*, in: MünchKomm BGB, § 328 Rn. 170 ff.; *Westermann*, AcP 2008, 141, 153; zur Vielzahl der hier nicht rezipierbaren dogmatischen Ansätze der Literatur im Einzelnen *Dahm*, Grundlagen des Vertrages mit Schutzwirkung für Dritte, S. 18 ff.; sowie *van Eickels*, Drittschutzwirkung, S. 162 ff.

933 *Dahm*, Grundlagen des Vertrages mit Schutzwirkung für Dritte, S. 28 f.; *Karampatzos*, Vertrag mit Schutzwirkung für Dritte, S. 54; *van Eickels*, Drittschutzwirkung, S. 171; *Larenz*, NJW 1956, 1194.

verhältnis mit Schutzwirkung für Dritte als richterliche Rechtsfortbildung zu verstehen.[934]

Letztlich ist dieser Streit um die dogmatische Verortung des Schuldverhältnisses mit Schutzwirkung jedoch nur von begrenzter Bedeutung, da die zur Tatbestandsvoraussetzung erhobenen Wertungskriterien weitestgehend einheitlich behandelt werden.[935]

Der in den Schutzbereich des Vertrages einbezogene Dritte erwirbt einen eigenen Anspruch gegen den Schuldner. Es handelt sich um einen vertraglichen Anspruch, der das Vorliegen der Voraussetzungen von § 280 Abs. 1 BGB verlangt und nur auf die Verletzung einer vertraglichen Nebenpflicht gestützt werden kann.[936]

Dabei steht die Tatsache, dass durchaus mehr als zwei Versicherer am Exzedententurm beteiligt sein können, also nicht von einem Vertrag mit Schutzwirkung zugunsten eines Dritten, sondern zugunsten vieler Dritter zu sprechen ist, der Anwendung nicht im Wege. Schon jetzt ist diese Mehrzahl der Einbeziehungssubjekte in Rechtsprechung und Literatur akzeptiert.[937] Dabei kommt es nicht einmal darauf an, dass die Einzubeziehenden zahlenmäßig oder namenmäßig dem Schuldner bekannt waren.[938]

---

934 *Karampatzos*, Vertrag mit Schutzwirkung für Dritte, S. 59 f.; *Papadimitropoulos*, Schuldverhältnisse mit Schutzwirkung zu Gunsten Dritter, S. 145 ff.; *Gernhuber*, Das Schuldverhältnis, § 21 II 6 d); *Larenz*, Lehrbuch des Schuldrechts, S. 227; *Looschelders*, Schuldrecht AT, S. 428; *Gottwald*, in: MünchKomm BGB, § 328 Rn. 172.

935 Vgl. BGH, Urt. v. 6.5.2008 – XI ZR 56/07, BGHZ 176, 281 = NJW 2008, 2245 Rn. 27; *Janoschek*, in: BeckOK BGB, Stand:1.11.2021, § 328 Rn. 53; *Stadler*, in: Jauernig, BGB, § 328 Rn. 23 ff.; *Gottwald*, in: MünchKomm BGB, § 328 Rn. 183; *Singer*, JZ 2021, 205, 207 f. (zur Anwaltshaftung).

936 *Stadler*, in: Jauernig, BGB, § 328 Rn. 28; *Gottwald*, in: MünchKomm BGB, § 328 Rn. 19.

937 BGH, Urt. v. 20.3.1995 – II ZR 205/94, BGHZ 129, 136 = NJW 1995, 1739, 1747 (betr. Aktionäre); *Gernhuber*, Das Schuldverhältnis, § 21 II 4; *Looschelders*, Schuldrecht AT, S. 69; *Janoschek*, in: BeckOK BGB, Stand:1.11.2021, § 328 Rn. 56; *Stadler*, in: Jauernig, BGB, § 328 Rn. 26; *Gottwald*, in: MünchKomm BGB, § 328 Rn. 190.

938 BGH, Urt. v. 23.6.1965 – VIII ZR 201/63, NJW 1965, 1757, 1758; Urt. v. 2.11.1983 – IVa ZR 20/82, NJW 1984, 355; Urt. v. 26.11.1986 – IVa 86/85, NJW 1987, 1758, 1760; Urt. v. 13.11.1997 – X ZR 144-94, NJW 1998, 1059, 1062; Urt. v. 20.4.2004 – X ZR 250/02, NJW 2004, 3035, 3038; anders aber Urt. v. 2.4.1998 – III ZR 245/96, BGHZ 138, 257 = NJW 1998, 1948, 1950; so auch die Literatur *Gernhuber*, Das Schuldverhältnis, § 21 II 4; *Looschelders*, Schuldrecht AT, S. 69; *Janoschek*, in: BeckOK BGB, Stand:1.11.2021, § 328 Rn. 56; *Stadler*, in: Jauernig, BGB, § 328 Rn. 26; *Gottwald*, in: MünchKomm BGB, § 328 Rn. 190.

II. Das Schuldverhältnis mit Schutzwirkung für Dritte in der Layerdeckung

Die vertragliche Haftung, der weiterhin das dualistische System des BGB zugrunde liegt, darf jedoch nicht zu weit ausgedehnt werden. Sie darf insbesondere nicht als deliktische Generalklausel oder bloße Billigkeitshaftung herhalten, sondern muss für Rechtsverkehr und die Vertragsparteien, erseh- und beherrschbar sein. Die Einbeziehung Dritter in die Schutzwirkung eines Vertrages beruht darauf, dass - dem Schuldner erkennbar - mit seiner Leistung ein Dritter in Berührung kommt, demgegenüber der Gläubiger in dem Bereich, in den das Schuldverhältnis hineinragt, seinerseits fürsorge- und obhutspflichtig ist.[939] Dann nämlich entspricht es Sinn und Zweck des Vertrages sowie Treu und Glauben, dass dem Dritten der Schutz des Vertrages in gleicher Weise zugute kommt wie dem Gläubiger selbst.[940] Diese Eingrenzung erfolgt auf Ebene der Voraussetzungen.

1. Vertragsnähe (Leistungsnähe)

Der Dritte muss typischerweise mit der Leistung in Berührung kommen. Soweit es sich um Schutzpflichten zugunsten von Person oder Eigentum handelt, muss er sich durch Vermittlung oder mit Willen des primären Gläubigers im Leistungsbereich aufhalten oder sonst in gleicher Weise den Gefahren der Leistung ausgesetzt sein.[941] Bloß zufällige oder gelegentliche Berührungen mit der Schuldnerleistung, die einen Schaden hervorrufen können, genügen insofern nicht.[942]

---

[939] *Dahm*, Grundlagen des Vertrages mit Schutzwirkung für Dritte, S. 2 f.; *Karampatzos*, Vertrag mit Schutzwirkung für Dritte, S. 36 f.; *Papadimitropoulos*, Schuldverhältnisse mit Schutzwirkung zu Gunsten Dritter, S. 74 ff.; *Gottwald*, in: MünchKomm BGB, § 328 Rn. 171 f.

[940] BGH, Urt. v. 22.1.1968 – VIII ZR 195/65, BGHZ 49, 350 = NJW 1968, 885, 887; *Karampatzos*, Vertrag mit Schutzwirkung für Dritte, S. 69.

[941] BGH, Urt. v. 15.2.1978 – VIII ZR 47/77, BGHZ 70, 327 = NJW 1978, 883; Urt. v. 6.5.2008 – XI ZR 56/07, BGHZ 176, 281 = NJW 2008, 2245 Rn. 27; *Bayer*, in: Erman, BGB, § 328 Rn. 68; *Gottwald*, in: MünchKomm BGB, § 328 Rn. 184.

[942] *Gernhuber*, Das Schuldverhältnis, § 21 II 2; *Gottwald*, in: MünchKomm BGB, § 328 Rn. 184.

Nach einer Ansicht ist dieses Merkmal in der Layerversicherung zu bejahen.[943] Denn die Leistungsverpflichtung des Exzedenten ist unmittelbar mit der des Grundversicherers verknüpft. Dies ergibt sich aus den Attachment-point Abreden, die die Leistungspflicht des Versicherers an das Ausschöpfen der Grundversicherungssumme und insbesondere die dortigen Ausschöpfungstatbestände knüpfen. Das Verhalten des Grundversicherers hat also unmittelbare Auswirkung auch auf den Exzedentenversicherer.[944]

Die Gegenansicht verweist darauf, dass die Unterteilung der Gesamtdeckung in verschiedene Deckungsstrecken ein Überschneiden der Leistungspflichten der Versicherer verhindert und die Leistungen grundsätzlich unabhängig voneinander erfolgen.[945]

Zwar hat bereits die Untersuchung bis zu diesem Punkt gezeigt, dass sich selbst bei einer Layerdeckung – gerade in der hier beispielsweise dargestellten Haftpflichtversicherung – die Leistungspflichten der Versicherer überschneiden können. Selbst unterstellt, dass dies ausgeschlossen wäre, hindert es die Annahme einer Leistungsnähe nicht. Denn sie setzt gerade nicht voraus, dass sowohl der Dritte als auch der Gläubiger leistet. Es geht vielmehr nur darum, dass der Dritte, hier der Exzedent, mit der Leistung des Schuldners, also der des Grund- bzw. vorangehenden Versicherers, in Berührung kommt. Dies ist bereits dann zu bejahen, wenn das Verhalten des Schuldners hinsichtlich seiner Leistung auf den Dritten i.S.e. spezifischen Risikozusammenhangs wirkt.[946] So ist es auch hier. Dagegen spricht auch nicht das von *Henning* herangezogene Urteil des BGH, das eine Leistungsnähe bei paralleler vertraglicher Leistungsdurchführung ablehnt.[947] Dort geht es um voneinander unabhängig bestehende Leistungspflichten auf vertraglicher Grundlage, die – anders als im Rahmen der Layerdeckung – keinerlei Verknüpfung aufweisen.

943 *R. Koch*, in: FS Thümmel, 2020, S. 421, 435.

944 Siehe für verschiedene Konstellationen *R. Koch*, in: FS Thümmel, 2020, S. 421, 423 ff.

945 *Henning*, Exzedentenversicherung, S. 104.

946 S. bspw. BGH, Urt. v. 13.10.2011 – IX ZR 193/10, VersR 2013, 506 Rn. 7; Urt. v. 13.2.1975 – VI ZR 92/73, NJW 1975, 867, 868; *Mäsch*, in: BeckOGK, BGB, Stand: 1.10.2021, § 328 Rn. 171.

947 BGH, Urt. v. 2.7.1996 – X ZR 104/94, BGHZ 133, 168 = NJW 1996, 2927, 2929, das *Henning*, Exzedentenversicherung, S. 104 bei Fn. 450 anführt.

In der Layerdeckung hängt die Hauptleistungsverpflichtung des Exzedenten unmittelbar von der Verpflichtung des vorangehenden Versicherers ab. Mit der hier vertretenen Auffassung tritt im Regelfall auch durch die Leistung des vorangehenden Versicherers der Versicherungsfall in der Exzedentendeckung ein. Die Hauptleistung des Grundversicherungsvertrages, und damit der Kern dieses Schuldverhältnisses, berührt unmittelbar die soziale Sphäre, die das Schuldverhältnis des Exzedentenversicherungsvertrages ausmacht. Diese Berührung ist auch, das macht schon der Attachment-point deutlich, keineswegs zufällig. Überzeugender ist es daher, eine Leistungsnähe im Rahmen der Layerdeckung dann zu bejahen, wenn die Verträge im Wege eines Attachment-points verknüpft sind, der auf die vorherige Deckung Bezug nimmt und die Leistungspflicht des Exzedenten (auch) vom Verhalten des Grundversicherers abhängig macht.

2. Interesse am Schutz des Dritten (Gläubigernähe)

Dagegen ist unklar, inwieweit der Dritte eine Nähe zum Gläubiger aufweisen muss. Früher wurde von der Rechtsprechung angenommen, der Gläubiger müsse für das Wohl und Wehe des Dritten verantwortlich sein.[948]

Dies wäre für die Exzedentenversicherung in aller Regel abzulehnen.

Dieses strenge Kriterium wird zunehmend aufgeweicht.[949] Dritte sind daher einzubeziehen, wenn der Gläubiger an deren Schutz ein besonderes Interesse hat und wenn Inhalt und Zweck des Vertrags erkennen lassen, dass diesem Interesse Rechnung getragen wer-

948 BGH, Urt. v. 26.11.1968 – VI ZR 212/66, BGHZ 51, 91 = NJW 1969, 264, 272; Urt. v. 15.6.1971 – VI ZR 262/69, BGHZ 56, 269 = NJW 1971, 1931; Urt. v. 28.1.1976 – VIII ZR 246/74, BGHZ 66, 52 = NJW 1976, 712, 713.

949 BGH, Urt. v. 26.11.1986 – IVa ZR 86/85, NJW 1987, 1758, 1759; *Kersting*, Die Dritthaftung für Informationen, S. 27; *Papadimitropoulos*, Schuldverhältnisse mit Schutzwirkung zu Gunsten Dritter, S. 84 f.

den sollte, und die Parteien den Willen hatten, zu Gunsten dieser Dritten eine Schutzpflicht des Schuldners zu begründen.[950]

Eine Einbeziehung soll zudem auch nicht daran scheitern, dass Gläubiger und Dritter gegenläufige Interessen verfolgen.[951]

Eine solche Gläubigernähe kann für die Layerversicherung immer dann angenommen werden, wenn durch das Verhalten des Grundversicherers der Exzedentenversicherer belastet wird.[952] Denn auch wenn der Exzedent dann seine vertragliche Leistungspflicht gegenüber dem Versicherungsnehmer zu erbringen hat, gehen mit dem Eintritt des Versicherungsfalls auch anderer Rechtsfolgen einher, die den Versicherungsnehmer belasten können. Dies erfasst nicht nur ein Tätigwerden aufgrund vertraglich vereinbarter nach Eintritt des Versicherungsfalls zu erfüllender Obliegenheiten, sondern bspw. auch die Kündigungsmöglichkeit in der Sach- und Haftpflichtversicherung (§§ 92, 111 VVG).

3. Erkennbarkeit des geschützten Personenkreises

Dem Schuldner muss darüber hinaus subjektiv erkennbar bzw. vorhersehbar sein, dass der Dritte in den Schutzbereich des Vertrages einbezogen wird.[953] Hiermit wird dem erweiterten Haftungsrisiko, das der Schuldner durch die Einbeziehung des Dritten trägt, Rechnung getragen.[954] Erst wenn er dieses zusätzliche Risiko erkennt,

---

950 BGH, Urt. v. 2.11.1983 – Iva ZR 20/82, NJW 1984, 355; Urt. v. 26.6.2001 – X ZR 231/99, NJW 2001, 3115, 3116; Urt. v. 24.4.2014 – III ZR 156/13, NJW 2014, 2345 Rn. 11.

951 BGH, Urt. v. 26.11.1986 – IVa ZR 86/85, NJW 1987, 1758, 1759; Urt. v. 18.10.1988 – XI ZR 12/88, NJW-RR 1989, 696; Urt. v. 20.3.1995 – II ZR 205/94, BGHZ 129, 136 = NJW 1995, 1739; Urt. v. 14.6.2012 – IX ZR 145/11, BGHZ 193, 297 = NJW 2012, 3165 Rn. 16; *Papadimitropoulos*, Schuldverhältnisse mit Schutzwirkung zu Gunsten Dritter, S. 85; *Bayer*, in: Erman, BGB, § 328 Rn. 69.

952 *R. Koch*, in: FS Thümmel, 2020, S. 421, 435.

953 BGH, Urt. v. 15.5.1959 – VI ZR 109/58, NJW 1959, 1676, 1677; *Papadimitropoulos*, Schuldverhältnisse mit Schutzwirkung zu Gunsten Dritter, S. 92 ff.; *Bayer*, in: Erman, BGB, § 328 Rn. 70.

954 BGH, Urt. v. 18.6.1968 – VI ZR 120/67, NJW 1968, 1929, 1931; Urt. v. 26.11.1968 – VI ZR 212/66, BGHZ 51, 91 = NJW 1969, 269, 272; Urt. v. 20.4.2004 – X ZR 250/02, BGHZ 159, 1 = NJW 2004, 3035, 3038; Urt. v. 18.2.2014 – VI ZR 383/12, BGHZ 200, 188 = NJW 2014, 2577 Rn. 8; Urt. v. 17.11.2016 – III ZR 139/14, NJW-RR 2017, 888 Rn. 19; *Kersting*, Die Dritthaftung für Informationen, S. 28; *Papadimitropoulos*, Schuldverhältnisse mit Schutzwirkung zu Gunsten Dritter, S. 92 ff.

kann er seinen Nebenpflichten auch gegenüber den Einbezogenen nachkommen und sich gegen das zusätzliche Risiko absichern.[955]

Für die Layerversicherung können diese Voraussetzung nicht generell bejaht werden. Es kommt entscheidend darauf an, dass der Grundversicherer Kenntnis vom Bestehen des jeweiligen Exzedentenversicherungsvertrages im Zeitpunkt seines Handelns hat.[956] Der Versicherungsnehmer ist nach § 77 Abs. 1 VVG dazu verpflichtet, dem Grundversicherer das Bestehen und den Umfang der Exzedentendeckung anzuzeigen. [957] Kommt er dieser Pflicht nach, so ist dem Grundversicherer auch erkennbar, dass der Exzedent in den Schutzbereich des Vertrages einbezogen werden kann.[958] Denn auch der Grundversicherer weiß von den vertraglichen Besonderheiten einer Exzedentendeckung und somit auch, dass sein Verhalten wesentliche Auswirkungen auf die Leistungspflicht des Exzedenten hat. Dies gilt umso mehr, wenn der Versicherungsnehmer auch mitteilt, dass mit dem Exzedenten ein Drop-down vereinbart wurde. Darüber hinaus hat der Versicherungsnehmer ein eigenes Interesse daran, dem Grundversicherer das Bestehen weiterer Layer anzuzeigen. Dies liegt zum einen an der Möglichkeit der Einbindung in die Schutzrichtung des Vertrages. Zum anderen kann aber der Grundversicherer auch nur dann am Gelingen der Layerversicherung mitwirken, wenn er von den übrigen Versicherern weiß.

Insgesamt ist daher von der Erkennbarkeit grundsätzlich auszugehen, wenn der Versicherungsnehmer seiner Anzeigepflicht nachgekommen ist oder der Grundversicherer anderweitig Kenntnis erlangt.

---

955 *Looschelders*, Schuldrecht AT, S. 67; *Gottwald*, in: MünchKomm BGB, § 328 Rn. 190; vgl. BGH, Urt. v. 2.4.1998 – III ZR 245/96, BGHZ 138, 257 = NJW 1998, 1948, 1950.

956 *R. Koch*, in: FS Thümmel, 2020, S. 421, 435; s. auch *Henning*, Exzedentenversicherung, S. 104 (Einbeziehung oftmals gar nicht erkennbar).

957 S. auf S. 120 ff.

958 *R. Koch*, in: FS Thümmel, 2020, S. 421, 435.

4. Schutzbedürfnis

Letztlich muss auch ein materielles Bedürfnis bestehen, den Dritten zu schützen. Ein solches liegt dann nicht vor, wenn sein zu schützendes Interesse bereits durch anderweitige, eigene Ansprüche abgesichert ist.[959] Dies gilt jedoch dann nicht, wenn der Anspruch andere Voraussetzungen oder ein anderes geschütztes Interesse zum Gegenstand hat. Folglich kann der Dritte nur dann auf eigene Ansprüche verwiesen werden, wenn diese dem Anspruch aus vertraglicher Nebenpflicht gleichwertig sind.[960]

In der Literatur wird unter dieser Voraussetzung die Geltung des Vertrages mit Schutzwirkung für Dritte in der Layerdeckung abgelehnt.[961] Durch die Zahlung der vereinbarten Versicherungsleistung gehe der Schadensersatzanspruch, den der Versicherungsnehmer gegen den Grundversicherer aufgrund seines Verhaltens[962] hat, auf den Exzedentenversicherer nach § 86 Abs. 1 S. 1 VVG über.[963] Dieser Anspruch stelle dann einen gleichwertigen Schadensersatzanspruch des Exzedenten dar, der seine Schutzwürdigkeit entfallen lässt.

Übt beispielsweise der Grundversicherer sein Ermessen zwischen Anspruchsabwehr und Befriedigung des Dritten fälschlich aus, so bedeutet dies die Verletzung einer Pflicht aus dem Versicherungsvertrag mit dem Versicherungsnehmer, ganz unabhängig von einer Pflichtverletzung gegenüber den nachfolgenden Exzedenten. Geht dieser Anspruch des Versicherungsnehmers gegen den Grundversicherer mit der Auszahlung der Deckungssumme an den geschä-

---

959 BGH, Urt. v. 15.2.1978 – VIII ZR 47/77, BGHZ 70, 327 = NJW 1978, 883; Urt. v. 20.3.1995 – II ZR 205/94, BGHZ 129, 136 = NJW 1995, 1739, 1747; Urt. v. 2.7.1996 – X ZR 104/94, BGHZ 133, 168 = NJW 1996, 2927, 2929; Urt. v. 7.12.2017 – VII ZR 204/14, NJW 2018, 1537 Rn. 18; *Kersting*, Die Dritthaftung für Informationen, S. 29 f.; *Janoschek*, in: BeckOK BGB, Stand:1.11.2021, § 328 Rn. 57; *Stadler*, in: Jauernig, BGB, § 328 Rn. 27; *Gottwald*, in: MünchKomm BGB, § 328 Rn. 191.

960 BGH, Urt. v. 7.12.2017 – IX ZR 45/16, NJW 2018, 608 Rn. 12; Urt. 18.2.2014 – VI ZR 383/12, BGHZ 200, 188 = NJW 2014, 2577 Rn. 11; *Gottwald*, in: MünchKomm BGB, § 328 Rn. 191.

961 *Henning*, Exzedentenversicherung, S. 104; *R. Koch*, in: FS Thümmel, 2020, S. 421, 436.

962 *Henning*, Exzedentenversicherung, S. 102 wählt das Beispiel einer sachwidrigen Weisung des Grundversicherers; *R. Koch*, in: FS Thümmel, 2020, S. 421, 436 bringt beispielsweise die pflichtwidrige Ermessensausübung zwischen Anspruchsabwehr und Befriedigung in der Haftpflichtversicherung an.

963 *Henning*, Exzedentenversicherung, S. 104; *R. Koch*, in: FS Thümmel, 2020, S. 421, 436.

digten Dritten auf den Exzedenten über? Ist dies der Fall, dann stünde dem Exzedenten ein vertraglicher Anspruch gegen den Grundversicherer zu, der die Schutzwürdigkeit i.S.d. Vertrages mit Schutzwirkung für Dritte entfallen ließe.

Bei § 86 Abs. 1 VVG handelt es sich um einen Fall der Legalzession. Er setzt nach seinem S. 1 voraus, dass dem Versicherungsnehmer ein Schadensersatzanspruch gegen einen Dritten zusteht und der (= sein) Versicherer ihm den Schaden ersetzt. Im Umfang des Ersatzes („soweit") geht der Anspruch des Versicherungsnehmers gegen den Dritten auf den leistenden Versicherer über.[964] Zweck von § 86 VVG ist es, den schädigenden Dritten wirtschaftlich zu belasten, den Versicherungsnehmer aber auch nicht zu bereichern.[965] Der Anspruch des Versicherungsnehmers wird an den Versicherer weitergereicht, weil er wirtschaftlich bereits einen Ausgleich erhalten hat. Der Versicherer kann dann gegen den Dritten vorgehen, in diesem Falle also der Exzedentenversicherer gegen den Grundversicherer, sodass letzterer im Ergebnis der mit dem Schaden Belastete ist und sohin auch keinen Vorteil aus der (weiteren) Versicherung des von ihm Geschädigten zieht.

Dies erfordert für die Präzisierung der Tatbestandsmerkmale der Legalzession, dass nur solche Ersatzansprüche übergehen, die sich auf den Schaden beziehen, der in den Schutzbereich der Versicherungsleistung fällt. Dieser Grundsatz der Kongruenz setzt also den Ersatzanspruch und die Leistung des Versicherers in Bezug zueinander und verlangt, dass der Versicherer genau den Bedarf deckt, der bei dem Versicherungsnehmer durch das schädigende Ereignis entstanden ist.[966]

Diese Kongruenz erscheint für die beschriebene Situation der Layerdeckung fraglich.

---

964 Insbes. zum Aspekt des „soweit" s. *Plaßmann*, Regress des Sachversicherers, S. 30 ff.

965 *H. Möller/Segger*, in: MünchKomm VVG, § 86 Rn. 17; *Armbrüster*, in: Prölss/Martin, VVG, § 86 Rn. 1.

966 Vgl. *v. Koppenfels-Spies*, Cessio legis, S. 240 f. (allg. zu Legalzessionen); *H. Möller/Segger*, in: MünchKomm VVG, § 86 Rn. 59; *Armbrüster*, in: Prölss/Martin, VVG, § 86 Rn. 13.

Im von *Koch* gewählten Beispiel[967] liegt ein Produkthaftpflicht-Exzedentenversicherungsprogramm vor, bestehend aus einem Grundversicherungsvertrag über 20 Mio. Euro und einem weiteren Exzedenten ebenfalls mit einer Deckungsstrecke von 20 Mio. Euro („20 Mio. xs. 20 Mio."). Im Rahmen der Regulierung eines Versicherungsfalls verletzt der Grundversicherer seine Pflicht zur pflichtgemäßen Ermessensausübung bei der Entscheidung zwischen Abwehr und Befriedigung des Anspruches.[968] Dies führt zu einem vertraglichen Schadensersatzanspruch des Versicherungsnehmers gegen den Grundversicherer aus §§ 280 Abs. 1, 241 Abs. 2 BGB. Besteht der Schaden darin, dass der Anspruch des Dritten nunmehr die Grundversicherungssumme überschreitet, und so die Leistungspflicht des Exzedenten ausgelöst wird, könnte das Verhalten des Grundversicherers auch eine Pflichtverletzung gegenüber dem Exzedentenversicherer darstellen, soweit ihn die (Neben-)Pflicht trifft, auf seine Interessen – hier in besonderer Form der Verpflichtung zur Leistung – Rücksicht zu nehmen. Diese Pflicht – so *Koch* – ergebe sich aber nicht aus der Figur des Vertrages mit Schutzwirkung für Dritte. Denn soweit der Exzedentenversicherer den Dritten befriedigt und so seiner Pflicht gegenüber dem Versicherungsnehmer aufgrund des Versicherungsfalls nachkommt, gehe nach § 86 Abs. 1 VVG der Anspruch des Versicherungsnehmers gegen den Grundversicherer aus §§ 280 Abs. 1, 241 Abs. 2 BGB auf den Exzedenten über, sodass ihm ein gleichwertiger Anspruch i.S.d. Schutzbedürftigkeit zusteht und daher die Voraussetzungen des Vertrags mit Schutzwirkung für Dritte nicht erfüllt seien.[969] So verhält es sich auch mit dem von *Henning* gewählten Beispiel;[970] dort erteilt der Grundversicherer einer nicht näher bezeichneten Schadensversicherung dem Versicherungsnehmer eine Weisung, deren Befolgung den Schaden über die Eintrittsschwelle des Exzedentenversicherers hinauswachsen lässt, was eine bedingungsgemäße Leistungspflicht des Exzedenten auslöst. Auch dort solle der Anspruch des Exzedenten gegen den Grundversicherer aus den Grundsätzen des Vertrages mit Schutzwirkung für Dritte an der Schutzbedürftig-

967 *R. Koch*, in: FS Thümmel, 2020, S. 421, 423.
968 Fortsetzung des Beispiels bei *R. Koch*, in: FS Thümmel, 2020, S. 421, 434.
969 *R. Koch*, in: FS Thümmel, 2020, S. 421, 436.
970 *Henning*, Exzedentenversicherung, S. 102 f.

keit des Exzedenten scheitern, denn auch dort gehe mit der Versicherungsleistung des Exzedenten der Schadensersatzanspruch des Versicherungsnehmers – auch hier aus §§ 280 Abs. 1, 241 Abs. 2 BGB – auf den Exzedenten über.[971]

Zur Anwendung von § 86 VVG ist hier zunächst festzuhalten, dass die Vorschrift aufgrund ihrer Stellung im Gesetz für die gesamte Schadensversicherung gilt; sie findet auch auf die Haftpflichtversicherung Anwendung, sofern dem versicherten Schädiger ein Ersatzanspruch gegen eine andere Person zusteht.[972]

Dies setzt gemäß dem Vorgesagten jedoch voraus, dass die Leistung des Exzedentenversicherers und der Schadensersatzanspruch des Versicherungsnehmers gegen den Grundversicherer auch kongruent sein müssen.

Gegen eine Kongruenz spricht, dass der Exzedentenversicherer an den Versicherungsnehmer leistet, um die aus dem Versicherungsfall entstehenden Einbußen auszugleichen. Dieses Vermögensinteresse des Versicherungsnehmers ist grundsätzlich ein anderes, als dasjenige, das durch die Verletzung einer vertraglichen Nebenpflicht durch den Grundversicherer tangiert wird.

Zu beachten ist allerdings, dass es nur um diejenigen Fälle gehen kann, in denen die Pflichtverletzung des Grundversicherers zu einer Erhöhung des durch den Versicherungsfall bei dem Versicherungsnehmer eingetretenen Schadens führt.[973] Ausschließlich die Fälle, in denen durch ein Verhalten des Grundversicherers das durch den Versicherungsfall tangierte Vermögensinteresse des Versicherungsnehmers weiter belastet wird, also die durch den Eintritt des Versicherungsfall erlittenen Einbußen erhöht, haben auch Relevanz für den Exzedentenversicherer, da nur sie das Risiko bergen, seine

971 *Henning*, Exzedentenversicherung, S. 104.

972 BGH, Urt. v. 16.2.1971 – VI ZR 125/69, NJW 1971, 752, 754; *W. Thomas Schneider*, in: Geigel, Haftpflichtprozess, Kap. 13 Rn. 47.

973 *R. Koch*, in: FS Thümmel, 2020, S. 421, 436; vgl. auch *Henning*, Exzedentenversicherung, S. 104.

Leistungspflicht auszulösen.[974] Bei ihnen betrifft der Schadensersatzanspruch und die Einbuße durch den Versicherungsfall dasselbe Vermögensinteresse des Versicherungsnehmers. Dies spricht entscheidend für die Kongruenz der Ansprüche. Andere Situationen, in denen die Pflichtverletzung des Grundversicherers einen Schaden des Versicherungsnehmers begründet, der neben der Einbuße aus dem Versicherungsfall steht, können demgegenüber die Leistungspflicht des Grundversicherers nicht begründen, weil sie im Regelfall nicht unter die Ausschöpfungstatbestände fallen.[975]

Von § 86 Abs. 1 S. 1 VVG erfasst sind daher beispielsweise Ansprüche des Versicherungsnehmers gegen den Grundversicherer, die aufgrund einer sachwidrigen Weisung[976], einer ermessensfehlerhaften Entscheidung zwischen Abwehr und Freistellung in der Haftpflichtversicherung oder einer schmerzensgelderhöhenden Verzögerung der Regulierung entstehen.[977] Die Schäden, die hieraus bei dem Versicherungsnehmer entstehen, beziehen sich auf das durch den Eintritt des Versicherungsfalls bereits tangierte Vermögensinteresse und sind daher kongruent. Der Anspruch des Versicherungsnehmers geht daher, soweit durch die Pflichtverletzung die Leistungspflicht des Exzedenten begründet wird, auf den Exzedentenversicherer über. In diesen Fällen entfällt die Schutzwürdigkeit des Exzedentenversicherers, sodass ihm kein eigener Anspruch aus §§ 280 Abs. 1, 241 Abs. 2 BGB i.V.m. den Grundsätzen des Vertrages mit Schutzwirkung für Dritte zusteht.

Verletzt der Grundversicherer dagegen beispielsweise seine Pflicht, den Versicherungsnehmer über seine Leistung an den Dritten in der Haftpflichtversicherung zu informieren[978], ist ein anderes Vermögensinteresse des Versicherungsnehmers angesprochen. Dieser

---

974 Bspw. zur Erhöhung des Schmerzensgeldes des geschädigten Dritten in der Haftpflichtversicherung aufgrund des zögerlichen Regulierungsverhaltens des Versicherers OLG Saarbrücken, Urt. v. 27.7.2010 – 4 U 585/09, NJW 2011, 933; s. auch *Schreier*, VersR 2013, 1232, 1234.

975 Zum Verständnis der Ausschöpfungstatbestände, sofern sie nicht im Versicherungsvertrag definiert werden, s. S. 83 ff.

976 S. bspw. BGH, Urt. v. 26.9.1984 – IVa ZR 213/82, VersR 1984, 1161.

977 *Henning*, Exzedentenversicherung, S. 104; *R. Koch*, in: FS Thümmel, 2020, S. 421, 436; allgemein *Slizyk*, in: Hdb. Schmerzensgeld, Rn. 128; vgl. *Wandt*, in: MünchKomm VVG, § 108 Rn. 31 (zum Anspruch des geschädigten Dritten gegen den Versicherer).

978 Zu dieser *R. Koch*, in: Bruck/Möller, VVG, § 100 Rn. 94 f.

Anspruch ist nicht kongruent i.S.v. § 86 Abs. 1 S. 1 VVG. Er spielt für die hiesige Betrachtung aber auch keine Rolle: Durch ihn kann die Eintrittspflicht des Exzedentenversicherers nicht begründet werden, da es sich nicht um eine die Versicherungssumme des Grundversicherers ausschöpfende Zahlung i.S.d. Ausschöpfungstatbestände handelt.

III. Ergebnis

Über die Figur des Vertrages mit Schutzwirkung für Dritte kann kein Anspruch des Exzedentenversicherers gegen den Grundversicherer hergeleitet werden, weil es an seiner Schutzbedürftigkeit fehlt.

In Fällen, in denen der Grundversicherer eine Nebenpflicht in der Weise verletzt, dass die Leistungspflicht des Exzedenten begründet wird, macht er sich gegenüber dem Versicherungsnehmer schadensersatzpflichtig nach §§ 280 Abs. 1, 241 Abs. 2 BGB. Diesen Schadensersatzanspruch erwirbt der Exzedentenversicherer gem. § 86 Abs. 1 S. 1 VVG, soweit er dem Versicherungsnehmer seine aufgrund der Pflichtverletzung geschuldete Leistung gewährt.

Dieser Anspruch lässt die Schutzwürdigkeit des Exzedentenversicherers entfallen.

E. Das drittwirkende Schuldverhältnis i.S.v. § 311 Abs. 3 S. 1 BGB

Eine weitere Anknüpfung für die schuldrechtliche Verknüpfung der Versicherer könnte sich aus den Grundsätzen von § 311 Abs. 3 S. 1 BGB ergeben. Dieser sieht vor, dass ein Schuldverhältnis mit Pflichten nach § 241 Abs. 2 BGB, also beschränkt auf Nebenpflichten, auch zu Dritten entstehen kann. In Anwendung auf die Layerdeckung entstünde also ein schuldvertragliches Verhältnis zwischen Exzedenten- und Grundversicherer.

In genauerer Betrachtung der Norm findet sich indes keine Aussage darüber, wann ein solches Schuldverhältnis entsteht. Vielmehr wiederholt sie nur, was ohnehin bekannt ist; Nebenpflichten entstehen unter Umständen auch zu Parteien, mit denen keine schuldrechtliche Beziehung besteht.[979] Es ist daher eine genauere Betrachtung der Vorschrift anzustrengen. Welche Voraussetzungen müssen erfüllt sein, um ein Schuldverhältnis nach § 311 Abs. 3 S. 1 BGB anzunehmen?

Aus Sicht der Parteien eines Grundversicherungsvertrages handelt es sich bei dem Exzedentenversicherer um einen Dritten. Knüpft man an das Beispiel eines zu großzügigen Vergleichs des Grundversicherers an[980] ergibt sich, dass der Exzedent ein Interesse an einer Rücksichtnahmepflicht des Grundversicherers i.S.v. § 241 Abs. 2 BGB hat. Zwischen dem Versicherungsnehmer und dem Exzedenten besteht bereits ein vertragliches Schuldverhältnis, das also solches ohnehin Pflichten nach § 241 Abs. 2 BGB zur Folge hat, sodass der Versicherungsnehmer, soweit er auf den zu großzügigen Vergleich Einfluss nehmen konnte, dem Exzedenten unter Umständen schon wegen der Verletzung einer Pflicht aus dem Versicherungsvertrag haftet.

Unklar ist hingegen, ob ein Schuldverhältnis mit Pflichten nach § 241 Abs. 2 BGB, das heißt Nebenpflichten und daher insbesondere eine Rücksichtnahmepflicht, auch zwischen dem Grundversicherer und dem Exzedenten zustande kommt. Dies würde wiederum bedeuten, dass der Grundversicherer schon im Rahmen des Vergleichsschluss die Interessen des Exzedenten berücksichtigen muss, sodass er sich bei Abschluss eines zu großzügigen Vergleichs eine Pflichtverletzung begehen würde. Solche Pflichten träfen den Grundversicherer, wenn der Grundversicherungsvertrag ein drittwirkendes Schuldverhältnis i.S.v. § 311 Abs. 3 BGB darstellt.

---

979 *Keller*, Schuldverhältnis und Rechtskreisöffnung, S. 211; *Kilian*, NZV 2004, 489, 494.
980 S. 102.

I. Voraussetzungen der Entstehung eines Drittschuldverhältnisses

§ 311 Abs. 3 S. 1 BGB bestimmt, dass „ein Schuldverhältnis mit Pflichten nach § 241 Abs. 2 auch zu Personen entstehen [kann], die nicht selbst Vertragspartei werden sollen." Diese Formulierung erscheint ungewöhnlich. Ihr lässt sich weder ein Tatbestand noch eine Rechtsfolge entnehmen. Sie erinnert vielmehr an ein Lehrbuch.[981]

Historisch wurde die Vorschrift des § 311 Abs. 3 BGB erst durch die Schuldrechtsmodernisierung im Jahr 2002 in das BGB eingefügt. Der Gesetzgeber übte sich dabei in der Begründung der Vorschrift in Zurückhaltung.[982] § 311 Abs. 3 S. 1 BGB sollte insbesondere die Fälle der Eigenhaftung des Vertreters oder Verhandlungsgehilfen erfassen. Gerade in diesen Bereichen sei die wissenschaftliche Entwicklung derzeit nicht abgeschlossen. Das Gesetz soll daher zwar die Möglichkeit einer Haftung Dritter ansprechen, aber in einer Weise regeln, die eine Weiterentwicklung durch Rechtsprechung und Lehre erlaube.[983] § 311 Abs. 3 S. 2 BGB spreche die wichtigste Fallgruppe, in denen jemand besonderes Vertrauen für sich in Anspruch nimmt, exemplarisch an. Es soll sich dabei um die Haftung von Sachverständigen oder anderer „Auskunftspersonen", die nicht selbst ein Eigeninteresse an einem Abschluss des Vertrages haben, dennoch aber entscheidend zu ihm beitragen, handeln.[984]

Im Kern hat der Gesetzgeber die bisherige Rechtsprechung des RG und des BGH in Teilen zu kodifizieren gesucht.[985] Daraus wird vielfach geschlossen, dass eine materielle Änderung der Rechtslage weder bezweckt war, noch tatsächlich eingetreten ist.[986] Für die Er-

[981] *Kersting*, Die Dritthaftung für Informationen, S. 123; *Lieb*, in: Das neue Schuldrecht in der anwaltlichen Praxis, § 3 Rn. 45 („Merkzettelgesetzgebung"); *Rieble*, in: Das neue Schuldrecht in der Praxis 2003, S. 137 („studierfreundlich").

[982] BT-Drs. 14/6040, S. 163.

[983] BT-Drs. 14/6040, S. 163.

[984] BT-Drs. 14/6040, S. 163.

[985] *Keller*, Schuldverhältnis und Rechtskreisöffnung, S. 211; *Emmerich*, in: MünchKomm BGB, § 311 Rn. 188; ähnlich auch *Schmidt-Räntsch*, Das neue Schuldrecht, Rn. 478; *Herresthal*, in: BeckOGK, BGB, Stand: 1.1.2021, § 311 Rn. 513 f.

[986] *Dieckmann*, in: Erman, BGB, § 311 Rn. 89; *Emmerich*, in: MünchKomm BGB, § 311 Rn. 188; *Teichmann*, BB 2001, 1485, 1492.

fassung der tatbestandlichen Voraussetzungen, unter denen ein Drittschuldverhältnis zustande kommt, bedeutet diese gesetzgeberische Entscheidung, die von der Literatur in weiten Teilen begrüßt wurde, dass sie weiterhin anhand von Fallgruppen zu erfassen sind.[987]

Für die Untersuchung der Layerdeckung bedeutet dies zweierlei; zunächst ist zu fragen, ob sie in eine der vorhandenen, historisch gewachsenen Fallgruppen einsortiert werden kann. Ist dies nicht der Fall, könnte zweitens die Layerdeckung eine neue Fallgruppe darstellen.

Es gilt daher zunächst, die bedeutsamsten Fallgruppen der Drittschuldverhältnisse,[988] die jedenfalls prima facie auch auf die Layerdeckung Anwendung finden könnten, zu erläutern.[989]

1. Besonderes persönliches Vertrauen (§ 311 Abs. 3 S. 2 BGB)

Die wichtigste von der Rechtsprechung entwickelte Fallgruppe hat der Gesetzgeber in § 311 Abs. 3 S. 2 BGB regelbeispielhaft normiert. Es geht um Fälle, in denen der Dritte besonderes Vertrauen für sich in Anspruch nimmt und hierdurch die Vertragsverhandlungen oder den Vertragsabschluss erheblich beeinflusst.

a. Grundsätze des besonderen persönlichen Vertrauens

Der Gesetzgeber nimmt in seiner Begründung ausdrücklich auf die Rechtsprechung des BGH Bezug.[990] Diese unter „Sachwalterhaf-

---

[987] *Keller*, Schuldverhältnis und Rechtskreisöffnung, S. 211; *Kersting*, Die Dritthaftung für Informationen, S. 107 ff.; *Herresthal*, in: BeckOGK, BGB, Stand: 1.1.2021, § 311 Rn. 513 f.; *Emmerich*, in: MünchKomm BGB, § 311 Rn. 188 f.

[988] *Keller*, Schuldverhältnis und Rechtskreisöffnung, S. 211; *Herresthal*, in: BeckOGK, BGB, Stand: 1.1.2021, § 311 Rn. 514.

[989] Unter dem Stichwort der Dritthaftung bzw. Drittschuldverhältnisse hat sich eine umfassende Kasuistik gebildet, die an dieser Stelle nicht vollständig nachvollzogen werden kann. Einen Überblick gewährt *Herresthal*, in: BeckOGK, BGB, Stand: 1.1.2021, § 311 Rn. 515 – 532, 536 – 827.

[990] BT-Drs. 14/6040, S. 163 mit Bezug zu BGH, Urt. v. 17.6.1991 – II ZR 171/90, NJW-RR 1991, 1241.

tung“[991] zusammengefasste Fallgruppe beschreibt die Situation, in denen insbesondere Makler oder sonstige „Auskunftspersonen“ den Vertragsschluss beeinflussen. Grundlage ist die Überlegung, dass der Dritte durch seine besondere Sachkunde oder seine berufliche oder marktliche Stellung ein erhöhtes Vertrauen in seine Einflussnahme auf das Rechtsgeschäft genießt.[992] Der Verhandlungspartner verlässt sich gerade bei objektiven Dritten in besonderem Maße auf ihre Neutralität.[993] Dieses Vertrauen muss, dies bringt der Zusatz des „besonderen“ Vertrauens zum Ausdruck, jedoch über das gewöhnliche Vertrauen in den eigenen Vertragspartner hinausgehen.[994] Relevant ist also die Übernahme einer persönlichen Gewähr für die Seriosität des Geschäfts und dessen Erfüllung, die gleichzeitig als Rechtfertigung für die Ausdehnung von Nebenpflichten angesehen wird.[995] Hierneben hat die Rechtsprechung auch abseits besonderer fachlicher Qualifikationen, aber besonderer persönlicher Beziehung, eine Dritthaftung angenommen.[996]

Neben dem Vertrauen ist die Einflussnahme auf das Geschäft wesentliche Begründung für die Dritthaftung.[997] Dies entstammt dem Verständnis der Sachwalterhaftung aufgrund ihres Ursprungs in der c.i.c.. Dort gewährt das Stadium der Vertragsanbahnung die besondere Einwirkungsmöglichkeit auf die Rechte und Interessen des anderen. In diesem Stadium entsteht ein gesetzliches Schuldverhältnis zwischen den Parteien. Soll ein solches nun auch zu einem Drit-

---

991 Die Sachwalterhaftung weist Überschneidungen auch zur Gutachterhaftung auf, s. *Herresthal*, in: BeckOGK, BGB, Stand: 1.1.2021, § 311 Rn. 515 ff. einerseits und Rn. 519 ff. andererseits; *Emmerich*, in: MünchKomm BGB, § 311 Rn. 197 ff.

992 *Herresthal*, in: BeckOGK, BGB, Stand: 1.1.2021, § 311 Rn. 514; *Emmerich*, in: MünchKomm BGB, § 311 Rn. 193.

993 *Herresthal*, in: BeckOGK, BGB, Stand: 1.1.2021, § 311 Rn. 516; *Emmerich*, in: MünchKomm BGB, § 311 Rn. 193.

994 BT-Drs. 14/6040, S. 163; BGH, Urt. v. 17.6.1991 – II ZR 171/90, NJW-RR 1991, 1241, 1242; *Herresthal*, in: BeckOGK, BGB, Stand: 1.1.2021, § 311 Rn. 514.

995 BGH, Urt. v. 29.01.1997 - VIII ZR 356/95, NJW 1997, 1233; Urt. v. 17.6.1991 – II ZR 171/90, NJW-RR 1991, 1241, 1242; Urt. v. 4.7.1983 – II ZR 220/82, BGHZ 88, 67 = NJW 1983, 2696, 2697; Urt. v. 13.6.2002 – VII ZR 30/01, NJW-RR 2002, 1309, 1310; Urt. v. 13.12.2005 – KZR 12/04, NJW-RR 2006, 993 Rn. 15; *Kersting*, Die Dritthaftung für Informationen, S. 47 f.; *Herresthal*, in: BeckOGK, BGB, Stand: 1.1.2021, § 311 Rn. 514.

996 BGH, Urt. v. 18.9.1990 – XI ZR 77/89, NJW-RR 1991, 289, 290; OLG Düsseldorf, Urt. v. 28.6.2018 – 5 U 92/17, NJW-RR 2019, 140 Rn. 48; OLG Düsseldorf NJW-RR 2019, 140 Rn. 48 („engste Männerfreundschaft“, wobei der Dritte auch als Kunstkenner galt).

997 *Kersting*, Die Dritthaftung für Informationen, S. 47; *Emmerich*, in: MünchKomm BGB, § 311 Rn. 190; s. auch *Sutschet*, Der Schutzanspruch Dritter, S. 141.

ten entstehen, bedarf es einer äquivalenten Einwirkungsmöglichkeit, die daher besonders zu begründen ist.[998] Wenngleich diese Fallgruppe in der neueren wissenschaftlichen Auseinandersetzung an Bedeutung gewonnen hat,[999] erfolgt die Annahme besonderen Vertrauens restriktiv.[1000] Der bloße Hinweis auf die eigene Sachkunde genügt daher regelmäßig nicht zu ihrer Annahme, da das zusätzliche Element des Vertrauens auf die Richtigkeit des Geschäfts fehlt.[1001]

Der Gesetzgeber wollte die Sachwalterhaftung als Fallgruppe von § 311 Abs. 3 BGB verstanden wissen.[1002] Freilich sind die Gerichte dem nicht durchgängig gefolgt. Vor der Schuldrechtsreform suchten die überwiegende Literatur und die Rechtsprechung die Lösung dieser Fälle entweder über die sog. Dritthaftung nach c.i.c.,[1003] einen konkludenten Beratungsvertrag zwischen Drittem und Geschädigtem[1004] oder über die Grundsätze des Vertrages mit Schutzwirkung zugunsten Dritter.[1005] Dies setzt sich auch nach Einführung von § 311 Abs. 3 S. 2 BGB fort.[1006]

Dennoch soll die Fallgruppe für diese Arbeit im Anwendungsbereich von § 311 Abs. 3 BGB diskutiert werden. Hierfür spricht nicht nur das moderne Verständnis der Dritthaftung, sondern es nimmt ihr auch den methodischen Rechtfertigungsdruck, da sich auf eine ausdrückliche gesetzliche Anordnung bezogen werden kann.

---

998 *Kersting*, Die Dritthaftung für Informationen, S. 47 f.; *Köndgen*, Selbstbindung, S. 362 f.; ähnlich zur Berufshaftung *Sutschet*, Der Schutzanspruch Dritter, S. 141.

999 *Schulze*, in: Bürgerliches Gesetzbuch, § 311 Rn. 19; vgl. OLG München, Urt. v. 5.2.2020 – 3 U 6342/19, BeckRS 2020, 985 Rn. 15; *Harke*, VuR 2017, 83 (zum sog. Dieselskandal).

1000 *Herresthal*, in: BeckOGK, BGB, Stand: 1.1.2021, § 311 Rn. 515.

1001 BGH, Urt. v. 3.10.1989 – XI ZR 157/88, NJW 1990, 389 f.; Urt. v. 3.4.1990 – XI ZR 206/88, NJW 1990, 1907, 1908; Urt. v. 17.10.1989 – XI ZR 173/88, NJW 1990, 506; Urt. v. 4.7.1983 – II ZR 220/82, BGHZ 88, 67, 69 f. = NJW 1983, 2696, 2697; *Sutschet*, Der Schutzanspruch Dritter, S. 141; *Herresthal*, in: BeckOGK, BGB, Stand: 1.1.2021, § 311 Rn. 515.

1002 BT-Drs. 14/6040, S. 163.

1003 Z. Bsp. BGH, Urt. v. 12.1.2011 – VIII ZR 346/09, NJW-RR 2011, 462 Rn. 13 f.; Urt. v. 12.11.2003 – VIII ZR 268/02, NJW-RR 2004, 308, 309.

1004 BGH, Urt. v. 5.12.2000 – XI ZR 340/99, NJW-RR 2001, 768, 769.

1005 BGH, Urt. v. 20.4.2004 – X ZR 250/02, NJW 2004, 3035, 3037; Urt. v. 8.6.2004 – X ZR 283/02, NJW 2004, 3420; zu einer Annäherung an Sachwalterhaftung als eigenständige Dritthaftung *Emmerich*, in: MünchKomm BGB, § 311 Rn. 197; *J. Koch*, AcP 2004, 59 für Auskunftshaftung; OLG Hamm, Urt. v. 29.5.2013 – I-12 U 178/12, NJW-RR 2013, 1522 Rn. 31 ff.; *Stadler*, in: Jauernig, BGB, § 311 Rn. 49; *S. Lorenz*, JuS 2015, 398, 401.

1006 *Kilian*, NZV 2004, 489, 494.

b. Anwendung auf die Layerdeckung

Möglicherweise ist die Layerdeckung dieser Fallgruppe zuzuordnen.

Dies setzt voraus, dass der Versicherer, zu dem das Schuldverhältnis entstehen soll, eine über das normale Verhandlungsvertrauen hinausgehende, von ihm persönlich ausgehende Gewähr für die Seriosität und die Erfüllung des Geschäfts oder die Richtigkeit und Vollständigkeit seiner Erklärungen geboten hat, die für den Willensentschluss des anderen Teils bedeutsam gewesen ist. Zudem müsste bei dem anderen Versicherer ein besonderes Vertrauen entstehen. Ein Vertrauen auf Seiten des Versicherungsnehmers ist unerheblich, denn dieser steht bereits in vertraglicher Verbindung zu den jeweiligen Versicherungsunternehmen.

Dem Exzedentenversicherungsvertrag könnte eine derartige vertrauensbegründende Aussage entnommen werden, da der Abrede über den Attachment-point das Versprechen innewohnen könnte, der Exzedentenvertrag knüpfe auch tatsächlich an den Grundversicherungsvertrag so an, dass beide Verträge optimal ineinandergreifen.

Selbst dieses Versprechen würde aber nicht genügen. Denn der Exzedent würde auch hierbei weiterhin lediglich ein Vertrauen in die eigene Leistung erwecken und gerade keine Gewähr für den Grundversicherungsvertrag übernehmen. Ebenso verhält es sich auch mit nachfolgenden Exzedentenverträgen. Regelmäßig werden die Versicherer nicht versprechen können, Einfluss auch im Anschluss an die eigene Leistungsverpflichtung ausüben zu können.

Etwas anderes könnte gelten, wenn das Programm durch einen beteiligten Versicherer zusammengestellt wird.[1007] Hier kann insbesondere die Auswahl der weiteren Layerversicherer durch den beauftragten Versicherer sowie die über Following-form Klauseln für das gesamte Programm bereitgestellte Grunddeckung ein Vertrauen des Versicherungsnehmers begründen. Denn in der Auswahl des Versicherers könnte gleichzeitig die Erklärung liegen, dass von

[1007] Dazu schon S. 42 ff.

diesem eine (abgestimmte) Leistung zu erwarten ist, die im Einklang mit den Entscheidungen auf Ebene der Grunddeckung steht. Dann käme dem oben Gesagten nach aber eine Haftung nach §§ 311 Abs. 3, 241 Abs. 2 BGB des Grundversicherers gegenüber dem Versicherungsnehmer in Betracht. Der Grundversicherer wäre der Verhandlungsgehilfe, der besonderes Vertrauen in Anspruch nimmt. Diese Haftung ist aber überflüssig; der Versicherungsnehmer hätte bei Schlechtauswahl schon aus dem zugrundeliegenden Auftragsverhältnis einen vertraglichen Schadensersatzanspruch gegen den Grundversicherer. Auf das Entstehen eines Drittschuldverhältnisses muss hier nicht zurückgegriffen werden.

Einzig in der Bezugnahme im Wege einer Following-form Klausel scheint ein Vertrauen des Exzedenten denkbar, dass die übernommenen Bedingungen auch in Exzedentenverträgen einen angemessenen Interessenausgleich schaffen und den Gleichlauf von Grund- und Exzedentenversicherung bedeuten. Denn den Versicherer trifft eine Formulierungsverantwortung.[1008] Als Ersteller des Versicherungsproduktes trägt der Versicherer, sollte die Ausgestaltung des Versicherungsschutzes auf ihn zurückzuführen sein, die Gewähr für die korrekte und passende Formulierung für sein Anliegen. Hieraus könnte nun geschlossen werden, dass der Grundversicherer, der die Versicherungsbedingungen erstellt, die über Following-form Abreden im gesamten Layerkonzept wiederholt werden, eine Verantwortung nicht nur für die Angemessenheit des Versicherungsschutzes in seinem Layer trifft, sondern er auch dafür einzustehen hat, dass seine inkorporierte Ausgestaltung der Deckung auch in anderen Layern einen angemessenen Interessenausgleich darstellt.

Hiergegen spricht aber entscheidend, dass der Grund- bzw. vorhergehende Versicherer keinen Einfluss auf die Übernahme seiner Formulierung durch eine Following-form Klausel nehmen kann. Wenngleich die Parteien des übernehmenden Vertrages hiermit zum Ausdruck bringen mögen, dass sie auf die Formulierungen des Erstellers des Textes Vertrauen, so handelt es sich weiterhin nicht

---

[1008] Vgl. *Reiff*, in: MünchKomm VVG, 50. Allgemeine Versicherungsbedingungen Rn. 95 (unter dem Aspekt der Unklarheitenregelung).

um ein solches, das der Grundversicherer für sich in Anspruch nimmt.

Zudem ist es auch der Versicherungsnehmer, der ein besonderes Interesse an der Homogenität des Versicherungsschutzes hat und daher typischerweise auf die Vereinbarung einer Following-Form Abrede bestehen wird. Es ist insofern auch darüber hinaus fraglich, ob eine solche Vereinbarung im Exzedentenvertrag überhaupt Ausdruck eines Vertrauens des *Exzedentenversicherers*, bzw. die Bereitstellung von Grundversicherungsbedingungen eine Inanspruchnahme von Vertrauen ist.

Im Ergebnis erscheint die Fallgruppe des besonderen persönlichen Vertrauens auf die Exzedentenversicherung höchstens im Ausnahmefall, in dem die Versicherer sich einander ein außergewöhnliches besonderes Vertrauen gewähren, anwendbar. In der Regel nehmen die Versicherer ein solches nicht in Anspruch.

2. Wirtschaftliches Eigeninteresse des Dritten

Die Eigenhaftung des Dritten wird zudem unter dem Gesichtspunkt des wirtschaftlichen Eigeninteresses diskutiert.[1009] Während die Fallgruppe des besonderen persönlichen Vertrauens in § 311 Abs. 3 S. 2 BGB regelbeispielhaft ausdrücklich angesprochen ist, fasst die allgmeine Meinung die Fallgruppe des überwiegenden

---

[1009] Inwieweit diese Fallgruppe von der des „besonderen persönlichen Vertrauens" zu trennen ist, wird in der Rechtspr. nicht deutlich, s. *Köndgen*, Selbstbindung, S. 403 Fn. 3 und *Bohrer*, Die Haftung des Dispositionsgaranten, S. 41, zuweilen differenziert der BGH jedoch ausdrücklich, bspw. BGH, Urt. v. 23.10.1985 – VIII ZR 210/84, NJW 1986, 586, 587 („Zwar läßt sich in den Fällen wirtschaftlichen Eigeninteresses des Vertreters dessen Haftung nicht mit einer besonderen Vertrauensbeziehung zum Verhandlungspartner begründen. Demjenigen, der bei von ihm maßgeblich beeinflußten Verhandlungen seinen eigenen wirtschaftlichen Nutzen in einer Weise verfolgt, als sei er gleichsam "in eigener Sache" tätig, [...]").

wirtschaftlichen Eigeninteresses des Dritten am Rechtsgeschäft unter die die allgemeine Norm des § 311 Abs. 3 S. 1 BGB.[1010]

Diese Fallgruppe geht auf eine Entscheidung des Reichsgerichts zurück[1011]: Der Beklagte wollte ein Grundstück, das er zuvor selbst gekauft hatte, dessen Eigentümer er aber mangels Eintragung im Grundbuch (noch) nicht war, veräußern. Er trat daher als Vertreter des Noch-Eigentümers auf. Das RG begründet für ihn als Vertreter in eigener Sache (*procurator in rem suam*) eine persönliche Verantwortlichkeit aus c.i.c. wegen seines besonderen wirtschaftlichen Eigeninteresses. In diesem Falle war der Vertreter, der „sachlich allein oder jedenfalls im Wesentlichen" Beteiligte des Geschäfts.[1012] Allein die formale Stellung außerhalb der Vertragsparteien soll in derartigen Situationen nicht von aus § 242 BGB rührenden Aufklärungspflichten entlasten.[1013]

Diese Rechtsprechung des Reichsgerichts übernahm der BGH und führte sie fort.[1014] Voraussetzung für die Haftung aus § 311 Abs. 3 S. 1 BGB ist, dass der Dritte ein eigenes unmittelbares, wirtschaftliches Interesse an dem Vertragsabschluss haben muss, das so stark ist, dass er „wirtschaftlich gesehen" die eigentliche Partei bildet, für die nur formal bei dem Abschluss des Vertrages ein anderer als Partei fungiert.[1015] Im Kern handelt es sich bei der Fallgruppe folglich um die Suche nach der richtigen Vertragspartei. Typisch sind Konstellationen, in denen die vertretene Vertragspartei nicht diejenige ist, die das Geschäft schließlich trifft.[1016] Diese Gründe lie-

---

1010 BGH, Urt. v. 13.8.2020 – III ZR 148/19, VersR 2020, 1454 Rn. 19; OLG Stuttgart, Urt. v. 23.2.2016 – 1 U 97/15, BeckRS 2016, 18016 Rn. 20 ff.; *Medicus*, in: Haas/Medicus/Rolland/Schäfer/Wendtland, Das neue Schuldrecht, 3 Rn. 172; *Kindl*, in: Erman, BGB, § 311 Rn. 89; *Emmerich*, in: MünchKomm BGB, § 311 Rn. 189; *Grüneberg*, in: Grüneberg, BGB, § 311 Rn. 61; *Feldmann*, in: Staudinger, BGB, § 311 Rn. 183; *Canaris,* JZ 2001, 499, 520; *Lorenz*, JuS 2015, 398, 401.

1011 RG, Urt. v. 1.3.1928 – VI 258/27, RGZ 120, 249 ff.

1012 RG, Urt. v. 1.3.1928 – VI 258/27, RGZ 120, 249, 252 f.

1013 RG, Urt. v. 29.10.1938 – II 178/37, RGZ 159, 33, 55 f.

1014 *Kersting*, Die Dritthaftung für Informationen, S. 36

1015 BGH, Urt. v. 5.4.1971 – VII ZR 163/69, BGHZ 56, 81 = NJW 1971, 1309, 1310; BGH, Urt. v. 17.6.1991 – II ZR 171/90, NJW-RR 1991, 1241, 1242; *Kersting,* Die Dritthaftung für Informationen, S. 37; *Dieckmann*, in: Erman, BGB, § 311 Rn. 93; *Emmerich*, in: MünchKomm BGB, § 311 Rn. 190.

1016 *Bohrer*, Die Haftung des Dispositionsgaranten, S. 36 ff.; *Köndgen*, Selbstbindung, S. 408; *Steininger*, Haftung des Geschäftsführers, S. 55.

gen zumeist außerhalb des Vertragsrechts und erreichen nicht die Qualität einer sanktionswürdigen Umgehung des Gesetzes.[1017] In dieser Konstellation übergeht der BGH die eigentlichen Vertragsbeziehungen und ermittelt unter Zuhilfenahme einer wirtschaftlichen Betrachtung den „eigentlichen" Vertragsinteressenten. Die Bezeichnung eines „wirtschaftlichen Eigeninteresses" ist daher insoweit missdeutend, als dass es auf das wirtschaftliche Interesse nicht entscheidend ankommt. Denn wichtig ist lediglich, dass der Dritte faktisch vom Vertrag getroffen wird, seien dies – wie überwiegend – wirtschaftliche oder aber jegliche andere Folgen.[1018] Es geht insofern vorrangig um eine funktionale Betrachtungsweise.[1019] Diese Fallgruppe wurde daher auch als „Rechtsformfehlgebrauch" bezeichnet.[1020] Gemeint ist damit, dass die Rechtsform des Vertreters oder Sachwalters nicht die eigentliche, unter funktionaler Betrachtung sich ergebende Rolle ist. Unter diesem Aspekt ist der Dritte vielmehr unmittelbar Vertragspartei. Als solche kommt ihm der Geschäftserfolg zugute, ihn sollen aber dann auch reziprok die geschäftstypischen Pflichten treffen.[1021]

In der Layerdeckung könnte der Exzedentenversicherer dieser Dritte sein. Er könnte ein erhebliches Interesse an der Durchführung des Grundversicherungsvertrages haben, da dies aufgrund des Ausschöpfungserfordernis unmittelbare Auswirkungen auf seine Leistungspflicht hat. Kann ein solches wirtschaftliches Interesse bejaht werden, stellt sich nachfolgend die Frage, ob der Exzedent damit auch als „Quasi-Partei" des Grundversicherungsvertrages angesehen werden kann.

1017 *Köndgen*, Selbstbindung, S. 408.

1018 Vgl. BGH, Urt. v. 27.6.1963 – VII ZR 7/62, NJW 1963, 2166, 2167 (Befürchtung des Regresses als ausreichendes Interesse); BGH, Urt. v. 4.12.1958 – II ZR 168/57, VersR 1959, 64, 66 (Interesse am Abschluss eines Vertrages); so auch *Bohrer*, Die Haftung des Dispositionsgaranten, S. 40; *Schmitz*, Dritthaftung aus c.i.c., S. 63.

1019 *Bohrer*, Die Haftung des Dispositionsgaranten, S. 54; *Köndgen*, Selbstbindung, S. 408.

1020 *Köndgen*, Selbstbindung, S. 408 ff.; vgl. *Bohrer*, Die Haftung des Dispositionsgaranten, S. 39; *Krebs*, Sonderverbindung und Schutzpflichten, S. 293 („wirtschaftlicher Rollentausch"); *Baumann*, in: FS Honsell, 2002, S. 545, 560 (Vertreter bzw. Sachwalter muss die Tatherrschaft innehaben).

1021 *Köndgen*, Selbstbindung, S. 411; ähnlich *Kersting*, Die Dritthaftung für Informationen, S. 49; was dieses Ergebnis für die Haftung des Vertretenen bedeutet ist offen und wird nur selten diskutiert, s. aber *Bohrer*, Die Haftung des Dispositionsgaranten, S. 55 ff. Dieser Umstand braucht hier aber nicht weiter vertieft zu werden, da der dritte Versicherer nicht Vertreter des Versicherungsnehmers im Rahmen der Vertragsdurchführung ist.

a. Wirtschaftlich-faktische Beeinträchtigung des Versicherers eines Layerprogramms

Zunächst ist auf das wirtschaftliche Interesse des Exzedentenversicherers an der Grundversicherung einzugehen.

Bereits an anderer Stelle wurde der (Haftpflicht-)Versicherer als finanzieller Sachwalter des Versicherungsnehmers bezeichnet, den ein dominantes wirtschaftliches Interesse trifft.[1022] Möglicherweise kommt dem Exzedentenversicherer eine solche Position zu.

Zunächst kann festgestellt werden, dass die Leistungspflicht des nachfolgenden Versicherers erheblich durch die Vertragsdurchführung auf vorheriger Ebene determiniert wird. Dies gilt sowohl für Fälle, in denen eine Summenausschöpfungsdeckung vereinbart ist, als auch für Fälle der Summendifferenzdeckung. Sieht sich der Versicherungsnehmer einer Haftpflichtversicherung der Inanspruchnahme eines Dritten ausgesetzt, die über die Deckungssumme des Grundversicherers hinausgeht, so obliegt es dennoch zunächst dem Grundversicherer zu entscheiden, ob er den Anspruch befriedigt oder abwehrt.[1023] Bereits diese Entscheidung berührt den darüberliegenden Exzedentenversicherer, da durch die Höhe des geltend gemachten Anspruches auch sein Layer bereits berührt ist. Die Entscheidung des Grundversicherers zur Befriedigung des Anspruches würde also unmittelbar seine Leistungspflicht auslösen. Die Entscheidung zur Anspruchsabwehr berührt ihn dagegen vornehmlich dann, wenn im Grundvertrag eine sog. Kostenanrechnungsklausel vereinbart ist. In diesem Falle werden die Kosten der Anspruchsabwehr auf die Versicherungssumme angerechnet. Das bedeutet, dass auch die Anspruchsabwehr die Leistungspflicht des Exzedenten auslösen kann.[1024] Dies gilt umso mehr im Falle einer Summenausschöpfungsdeckung und hier auch dann, wenn die geltend gemachten Ansprüche nicht die Deckungsstrecke des Exzedenten berühren. Denn die Entscheidung des Grundversicherers ist wiederum bedeutsam für die Höhe der Ausschöpfung und somit auch für die

---

[1022] *Baumann*, in: BK VVG, § 149 Rn. 139 ff. (zur Beziehung zwischen Haftpflichtversicherer und geschädigtem Dritten nach alter Rechtslage).

[1023] *R. Koch*, in: FS Thümmel, 2020, S. 421, 423.

[1024] S. auch S. 102 f.

Deckungspflicht des Exzedenten im Falle einer zweiten Inanspruchnahme in derselben Versicherungsperiode.[1025]

Es lässt sich also festhalten, dass der Exzedentenversicherer ein erhebliches Interesse am vorgehenden Rechtsgeschäft hat. Dieses Interesse ist auch unmittelbar wirtschaftlicher Natur, da die Auslösung seiner Leistungspflicht „in den Händen" des vorangehenden Versicherers liegt.

b. Der Versicherer einer Layerdeckung als quasi-Partei ausgehend von der wirtschaftlich-faktischen Belastung?

Nun verbleibt die Frage, ob dieses festgestellte Interesse ein solches ist, das bei funktionaler Betrachtungsweise die Stellung als „quasi-Partei" begründet.

Hierfür spricht die Ausgestaltung der Leistungen der Versicherer. Diese sind zum einen tatsächlich, aber vor allem auch rechtlich durch die Attachment-point Abrede so eng miteinander verknüpft, dass die Leistung des Exzedenten von der Leistung des vorangehenden Versicherers abhängig ist. Wirtschaftlich könnten sich diese zwei Leistungen für den Versicherungsnehmer sodann als *eine* Entschädigung für eine im Rahmen des Versicherungsfalls erlittene Einbuße darstellen.

Von dieser tatsächlichen, rechtlichen und wirtschaftlichen engen Verknüpfung der Versicherungsleistungen ausgehend, könnte man auch eine enge Verknüpfung der sie leistenden Parteien, also der Versicherer, annehmen. Mit dieser Annahme ließe sich sodann argumentieren, dass die wirtschaftliche Gesamtleistung beiden Versicherern gleichermaßen zugewiesen ist, sodass alle Versicherer funktional gesehen *eine* Partei bilden, nämlich diejenige, die dem Versicherungsnehmer *eine* Leistung erbringt.

Dieses Verständnis dürfte jedoch in tatsächlicher Hinsicht einigen Bedenken begegnen. Zunächst überdehnt die Annahme einer Partei im wirtschaftlichen Sinne selbst die funktionale Betrachtung.

1025 Vgl. zu den Fallgestaltungen im Einzelnen *R. Koch*, in: FS Thümmel, 2020, S. 421, 423 ff.

Hierfür spricht zum einen, dass die betroffenen Versicherer dem Versicherungsnehmer keineswegs als wirtschaftliche Einheit gegenübertreten. Der Versicherungsnehmer wird im Regelfall die rechtliche Selbstständigkeit der Versicherungsleistungen erkennen, da er unterschiedliche Prämien an unterschiedliche Unternehmen zahlt und zudem üblicherweise selbst oder durch seinen Makler das Programm zusammenstellt. Hieraus folgt auch, dass der Versicherungsnehmer die Beteiligung der Versicherer verwaltet. Ihm ist die personale Trennung der Versicherer insofern bewusst, zumal mit der Vereinbarung einer Layerdeckung auch gerade Vorteile entstehen können, die bei der einheitlichen Versicherung durch ein Unternehmen nicht auftreten.[1026] Hinzu tritt, dass die Leistung des Exzedentenversicherers ja gerade von der Ausschöpfung der Grundversicherung abhängt, sodass die Entscheidung über die Leistung aus dem Exzedentenvertrag typischerweise derjenigen aus dem Grundversicherungsvertrag zeitlich nachfolgt. Hieraus das Verständnis einer Partei im wirtschaftlichen Sinne zu schließen, liegt fern.

Weiterhin muss auch die funktionale Betrachtung rechtliche Grenzen wahren. Die unterschiedlichen Hauptleistungspflichten der Versicherer, die nicht notwendigerweise auch den gleichen Deckungsumfang haben, als eine Leistung an den Versicherungsnehmer darzustellen, überstreckt diese rechtlichen Grenzen.

Insofern kann der vom Versicherungsnehmer verfolgte wirtschaftliche Gesamtzweck nicht so verstanden werden, dass es sich um die Leistung einer Partei im funktionalen Sinne handelt.

Zudem wirkt auch der der funktionalen Betrachtung zugrundeliegende Gedanke des „Rechtsformfehlgebrauchs“ unpassend.

Dies würde, übertragen auf die vorliegende beispielhafte Layerdeckung erfordern, dass der über der Grunddeckung liegende Layer nicht an Stelle des Grundversicherers auftritt, obwohl dies in tatsächlicher Hinsicht geboten wäre. Dies kann zunächst am Leistungsgegenstand festgemacht werden. Dieser wird in Fällen des Rechtsformfehlgebrauchs in rechtlicher Hinsicht dem Vertrags-

---

[1026] S. dazu S. 13 ff.

partner, in tatsächlicher Hinsicht aber dem Dritten zugewiesen.[1027] Das ist in der Layerversicherung nicht der Fall. Vielmehr bleibt der Erstversicherer vorrangig eintrittspflichtig. Obgleich sein Verhalten auch Auswirkungen auf den nachfolgenden Versicherer hat, liegt es zunächst an ihm die Hauptleistung der Versicherung zu erbringen. Dieser Erwartung wird der Versicherer auch gerecht, erst in der Erfüllung dieser Leistungspflicht, also in der Wahrnehmung des Leistungsgegenstandes, liegt die typische Berührung auch des Exzedentenversicherers.

Dies ist regelmäßige Folge der Exzedentenversicherung. Der Exzedent lässt die Parteiposition nicht von einem Dritten an seiner statt wahrnehmen. Die Berührung der Leistungen des Exzedenten und Grundversicherers ergeben sich aus der Gestaltung des Programmes selbst, die der Versicherungsnehmer bzw. sein Makler verwaltet. Der Exzedentenvertrag selbst bestimmt gerade durch den Attachment point die Zäsur in den Zuständigkeiten der Versicherer, also die Differenzierung der Parteistellungen.

Insofern bewirkt die Versicherungstechnik als solche die Leistungsnähe, die aber nicht genügt, um unter funktionaler Betrachtung die eigentliche Parteiposition beim Exzedentenversicherer zu sehen. Insofern kann nicht davon ausgegangen werden, dass der Layerversicherer „Quasi-Partei“ des Grundversicherungsvertrages ist.

c. Ergebnis

Keine der hier angesprochenen Fallgruppen von § 311 Abs. 3 BGB ist ohne weiteres auf die Layerversicherung anwendbar. Insbesondere genügt die faktische Nähe der Leistungen des Grundversicherers und der Exzedenten nicht, um ein wirtschaftliches Eigeninteresse der Versicherer zu begründen.

[1027] *Kersting*, Die Dritthaftung für Informationen, S. 49, 317 ff.; *Herresthal*, in: BeckOGK, BGB, Stand: 1.1.2021, § 311 Rn. 527; *Emmerich*, in: MünchKomm BGB, § 311 Rn. 190.

II. Ergebnis und Ausblick: Unanwendbarkeit bisheriger Fallgruppen, Einführung einer neuen Fallgruppe

Insofern böte § 311 Abs. 3 BGB zwar in seiner Offenheit hinsichtlich der Haftung und der Berechtigung einen Anknüpfungspunkt für die zu untersuchende Sonderverbindung zwischen den Versicherern einer Layerdeckung. Mangels tatbestandlicher Voraussetzungen muss jedoch auf die anerkannten Fallgruppen aus Rechtsprechung und Wissenschaft, die der Gesetzgeber mit § 311 Abs. 3 BGB umzusetzen suchte, zurückgegriffen werden. Diese greifen aber im Falle der Exzedentenversicherung nicht ein.

Sohin vermag § 311 Abs. 3 S. 1 BGB nach jetzigem Stand keinen Anknüpfungspunkt für die eingangs aufgeworfene These zu bieten.

Gleichwohl ist es der Rechtsprechung und Literatur nicht verwehrt, die Fallgruppe des wirtschaftlichen Interesses insoweit zu erweitern, als dass auch der wirtschaftliche Gesamtzweck des Vertragspartners zu Pflichten eines Dritten führen kann, der seinerseits mit dem Interessenträger rechtlich verbunden ist.

Geltungsgrund hierfür könnte der Schutz des Versicherungsnehmers sein.[1028] Das Ineinandergreifen der unterschiedlichen Versicherungsverträge ist essenzielle Voraussetzung dafür, dass der Versicherungsnehmer eine Leistung aus den Exzedentenverträgen erhält, die er auch tatsächlich nutzen kann. Wie bereits gezeigt,[1029] geht es bei den hier behandelten neuralgischen Punkten der Layerdeckung auch darum, dass der Versicherungsnehmer die ihm versprochene Leistung erhält. Da es sich bei Layerdeckungen aber um besonders komplexe Versicherungsprodukte handelt,[1030] hat der Versicherungsnehmer auf das Zusammenspiel der Deckungen nicht

[1028] Ob neue Fallgruppen der aus § 311 Abs. 3 S. 2 vergleichbar sein müssen ist strittig, dafür *Sutschet*, in: FS Ehmann, 2005, S. 95, 115; dagegen *Blenske*, in: Frankfurter Handbuch zum neuen Schuldrecht, C. Rn. 55; offen *Keller*, Schuldverhältnis und Rechtskreisöffnung, S. 211. Dies würde den Verbraucherschutzgedanken zulasten der Frage der Rechtskreiseröffnung in den Hintergrund treten lassen.

[1029] S. 202 f., 219 ff.

[1030] S. 3.

immer einen Einfluss. Hinzu tritt die strukturelle Unterlegenheit des Versicherungsnehmers in versicherungstechnischen Fragen.[1031] Diese Umstände lassen den Versicherungsnehmer schutzwürdig erscheinen. Im Gegensatz dazu erscheint die Belastung der Versicherer eher gering. Die Verpflichtung der gegenseitigen Rücksichtnahme, freilich ohne die eigenen Interessen völlig hintanzustellen, ist den Versicherungsunternehmen zumutbar und auch, angesichts der Erfahrungen aus der Mitversicherung,[1032] möglich. Hinzu tritt, dies haben die Ausführungen bis hierhin gezeigt, dass auch die Versicherer selbst ein Interesse an einem Zusammenwirken haben können.[1033]

Das besondere Element, das die Entstehung eines Drittschuldverhältnisses zum Gegenstand haben kann, könnte die Verflechtung der Versicherungsbedingungen und -leistungen sein. Legt man den Fokus auf die Versicherungsleistung als Ersatz für einen beim Versicherungsnehmer eingetretenen einheitlichen Schaden, und ähneln sich die Verträge aufgrund einer weit überwiegenden Inbezugnahme der Deckungen durch nachfolgende Versicherer, erscheint die Knüpfung eines schuldrechtlichen Bandes zwischen den Versicherern nicht allzu fernliegend, zumal die Unternehmen sich einen Versicherungsnehmer „teilen". Es entstünde dann ein Dreiecksverhältnis.

Neben den Versicherungsnehmerschutz als Geltungsgrund, kann also eine intensive tatsächliche, rechtliche und wirtschaftliche Verflechtung der Versicherungsverträge das auslösende Moment für die Geltung von Nebenpflichten mit Vorbild nach §§ 311 Abs. 3, 241 Abs. 2 BGB sein. Dabei ist nicht erforderlich, dass der Versicherungsnehmer die Leistung auch als *eine* Leistung wahrnimmt oder der jeweils andere Versicherer Quasi-Partei des Grund- bzw. Exzedentenvertrages wird.

[1031] *Armbrüster*, in: Prölss/Martin, VVG, Einl. Rn. 246; vgl. auch zur Überlegenheit des Versicherers in der Berufsunfähigkeitsversicherung LG Dortmund, Urt. v. 2.4.2015 – 2 O 275/11, VersR 2016, 980, 981.

[1032] S. bspw. zur Ausübung von Gestaltungsrechten *Schaloske*, Mitversicherung, S. 107 ff.

[1033] S. dazu bereits S. 176.

Gegen die Schaffung einer neuen Fallgruppe spricht auf der anderen Seite insbesondere, dass die Exzedentenversicherung vornehmlich in der Industrieversicherung Anwendung findet und die typischen Versicherungsnehmer daher geschäftserfahren und weniger schützenswert sind. Hinzu tritt die aufgezeigte[1034] regelmäßige Vertretung der Versicherungsnehmer durch Industriemakler, wodurch sie eigenen Sachverstand in Versicherungsangelegenheiten haben. Hierdurch wird der Aspekt der Schutzwürdigkeit, jedenfalls im aktuellen Anwendungsbereich der Exzedentendeckung, relativiert.

Entscheidend hinzu tritt, dass der Versicherungsnehmer aus der fehlenden Verbundenheit der Versicherer auch Vorteile, insbesondere Prämienersparnisse ziehen kann. Insofern ist der Einsatz der Exzedentendeckung, auch vor dem Hintergrund des erörterten Sachverstandes des Versicherungsmaklers, eine bewusste Wahl des Versicherungsnehmers. Die besonderen Umstände des Einsatzes verschiedener Versicherungsunternehmen kommt dem Versicherungsnehmer daher teilweise auch zugute, was gegen die Annahme einer neuen Fallgruppe des § 311 Abs. 3 S. 1 BGB spricht.

F. Besonderheit bei mehrmaligem Auftreten des Versicherers im Exzedententurm

Gerade in großen koordinierten Programmen ist es häufig der Fall, dass die beteiligten Versicherer auf mehreren Layern in unterschiedlicher Position vertreten sind. Hierbei schließt der Versicherungsnehmer mit dem betreffenden Versicherer gesonderte Versicherungsverträge für jede Layerbeteiligung.[1035]

Dies wirft die Frage auf, ob dieser faktischen Verbindung verschiedener Versicherungsverträge durch dieselben Parteien auf unterschiedlichen Layern auch eine rechtliche Verbindung folgt.

[1034] S. 34 ff.

[1035] S. oben S. 3.

I. Meinungsstand

Thürmann vertritt in diesem Zusammenhang, dass aus einer vertraglichen Nebenpflicht folgt, dass der Versicherer sich auf den unterschiedlichen Layern nicht widersprüchlich verhalten dürfe.[1036] Hiermit dürfte eine Pflicht nach § 241 Abs. 2 BGB oder § 242 BGB gemeint sein.[1037]

Demgegenüber sind die Layer nach *Schnepp* streng voneinander zu trennen, auch wenn die selbe juristische Person – und auch die selbe Versicherungsnehmerin – als Partei auftritt.[1038]

II. Stellungnahme

Der maßgebliche Vorwurf, den der Versicherungsnehmer seinem in mehreren Layern auftretenden Vertragspartner machen kann, ist die unterschiedliche Beurteilung von Tatsachen oder eine abweichende Rechtsansicht bezüglich desselben Sachverhalts aber unterschiedlicher Verträge.[1039] Angesprochen ist damit die besondere Fallgruppe der Inkonsistenz innerhalb des Verbots rechtsmissbräuchlichen Verhaltens (*venire contra factum proprium*).[1040]

Im Einzelfall kann früheres Verhalten, das für sich nicht zu missbilligen ist, die spätere Rechtsausübung unzulässig machen, wenn sich das Gesamtbild eines widersprüchlichen Verhaltens ergibt und die Interessen der Gegenpartei im Hinblick darauf als vorrangig schutzwürdig erscheinen.[1041] Maßgeblich für die Unzulässigkeit kann ein unauflösbarer Widerspruch des Verhaltens oder ein ge-

---

[1036] *Thürmann*, in: FS Hamburger Seminar, 2016, S. 505, 510.

[1037] *Henning*, Exzedentenversicherung, S. 108; jedenfalls für das *venire contra factum proprium* ist heute anerkannt, dass es sich um eine Fallgruppe von Treu und Glauben aus § 242 BGB handelt, s. *Guski*, Rechtsmissbrauch als Paradoxie, S. 214 f.; *Wieling*, AcP 176 (1976), 334.

[1038] *Schnepp*, in: Bruck/Möller, VVG, Anh. § 216 Rn. 16.

[1039] *Henning*, Exzedentenversicherung, S. 107.

[1040] *Dette*, Venire contra factum, S. 36; *Schubert*, in: MünchKomm BGB, § 242 Rn. 356 ff.; ähnlich *Sutschet*, in: BeckOK BGB, Stand:1.11.2021, § 242 Rn. 135.

[1041] BGH, Urt. v. 16.7.2014 – IV ZR 88/13, BGHZ 202, 122 = NJW 2014, 3030 Rn. 25; *Schubert*, in: MünchKomm BGB, § 242 Rn. 314.

schaffener Vertrauenstatbestand sein, wobei beide Aspekte häufig zusammenfallen.[1042]

Insofern ist widersprüchliches Verhalten, insbesondere in der Änderung von Rechtsansichten, von der Rechtsordnung grundsätzlich toleriert.[1043] Es bedarf daher stets kumulativ der Enttäuschung eines geschaffenen Vertrauenstatbestandes.[1044] Auf der anderen Seite knüpft die Fallgruppe dennoch maßgeblich an das Auftreten des Berechtigten an, dessen Rechtsposition versagt wird, weil er sie nicht ohne Paradoxie oder selbstwidersprüchliche Kommunikation vertreten kann.[1045]

Im Speziellen ist die Änderung von Rechtsansichten grundsätzlich nicht rechtsmissbräuchlich.[1046] Dabei steht es den Parteien sogar frei, sich auf die Unwirksamkeit der eigenen Erklärung zu berufen oder das unter eigener Beteiligung zustande gekommene Geschäft anzugreifen.[1047] Für das Verdikt des Rechtsmissbrauchs muss auch hier hinzutreten, dass bei der Gegenseite ein besonderer Vertrauenstatbestand geschaffen wurde oder dass andere besondere Umstände die Rechtsansichtsänderung als treuwidrig erscheinen lassen.[1048] Dies kann dann der Fall sein, wenn die Vorteile aus dem Vertrag gezogen werden um sich sodann auf die Unwirksamkeit zu berufen um den korrespondierenden Nachteilen zu entgehen.[1049]

1042 BGH, Urt. v. 4.2.2015 – VIII ZR 154/14, BGHZ 204, 145 = NJW 2015, 1087 Rn. 24; *Singer*, Widersprüchliches Verhalten, S. 6, 14; *Schubert*, in: MünchKomm BGB, § 242 Rn. 314.

1043 BGH, Urt. v. 17.2.2005 – III ZR 172/04, NJW 2005, 1354, 1356; *Dette*, Venire contra factum, S. 38; *Kähler*, in: BeckOGK, BGB, Stand: 1.8.2021, § 242 Rn. 1202 f.; *Böttcher*, in: Erman, BGB, § 242 Rn. 106.

1044 BGH, Urt. v. 9.5.1960 – III ZR 32/59, BGHZ 32, 273 = NJW 1960, 1522, 1524; Urt. v. 16.7.2014 – IV ZR 88/13, BGHZ 202, 122 = NJW 2014, 3030 Rn. 25; *Böttcher*, in: Erman, BGB, § 242 Rn. 106.

1045 *Guski*, Rechtsmissbrauch als Paradoxie, S. 204, 215, 221.

1046 BGH, Urt. v. 7.4.1983 – IX ZR 24/82, BGHZ 87, 169 = NJW 1983, 2073, 2075; Urt. v. 5.6.1997 – X ZR 73/95, NJW 1997, 3377, 3379 f.; *Schubert*, in: MünchKomm BGB, § 242 Rn. 356.

1047 BGH, Urt. v. 5.6.1997 – X ZR 73/95, NJW 1997, 3377, 3379.

1048 BGH, Urt. v. 5.6.1997 – X ZR 73/95, NJW 1997, 3377, 3380, s. auch BGH, Urt. v. 23.9.1982 – VII ZR 183/80, BGHZ 85, 39 = NJW 1983, 109, 111; Urt. v. 20.7.2012 – V ZR 217/11, NJW 2012, 3424 Rn. 16.

1049 BGH, Urt. v. 1.2.2007 – III ZR 126/06, NJW-RR 2007, 710 Rn. 13, Beschl. v. 17.9.2013 – II ZR 120/12, BeckRS 2013, 21140 Rn. 11; zweifelhaft dagegen die Entscheidung BGH, Urt. v. 1.2.2007 – III ZR 281/05, NJW 2007, 1130 Rn. 13 ff.; *Schubert*, in: MünchKomm BGB, § 242 Rn. 358, 360.

Ist die Änderung einer Rechtsansicht grundsätzlich zulässig, so kommt es darauf an, ob ein Vertrauen des Versicherungsnehmers auf die Konsistenz des Verhaltens des Versicherers in unterschiedlichen Layern schutzwürdig ist, oder ob andere Gesichtspunkte das deckungsablehnende Verhalten des Versicherers treuwidrig erscheinen lassen.

Leistet der Primary beispielsweise aufgrund eines eingetretenen Versicherungsfalls, so könnte der Versicherungsnehmer darauf vertrauen, dass derselbe Versicherer auch im darauffolgenden Layer den eingetretenen Schaden ersetzt.

Dies betrifft zunächst nur Fälle, die auf Ebene der Grunddeckung und der Exzedentendeckung vergleichbar entschieden werden könnten. Dies setzt voraus, dass die Verträge hinsichtlich der materiell gedeckten Tatbestände in den wesentlichen Punkten identisch sein müssen. Der Versicherungsnehmer kann diese gleiche Beurteilung der tatsächlichen Umstände also regelmäßig nur erwarten, soweit der Exzedentenlayer bezüglich des Versicherungsfalls auch following-form gezeichnet ist bzw. keine Abweichungen in der Risikobeschreibung bestehen.

Zudem darf der Versicherer seine geänderte Auffassung nicht mit den Besonderheiten der Exzedentendeckung begründen. Bringt er beispielsweise vor, dass die Grunddeckung aus Sicht des nun leistungspflichten Layers nicht ausgeschöpft ist, weil ein Ausschöpfungstatbestand nicht erfüllt ist und verweigert er deshalb die Leistung, so enttäuscht diese Entscheidung kein Vertrauen des Versicherungsnehmers, der nicht erwarten kann, dass auch bei unterschiedlichen Entscheidungsgrundlagen dieselben rechtlichen Positionen vertreten werden.

Der Vertrauenstatbestand des Versicherungsnehmers lässt sich zudem nicht schon daraus herleiten, dass der Versicherer bei der ersten Inanspruchnahme auf der Grunddeckung deutlich gemacht hat, dass dem Versicherungsnehmer der geltend gemachte Anspruch zusteht, indem er seine Versicherungssumme auszahlte. Die Auslegung einer rechtlichen Regelung, also die Anerkennung der Leistungspflicht auf Grundlage der Versicherungsbedingungen, begründet einen solchen Vertrauenstatbestand nämlich nur, wenn diese über einen längeren Zeitraum bestand und der andere Teil sich hierauf eingerichtet hat.[1050] Es dürfte daher schon fraglich sein, ob die erste Entscheidung des Versicherers überhaupt einen entsprechenden Vertrauenstatbestand auf Seiten des Versicherungsnehmers begründet. Steht dem Versicherer zudem die Möglichkeit offen, hinsichtlich der Durchführung eines Rechtsgeschäfts seine Auffassung zu ändern, so muss dies erst recht gelten, wenn zwei voneinander rechtlich abstrakte Verträge betroffen sind.[1051]

Diesem Ergebnis stehen auch nicht die überwiegenden Interessen des Versicherungsnehmers entgegen. Denn die erste Leistung, die ihm gewährt wurde und die sein Vertrauen begründet hat, darf er auch behalten, und sie wird ihm durch eine Änderung der Auffassung auf der Exzedentenebene nicht genommen.[1052] Lediglich eine zusätzliche Leistung wird ihm verwehrt.

Es handelt sich hierbei auch nicht um den Fall der Deckungszusage des Versicherers, die ihm eine spätere Deckungsablehnung verwehrt.[1053] Denn in diesem Fall geht es um die Zusage des Versicherers in diesem konkreten Falle – und dazu gehört auch der jeweils konkrete Vertrag – eine Leistung zu erbringen. Die tatsächliche Leistungserbringung in einem Vertrag enthält aber nicht auch gleichzeitig die Zusage, auch eine Leistung in einem anderen Schuldverhältnis zu erbringen, erst recht nicht, wenn es sich dabei um einen anderen Bereich des Vermögensinteresses des Versicherungsnehmers handelt.

Dennoch kann es andere Gründe geben, aufgrund derer der Versicherer an der späteren Leistungsablehnung gehindert sein kann. Dies betrifft die Fälle, in denen seine spätere Leistungsablehnung auf sein eigenes Verhalten zurückzuführen ist. So kann er bei der

---

1050 *Grüneberg*, in: Grüneberg, BGB, § 242 Rn. 57.

1051 A.A. *Henning*, Exzedentenversicherung, S. 111 mit Verweis auf § 273 BGB.

1052 Bei Fehlen einer sog. Vertrauensdisposition geht *Dette*, Venire contra factum, S. 64 sogar von einer grundsätzlichen Unanwendbarkeit des § 242 BGB aus, dies dürfte aber zu weit gehen, s. *Böttcher*, in: Erman, BGB, § 242 Rn. 106; i. Erg. genauso *Henning*, Exzedentenversicherung, S. 111.

1053 OLG Düsseldorf, Urt. v. 26.9.1995 – 4 U 145/94, NJW-RR 1996, 1371, 1372; *Diller*, AVB-RSW, § 5 Rn. 70; dem liegt im Kern der Gedanke missbräuchlichen Verhaltens zugrunde.

späteren Leistungsbeurteilung nicht damit gehört werden, dass seine Leistungspflicht nur deshalb ausgelöst wurde, weil im vorgehenden Layer bspw. eine objektiv unvertretbare Weisung an den Versicherungsnehmer erfolgte, die den eingetretenen Schaden vergrößert hat. Insofern trifft der Vorwurf rechtsmissbräuchlichen Verhaltens immer dann zu, wenn der Versicherer in einem späteren Layer seine Leistungspflicht aufgrund eines Verhaltens des vorangegangenen Versicherers, also seiner selbst, ablehnt. In diesem Falle moniert der Versicherer einen Umstand den er selbst herbeigeführt hat, und verhält sich so paradox, dass auch unabhängig eines Vertrauensschutzes des Versicherungsnehmers das Verhalten treuwidrig erscheint, weil er die wirtschaftlichen Folgen seines Verhaltens nicht zu tragen bereit ist.[1054]

Zudem liegt in einer unterschiedlichen Beurteilung des identischen Sachverhaltes regelmäßig die Enttäuschung von Vertrauen auf Seiten des Versicherungsnehmers. Insofern kann der Versicherer zwar seine Rechtsansicht ändern, nicht aber die Beurteilung des Sachverhaltes, solange sich keine neuen, erheblichen Tatsachen offenbart haben. Hat sich die Sach- und Rechtslage allerdings wesentlich verändert, liegt schon nach den allgemeinen Grundsätzen des rechtsmissbräuchlichen Verhaltens kein Selbstwiderspruch vor.

Hingegen setzt der Versicherer sich nicht in Widerspruch zu einer vorherigen Leistung, wenn er sich nunmehr auf einen Ausschlussgrund im Vertrag, der abseits seines Verhaltens erfüllt ist, beruft. Dies kann beispielsweise eine Obliegenheitsverletzung des Versicherungsnehmers oder eine Deckungseinwendung hinsichtlich des sachlichen Umfangs des Versicherungsschutzes sein. Dies stellt eine insoweit zulässige Änderung der Rechtsansicht dar.

[1054] Vgl. für diesen „Selbstwiderspruch ohne Vertrauensschutz“ i.R.d. *venire contra factum proprium* *Guski*, Rechtsmissbrauch als Paradoxie, S. 230 f.; zur wirtschaftlichen Konsistenz des Verhaltens *Kähler*, in: BeckOGK, BGB, Stand: 1.8.2021, § 242 Rn. 1207.

III. Pflicht aus § 241 Abs. 2 BGB

Es erscheint jedoch lohnenswert, den eingangs genannten Gedanken von *Thürmann* auch im Hinblick auf die Pflichten nach § 241 Abs. 2 BGB aufzugreifen. Unter diesem Aspekt stellt sich die Frage, ob sich aus diesen Rücksichtnahmepflichten das Gebot konsistenten Verhaltens auch in einem anderen Vertrag herleiten lässt.

Zunächst ist hier wiederum die Relativität der Schuldverhältnisse zu betonen. § 241 Abs. 2 BGB nimmt auf das Schuldverhältnis im weiteren Sinne, also das gesamte schuldrechtliche Rechtsverhältnis, aus dem regelmäßig eine Vielzahl von Forderungsrechten entstehen können, Bezug.[1055] Gemeint ist hiermit aber immer nur das Rechtsverhältnis auf Grundlage einer schuldrechtlichen Verbindung, also eines Vertrages.[1056] Insoweit entstehen aus § 241 Abs. 2 BGB im Grundsatz keine Pflichten für einen anderen – zeitlich oder sachlich nachfolgenden – Vertrag. Für diesen gilt seinerseits § 241 Abs. 2 BGB.

Dennoch kennt das Gesetz auch Nebenpflichten, die nach Erfüllung der Hauptleistungspflichten oder gar nach Beendigung des gesamten Vertrages zu erfüllen sind.[1057] Diese sog. nachfolgenden Nebenpflichten enthalten, insbesondere in Dauerschuldverhältnissen aufgrund der ihnen innewohnenden besonderen Vertrauensbeziehung, die Pflicht der Parteien, den durch den Leistungsaustausch herbeigeführten Zweck nicht durch ihr nachvertragliches Verhalten zu vereiteln.[1058] Diese Pflicht kann unter Umständen sogar einen Dritten treffen, der mit einer Partei in besonderer Verbindung steht. Er soll zwar nicht dazu berufen sein, zum Gelingen des Geschäfts beizutragen, dennoch darf er den Geschäftszweck auch nicht vereiteln.[1059]

[1055] *Bachmann*, in: MünchKomm BGB, § 241 Rn. 4.

[1056] S. *Larenz*, Lehrbuch des Schuldrechts, S. 141 f.

[1057] *Bachmann*, in: MünchKomm BGB, § 241 Rn. 109.

[1058] *Bachmann*, in: MünchKomm BGB, § 241 Rn. 109.

[1059] BGH, Urt. v. 17.9.1954 – V ZR 32/53, BGHZ 14, 313 = NJW 1954, 1925, 1927 (betr. Ehemann einer Partei); *Sutschet*, in: BeckOK BGB, Stand:1.11.2021, § 241 Rn. 71.

Allerdings ist der Geschäftszweck des zunächst in Anspruch genommenen Vertrages, nämlich die Abwicklung des Versicherungsfalles, bereits erfüllt, wenn der nachfolgende Vertrag angesprochen ist. Eine nachwirkende Schutzpflicht, die darauf gerichtet ist, die Versicherungsleistung, die der Versicherungsnehmer aus dem früher ausgelösten Vertrag beanspruchen konnte, nicht wieder zu entziehen, ist hier nicht berührt. Vielmehr soll es darum gehen, eine weitere Vermögensposition zu gewähren.

Ein anderes Bild könnte der Blick auf Sinn und Zweck der Regelung gewähren. Denn die nachfolgenden Nebenpflichten gründen sich, in Verlängerung der allgemeinen Regeln zu Nebenpflichten, auf die gesteigerte soziale Einwirkungsmöglichkeit auf die Interessen des Vertragspartners.[1060] Diese Einwirkungsmöglichkeit fällt grundsätzlich nach Beendigung des Vertrages weg, sodass spätestens dann auch keine Nebenpflichten mehr bestehen.[1061] Dies ist aber gerade bei der Layerdeckung anders. Denn die soziale Einwirkungsmöglichkeit setzt sich hier im Rahmen eines anderen Schuldverhältnisses – das des nachfolgenden Vertrages – fort. Unter diesem Gesichtspunkt könnte argumentiert werden, dass die vertraglichen Nebenpflichten aus dem ersten Vertrag so lange fortwirken, wie die Parteien noch auf ihre gegenseitigen Interessen einwirken können, also bis zur Beendigung des letzten gemeinsamen Vertrages.

Dies erscheint jedoch zu weit gefasst. Schon die grundsätzliche Relativität auch dieser Schuldverhältnisse steht dieser Deutung des bloßen sozialen Kontakts entgegen. Hinzu tritt, dass bei diesem Verständnis, die Nebenpflicht aus dem ersten Vertrag, also der Erhalt eines etwaig geschaffenen Vertrauenstatbestandes, die Hauptleistungspflicht des Versicherers in einem anderen Vertrag determinieren soll und ihm hierbei jede Form der Reaktion auf externe Ereignisse abschneidet.

1060 *Bar*, AcP 1979, 452, 468; allgemein *Bachmann*, in: MünchKomm BGB, § 241 Rn. 48; i. Erg. ebenso *Herresthal*, in: GS Unberath, 2015, S. 179, 195 f, 199.

1061 *Bar*, AcP 1979, 452, 467.

Bereits anhand des zu § 242 BGB Gesagten darf der Versicherungsnehmer nicht auf diese Konsistenz des Verhaltens des Versicherers vertrauen.

Letztlich ergeben sich auch schwierig aufzulösende Überschneidungen zu den Pflichten aus § 241 Abs. 2 BGB des nachfolgenden Vertrages. Denn auch dort treffen den Versicherer Nebenpflichten, insofern mag es einer Fortwirkung früherer Nebenpflichten gar nicht bedürfen.

Hiermit ist die Frage angesprochen, ob sich nicht aus den Nebenpflichten nach § 241 Abs. 2 BGB des nachfolgenden Vertrages ergibt, dass der Versicherer bei gleicher Tatsachenlage nicht von seiner ursprünglich vertretenen Rechtsauffassung abweicht. Es kommt daher darauf an, ob sich ein Interesse des Versicherungsnehmers daran finden lässt, dass sich sein Vertragspartner nicht in Widerspruch zu dem eigenen Vorverhalten begibt. Sofern ein solches anerkannt werden kann, geht es jedoch nicht weiter als das Vertrauen, das auch den Ausgangspunkt von § 242 BGB darstellt. Da – wie bereits dargelegt – der Versicherungsnehmer mangels gesonderter Vermögenseinbuße kein insoweit schützenswertes Vertrauen auf die Konsistenz der Rechtsansicht des Versicherers geltend machen kann[1062], kann er nur auf die Einhaltung des allgemeinen Gebots widersprüchlichen Verhaltens aus § 242 BGB vertrauen. Aus § 241 Abs. 2 BGB kann also kein abweichendes Ergebnis folgen.[1063]

IV. Ergebnis

Auch wenn der Versicherer, wie bei großen Exzedententürmen üblich, in mehreren Layern auftritt, ist er nicht grundsätzlich an sein erstes Verhalten, also das im Rahmen der frühesten Inanspruchnahme seiner Leistungspflicht, gebunden. Die Anerkennung einer Leistungspflicht auf einem ersten Layer oder der Grunddeckung

---

1062 S. 267 ff.

1063 I. Erg. ebenso *Henning*, Exzedentenversicherung, S. 108 f., der dies mit der fehlenden Abgrenzbarkeit von § 241 Abs. 2 BGB und § 242 BGB begründet.

führt daher nicht ohne weiteres auch dazu, dass er sich im Rahmen eines anderen Vertrages, der denselben Sachverhalt betrifft, nicht gegen das Leistungsbegehren des Versicherungsnehmers stellen könnte.

Gleichwohl kann dies im Einzelfall anders sein. Das Verdikt des Rechtsmissbrauchs kann sich insbesondere darin niederschlagen, dass der Versicherer seine Leistungspflicht mit Verweis auf die vorhergehende (eigene) Zahlung ablehnt. Dieses Auftreten stellt nicht die bloße Änderung einer Rechtsansicht dar, sondern begründet einen darüberhinausgehenden Treueverstoß, der den Einwand des *venire contra factum proprium* begründet.

G. Gesamtergebnis

Die vorstehende Untersuchung hat vor allem eines gezeigt: Das Verhalten eines Versicherers eines Exzedententurms hat in tatsächlicher und wirtschaftlicher Hinsicht erhebliche Auswirkungen auf die übrigen beteiligten Versicherer. Dennoch ist es schwierig, eine rechtliche Beziehung zwischen den Risikoträgern anzunehmen.

Zwar hat die Vertragsauslegung gezeigt, dass in gewissen Situationen die Pflicht des Exzedenten bestehen kann, das Gelingen der Layerdeckung zu fördern. Es handelt sich aber um eine solche, die er gegenüber seinem Vertragspartner, dem Versicherungsnehmer, zu erfüllen hat. Der vorgehende Versicherer in der Layerdeckung ist hierdurch nur reflexhaft geschützt.

Ähnlich verhält es sich auch mit den Grundsätzen des Vertrages mit Schutzwirkung für Dritte. Zwar können die Versicherer sich hier untereinander schadensersatzpflichtig machen, soweit sie die Interessen der übrigen Risikoträger schuldhaft verletzen. Allerdings steht auch dieser Schadensersatzanspruch unter erheblichen Vorbehalten. Eine einklagbare Rücksichtnahmepflicht zwischen den Versicherern, die dem Versicherungsnehmer zugutekäme, lässt sich aber nicht herleiten.

§ 5 Schluss

A. Zusammenfassung der wesentlichen Ergebnisse in Thesen

Wesentliche Ergebnisse der gesamten Untersuchung lassen sich in Thesen wie folgt zusammenfassen:

1) Layerdeckungen lassen sich im Grundsatz in kapazitätsgebende und koordinierte Programme unterscheiden. Es handelt sich hierbei um die Extrempunkte der Vertragsgestaltungen. In der Praxis enthält die weit überwiegende Zahl der Layerversicherungen Elemente beider Gestaltungsformen (S. 23 ff.).

2) Der Versicherungsnehmer schließt mit jedem beteiligten Versicherer einen selbstständigen Versicherungsvertrag. Bedeutsame Abreden, die der Exzedentendeckung ihr typisches Gepräge geben, sind sog. Attachment-point Vereinbarungen und sog. Following-form Abreden (S. 79 ff.).

3) Attachment-point Vereinbarungen lassen sich in Summendifferenz- und Summenausschöpfungsabreden unterscheiden. Beiden wohnen zwei Aussagen inne. Zum einen definieren sie einen summenmäßigen Betrag, den der eingetretene versicherte Schaden übersteigen muss und zum anderen muss die vorgehende Versicherung ausgeschöpft sein. Erst bei kumulativem Vorliegen der Voraussetzungen ist der Exzedentenversicherer zur Leistung verpflichtet (S. 80 ff.).

4) Legt die Attachment-point Vereinbarung selbst keine Ausschöpfungstatbestände fest, so entspricht es regelmäßig einer interessengerechten Auslegung, dass im Zweifel nur solche Situationen von der Ausschöpfung erfasst sind, die einen bereits entstandenen Anspruch des Versicherungsnehmers zum Erlöschen bringen (S. 83 ff.).

5) Following-form Vereinbarungen können in statische und dynamische Verweisungen unterteilt werden. Im Zweifel ist bei diesen Bezugnahmeklauseln in Layerdeckungen von einer statischen Verweisung auszugehen (S. 130 ff.).

6) Following-form Vereinbarungen stellen eine abgekürzte Vereinbarung über das Bezugnahmeobjekt dar. Das Bezugnahmeobjekt wird in den bezugnehmenden Vertrag textlich übernommen. Die Auslegung erfolgt daher an dem Maßstab, der für die Exzedentendeckung maßgeblich ist. So kann ein interessengerechter Umgang mit Abreden des Grundversicherungsvertrages, die denen des Exzedentenversicherungsvertrags widersprechen oder nichtig sind, erreicht werden (S. 134 ff.).

7) Layerübergreifende Führungsklauseln existieren bisher in der Praxis nicht. Für ihre Implementierung kann die Diskussion aus der Mitversicherung fruchtbar gemacht werden. Von besonderer Bedeutung sind Informations- und Auskunfts-, sowie Mitwirkungsregelungen. Um die Schadensbewältigung der Layerdeckung in der Praxis zu vereinfachen, bietet sich die Vereinbarung eines Einigungsverfahrens an (S. 180 ff.; 189 ff.).

8) Die Pflicht des Exzedentenversicherers, die Belange des vorangehenden Versicherers zu berücksichtigen, kann sich aus der Auslegung des Exzedentenversicherungsvertrages ergeben. Dies setzt voraus, dass der Vertrag eine Summendifferenzklausel enthält und weitestgehend auf die Bedingungen der vorgehenden Versicherung Bezug nimmt. Es handelt sich hierbei nicht um eine Pflicht i.S.v. § 241 Abs. 2 BGB gegenüber dem vorangehenden Versicherer, sondern um einen Teil des Leistungsversprechens des Exzedenten gegenüber seinem Versicherungsnehmer (S. 218 ff.).

9) Eine entsprechende Pflicht zur Berücksichtigung nachfolgender Versicherer lässt sich den vorgehenden Verträgen regelmäßig nicht entnehmen (S. 226 ff.).

10) Bei der Bereitstellung des Versicherungsschutzes in Layern gründen die Versicherer regelmäßig keine Gesellschaft bürgerlichen Rechts. Es fehlt am entsprechenden Rechtsbindungswillen (S. 210 ff.).

11) Exzedenten- und Grundversicherungsverträge sind keine Verträge mit Schutzwirkung für den jeweils anderen Versicherer, da es an dem tatbestandlich vorausgesetzten Schutzbedürfnis des Versicherers fehlt. Ihm steht regelmäßig ein gleichwertiger Schadensersatzanspruch aus übergegangenem Recht zu (S. 233 ff.).

12) Weder Grundversicherungs- noch Exzedentenversicherungsvertrag sind ein drittwirkendes Schuldverhältnis i.S.v. § 311 Abs. 3 S. 1 BGB (S. 247 ff.). Die Norm böte aber einen Anknüpfungspunkt, um ein unmittelbares schuldrechtliches Band zwischen den Versicherern zu knüpfen, das Nebenpflichten i.S.v. § 241 Abs. 2 BGB zum Gegenstand hat (S. 262 ff.).

13) Tritt ein Versicherer auf mehreren Layern auf, kann auch ihm grundsätzlich der Einwand widersprüchlichen Verhaltens im Rahmen der §§ 242, 241 Abs. 2 BGB entgegengehalten werden. Der besonders bedeutsame Fall der späteren Leistungsablehnung kann aber eine zulässige Änderung der Rechtsauffassung sein (S. 264 ff.).

B. Ausblick

Im Rahmen der vorliegenden Untersuchung hat sich gezeigt, dass viele Unsicherheiten im Umgang mit der Layerdeckung durch eine interessengerechte Auslegung der Programmklauseln unter Berücksichtigung des erkennbaren Zwecks einer Anschlussversicherung beseitigt werden können.[1064] Gerade im Rahmen der besonders konfliktträchtigten Ausschöpfungstatbestände der Attachment-point Vereinbarungen können auf diese Weise sachgerechte Ergebnisse erzielt werden. Dies betrifft insbesondere Sachverhalts-

[1064] S. 79 ff.

konstellationen – genannt seien beispielsweise Vergleiche auf Ebene der Grunddeckung –, die dazu führen, dass der von den Parteien bei Abschluss des Vertrages vorgestellte Schadensverlauf entlang der Layerdeckung gestört wird.

Dennoch kann der Versicherungsnehmer einer Exzedentendeckung durch ihre Komplexität erhebliche Gefahr laufen, die von ihm erwartete Auszahlung der vollständigen Versicherungssumme nicht zu erhalten. Das vielschichte Zusammenspiel der Versicherungsverträge und die teilweise entgegenläufigen Interessen der Beteiligten bergen daher gerade für den Versicherungsnehmer das Risiko, eine nur unzureichende Leistung aus seinen Versicherungen zu erlangen. Dieser Gefahr könnte durch ein gesetzgeberisches Eingreifen in der Weise verringert werden, dass durch das Einfügen spezieller Vorschriften innerhalb des VVG das Zusammenspiel der zu einer Layerdeckung gefassten Versicherungen verbessert würde, um so Auseinandersetzungen zwischen den Beteiligten im Schadensfall unwahrscheinlicher erscheinen zu lassen. Gegen diese Lösung spricht allerdings entscheidend, dass der Versicherungsnehmer einer Layerdeckung in aller Regel geschäftskundig ist und die Risiken der Exzedentenversicherung zu erkennen vermag und sie aus Gründen der Prämienreduktion gleichwohl in Kauf nimmt. Berücksichtigt man zudem die üblicherweise fachkundige Beratung durch einen Makler, der häufig eigene Wordings in den Exzedententurm einführt, erscheint der Versicherungsnehmer umso weniger schützenswert. Da das VVG indes vorrangig dem Schutz des Versicherungsnehmers gilt, scheinen Vorschriften, die das Zusammenspiel der Exzedenten- und Grundversicherungsverträge ausgestalten, nicht in seine Systematik zu passen.

Dieser Befund bedeutet jedoch keinesfalls, dass der Versicherungsnehmer der angesprochenen Gefahr schutzlos ausgeliefert wäre. Vielmehr kann die Lösung über das Vertragsrecht der Exzedentenversicherung gefunden werden. Die Geschäftserfahrenheit des Versicherungsnehmers und seine Beratung durch einen Makler bedeuten auch, dass er im Vergleich zu einem Verbraucher-Versicherungsnehmer eine stärkere Verhandlungsposition innehat. Diese kann er nutzen, um auf die allzu häufig noch wortkargen Vertragswerke der Exzedentenversicherung[1065] Einfluss zu nehmen, sodass klare Regelungen zu Rechten und Pflichten der Vertragsparteien aufgenommen werden. Einige beispielhafte Vereinbarungen konnte diese Untersuchung bereits aufzeigen.[1066] So erscheinen einerseits Abreden erforderlich, die den Pflichtenumfang des Versicherungsnehmers, etwa bezüglich von Anzeige- und Mitteilungspflichten an alle Versicherer oder nur den Grundversicherer, regeln. Die hierdurch gewonnene Klarheit kommt dem Versicherungsnehmer und seinem vertragsverwaltenden Makler unmittelbar zugute. Andererseits können auch spezielle Pflichten der Versicherer zur Informationsweitergabe, Abstimmungen bei Vertragsverlängerungen oder im Schadensfall oder der Führung des gesamten Exzedententurmes vereinbart werden. Hierdurch kann die Gefahr eines langwierigen „Mehrfrontenkriegs“[1067] mit unklarem Ausgang begrenzt werden.

Die transparente und rechtssichere Handhabung der Vertragstechnik der Exzedentenversicherung liegt damit in der Hand der Parteien: Sie sind aufgefordert, von ihrer Privatuatonomie Gebrauch zu machen.

[1065] S. 4.

[1066] S. 77 ff., 145 ff.

[1067] S. 30.

Literaturverzeichnis

Alexander, Martin/Böhmer, Jendrik: Anmerkungen zu OLG München, Beschl. v. 7. Januar 2019 - 25 U 2750/18, VersR 2020, 545–547.

Anschlag, Marc/Bauer, Gertraut/Baumann, Frank (Hrsg.): Münchener Anwaltshandbuch Versicherungsrecht, 4. Aufl. München 2017 (zitiert: *Bearbeiter,* in: MAH VersR).

Armbrust, Dieter: Subsidiaritätsabreden in Versicherungsverträgen, Diss. Hamburg 1991 (zitiert: *Armbrust,* Subsidiaritätsabreden).

Armbrüster, Christian: Das Alles-oder-nichts-Prinzip im Privatversicherungsrecht – Zugleich ein Beitrag zur Reform des VVG, Karlsruhe 2003 (zitiert: *Armbrüster*, Das Alles-oder-nichts-Prinzip).

ders., Vertragliche Haftung für Drittschäden - quo vadis Helvetia? in: Bucher, Eugen/ Canaris, Claus-Wilhelm/Honsell, Heinrich/Koller, Thomas (Hrsg.), Norm und Wirkung: Beiträge zum Privat- und Wirtschaftsrecht aus heutiger und historischer Perspektive, Festschrift für Wolfgang Wiegand zum 65. Geburtstag, Bern u.a. 2005, S. 71–92 ff. (zitiert: *Armbrüster* in: FS Wiegand, 2005).

ders., AGB-Kontrolle der Leistungsbeschreibung in Versicherungsverträgen – Neues vom EuGH?, NJW 2015, 1788–1791.

ders., Interessenkonflikte in der D&O-Versicherung, NJW 2016, 897–901.

ders., AGB-Kontrolle im unternehmerischen Geschäftsverkehr, NZA-Beil. 2019, 44 – 52.

ders., Privatversicherungsrecht, 2. Aufl. Tübingen 2019 (zitiert: *Armbrüster*, Privatversicherungsrecht).

ders., Inhaltskontrolle von D&O-Klauseln – Zugleich ein Beitrag zur Leitbildkontrolle im unternehmerischen Geschäftsverkehr in: Koch, Robert/Werber, Manfred/Winter, Gerrit (Hrsg.), Der Forschung – der Lehre – der Bildung – 100 Jahre Hamburger Seminar für Versicherungswissenschaft und Versicherungswissenschaftlicher Verein in Hamburg e.V., Karlsruhe 2016, S. 313 - 332 (zitiert: *Armbrüster,* in: FS Hamburger Seminar, 2016).

Baumann, Horst: Vertrag mit Schutzwirkung zugunsten Dritter und Sachwalterhaftung im Schuldrechtsmodernisierungsgesetz: Folgerungen für eine unmittelbare Schadenersatzpflicht des Haftpflichtversicherers gegenüber dem Dritten, in: Harrer, Friedrich/Portmann, Wolfgang/Zäch, Roger (Hrsg.), Besonderes Vertragsrecht - aktuelle Probleme: Festschrift für Heinrich Honsell zum 60. Geburtstag, Zürich u.a. 2002, S. 545–565 ff. (zitiert: *Baumann* in: FS Honsell, 2002).

Baumann, Horst/Beckmann, Roland Michael/Johannsen, Katharina/Johannsen, Ralf (Hrsg.): Versicherungsvertragsgesetz, Band 1 Einführung (§§ 1–32), 9. Aufl. Berlin, Boston 2008 (zitiert: *Bearbeiter,* in: Bruck/Möller, VVG).

dies., Versicherungsvertragsgesetz, Band 2 (§§ 33–73), 9. Aufl. Berlin, Boston 2010 (zitiert: *Bearbeiter,* in: Bruck/Möller, VVG).

dies., Versicherungsvertragsgesetz, Band 3 (§§ 74–99), 9. Aufl. Berlin, Boston 2010 (zitiert: *Bearbeiter,* in: Bruck/Möller, VVG).

dies., Versicherungsvertragsgesetz, Band 11 (§§ 209–216), Mitversicherung, Internationales Versicherungsvertragsrecht, 9. Aufl. Berlin, Boston 2013 (zitiert: *Bearbeiter,* in: Bruck/Möller, VVG).

Beckmann, Roland Michael/Koch, Robert/Baumann, Horst/Johannsen, Katharina (Hrsg.): Versicherungsvertragsgesetz, Band 1: Einführung (§§ 1–18), 10. Aufl. Berlin, Boston 2021 (zitiert: *Bearbeiter,* in: Bruck/Möller, VVG, 10. Aufl. 2021).

Bruck, Ernst (Begr.): Bruck/Möller/Sieg, Kommentar zum Versicherungsvertragsgesetz und zu den Allgemeinen Versicherungsbedingungen unter Einschluß des Versicherungsvermittlerrechts, Band 2: §§ 49 -80 VVG, 8. Aufl. Berlin, New York 1980 (zitiert: *Bearbeiter*, in: Bruck/Möller, VVG, 8. Aufl. 1980).

Beckmann, Roland Michael/Matusche-Beckmann, Annemarie (Hrsg.): Versicherungsrechts-Handbuch, 3. Aufl. München 2015 (zitiert: *Bearbeiter,* in: VersR-Hdb.).

Bettermann, Karl August: Verpflichtungsermächtigung und Vertrag zu Lasten Dritter, JZ 1951, 321–326.

Bohrer, Michael: Die Haftung des Dispositionsgaranten – Ein Beitrag zur Lehre von der negativen Vertrauenshaftung, Ebelsbach am Main 1980 (zitiert: *Bohrer*, Die Haftung des Dispositionsgaranten).

Boltz, Jonas/Nowak, Thomas/Hartung, Thomas: Captives zur Absicherung von Extremrisiken? – Eine Untersuchung anhand der OIL Insurance Limited, ZVersWiss 2013, 257 – 272.

Breidenbach, Stephan/Peres, Holger: Die DIS-Mediationsordnung, SchiedsVZ 2010, 125–130.

Brinker, Ingo/Schädle, Arne: Risikostreuung durch Mitversicherung (I), VW 2003, 1318–1322.

Brinkmann, Theodor: Leistungsspektrum und Funktion des Versicherungsmaklers, in: Hamburger Gesellschaft zur Förderung des Versicherungswesens, Beiträge über den Versicherungsmakler – Ewald Lahno gewidmet, Hamburg 1993, S. 65 – 78 (zitiert: *Brinkmann*, in: Beiträge über den Versicherungsmakler, 1993).

Bruns, Alexander: Privatversicherungsrecht, München 2015 (zitiert: *Bruns*, Privatversicherungsrecht)

Bucher, Eugen: „Schuldverhältnis" des BGB: ein Terminus – drei Begriffe, in: Bucher, Eugen/Canaris, Claus-Wilhelm/Honsell, Heinrich/Koller, Thomas (Hrsg.), Norm und Wirkung: Beiträge zum Privat- und Wirtschaftsrecht aus heutiger und historischer Perspektive, Festschrift für Wolfgang Wiegand zum 65. Geburtstag, Bern u.a. 2005, S. 93–140 (zitiert: *Bucher* in: FS Wiegand, 2005).

Bürkle, Jürgen (Hrsg.): Compliance in Versicherungsunternehmen – Rechtliche Anforderungen und praktische Umsetzung, 3. Aufl. München 2020 (zitiert: *Bearbeiter*, in: Bürkle, Compliance in Versicherungsunternehmen).

Canaris, Claus-Wilhelm: Die Reform des Rechts der Leistungsstörungen, JZ 2001, 499–528.

Cullmann, Oliver: Alternativen für große Sachprogramme – Teil 1: gelayerte Versicherungsprogramme, VW 2009, 1168–1170.

Dahm, Henning: Die dogmatischen Grundlagen und tatbestandlichen Voraussetzungen des Vertrages mit Schutzwirkung für Dritte – unter besonderer Berücksichtigung des vorvertraglichen Bereichs, Diss. Münster 1988 (zitiert: *Dahm,* Grundlagen des Vertrages mit Schutzwirkung für Dritte).

Dallwig, Florian: Deckungsbegrenzungen in der Pflichtversicherung, Diss. Karlsruhe 2011 (zitiert: *Dallwig*, Deckungsbegrenzungen).

Dauner-Lieb, Barbara/Heidel, Thomas/Lepa, Manfred/Ring, Gerhard (Hrsg.): Das neue Schuldrecht in der anwaltlichen Praxis, Bonn 2002 (zitiert: *Bearbeiter,* in: Das neue Schuldrecht in der anwaltlichen Praxis).

Dette, Hans Walter: Venire contra factum proprium nulli conceditur – Zur Konkretisierung eines Rechtssprichworts, Diss. Mainz 1984 (zitiert: *Dette,* Venire contra factum).

Diller, Martin: Berufshaftpflichtversicherung der Rechtsanwälte – Kommentar zu den Allgemeinen Versicherungsbedingungen, 2. Aufl. München 2017 (zitiert: *Diller*, AVB-RSW).

Diringer, Steffen: Prinzipien der Auslegung von Allgemeinen Versicherungsbedingungen, Diss. Karlsruhe 2015 (zitiert: *Diringer*, Prinzipien der Auslegung von AVB).

Drave, Christian: Exzedentenversicherung – Herausforderungen bei Gestaltung und Schadenregulierung, VersPrax 6/2017, 35–37.

Dreher, Meinrad: Die kartellrechtliche Abgrenzung der Mitversicherung im Einzelfall von der Bildung einer Mitversicherungsgemeinschaft, in: Wandt, Manfred/Reiff, Peter/Looschelders, Dirk/Bayer, Walter (Hrsg.), Kontinuität und Wandel des Versicherungsrechts – Festschrift für Egon Lorenz zum 70. Geburtstag, Karlsruhe 2004, S. 211–229 (zitiert: *Dreher* in: FS Egon Lorenz, 2004).

ders., Die Versicherung als Rechtsprodukt, Habil. Freiburg 1991 (zitiert: Die Versicherung als Rechtsprodukt).

ders., Solvenzanforderungen in der Versicherungsaufsicht nach Solvency II und künftigem VAG, ZVersWiss 101 (2012), S. 381 – 429.

ders., Das Two-Tower-Modell in der D&O-Versicherung, in: Siekmann, Helmut (Hrsg.), Festschrift für Theodor Baums zum siebzigsten Geburtstag, Tübingen 2017, S. 325–338 (zitiert: *Dreher*, in: FS Baums, 2017).

Dreher, Meinrad/Görner, André: Der angemessene Selbstbehalt in der D&O-Versicherung, ZIP 2003, 2321–2329.

Dreher, Meinrad/Hoffmann, Jens: Kartellrechtsverstöße durch Informationsaustausch?, WuW 2011, 1181–1196.

Dreher, Meinrad/Lange, Martin: Die Mitversicherung – Die bürgerlich-, versicherungsvertrags- und gesellschaftsrechtlichen Grundlagen, VersR 2005, 717–726.

Dreyer, Jan: Die Rechtsstellung des führenden Versicherers, in: Bergeest, Volker-Joachim/Hubertus, W. Labes (Hrsg.), Liber amicorum für Gerrit Winter, Karlsruhe 2007, S. 159–169 (zitiert: *Dreyer*, in: FS G. Winter, 2007).

Eley, Christian: Grundlagen der Exzedentenversicherung – Diskussionsstand, Dogmatik und Lösungsansätze, VersR 2021, 1461–1474.

Erichsen, Sven: Cyber-Risiken und Cyber-Versicherung: Abgrenzung und/oder Ergänzung zu anderen Versicherungssparten, CCZ 2015, 247–250.

Farny, Dieter: Versicherungsbetriebslehre, 5. Aufl. Karlsruhe 2011 (zitiert: *Farny*, Versicherungsbetriebslehre).

Farny, Dieter/Helten, Elmar/Koch, Peter/Schmidt, Reimer (Hrsg.): Handwörterbuch der Versicherung – HdV, Karlsruhe 1988 (zitiert: Farny/Helten/Koch/Schmidt, HdV).

Fausten, Thomas: Grenzen der Inhaltskontrolle Allgemeiner Versicherungsbedingungen, VersR 1999, 413–419.

Fortmann, Michael: Anm. zu OLG Düsseldorf, Urt. v. 13.12.2019 - 4 U 23/18, r+s 2020, 274–276.

Franz, Einiko: Das Versicherungsvertragsrecht im neuen Gewand – Die Neuregelungen und ausgewählte Probleme, VersR 2008, 298–312.

Freitag, Matthias: Das Großrisiko in der VVG-Reform, r+s 2008, 96–100.

Ganster, Bastian: Die Prämienzahlung im Versicherungsrecht – Grundlagen und ausgewählte Problemfelder vor dem Hintergrund der VVG-Refom 2008, Diss. Frankfurt am Main 2008 (zitiert: *Ganster,* Prämienzahlung).

Ganzer, Felix: Internationale Versicherungsprogramme – Strukturen, privatrechtliche Beurteilung und aufsichtsrechtliche Zulässigkeit, Diss. Münster 2012 (zitiert: *Ganzer,* Internationale Versicherungsprogramme).

Gaul, Rudolf E.: Zur Fälligkeit der Versicherungsleistung – Besprechung von BGH, Urt. v. 21. 10. 1998 - IV ZR 228/97, NVersZ 1999, 458–460.

Gerathewohl, Klaus: Rückversicherung – Grundlagen und Praxis Band I, Karlsruhe 1976 (zitiert: *Gerathewohl*, Rückversicherung, Bd. I).

Gernhuber, Joachim: Das Schuldverhältnis, Tübingen 1989 (zitiert: *Gernhuber*, Das Schuldverhältnis).

Giesen, Richard: Bezugnahmeklauseln - Auslegung, Formulierung und Änderung, NZA 2006, 625–632.

Golz, Tilman: D&O-Maklerbedingungen als AGB? - Orientierung am Schutzzweck des Gesetzes; VersR 2011, 727 – 729.

Gräfe, Jürgen/Brügge, Michael (Hrsg.): Vermögensschadenhaftpflichtversicherung – Die Berufshaftpflichtversicherung für Rechtsanwälte, Steuerberater, Wirtschaftsprüfer und Notare, 2. Aufl. München 2013 (zitiert: *Bearbeiter,* in: Gräfe/ Brügge, Vermögensschadenhaftpflichtversicherung).

Greger, Reinhard: ADR-Klauseln vor dem Aus?, SchiedsVZ 2016, 306–307.

Grigoleit, Hans Christoph: Leistungspflichten und Schutzpflichten, in: Heldrich, Andreas/Prölss, Jürgen/Koller, Ingo (Hrsg.), Festschrift für Claus-Wilhelm Canaris zum 70. Geburtstag, München 2007, S. 275–306 ff. (zitiert: *Grigoleit,* in: FS Canaris, 2007).

Grossman, Marcel: Rückversicherung - eine Einführung, St. Gallen 1977 (zitiert: *Grossman*, Rückversicherung).

Grüneberg, Christian (Hrsg.): Bürgerliches Gesetzbuch – mit Nebengesetzen, 81. Aufl. München 2022 (zitiert: *Bearbeiter*, in: Grüneberg, BGB).

Grunwald, Niklas, Versicherungsverträge über Großrisiken, Diss. Karlsruhe 2020 (zitiert: *Grunwald*, Versicherungsverträge über Großrisiken).

Gsell, Beate/Krüger, Wolfgang/Lorenz, Stephan/Reymann, Christoph (Hrsg.): beck-online.GROSSKOMMENTAR München (zitiert: *Bearbeiter,* in: BeckOGK, BGB, Stand:).

Guski, Roman: Rechtsmissbrauch als Paradoxie – Negative Selbstreferenz und widersprüchliches Handeln im Recht, Habil. Heidelberg 2019 (zitiert: *Guski,* Rechtsmissbrauch als Paradoxie).

Haag, Kurt (Hrsg.): Der Haftpflichtprozess – Mit Einschluss des materiellen Haftpflichtrechts, 28. Aufl. München 2020 (zitiert: *Bearbeiter,* in: Geigel, Haftpflichtprozess).

Haas, Lothar/Medicus, Dieter/Rolland, Walter/Schäfer, Carsten: Das neue Schuldrecht, München 2002 (zitiert: *Bearbeiter*, in: Haas/Medicus/Roland/Schäfer, Das neue Schuldrecht).

Habersack, Mathias: Vertragsfreiheit und Drittinteressen – Eine Untersuchung zu den Schranken der Privatautonomie unter besonderer Berücksichtigung der Fälle typischerweise gestörter Vertragsparität, Diss. Berlin 1991 (zitiert: *Habersack,* Vertragsfreiheit und Drittinteressen, 1991).

Harke, Jan Dirk: Herstellerhaftung im Abgasskandal, VuR 2017, 83–93.

Hau, Wolfgang/Poseck, Roman (Hrsg.): BeckOK BGB, München 2020 (zitiert: *Bearbeiter,* in: BeckOK BGB, Stand:).

Haupt, Günter: Über faktische Vertragsverhältnisse, Leipzig 1941 (zitiert: *Haupt*, Über faktische Vertragsverhältnisse).

Hemeling, Peter: Neuere Entwicklungen in der D&O-Versicherung, in: Krieger, Gerd/Lutter, Marcus/Schmidt, Karsten (Hrsg.), Festschrift für Michael Hoffmann-Becking zum 70. Geburtstag, München 2013, S. 491–510 ff. (zitiert: *Hemeling,* in: FS Hoffmann-Becking, 2013).

Henning, Louis: Grundlagen der Exzedentenversicherung, Diss. Karlsruhe 2020 (zitiert: *Henning,* Exzedentenversicherung).

Henssler, Martin: Schuldrechtliche Tarifgeltung bei Verbandsaustritt, Verbandswechsel und Unternehmensumstrukturierung, in: Kohte, Wolfhard/Dörner, Hans-Jürgen/Anzinger, Rudolf (Hrsg.), Arbeitsrecht im sozialen Dialog – Festschrift für Helmut Wissmann zum 65. Geburtstag, München 2005, S. 133–158 ff. (zitiert: *Henssler,* in: FS Wissmann, 2005).

Herdter, Fabian: Führungsklauseln bei Mitversicherung und Layer-Deckungen, VersPrax 10/2012, 201–204.

Herresthal, Carsten: Nachwirkende Leistungstreue- und Rücksichtnahmepflichten, in: Arnold, Stefan/Lorenz, Stephan (Hrsg.), Gedächtnisschrift für Hannes Unberath, München 2015, S. 179–210 ff. (zitiert: *Herresthal,* in: GS Unberath, 2015).

Hets, Stefan: Captive insurance company: ein risikopolitisches Instrument für deutsche Industrieunternehmen, Diss. München 1995 (Zitiert: *Hets*, Captive insurance company).

Hoffmann, Jens: Die Zukunft der Gruppenfreistellungsverordnung Versicherungswirtschaft – Perspektiven nach dem Bericht der EU-Kommission über das Funktionieren der Verordnung (EU) 267/2010, VersR 2016, 821–827.

Honsell, Heinrich (Hrsg.): Berliner Kommentar zum Versicherungsvertragsgesetz – Kommentar zum deutschen und österreichischen VVG Berlin, Heidelberg, New York, Barcelona, Honkong, London, Mailand, Paris, Singapur, Tokio 1999 (zitiert: *Bearbeiter,* in: BK VVG).

Hösker, Carsten: Maklerbedingungen und AGB-Recht, VersR 2011, 29 – 41.

Hübener, Jürgen: Die Führungsklausel in der Mitversicherung, Karlsruhe 1954 (zitiert: *Hübener*, Die Führungsklausel).

Immenga, Ulrich/Mestmäcker, Ernst-Joachim (Hrsg.): Wettbewerbsrecht – Kommentar zum Deutschen Kartellrecht Band 2, 6. Aufl. München 2020 (zitiert: *Bearbeiter,* in: Immenga/Mestmäcker, Wettbewerbsrecht).

Isay, Rudolf: Preisbindung bei Markenartikeln, Kart-Rundsch. 1927, 98–109 (zitiert: *Isay*, Kart-Rundsch. 1927).

Karampatzos, Antonios: Vom Vertrag mit Schutzwirkung für Dritte zur deliktischen berufsbezogenen Vertrauenshaftung – Zugleich ein Beitrag zum Ersatz fahrlässig verursachter reiner Vermögensschäden, Diss. Tübingen 2002 (zitiert: *Karampatzos*, Vertrag mit Schutzwirkung für Dritte).

Keller, Moritz: Schuldverhältnis und Rechtskreisöffnung – Von der Lehre der culpa in contrahendo zum Rücksichtnahmeschuldverhältnis der §§ 311 Abs. 2 und Abs. 3, Diss. Gießen 2006 (zitiert: *Keller*, Schuldverhältnis und Rechtskreisöffnung).

Kersting, Christian: Die Dritthaftung für Informationen im Bürgerlichen Recht, Zugl.: München, Habil. München 2007 (zitiert: *Kersting*, Die Dritthaftung für Informationen).

Kilian, Matthias: Der Begutachtungsvertrag nach der Schuldrechtsreform, NZV 2004, 489–496.

Kisch, Wilhelm: Die mehrfache Versicherung desselben Interesses, Berlin 1935 (zitiert: *Kisch*, Die mehrfache Versicherung desselben Interesses).

ders., Der Versicherungsschein – Zugleich ein Beitrag zu der Lehre von dem Vertragsschluss und den rechtserheblichen Urkunden, Stuttgart 1951 (zitiert: *Kisch*, Versicherungsschein).

Knöfel, Oliver: D&O-Exzedentendeckungen, VersR 2018, 513–521.

ders., Strukturprobleme der D&O-Exzedentenversicherung, ZIP 2018, 1814–1823.

Koch, Jens: § 311 Abs. 3 BGB als Grundlage einer vertrauensrechtlichen Auskunftshaftung, AcP 2004, 59–80.

Koch, Robert: Wechselseitige Rücksichtnahmepflichten der Versicherer in der Exzedentenversicherung, in: Gebauer, Martin/Klötzel, Thomas/Schütze, Rolf A. (Hrsg.), Festschrift für Roderich C. Thümmel zum 65. Geburtstag am 23.10.2020, Berlin u.a. 2020, S. 421–437 ff. (zitiert: *Koch* in: FS Thümmel, 2020).

ders.: Eintrittspflicht der Exzedentenversicherer in der Haftpflichtversicherung, VersR 2021, 879–885.

ders.: Die Auslegung von AVB, VersR 2015, 133–145.

ders.: Anmerkungen zu BGH, Urt. v. 12.September 2012 – IV ZR 171/11, VersR 2012, 1508–1512.

Köndgen, Johannes: Selbstbindung ohne Vertrag – Zur Haftung aus geschäftsbezogenem Handeln, Habil. Tübingen 1981 (zitiert: *Köndgen,* Selbstbindung).

Kort, Michael: Bestandsschutz fehlerhafter Strukturänderungen im Kapitalgesellschaftsrecht, Habil. München 1998 (zitiert: *Kort*, Bestandsschutz).

Kramer, Helmut: Zur Leistungsfreiheit des Versicherers bei Obliegenheitsverletzung – Unbeschränkte Strafgewalt des Versicherers?, NJW 1972, 1974–1980.

Krebs, Peter: Sonderverbindung und außerdeliktische Schutzpflichten, Habil. Köln 2000 (zitiert: *Krebs,* Sonderverbindungen und Schutzpflichten).

Kretschmer, Torsten: Reichweite und Wirksamkeit von Führungsklauseln in der D&O-Versicherung, VersR 2008, 33–41.

Küster, Philipp: Die vorvertragliche Beratungspflicht des Versicherers nach § 6 Abs. 1 und 2 VVG (§ 6 Abs. 1 und 2 VVG), VersR 2010, 730–735.

Lange, Herrman/Schiemann, Gottfried: Schadensersatz, 3. Aufl. Tübingen 2003 (zitiert: *H. Lange/Schiemann*, Schadensersatz).

Lange, Martin/Dreher, Meinrad: Der Führende in der Mitversicherung, VersR 2008, 289–297.

Lange, Oliver: D&O-Versicherung und Managerhaftung, München 2014 (zitiert: *O. Lange*, D&O-Versicherung und Managerhaftung).

Langheid, Theo: § 8 AGB-Gesetz im Lichte der EG-AGB-Richtlinie: Kontrollfähigkeit von Leistungsbeschreibungen durch Intransparenz, NVersZ 2000, 63–68.

ders., Missbrauchskontrolle von Leistungsbeschreibungen nur bei Intransparenz, VersR 2015, 1071–1075.

Langheid, Theo/Müller-Frank, Christoph: Rechtsprechungsübersicht zum Versicherungsvertragsrecht 2009, NJW 2010, 344 – 349.

Langheid, Theo/Rixecker, Roland (Hrsg.): Versicherungsvertragsgesetz mit Einführungsgesetz und VVG-Informationspflichtenverordnung, 6. Aufl. München 2019 (zitiert: *Bearbeiter,* in: Langheid/Rixecker VVG).

Langheid, Theo/Wandt, Manfred (Hrsg.): Münchener Kommentar zum Versicherungsvertragsgesetz Band 1 (§§ 1–99, VVG-InfoV), 2. Aufl. München 2016 (zitiert: *Bearbeiter,* in: MünchKomm VVG).

dies., Münchener Kommentar zum Versicherungsvertragsgesetz Band 2 (§§ 100–216), 2. Aufl. München 2017 (zitiert: *Bearbeiter,* in: MünchKomm VVG).

dies., Münchener Kommentar zum Versicherungsvertragsgesetz Band 3 (Nebengesetze, Systematische Darstellungen), 2. Aufl. München 2017 (zitiert: *Bearbeiter,* in: MünchKomm VVG).

Larenz, Karl: Anm. zu BGH, Urt. v. 25.4.1956 - VI ZR 34/55, NJW 1956, 1193–1194.

ders., Lehrbuch des Schuldrechts – Allgemeiner Teil, 14. Aufl. München 1987 (zitiert: *Larenz*, Lehrbuch des Schuldrechts).

Leuschner, Lars (Hrsg.): AGB-Recht im unternehmerischen Rechtsverkehr – Kommentar zu den §§ 305 – 310 BGB mit Klauselteil, Erläuterung zur Rechtswahl und Länderberichten, München 2021 (zitiert: *Bearbeiter*, in: AGB-Recht im unternehmerischen Rechtsverkehr).

Liebwein, Peter: Klassische und moderne Formen der Rückversicherung, 3. Aufl. Karlsruhe 2018 (zitiert: *Liebwein*, Klassische und moderne Formen der Rückversicherung).

Loos, Alexander/Brewitz, Marit: Hindert eine Mediationsvereinbarung an der Klage? – Wie lange?, SchiedsVZ 2012, 305–311.

Looschelders, Dirk: Erste Rechtsprechung zum reformierten VVG, NJW 2011, 3265–3269.

ders., Arglist des Versicherungsnehmers. Privilegierung oder übermäßige Sanktionierung im Vergleich mit dem allgemeinen Vertragsrecht?, in: Beckmann, Roland Michael/Mansel, Heinz-Peter/Matusche-Beckmann, Annemarie (Hrsg.), Weitsicht in Versicherung und Wirtschaft – Gedächtnisschrift für Ulrich Hübner, Heidelberg u.a. 2012, S. 147–169 ff. (zitiert: *Looschelders,* in: GS U. Hübner, 2012).

ders., Gefahrtragung als Gegenstand des Versicherungsvertrags, in: Koch, Robert/Werber, Manfred/Winter, Gerrit (Hrsg.), 100 Jahre Hamburger Seminar für Versicherungswissenschaft und Versicherungswissenschaftlicher Verein in Hamburg e.V., Karlsruhe 2016, S. 209–227 ff. (zitiert: *Looschelders,* in: FS Hamburger Seminar, 2016).

ders., Schuldrecht – Allgemeiner Teil, 18. Aufl. München 2020 (zitiert: *Looschelders*, Schuldrecht AT).

Looschelders, Dirk/Makowsky, Mark: Relativität des Schuldverhältnisses und Rechtsstellung Dritter, JA 2012, 721–729.

Looschelders, Dirk/Pohlmann, Petra (Hrsg.): Versicherungsvertragsgesetz, 3. Aufl. Köln 2016 (zitiert: *Bearbeiter,* in: Looschelders/Pohlmann, VVG).

Lorenz, Egon: Der subjektive Risikoausschluss durch § 61 VVG und die Sonderregelung in § 152 VVG (§ 61 VVG, § 152 VVG), VersR 2000, 2-11.

Lorenz, Stephan: Grundwissen – Zivilrecht: Culpa in contrahendo (§ 311 II, III BGB), JuS 2015, 398–401.

Lüer, Dieter W./Schwepcke, Andreas (Hrsg.): Rückversicherungsrecht, München 2013 (zitiert: *Bearbeiter,* in: Lüer/Schwepcke, Rückversicherungsrecht).

Martens, Klaus-Peter: Rechtsgeschäft und Drittinteressen, AcP 1977, 113–188.

Martinek, Michael: Franchising – Grundlagen der zivil- und wettbewerbsrechtlichen Behandlung der vertikalen Gruppenkooperation beim Absatz von Waren und Dienstleistungen, Heidelberg 1987 (zitiert: *Martinek*, Franchising).

Medicus, Dieter/Lorenz, Stephan, Schuldrecht I – Allgemeiner Teil, 21. Aufl. München 2015 (zitiert: *Medicus/Lorenz*, Schuldrecht AT).

Medicus, Dieter/Petersen, Jens: Allgemeiner Teil des BGB, 11. Aufl. Heidelberg 2016 (zitiert: *Medicus/Petersen*, BGB AT).

Mestmäcker, Ernst-Joachim/Schweitzer, Heike: Europäisches Wettbewerbsrecht, 3. Aufl. München 2014 (zitiert: *Mestmäcker/Schweitzer*, Europäisches Wettbewerbsrecht).

Mitterlechner, Hermann/Wax, Thomas/Witsch, Hendrik: D&O-Versicherung – Mit internationalen Bezügen, 2. Aufl. München 2019 (zitiert: *Mitterlechner/Wax/Witsch*, D&O-Versicherung).

Möller, Hans (Hrsg.): Kommentar zum Versicherungsvertragsgesetz – und zu den Allgemeinen Versicherungsbedingungen unter Einschluß des Versicherungsvermittlerrechtes, 8. Aufl. Berlin, New York 1980 (zitiert: *Bearbeiter,* in: Bruck/Möller, VVG).

Müller-Glöge, Rudi/Preis, Ulrich/Schmidt, Ingrid (Hrsg.): Erfurter Kommentar zum Arbeitsrecht, 21. Aufl. München 2021 (zitiert: *Bearbeiter* in: ErfK ArbR)

Najouks, Andreas/Heydorn, Isabel: Anm. zu OLG Hamm, Urt. v. 3.11.2010 - I-20 U 38/10, VersR 2011, 479–481.

Neuhaus, Kai-Jochen: Die Berufsunfähigkeitsversicherung – Neues VVG, Perspektiven, Prognosen, r+s 2008, 449–460.

ders., Vorvertragliche Anzeigepflicht – Die „eigene" Frage des Versicherers nach § 19 Abs. 1 VVG, VersR 2014, 432–437.

Neuner, Jörg: Vertragsauslegung - Vertragsergänzung - Vertragskorrektur, in: Heldrich, Andreas/Prölss, Jürgen/Koller, Ingo (Hrsg.), Festschrift für Claus-Wilhelm Canaris zum 70. Geburtstag, München 2007, S. 901–924 ff. (zitiert: *Neuner* in: FS Canaris, 2007).

Otto, Jan Christof: Arbeitsvertragliche Bezugnahmeklauseln und Änderungen der Tarifgeltung, Diss. Marburg 2006 (zitiert: *Otto*, Bezugnahmeklauseln).

Papadimitropoulos, Antonios V.: Schuldverhältnisse mit Schutzwirkung zu Gunsten Dritter – Ein Erklärungsmodell für die Entstehung von Schutzpflichten gegenüber Dritten, Diss. Freiburg 2007 (zitiert: *Papadimitropoulos*, Schuldverhältnisse mit Schutzwirkung zu Gunsten Dritter).

Perner, Stefan: Privatversicherungsrecht, Wien 2021 (zitiert: *Perner*, Privatversicherungsrecht).

Pilz, Knut: Missverständliche AGB – ein Beitrag zum Verhältnis von Auslegung und Transparenzkontrolle untersucht am Beispiel Allgemeiner Versicherungsbedingungen, Diss. Karlsruhe 2010 (zitiert: *Pilz*, AVB).

Plaßmann, Sylvia: Der Regress des Sachversicherers gegen Dritte, Diss. Münster 2000 (zitiert: *Plaßmann*, Regress des Sachversicherers).

Prölss, Jürgen: Fragen des Versicherers als Voraussetzung der vorvertraglichen Anzeigepflicht des Versicherungsnehmers im deutschen Recht (§ 19 I VVG n. F.), in: Antapassis, Antonios/Perakis, Evanghelos/Tzouganatos, Dimitris/Soufleros, Elias/Michalpoulos, Georgios/Sotiropoulos, Georgios (Hrsg.), Festschrift für Nikolaos K. Rokas, Athen 2012, S. 825–844 ff. (zitiert: *Prölss,* in: FS Rokas, 2012).

Prölss, Erich R. (Begr.)/Martin, Anton (Hrsg.): Versicherungsvertragsgesetz – Kommentar zu VVG, EGVVG mit Rom I-VO, VVG-InfoV und Vermittlerrecht sowie Kommentierung wichtiger Versicherungsbedingungen, 28. Aufl. München 2010 (zitiert: *Bearbeiter,* in: Prölss/Martin, VVG, 28. Aufl. 2010).

dies., Versicherungsvertragsgesetz: VVG – mit Nebengesetzen, Vertriebsrecht und Allgemeinen Versicherungsbedingungen, 29. Aufl. München 2015 (zitiert: *Bearbeiter*, in: Prölss/Martin, VVG, 29. Aufl. 2015).

dies., Versicherungsvertragsgesetz: VVG – mit Nebengesetzen, Vertriebsrecht und Allgemeinen Versicherungsbedingungen, 31. Aufl. München 2021 (zitiert: *Bearbeiter,* in: Prölss/Martin, VVG).

Reiff, Peter: Das Gesetz zur Neuregelung des Versicherungsvermittlerrechts, VersR 2007, 717–731.

Reinhard, Frank: "Fronting" für eine Captive Insurance Company: Risiken und Sicherungsmöglichkeiten, Diss. Mannheim 1999 (zitiert: *Reinhard*, „Fronting" für eine Captive Insurance Company).

Reinhardt, Stephanie: Die Gefarherhöhung im deutschen Privatversicherungsrecht – Die VVG-Reform zwischen der Lösung alter Probleme und neuen Fragen, Diss. Berlin 2015 (zitiert: *Reinhardt,* Gefarherhöhung).

Rieble, Volker: Die Kodifikation der culpa in contrahendo, in: Dauner-Lieb, Barbara/Konzen, Horst/Schmidt, Karsten (Hrsg.), Das neue Schuldrecht in der Praxis: Akzente - Brennpunkte - Ausblick, Köln u.a. 2003, S. 137–157 ff. (zitiert: *Rieble,* in: Die Kodifikation der culpa in contrahendo, 2003).

Riechert, Stefan: Die Berufshaftpflichtversicherung der Rechtsanwälte – AVB-RSW, Berlin, Boston 2019 (zitiert: *Riechert*, Die Berufshaftpflichtversicherung der Rechtsanwälte).

Rolfs, Christian/Giesen, Richard/Kreikebohm, Ralf/Meßling, Miriam/Udsching, Peter (Hrsg.): BeckOK Arbeitsrecht, 59. Aufl. München 2021 (zitiert: *Bearbeiter,* in: BeckOK ArbR, Stand:).

Roth, Andreas: Zur Problematik des Vertrags zu Lasten Dritter, in: Häuser, Franz/ Hammen, Horst/Hennrichs, Joachim/Steinbeck, Anja/Siebel, Ulf R./Welter, Reinhard (Hrsg.), Festschrift für Walther Hadding zum 70. Geburtstag am 8. Mai 2004, Berlin 2004, S. 253–270 ff. (zitiert: *Roth,* in: FS Hadding, 2004).

Rüffer, Wilfried/Halbach, Dirk/Schimikowski, Peter (Hrsg.): Versicherungsvertragsgesetz – VVG, EGVVG, VVG-InfoV, AltZertG, PflVG, KfzPflVV, Allgemeine Versicherungsbedingungen, Handkommentar, 4. Aufl. 2019 (zitiert: *Bearbeiter,* in: HK-VVG).

Ruppelt, Rudolf: Der § 5 VVG – Seine Auslegung und Anwendung durch Lehre und Rechtsprechung, Hamburg 1951 (zitiert: *Ruppelt,* § 5 VVG).

Säcker, Franz Jürgen/Rixecker, Roland/Oetker, Hartmut/Limperg, Bettina (Hrsg.): Münchener Kommentar zum Bürgerlichen Gesetzbuch – Band 1: Allgemeiner Teil §§ 1–240, 8. Aufl. München 2018 (zitiert: *Bearbeiter,* in: MünchKomm BGB).

dies., Münchener Kommentar zum Bürgerlichen Gesetzbuch – Band 2: Schuldrecht Allgemeiner Teil I (§§ 241–310), 8. Aufl. München 2019 (zitiert: *Bearbeiter,* in: MünchKomm BGB).

dies., Münchener Kommentar zum Bürgerlichen Gesetzbuch – Band 3: Schuldrecht Allgemeiner Teil II (§§ 311–432), 8. Aufl. München 2019 (zitiert: *Bearbeiter,* in: MünchKomm BGB).

dies., Münchener Kommentar zum Bürgerlichen Gesetzbuch – Band 3: Schuldrecht Besonderer Teil III (§§ 631-704), 8. Aufl. München 2020 (zitiert: *Bearbeiter,* in: MünchKomm BGB).

dies., Münchener Kommentar zum Bürgerlichen Gesetzbuch – Band 5: Schuldrecht Besonderer Teil II (§§ 535–630h), 8. Aufl. München 2020 (zitiert: *Bearbeiter,* in: MünchKomm BGB).

dies., Münchener Kommentar zum Bürgerlichen Gesetzbuch – Band 7: Schuldrecht Besonderer Teil IV (§§ 705–853), 8. Aufl. München 2020 (zitiert: *Bearbeiter,* in: MünchKomm BGB).

Schäfer, Carsten: Die Lehre vom fehlerhaften Verband – Grundlagen, Verhältnis zum allgemeinen Vertragsrecht und Anwendung auf Strukturveränderungen, Habil. Heidelberg 2002 (zitiert: *Schäfer*, fehlerhafter Verband).

Schaffrin, Daniel: Die Kontrolle von Allgemeinen Geschäftsbedingungen und Allgemeinen Versicherungsbedingungen: Ein Vergleich, Diss. Köln 2016 (zitiert: *Schaffrin*, Kontrolle von AGB und AVB).

Schaloske, Henning: Das Recht der so genannten offenen Mitversicherung – Vertragsrechtliche Konstruktion und kartellrechtliche Beurteilung, Diss. Berlin 2006 (zitiert: *Schaloske*, Mitversicherung).

ders., Das Vertragsrecht der sogenannten offenen Mitversicherung, VersR 2007, 606–617.

ders., Offene Mitversicherung und Kartellverbot, VersR 2008, 734–743.

ders., Praxisfragen der Exzedentenversicherung, PHi 2012, 166–173.

ders., Folgerungen aus der Dornbracht-Entscheidung für die Praxis der offenen Mitversicherung, Karlsruhe 2013 (zitiert: *Schaloske*, Folgerungen aus der Dornbracht-Entscheidung).

ders., Exzedentenversicherung - Rechtsfragen in der Schadenspraxis, in: Gesamtverband der Deutschen Versicherungswirtschaft e.V. (Hrsg.), Verlässlichkeit, Verantwortung, Vertrauen – Festschrift für Jörg Freiherr Frank von Fürstenwerth, Karlsruhe 2020, S. 315–329 ff. (zitiert: *Schaloske,* in: FS Fürstenwerth, 2020).

Schaub, Günther: Arbeitsrechts-Handbuch – Systematische Darstellung und Nachschlagewerk für die Praxis, 18. Aufl. München 2019 (zitiert: *Bearbeiter* in: Schaub, Arbeitsrechts-Handbuch)

Schillinger, Julia: Die Entwicklung der D&O-Versicherung und der Managerhaftung in Deutschland – von der „Versicherungsutopie“ zu den Auswirkungen des UMAG, VersR 2005, 1484–1502.

Schimikowski, Peter/Späte, Bernd (Hrsg.): Haftpflichtversicherung – Kommentar zu den AHB und weiteren Haftpflichtversicherungsbedingungen, 2. Aufl. München 2015 (zitiert: *Bearbeiter,* in: Späte/Schimikowski, Haftpflichtversicherung).

Schimmel, Roland/Buhlmann, Dirk (Hrsg.): Frankfurter Handbuch zum neuen Schuldrecht, Neuwied 2002 (zitiert: *Bearbeiter* in: Frankfurter Handbuch zum neuen Schuldrecht).

Schirmer, Helmut: Beratungspflichten und Beratungsverschulden der Versicherer und ihrer Agenten - Teil I, r+s 1999, 133–138.

ders.: Die Auwirkungen des AGBG auf Ausarbeit und Verwendung von AVB, in: Bach, Peter (Hrsg.), Symposion „80 Jahre VVG“ – Das Versicherungsvertragsrecht in Rechtsprechung und Regulierungspraxis, Karlsruhe 1988, S. 268 – 305 (zitiert: *Schirmer*, in: Symposion 80 Jahre VVG).

Schmidt, Karsten: Kartellverbot und „sonstige Wettbewerbsbeschränkungen“ Köln, Berlin, Bonn, München 1978 (zitiert: *Schmidt*, Kartellverbot).

ders., Gesellschaftsrecht, 4. Aufl. Köln, Berlin, Bonn, München 2002 (zitiert: *Schmidt*, Gesellschaftsrecht).

Schmidt, Karsten/Ebke, Werner F. (Hrsg.): Münchener Kommentar zum Handelsgesetzbuch Band 7 (§§ 407–619 HGB), 4. Aufl. München 2020 (zitiert: *Bearbeiter*, in: MünchKomm HGB).

Schmitz, Erich: Dritthaftung aus culpa in contrahendo, Diss. Köln 1980 (zitiert: *Schmitz*, Dritthaftung aus c.i.c.).

Schneider, Christian: Dokumentationsfehler in Maklerpolicen – Zu § 5 VVG und zum „Dornbracht”- Urt. des OLG Hamm, r+s 2012, 417–422.

Schneider, Philipp: Die Wirkung arbeitsvertraglicher Bezugnahmeklauseln nach einem Betriebsübergang i.S.d. § 613a BGB, Diss. Würzburg 2017 (zitiert: *Schneider*, Arbeitsvertragliche Bezugnahmeklauseln).

Schneider, Winfried-Thomas: Zwischen Selbstbestimmung und Fürsorge: Information, Beratung und Belehrung im Versicherungsvertragsrecht, r+s 2015, 477–489.

Schramm, Tanja: Das Anspruchserhebungsprinzip – Ein Deckungskonzept in der Haftpflichtversicherung zur zeitlichen Abgrenzung des Versicherungsschutzes, Diss. Berlin 2009 (zitiert: *Schramm*, Anspruchserhebungsprinzip).

Schreier, Vincent: Zögerliches Regulierungsverhalten von Versicherern – Eine Bestandsaufnahme der Schadensregulierung nach geltendem Recht, VersR 2013, 1232 – 1237.

Schulze, Reiner (Schriftleitung): Bürgerliches Gesetzbuch – Handkommentar, 10. Aufl. Baden-Baden 2019 (zitiert: *Bearbeiter,* in: Bürgerliches Gesetzbuch).

Schwepcke, Andreas/Vetter, Alexandra (Hrsg.): Praxishandbuch: Rückversicherung, Karlsruhe 2017 (zitiert: *Bearbeiter,* in: Praxishandbuch: Rückversicherung).

Simitis, Spiros: Die faktischen Vertragsverhältnisse als Ausdruck der gewandelten sozialen Funktion der Rechtsinstitute des Privatrechts, Frankfurt am Main 1957 (zitiert: *Simitis*, Die faktischen Vertragsverhältnisse als Ausdruck der gewandelten sozialen Funktion der Rechtsinstitute des Privatrechts, 1957).

Singer, Reinhard: Das Verbot widersprüchlichen Verhaltens, Diss. München 1992 (zitiert: *Singer*, Widersprüchliches Verhalten).

ders., Anm. zu BGH Urt. v. 9.7.2020 - IX ZR 289/19, JZ 2021, 205–209.

Slizyk; *Andreas*: Handbuch Schmerzensgeld, 17. Aufl. München 2021 (zitiert: *Slizyk*, in: Hdb. Schmerzensgeld).

Splinter, Christopher: Aktienrechtliche Organhaftung und D&O-Versicherung, Diss. München 2021 (zitiert: *Splinter*, Aktienrechtliche Organhaftung).

Stancke, Fabian: Maklerdeckungskonzepte - kartell-, lauterkeits- und versicherungsrechtliche Implikationen, VersR 2012, 1346–1356.

ders., Stand und Perspektiven des Versicherungskartellrechts nach Auslaufen der GVO Versicherungswirtschaft, VersR 2017, 518–525.

Staudinger, Ansgar/Halm, Wolfgang/Wendt, Domenik Henning (Hrsg.): Versicherungsrecht Kommentar, 2. Aufl. Köln 2017 (zitiert: *Bearbeiter,* in: Staudinger/Halm/Wendt, VVG).

von Staudinger, Julius (Begr.): Kommentar zum Bürgerlichen Gesetzbuch mit Einführungsgesetz und Nebengesetzen, Buch 2, Recht der Schuldverhältnisse §§ 311, 311 a – c (Vertragsschluss), Neubearbeitung, Berlin 2018 (zitiert: *Bearbeiter*, in: Staudinger, BGB).

Steininger, Uwe H.: Die Haftung des Geschäftsführers und/oder des Gesellschafter-Geschäftsführers aus culpa in contrahendo bei wirtschaftlicher Bedrängnis der Gesellschaft mbH, Diss. Heidelberg 1986 (zitiert: *Steininger*, Haftung des Geschäftsführers).

Stöbener, Angela Regina: Beratungspflichten des Versicherers – Von der Anlassrechtsprechung zur IDD, Diss. Berlin 2018 (zitiert: *Stöbener*, Beratungspflichten).

Stürner, Rolf (Hrsg.): Bürgerliches Gesetzbuch – mit Rom-I-, Rom-II-VO, EuUnthVO/HUntProt und EuErbVO, 17. Aufl. München 2018 (zitiert: *Bearbeiter,* in: Jauernig, BGB).

Sutschet, Holger: Schutzansprüche und Schutzpflichten Dritter im Lichte des § 311 Abs. 3 BGB, in: Sutschet, Holger (Hrsg.), Tradition und Moderne - Schuldrecht und Arbeitsrecht nach der Schuldrechtsreform – Festschrift für Horst Ehmann zum 70. Geburtstag, Berlin 2005, S. 95–116 ff. (zitiert: *Sutschet* in: FS Ehmann, 2005).

Teichmann, Arndt: Strukturveränderungen im Recht der Leistungsstörungen nach dem Regierungsentwurf eines Schuldrechtsmodernisierungsgesetzes, BB 2001, 1485–1492.

Thiel, Sven-Markus: Über Maklerbedingungen in Versicherungsverträgen, r+s 2011, 1–8.

Thume, Karl-Heinz: Der Regress des Transportversicherers, VersR 2008, 455–459.

Thümmel, Roderich C.: Organhaftung und D&O-Versicherung in der schiedsgerichtlichen Praxis, in: Geimer, Reinhold/Kaissis, Athanassios G./Thümmel, Roderich C. (Hrsg.), Ars aequi et boni in mundo – Festschrift für Rolf A. Schütze zum 80. Geburtstag, München 2014, S. 633–646 ff. (zitiert: *Thümmel* in: FS Schütze, 2014).

Thürmann, Dagmar: Einige Gedanken zur Layerdeckung in der Betriebshaftpflichtversicherung, in: Koch, Robert/Werber, Manfred/Winter, Gerrit (Hrsg.): Der Forschung – der Lehre – der Bildung – 100 Jahre Hamburger Seminar für Versicherungswissenschaft und Versicherungswissenschaftlicher Verein in Hamburg e.V., Karlsruhe 2016, S. 505 ff. (zitiert: *Thürmann,* in: FS Hamburger Seminar, 2016).

Ulmer, Peter/Brandner, Hans Erich/Hensen, Horst-Diether (Begr.): AGB-Recht, 12. Aufl. Köln 2016 (zitiert: *Bearbeiter*, in: Ulmer/Brandner/Hensen, AGB-Recht).

Unberath, Hannes: Mediationsklauseln in der Vertragsgestaltung – Prozessuale Wirkungen und Wirksamkeit, NJW 2011, 1320–1324.

v. Koppenfels-Spies, Katharina: Die cessio legis, Habil. Münster 2005 (zitiert: *v. Koppenfels-Spies*, Cessio legis).

v. Rintelen, Claus: Die Fälligkeit und Durchsetzbarkeit des abgetretenen Freistellungsanspruchs in der Haftpflichtversicherung, r+s 2010, 133–138.

v. Bühren, Hubert W.: Interessenkollision im Haftpflichtprozess, r+s 2019, 6–11.

v. de Loo, Oswald: Die Angemessenheitskontrolle Allgemeiner Versicherungsbedingungen nach dem AGB-Gesetz – Eine problemorientierte Darstellung aus Sicht des AGB-Gesetzes, Diss. Göttingen 1986 (zitiert: *van de Loo*, Angemessenheitskontrolle von AVB).

v. Eickels, Yvonne: Die Drittschutzwirkung von Verträgen, Diss. Passau 2004 (zitiert: *van Eickels,* Drittschutzwirkung).

Veenker, Carsten: Die Fälligkeit von Geldleistungen des Versicherers – nach § 11 Abs. 1 VVG (§ 14 Abs. 1 VVG-2008) unter besonderer Berücksichtigung der Fälligkeitsregelungen in Allgemeinen Versicherungsbedingungen und des Versicherungsprozesses, Diss. Köln 2008 (zitiert: *Veenker*, Fälligkeit von Geldleistungen des Versicherers).

Veith, Jürgen/Gräfe, Jürgen/Gebert, Yvonne (Hrsg.): Der Versicherungsprozess – Ansprüche und Verfahren, 4. Aufl. Baden-Baden 2020 (zitiert: *Bearbeiter,* in: Veith/Gräfe/Gebert, Der Versicherungsprozess).

v. Bar, Christian: „Nachwirkende“ Vertragspflichten, AcP 1979, 452–474.

v. Schenck, Kersten: Handlungsbedarf bei der D&O-Versicherung, NZG 2015, 494–501.

Graf v. Westphalen, Friedrich: AGB-Recht im Jahr 2009, NJW 2010, 2254 – 2262.

Graf v. Westphalen, Friedrich/Thüsing, Gregor (Hrsg.): Vertragsrecht und AGB-Klauselwerke, 45. Aufl. München 2020 (zitiert: *Bearbeiter,* in: v. Westphalen/Thüsing, AGB).

Wandt, Manfred: Versicherungsrecht, 6. Aufl. München 2016 (zitiert: *Wandt*, Versicherungsrecht).

Wendland, Matthias: Vertragsfreiheit und Vertragsgerechtigkeit - Subjektive und objektive Gestaltungskräfte im Privatrecht am Beispiel der Inhaltskontrolle Allgemeiner Geschäftsbedingungen im unternehmerischen Geschäftsverkehr, Habil. Thübingen 2019 (zitiert: *Wendland*, Vertragsfreiheit und Vertragsgerechtigkeit).

Wendt, Domenik Henning: Das neue Versicherungsvertriebsrecht – Zu Beratungspflichten und Interessenkonflikten, VersR 2019, 257–270.

Werber, Manfred: Information und Beratung des Versicherungsnehmers vor und nach Abschluss des Versicherungsvertrags, VersR 2007, 1153–1159.

Westermann, Harm Peter: Drittinteressen und öffentliches Wohl als Elemente der Bewertung privater Rechtsverhältnisse, AcP 2008, 141–181.

Westermann, Harm Peter/Grunewald, Barbara/Maier-Reimer, Georg (Hrsg.): BGB – Handkommentar mit AGG, EGBGB, ErbbauRG, LPartG, ProdhaftG, VBVG, VersAusglG, WEG und ausgewählten Rechtsquellen des IPR, 16. Aufl. Köln 2020 (zitiert: *Bearbeiter,* in: Erman, BGB).

Wiegels, Lars Hendrik: Coinsurance im internationalen Haftpflichtgeschäft – Eine wachsende Herausforderung, ZfV 2010, 252–258.

Wieling, Hans Josef: Venire contra factum proprium und Verschulden gegen sich selbst, AcP 176 (1976), 334–355.

Willemsen, Eva Maria: Die arbeitsvertragliche Bezugnahme auf den Tarifvertrag bei Tarifwechsel, Diss. Hamburg 2008 (zitiert: *Willemsen*, Arbeitsvertragliche Bezugnahme).

Wirth, Christian/Kuballa, Matthias: Anmerkungen zu BGH, Urt. v. 12. September 2019 – IV ZR 171/11, r+s 2013, 17–19.

Witt, Carl-Heinz: Aktive Wahrnehmung der Interessen des anderen Teils als Schuldnerpflicht, NJW 2012, 3130–3132.

Zweifel, Peter/Eisen, Roland: Versicherungsökonomie, 2. Aufl. Berlin, Heidelberg 2003 (zitiert: *Zweifel/Eisen*, Versicherungsökonomie).

Versicherungswissenschaft in Berlin („Berliner Reihe“)

Schriftenreihe des Verein zur Förderung der Versicherungswissenschaft in Berlin e.V.

Herausgeber: Prof. Dr. Christian Armbrüster
Prof. Dr. Horst Baumann (†)
Prof. Dr. Christoph Brömmelmeyer
Prof. Dr. Helmut Gründl
Prof. Dr. Helmut Schirmer
Prof. Dr. Hans-Peter Schwintowski

Bisher erschienen:

1 Versicherungswissenschaft – Vergangenheit und Zukunft
Prof. Dr. Wolf-Rüdiger Heilmann et al.
(vergriffen)

2 Bereicherungsrechtliche Rückabwicklung bei zu Unrecht vom Haftpflichtversicherer erbrachten Leistungen
Dr. Christina Stresemann
1993, 16,50 €, 978-3-88487-392-2

3 Die Kapitallebensversicherung mit Überschußbeteiligung als partiarisches Versicherungsverhältnis und ihre Bedeutung bei der Umstrukturierung von Versicherungsgruppen
Prof. Dr. Horst Baumann
1993, 12,50 €, 978-3-88487-382-3

4 Brandkriminalität, Brandstiftung – Reform des Brandstrafrechts überfällig?
Werner Breitfeld
Asset/Liability-Management – eine permanente Herausforderung!
Günter Köhler
1994, 12,50 €, 978-3-88487-427-1

5 Marktsegmentierung im Privatkundengeschäft von Versicherungsunternehmen
Hajo Müller
1994, 32,– €, 978-3-88487-431-8

6 Die Bildung besonderer Konzernorgane
Dr. Rocco Jula
1995, 22,50 €, 978-3-88487-472-1

7 Die Berufshaftpflichtversicherung für die Angehörigen der wirtschaftsprüfenden und steuerberatenden Berufe
Dr. Andreas Schlie
1995, 20,– €, 978-3-88487-473-8

8 Haftungsbeschränkungen zugunsten und zu Lasten Dritter
Günter Räcke
1995, 24,– €, 978-3-88487-499-8

9 Vom Versicherungsmathematiker zum Aktuar
Prof. Dr. E. Helten et al.
1995, 11,80 €, 978-3-88487-500-1

10 Gefahren für die finanzielle Stabilität der auf dem deutschen Markt vertretenen Lebensversicherer im Zuge des europäischen Binnenmarktes
Dr. Rüdiger Gebhard
1995, 32,– €, 978-3-88487-508-7

11 Der „weiterfressende Mangel“ nach Zivil- und Haftpflichtversicherungsrecht
Jens Schmidt
1996, 17,80 €, 978-3-88487-532-2

12 Klimaveränderungen und Umweltriskmanagement
Dr. Gerhard Berz et al.
1996, 9,20 €, 978-3-88487-565-0

13 Neuaufbau von Versicherungsmärkten und Versicherungsaufsicht in Osteuropa
Dr. Helmut Müller et al.
1997, 11,50 €, 978-3-88487-624-4

14 Individuelle Altersversorgung im Wandel der Rahmenbedingungen
Dr. Herbert Rische et al.
1998, 9,80 €, 978-3-88487-695-4

15 Vertretungsmacht von Versicherungsvertretern und Wissenszurechnung
Hartmut Leschke
1998, 24,– €, 978-3-88487-731-9

16 Elektromagnetische Felder (EMF), Haftpflicht und Haftpflichtversicherung
Ralph Brand
1999, 16,50 €, 978-3-88487-755-5

17 Versicherungs-, verfassungs- und europarechtliche Probleme monopolistischer Entschädigungsfonds
Prof. Dr. Horst Baumann
1999, 16,– €, 978-3-88487-757-9

18 Ist das Versicherungsvertragsgesetz (VVG) für die Lebensversicherung reformbedürftig?
Prof. Dr. Michael Adams et al.
1999, 17,40 €, 978-3-88487-803-3

19 Weitere Überlegungen aus Anlass einer Reform des Versicherungsvertragsgesetzes
Prof. Dr. iur. Dr.-Ing. E. h. Reimer Schmidt
1999, 14,50 €, 978-3-88487-816-3

20 Kapitalanlagepolitik, Produktqualität und Image der Versicherungsunternehmung
Ist das Provisionssystem in der Lebensversicherung reformbedürftig?
Prof. Dr. Hartmut Gründl et al.
2000, 10,80 €, 978-3-88487-850-7

21 Alternde Gesellschaft – Lösungsansätze für die Probleme der Kranken- und Pflegeversicherung
Berliner Preis für Versicherungswissenschaft 2001
Prof. Dr. Dr. Bert Rürup et al.
2002, 10,– €, 978-3-88487-994-8

22 Die Bewertung der gemischten Kapitallebensversicherung
Dr. Thorsten Waldow
2003, 22,90 €, 978-3-89952-054-5

23 Ein neues Versicherungsvertragsgesetz – der große Wurf für den Verbraucher?
Prof. Dr. Ernst Niederleithinger et al.
2003, 10,– €, 978-3-89952-052-1

24 Bedarfs- und produktbezogene Beratung beim Abschluss von Lebensversicherungsverträgen
Dr. Ulrike Mauntel
2004, 24,90 €, 978-3-89952-088-0

25 Schutz des Mieters infolge der Gebäudeversicherung des Vermieters
Dr. Malin Naumann
2004, 34,– €, 978-3-89952-121-4

26 Prozessfinanzierung gegen Erfolgsbeteiligung
Dr. Jürgen Jaskolla
2004, 22,90 €, 978-3-89952-141-2

27 Optimale Altersvorsorgestrategien: Eine Lebenszyklusanalyse
Dr. Thomas Post
2006, 26,– €, 978-3-89952-284-6

28 Das Recht der so genannten offenen Mitversicherung
Dr. Henning Schaloske
2007, 42,– €, 978-3-89952-297-6

29 Überkompensatorische Schmerzensgeldbemessung?
Dr. Stefan Müller
2007, 48,– €, 978-3-89952-313-3

30 Parents' Long-Term Care Risk: A Financial Planning Analysis from the Children's Perspective
Dr. Roman N. Schulze
2007, 37,– €, 978-3-89952-348-5

31 Die Regulierung des Versicherungsmarkts unter besonderer Berücksichtigung der Solvabilitätsvorschriften
Dr. Anna Osetrova
2007, 39,– €, 978-3-89952-336-2

32 Der räuberische Aktionär – eine schwindende Bedrohung?
Dr. Sabine Rößler-Tolger
2007, 45,– €, 978-3-89952-355-3

33 Aufsicht über strukturierte Rückversicherungskonzepte
Dr. Benedikt Laudage
2009, 48,– €, 978-3-89952-477-2

34 Das Anspruchserhebungsprinzip
Dr. Tanja Schramm
2009, 48,– €, 978-3-89952-445-1

35 Der Zweitmarkt für Lebensversicherungen in der Bundesrepublik Deutschland
Dr. Julia Wernicke
2009, 42,– €, 978-3-89952-492-5

36 Missverständliche AGB
Dr. Knut Pilz
2010, 45,– €, 978-3-89952-501-4

37 Nachfrage nach ausfallbedrohten Versicherungsverträgen und optimales Risikomanagement von Versicherungsunternehmen
Dr. Anja Zimmer
2010, 48,– €, 978-3-89952-528-1

38 Der Begriff des Versicherungsvertrags im russischen Recht
Grundzüge des Privatversicherungsrechts der Russischen Föderation
Dr. Markus J. Weyer
2011, 69,– €, 978-3-89952-628-8

39 Deckungsbegrenzungen in der Pflichtversicherung
Dr. Florian Dallwig
2011, 52,– €, 978-3-89952-601-1

40 Die Versicherbarkeit von Emerging Risks in der Haftpflichtversicherung
Dr. Hannah Teschabai-Oglu
2012, 52,– €, 978-3-89952-707-0

41 Mitgliedstaatliche Grenzen der Gestaltung von Versicherungsprodukten im Europäischen Binnenmarkt für Versicherungen
Dr. Monir Taik
2013, 48,– €, 978-3-89952-739-1

42 Vertriebskostentransparenz bei Versicherungsprodukten
Eine juristisch-ökonomische Untersuchung unter Berücksichtigung rechtsvergleichender Aspekte
Dr. Marcus Sonnenberg
2013, 52,– €, 978-3-89952-741-4

43 Die Nettopolice
Chancen und Herausforderungen für Versicherungsunternehmen, Versicherungsvermittler und Versicherungsnehmer
Dr. Aline Icha
2014, 69,– €, 978-3-89952-822-0

44 Die Haftungsrelevanz der Haftpflichtversicherung
Dr. Stephan Hauer
2015, 49,– €, 978-3-89952-850-3

45 Die Gefahrerhöhung im deutschen Privatversicherungsrecht
Die VVG-Reform zwischen der Lösung alter Probleme und neuen Fragen
Dr. Stephanie Reinhardt
2015, 45,– €, 978-3-89952-907-4

46 Das Spannungsverhältnis zwischen Provisionsberatung und Honorarberatung im Versicherungsmarkt
Dr. Christian Schafstädt
2015, 69,– €, 978-3-89952-913-5

47 Das Überschreiten der Deckungssumme in der Haftpflichtversicherung
Dr. Timo Car
2016, 54,99 €, 978-3-89952-921-0

48 Das Kürzungs- und Verteilungsverfahren in der D&O-Versicherung
Dr. Daniel Peppersack
2017, 68,– €, 978-3-89952-439-0

49 Aufsichtsrechtliche Organisations- und Vergütungsanforderungen an Versicherer und die Sanktionen für Pflichtverletzungen
Dr. Monika Obal
2017, 54,– €, 978-3-89952-960-9

50 Das Verhältnis zwischen Schadensrecht und Schadensversicherung
Dr. Vincent Schreier
2017, 58,– €, 978-3-89952-995-1

51 Die Pflichten von Internetportalen beim Vertrieb von Versicherungsprodukten im Lichte europäischer Gesetzgebung
Dr. Tillmann Peter Rübben LL.M.
2018, 62,– €, 978-3-96329-003-9

52 Produktstandardisierung für Versicherungen – eine verbraucher- und innenmarktfreundliche Alternative?
Dr. Viktoria Jank
2018, 57,– €, 978-3-96329-025-1

53 Beratungspflichten des Versicherers
Dr. Angela Regina Stöbener
2018, 64,– €, 978-3-96329-009-1

54 Die Haftung des Produzenten bei Fehlerverdacht
Dr. Dan Schilbach
2019, 57,– €, 978-3-96329-262-0

55 Der Schutz des informationellen Selbstbestimmungsrechts des Versicherungsnehmers
Dr. Elin Reiter
2019, 39,– €, 978-3-96329-263-7

56 Auswirkungen der Digitalisierung auf Abschluss und Gestaltung privater Versicherungsverträge
Moderne Informationstechnologie als Gefahr für die Erreichung des versicherungsvertraglichen Plansicherungsziels
Dr. Felix Greis
2019, 59,– €, 978-3-96329-300-9

57 Das (neue) Provisionsabgabeverbot für Versicherungsvermittler – Konzept, Funktion und Grenzen
Dr. Hendrik Scharff
2021, 47,– €, 978-3-96329-381-8

58 Haftungsprobleme und Versicherungslösungen bei Cyber-Risiken
Dr. Julian Lesser
2021, 57,– €, 978-3-96329-382-5

59 Die Warranty & Indemnity Versicherung
Dr. Golo Meven
2021, 59,80 €, 978-3-96329-405-1

60 Rechtsfragen des Produktrückrufs aus versicherungsrechtlicher Perspektive
Dr. Carolin Huber
2022, 59,80 €, 978-3-96329-430-3